Christoph Martin Wieland – Ein paar Goldkörner

Christoph Martin Wieland

Ein paar Goldkörner oder Was ist Aufklärung?

Ein Lesebuch

Herausgegeben von Hans Peter Nowitzki
und Jan Philipp Reemtsma

Wallstein Verlag

Vorbemerkung

Wer mit hellen Augen und frischen Mutes ‚Die Gedanken sind frei' singt, denkt nicht nach. Es ist ein Lied der Resignation; man kann es singen, besser summen, wenn es um das Veröffentlichen von Gedanken schlecht bestellt ist. ‚Aufklärung' bedeutet: Pressefreiheit. Wo es die nicht gibt, kann man ‚Die Gedanken sind frei' singen und meinen: immerhin das. Daß das Veröffentlichen gleichsam die Achse ist, um die sich das Projekt der Aufklärung dreht, ist der Grundgedanke, auf den Christoph Martin Wielands Aufsätze zur Aufklärung immer wieder zurückkommen.

War ‚Aufklärung' ein ‚Projekt'? Das Wort ‚Projekt' ist inflationiert, man sollte es vermeiden, in diesem Falle bezeichnet es einen Aspekt dessen, was man ‚Aufklärung' nennt. Natürlich gab es kein Konzept, kein Vorhaben, gar ein Programm, das irgendwelche Leute – Schriftsteller, Philosophen – gemeinsam vertreten hätten, aber das Wort ‚Aufklärung' kursierte, konnte Gemeinsamkeiten und Unterschiede bezeichnen. Weshalb immer mal wieder nachgefragt werden konnte, was diejenigen eigentlich wollten, die man diesem diffusen Begriff zuordnete. So erschien in der *Berlinischen Monatsschrift* 1783 die unwirsche Erkundigung: was das denn sei – ‚Aufklärung'? Wielands kleiner Aufsatz *Sechs Antworten auf sechs Fragen,* hier abgedruckt unter dem ursprünglichen Titel *Ein paar Goldkörner aus Makulatur oder sechs Antworten auf sechs Fragen,* ist eine Reaktion darauf.

Christoph Martin Wieland wurde 1733 in Biberach in Schwaben geboren, lebte als junger Mann einige Jahre in der Schweiz und kehrte dann nach Biberach zurück. Etwas anderes als ein Dichter sein wollte er nie. In den ersten Biberacher Jahren wurde er schon bekannt, in den Schweizer Jahren suchte er noch nach seiner schriftstellerischen Identität, zurück in Biberach wurde er der bekannteste deutschsprachige Autor seiner Generation. Er schrieb mit der *Geschichte des Agathon* den ersten deutschsprachigen Roman, der für mehr als bloße Unterhaltungsliteratur galt, seine Versromane und -erzählungen zeigten, was mit der deutschen Sprache hinsichtlich Versifikation und Reim alles möglich war, als erster übersetzte er den größten Teil der Werke

Shakespeares und führte dabei viele neue Wörter in die deutsche Sprache ein, die heute Gemeingut sind.

Er wurde dann in Erfurt Professor der Philosophie, was damals noch etwas anderes bedeutete als heute, nämlich ein Studium generale, zu dem zwar auch das Dozieren über Werke gehörte, die wir heute als Philosophie im engeren Sinne bezeichnen würden, aber nicht in erster Linie. Und so war Wieland zwar Professor der Philosophie, aber kein Philosoph in unserem Verständnis, eher vielleicht ein ‚philosophe', wie man in Frankreich die Intellektuellen (die Aufklärer) nannte.

Anna Amalia von Sachsen-Weimar, Herzoginwitwe, verwaltete als Regentin den Thron für ihren Erstgeborenen Carl August bis zu dessen Regierungsantritt. Sie suchte für ihn für die letzten Jahre vor seiner Volljährigkeit ein intellektuelles Gegenüber, das ihn in seine künftigen Pflichten einführen und das ihm nötige Wissen (über das hinaus, was ihm der bisherige Unterricht geboten hatte) vermitteln sollte. Sie rief Wieland an den Weimarer Hof, und Wieland kam. Zunächst hatte man ihn nur für ein halbes Jahr einstellen wollen, worauf er der Herzogin gegenüber klarstellte: Die Philosophie, die man dem Prinzen beibringen müsse, lehre man nicht in sechs Monaten und auch nicht in zwölf. Er gebe zu, daß diese Zeit ausreichen könnte, wenn es nur darum ginge, dem Prinzen vage Kenntnisse in dem, was man Logik, Metaphysik, Naturrecht, Moral und Politik nennt, zu geben. Doch sobald es darum gehe, einen jungen Prinzen in der Art von Philosophie zu unterrichten, die ihm im Besonderen zukomme, das heißt, ihm beizubringen, zu denken und zu handeln wie ein Mann, von dessen Denkungsart und Verhalten eines Tages das Glück oder Unglück von vielen tausend Menschen abhängen werde, so werde diese Zeit dafür nicht ausreichen. Von dieser Art von Philosophie sollte doch die Rede sein. Und Wieland weiter: Der wahre Ruhm eines Herrschers bestehe darin, sich selbst gut beherrschen zu wissen und sein Land gut zu beherrschen, all seine Pflichten zu erfüllen, sein Volk so glücklich wie möglich zu machen – davon müsse der Prinz überzeugt werden. Das sind, so mag es uns scheinen, recht banale Maximen, aber man muß hinzudenken, was andere da geschrieben hätten, etwa ‚den Ruhm seines Landes zu mehren' oder ‚sich als würdiges Glied einer ruhmreichen Familie und seiner Vorfahren würdig zu erweisen' oder ähnliches.

Demokratische Parolen waren auch von einem ‚aufgeklärten Philosophen' nicht zu erwarten. Wieland etwa war der Meinung, daß sich eine republikanische Verfassung für kleinere Staaten, etwa Stadtstaaten, durchaus schicken könnte, für ein Land mit einer Millionenbevölkerung sei sie aber illusorisch. Man muß dabei berücksichtigen, daß man nur die Beispiele aus der Antike kannte (und über die Attraktivität des athenischen wird man lange streiten können) und daß die Zeitzeugen der Französischen Revolution, mochten sie auch zunächst enthusiastisch das Neue begrüßt haben, doch mehrheitlich zu der Meinung kamen, man müsse mit revolutionären Experimenten sehr vorsichtig sein.

Wieland nahm seinen Auftrag ernst, und Carl August blieb ihm bis ans Ende von dessen Leben herzlich verbunden. Aber vor allem erkannte Wieland die Chance, aus dem kleinen, nicht sehr bedeutenden deutschen Städtchen Weimar etwas zu machen, was es bisher nicht gegeben hatte. Deutschland hatte bekanntlich keine Hauptstadt (das wurde mehrheitlich auch nicht vermißt) und so auch kein kulturelles Zentrum. Wieland versuchte, aus Weimar genau dies zu machen. Er gründete im Jahre 1773, bald nach seiner Ankunft, eine literarisch-politische Zeitschrift, *Der Teutsche Merkur,* die, ab 1790 als *Der neue Teutsche Merkur,* bis 1810 erschien. Diese Zeitschrift spiegelte das, was Wieland unter ‚Aufklärung' verstand. Das Publikum sollte die Möglichkeit haben, sich über alle möglichen Themen zu informieren, die Welt kennenzulernen, in politischer Hinsicht, aber ebenso sehr, was Sitten und Gebräuche angeht – Gegenwartskunde und Darstellungen vergangener Verhältnisse. Das vornehmste Studium des Menschen sei der Mensch, schrieb Wieland. Das war für ihn ‚Aufklärung': dies Studium zu betreiben und aller Welt dieses Studium zu ermöglichen. Wozu gehört, durch keine Religion, Ideologie oder politische Doktrin darin eingeschränkt zu werden.

Die Freiheit der Presse – was ja meint: der Druckerpresse, also Bücher, Schriften aller Arten – ist die conditio sine qua non politischer Freiheit. Mit ihr ist diese noch nicht gegeben, aber ohne sie gibt es keine. Daß mit der Freiheit der Presse auch die Lizenz zur Publikation allen möglichen Unfugs gegeben ist, ist natürlich nicht zu bestreiten, und Wieland war sich dessen wohl bewußt. Nimmt man dies als Einwand, muß allerdings die Anschlußfrage lauten, wer denn bestimmen solle, was gedruckt werden dürfe und was nicht. Wer übt Zensur aus? Wer bestimmt die Zensoren? – und so weiter.

Zu Wielands Zeiten war das alles andere als eine rhetorische oder rein theoretische Frage. Zensur gab es allenthalben, und die bezog sich ebenso auf Fragen der Politik wie der Religion. Aufklärung ist zunächst und immer auch Kritik des Deutungsmonopols der Religion. Als Marx 1844 schrieb, die Kritik der Religion sei die Voraussetzung aller Kritik, formulierte er den Konsens darüber, was Aufklärung jedenfalls leisten müsse. Dies, fügte er hinzu, sei in Deutschland im Großen und Ganzen geschehen. Zu Wielands Zeiten war das offensichtlich nicht der Fall. Für ihn war die Freiheit, Religion zu einem Gegenstand öffentlichen Räsonnements zu machen, noch keine selbstverständliche Angelegenheit. Und man bedenke, in welchen Gegenden der Welt heute diese Selbstverständlichkeit gegeben ist und in welchen nicht.

Der *Teutsche Merkur* war der Ort, an dem Wieland seine Gedanken über solche Themen veröffentlichte. Als Herausgeber, als Beiträger unter vielen anderen. Leitartikel, also solche, in denen der Herausgeber die Ansichten veröffentlicht, für die sein Blatt steht, schrieb er nie. Für ihn gehörte zur Aufklärung die Debatte, und was einer schreibt (auch wenn er Herausgeber eines Blattes ist), ist Teil einer realen oder möglichen Debatte. So muß man Wielands Beiträge lesen. Auch wenn er sich gelegentlich Gedanken darüber machte, ob dieser oder jener, der sich Aufklärer nannte, nicht auch übers Ziel hinausschießen könnte – immer galt für ihn: „Der Himmel verhüte, daß ich von irgend einem denkenden Wesen verlange, mit mir überein zu stimmen, wenn er von der Richtigkeit meiner Behauptungen oder Meynungen nicht überzeugt ist; oder daß ich jemahls fähig werde, jemanden meinen Beifall deßwegen zu versagen, weil er nicht meiner Meinung, oder nicht immer meiner Meinung ist!“

Was ist Aufklärung?

Die Frage, was denn nun die vielbesagte Aufklärung sei, wurde mit der Bitte um baldige Auskunft in einer Fußnote zu einem Artikel gegen die Zivilehe in der Dezembernummer des Jahres 1783 in der *Berlinischen Monatsschrift,* verfaßt von einem Berliner Pfarrer, gestellt: „Was ist Aufklärung? Diese Frage, die beinahe so wichtig ist, als: was ist Wahrheit, sollte doch wohl beantwortet werden, ehe man aufzuklären anfinge! Und noch habe ich sie nirgends beantwortet gefunden!" Die Fußnote wurde gelesen, und ein Jahr später, im September 1784, veröffentlichte Moses Mendelssohn in derselben Zeitschrift seine Antwort: *Über die Frage: was heißt aufklären?* Im Dezember desselben Jahres erschien ebenfalls dort Immanuel Kants *Was ist Aufklärung?* mit der berühmten Eingangsdefinition: „Aufklärung ist der Ausgang des Menschen aus seiner selbstverschuldeten Unmündigkeit", und dem, wie er es nannte, „Wahlspruch der Aufklärung": „*Sapere aude!* Habe Mut, dich deines eigenen Verstandes zu bedienen!"

Christoph Martin Wieland nahm diese Frage in der von ihm herausgegebenen Zeitschrift *Der Teutsche Merkur* auf – und machte sich mit ihr einen Spaß. Er habe zufällig auf einem Makulaturbogen, der als Einwickelpapier gedient hat, sechs Fragen gelesen und sich nun daran gemacht, sie zu beantworten. Die Antworten, so der Duktus des Textes, seien eigentlich der Mühe nicht wert. Es handele sich um Selbstverständlichkeiten. Wieland nimmt dabei den Begriff ‚Aufklärung' – englisch ‚enlightenment', französisch ‚lumière' – beim Worte, das heißt, der eigentlichen metaphorischen Herkunft: Es soll heller werden, „sobald Licht gebracht wird, klären sich die Sachen auf".

Es geht dabei – und das zieht sich durch Wielands Gedanken zu diesen Themen – immer um Öffentlichkeit. ‚Aufklärung' ist ein öffentliches Gespräch, eine öffentliche Debatte, vor allem: Pressefreiheit. Und: sie ist keine Angelegenheit einer dafür zuständigen Gruppe oder ausgezeichneten Elite. Aufklärung geht nicht von einem Absender (gar immer demselben) an einen Adressaten.

Das war es, was Johann Georg Hamann, ein Freund, aber ebenso immer wieder Kritiker Kants, an dessen Aufklärungsschrift auszusetzen hatte. Sein Verdacht war, daß Kant (und die modernen Aufklärer, wie er sie sah) die bisherigen Vormünder des Volkes (etwa den Klerus) nur durch andere (die modernen Philosophen und Intellektuellen) ersetzen wollte. Ein klassischer Einwand, den es in ähnlicher Weise bis heute gibt, immer ein wenig boshafte Unterstellung, aber immer auch ein wenig berechtigt. Wielands Idee von Aufklärung ist gegen einen solchen Verdacht immun. Auch die Zeitschrift, die er herausgab, war kein Meinungsblatt. Ihm ging es nicht darum, den Herausgeberstandpunkt unter die Leute zu bringen, sondern darum, daß seine Leser und Leserinnen durch Information und durch das Vorführen unterschiedlicher Standpunkte sich eine eigene (durch Lektüre fundiertere) Meinung bilden konnten.

Die Frage, wer berechtigt sei, ,die Menschen aufzuklären', beantwortet er also mit der „Gegenfrage, wer kann es nicht? Nun mein Herr? da stehen wir und sehen einander an?" Die Frage ist nicht die nach der jeweiligen intellektuellen und bildungsunterlegten Kompetenz, sondern nach dem Recht, und das habe für jeden, „von Sokrates oder Kant bis zum obscursten aller übernatürlich-erleuchteten Schneider oder Schuster" zu gelten. Also auch (das meint das „obscur" und „übernatürlich-erleuchtet") für jeden, der irgendeinen selbstausgeheckten Blödsinn verbreiten möchte, oder durchaus auch uns bedenklich anmutende Stammtischwahrheiten: Sagen und zu verbreiten suchen darf er sie.

Eine Einschränkung macht Wieland: Es dürfe nur durch „die Buchdrukkerpresse" geschehen, also durch Bücher, Broschüren, Zeitschriften. Die Einschränkung, an die Wieland denkt, ist nicht die Lehrfreiheit auf Katheder und Kanzel, er denkt ganz konkret an die Bildung von politischen Geheimzirkeln, die sich zwar deshalb bilden mögen, weil die öffentliche Rede eingeschränkt ist, die er aber nichtsdestoweniger immer für potentiell sektenhaft und jedenfalls gefährlich hält. Interessant ist sein Hinweis auf „das weise Strafgesetz der alten Kayser des ersten und zweyten Jahrhunderts", das sich faktisch gegen allerlei religiöse Kulte richtete, unter anderem das Christentum. Solche Bündnisse, die sich selbst der Öffentlichkeit verweigern und exklusiven Zugang zur Wahrheit (sei sie religiös, sei sie politisch) behaupten, waren Wieland stets zuwider, und er hielt sie auch, ganz gleich, was der Inhalt ihrer Lehre sei, für politisch gefährlich.

So wie es kein exklusives Recht zur ,Ausübung der Aufklärung' geben dürfe, so wenig dürfe es auch Beschränkungen ihres Gegenstandes geben. Alles darf und soll Gegenstand öffentlicher Debatte sein. „Keiner Vorstellung oder Behauptung, die jemals von Menschen für Wahrheit ausgegeben worden ist", dürfe „ein Freybrief gegen die uneingeschränkteste Untersuchung gestattet" sein. Keine Fragen der Wissenschaft, der Politik, der Religion, der Moral, soziale Einrichtungen oder Gewohnheit – was auch immer – dürfen hier ausgenommen sein.

Ein paar Goldkörner aus — Maculatur oder Sechs Antworten auf sechs Fragen.

Es ist nur gar zu gewiß, daß auch gute Bücher zuweilen Maculatur werden. Ich will also dem mir unbekannten Buche, wovon ein verunglückter Maculaturbogen mir die Gelegenheit zu diesem kleinen Aufsatz gegeben hat, durch diese Benennung an seinen oder seines Verfassers Ehre und Würden nichts benommen haben; das Buch mag ein ganz gutes, wenigstens wohlgemeyntes Buch seyn; ich kann darüber nicht urtheilen, da ich nichts davon gelesen habe als den einzigen Maculaturbogen, der einer kleinen Brochüre, die mir vor einigen Tagen von Leipzig zugeschickt wurde, zur Hülle diente, und der (nach der jetzigen unbequemen Mode), nicht das geringste typographische Kennzeichen hatte, woraus man sehen konnte, was das Buch, zu welchem er gehört, für einen Titel habe. Genug, das Buch oder der Bogen wenigstens ist nun einmal Maculatur; und da jedermann weiß was Maculatur ist, wozu sie gebraucht wird, und was es gewöhnlich für ein Ende mit ihr nimmt, wenn sie auf gutes weiches ungeleimtes Papier gedruckt ist, — (welches gerade bey diesem Bogen der Fall war) — so wird sich der geneigte Leser nur des Adepten zu erinnern brauchen, der den Versuch machte (ob er ihm gelungen oder mißlungen ist, weiß ich nicht) aus einer gewissen unnennbaren Materie den Stein der Weisen zu ziehen, um die obige Aufschrift so deutlich zu finden als es die Sache nur immer gestatten will. Ob übrigens das, was ich aus diesen Blättchen Maculatur destilliret habe, ächtes Gold sey, wird sich zeigen, wenn man es auf die Capelle bringen wird; wozu mir jedermann freundlich willkommen seyn soll.

Nichts kann zufälliger seyn als die Entstehung dieses kleinen Aufsatzes. Ich dachte wohl, als ich von ungefähr ein Blatt von dem mehrbesagten Maculaturbogen abriß, an nichts weniger, als daß ihn das Schicksal bestimmt habe zu einem so weit über seine eigentliche Bestimmung erhabenen Gebrauch veredelt zu werden: genug, was seyn soll muß sich schicken; ich warf von ungefähr einen Blick auf die Seite 214 des Blatts, das ich eben zwischen den drey vordersten Fingern meiner rechten Hand hielt, als ich, nicht ohne einen kleinen Schauer, von Erstaunen, auf der ersten Hälfte dieser inhaltschweren Seite folgende sechs Fragen aufgeworfen fand:

1) Was ist Aufklärung?

2) über welche Gegenstände kann und muß sie sich verbreiten?

3) Wo sind ihre Grenzen?

4) Durch welche sichere Mittel wird sie befördert?

5) Wer ist berechtigt die Menschheit aufzuklären?

6) An welchen Folgen erkennt man ihre Wahrheit?

Diese Fragen (meynte der Verfasser) seyen noch lange nicht so berichtiget, als sie es seyn müßten, um über den Begriff von Aufklärung, und über ihren Gang unter uns, ruhig zu seyn; und sie müßten rein und gerade, und einstimmig beantwortet werden, wenn wir uns nicht in einem ewigen Chaos von Anmaßungen, Irrthümern und Dunkelheiten herumtreiben wollen.

Meiner geringen Meynung nach waren seine sechs Fragen schon seit einigen tausend Jahren für alle verständige Menschen keine Fragen mehr, und wenn wir, dachte ich, uns dem ungeachtet in einem ewigen Chaos von Anmaßungen, Irrthümern und Dunkelheiten herumtreiben, so muß das wohl eine andere Ursache haben; indessen, weil der gute Mann die Sache doch für so wichtig hält, warum sollte mir der H. des T. M. zwey bis drey Blätter versagen, auf denen ich mir diese sechs Fragen so rein und gerade zu beantworten getraue, daß über die siebente, ob ich sie richtig beantwortet habe, nur Eine Stimme seyn soll? Ich entschloß mich also auf der Stelle zu diesem guten Werke, und schreite nun, damit meine Vorrede nicht länger werde als die Abhandlung selbst, unmittelbar zur Ausführung fort.

Also I. „Was ist *Aufklärung?*“

Antwort: das weiß jedermann der vermittelst eines Paars sehender Augen erkennen gelernt hat, worin der Unterschied zwischen hell und dunkel, Licht und Finsterniß besteht. Im dunkeln sieht man entweder gar nichts, oder wenigstens nicht so klar daß man die Gegenstände recht erkennen und von einander unterscheiden kann: sobald Licht gebracht wird, klären sich die Sachen auf, werden sichtbar und können von einander unterschieden werden – doch wird dazu zweyerley nothwendig erfodert: 1) daß Licht genug vorhanden sey, und 2) daß diejenige, welche dabey sehen sollen, weder blind, noch gelbsüchtig seyen, noch durch irgend eine andere Ursache verhindert werden, sehen zu können oder sehen zu wollen.

II. „Über welche Gegenstände *kann* und *muß* sich die Aufklärung ausbreiten?"

Drolligte Frage! Worüber als über alle sichtbare Gegenstände? Das versteht sich doch wohl, dächte ich; Oder muß es dem Herrn noch bewiesen werden? Nun wohlan! Im dunkeln (ein einziges löbliches und gemeinnütziges Geschäfte ausgenommen) bleibt für ehrliche Leute nichts zu thun als zu schlafen. Im dunkeln sieht man nicht wo man ist? noch wo man hingeht, noch was man thut, noch was um uns her, zumal in einiger Entfernung, passiert; man läuft Gefahr bey jedem Schritte die Nase anzustoßen, bey jeder Bewegung etwas umzuwerfen, zu beschädigen, oder anzurühren was man nicht anrühren sollte, kurz, alle Augenblicke Mißgriffe und Mißtritte zu thun; so daß, wer seine gewöhnliche Geschäfte im Dunkeln treiben wollte, sie sehr übel treiben würde*). Die Anwendung ist kinderleicht. Das Licht des Geistes, wovon hier die Rede ist, ist die Erkenntniß des Wahren und Falschen, des Guten und Bösen. Hoffentlich wird jedermann zugeben, daß es ohne diese Erkenntniß eben so unmöglich ist die Geschäfte des Geistes recht zu treiben, als es ohne materielles Licht möglich ist, materielle Geschäfte recht zu thun. Die Aufklärung, d. i. so viel Erkenntniß als nöthig ist, um das Wahre und Falsche immer und überall unterscheiden zu können, muß sich also über alle Gegenstände ohne Ausnahme ausbreiten, worüber sie sich ausbreiten kann, d. i. über alles dem äussern und innern Auge sichtbare. — Aber es giebt Leute, die in ihrem Werke gestört werden, sobald Licht kommt; es giebt Leute, die ihr Werk unmöglich anders als im Finstern, oder wenigstens in der Dämmerung, treiben können; — z. B. wer uns schwarz für weiß geben, oder mit falscher Münze bezahlen, oder Geister erscheinen lassen will; oder auch (was an sich etwas sehr unschuldiges ist) wer gerne Grillen fängt, Luft-

---

*) Dieß leidet einige Ausnahmen, ich weiß es wohl; aber in den meisten Fällen bleibt es doch bey der Regel.

schlösser baut, und Reisen ins Schlaraffenland oder in die glücklichen Inseln macht, – der kann das natürlicher Weise bey hellem Sonnenschein nicht so gut bewerkstelligen als bey Nacht, oder Mondschein, oder einem von ihm selbst zweckmäßig veranstalteten Helldunkel. Alle diese wackern Leute sind also natürliche Gegner der Aufklärung, und nun und nimmermehr werden sie sich überzeugen lassen, daß das Licht über *alle* Gegenstände verbreitet werden müsse, die dadurch sichtbar werden können; *ihre* Einstimmung zu erhalten ist also eine pure Unmöglichkeit; sie ist aber, zu guten Glücke, auch nicht nöthig.

III. „Wo sind die *Grenzen* der Aufklärung?"

Antwort: wo, bey allem möglichen Lichte, nichts mehr zu sehen ist. Die Frage ist eigentlich von gleichem Schlage mit der: wo ist die Welt mit Bretern zugeschlagen? und die Antwort ist wirklich noch zu ernsthaft für eine solche Frage.

IV. „Durch welche *sichere* Mittel wird sie befördert?"

Das unfehlbarste Mittel zu machen daß es heller wird, ist, das Licht zu vermehren, die dunkeln Körper, die ihm den Durchgang verwehren, soviel möglich, weg zu schaffen, und besonders alle finstern Winkel und Hölen sorgfältig zu beleuchten, in welcher das Nro. 2. erwähnte lichtscheue Völkchen sein Wesen treibt.

Alle Gegenstände unsrer Erkenntniß sind entweder geschehene Dinge, oder Vorstellungen, Begriffe, Urtheile und Meynungen. Geschehene Dinge werden aufgeklärt, wenn man bis zur Befriedigung eines jeden unpartheyischen Forschers untersucht, ob und wie sie geschehen sind? Die Vorstellungen, Begriffe, Urtheile und Meynungen der Menschen werden aufgeklärt, wenn das Wahre vom Falschen daran abgesondert, das Verwickelte entwickelt, das Zusammengesetzte in seine einfachern Bestandtheile aufgelößt, das Einfache bis zu seinem Ursprung verfolgt, und überhaupt, keiner Vorstellung oder Behauptung, die jemals von Menschen für

Wahrheit ausgegeben worden ist, ein Freybrief gegen die uneingeschränkteste Untersuchung gestattet wird. Es giebt kein anderes Mittel, die Masse der Irrthümer und schädlichen Täuschungen, die den menschlichen Verstand verfinstert, zu vermindern als dieses, und es kann kein anderes geben.

Die Rede kann also auch hier nicht von Sicherheit oder Unsicherheit seyn. Niemand kann etwas dabey zu befürchten haben, wenn es heller in den Köpfen der Menschen wird, — als diejenigen, deren Interesse es ist, daß es dunkel darin sey und bleibe; und auf die Sicherheit dieser letztern wird doch wohl bey Beantwortung der Frage keine Rücksicht genommen werden sollen? Wahrlich, wir können ihrentwegen ganz ruhig seyn; sie werden schon selbst für ihre Sicherheit sorgen. Sie werden auch künftig, wie bisher, ihr möglichstes thun, alle Öfnungen, Fenster und Ritzen, wodurch Licht in die Welt kommen kann, zu verbauen, zu vernageln und zuzustopfen; werden nicht ermangeln, uns andern, die wir uns zu unserm und andrer Leute nothdürftigem Gebrauch mit etwas Licht versehen, die Laternen zu zerschlagen, sobald sie die stärkern sind, und, wo sie das nicht sind, alle nur ersinnliche Mittel anwenden, die Aufklärung wenigstens in ein böses Geschrey zu bringen. Ich denke nicht gern arges von meinem Nebenmenschen: aber ich muß gestehen, die Sicherheit der Aufklärungsmittel, die unserm Frager so sehr am Herzen liegt, könnte mir seine Lauterkeit wider Willen verdächtig machen. Sollte er etwa meynen, es gebe respectable Dinge, die keine Beleuchtung aushalten können? Nein, so übel wollen wir von seinem Verstande nicht denken! Aber er wird vielleicht sagen: „es gebe Fälle, wo zuviel Licht schädlich sey, wo man es nur mit Behutsamkeit und stufenweiße einfallen lassen dürfe.“ Gut! nur kann dieß mit der Aufklärung die durch Unterscheidung des Wahren und Falschen bewirkt wird, in Teutschland wenigstens, der Fall nicht seyn; denn so stockblind ist unsre Nation nicht, daß sie, wie eine Person, die am schwarzen Staar operiert worden ist, behandelt werden müsse. Es wäre Spott und Schande, wenn wir, nachdem wir schon dreyhundert Jahre lang nach und nach einen gewissen Grad von Licht gewohnt worden sind, nicht endlich einmal im Stande seyn sollten, hellen Sonnenschein ertragen zu können. Es greift sich mit Händen, daß das bloße Ausflüchte der lieben Leute sind, die ihre eigenen Ursachen haben, warum es nicht hell um sie seyn soll.

V. „Wer ist *berechtigt* die Menschheit aufzuklären?“

Wer es kann! – „Aber wer kann es?“ – Ich antworte mit einer Gegenfrage, wer kann es *nicht?* Nun mein Herr? da stehen wir und sehn einander an? Also, weil kein Orakel da ist, das in zweifelhaften Fällen den Ausspruch thun könnte, (und wenn Eines da wäre, was hälf es uns ohne ein zweytes Orakel, das uns das erste erklärte?) und weil kein menschliches Tribunal berechtigt ist, sich einer Entscheidung anzumaßen, wodurch es von seiner Willkühr abhienge, uns soviel oder wenig Licht zukommen zu lassen als ihm beliebte: so wird es wohl dabey bleiben müssen, daß jedermann – von Sokrates oder Kant bis zum obscursten aller übernatürlich erleuchteten Schneider und Schuster, ohne Ausnahme, berechtigt ist, die Menschheit aufzuklären, wie er kann, sobald ihn sein guter oder böser Geist dazu treibt. Man mag die Sache betrachten, von welcher Seite man will, so wird sich finden, daß die menschliche Gesellschaft bey dieser Freyheit unendlichmal weniger gefährdet ist, als wenn die Beleuchtung der Köpfe und des Thuns und Lassens der Menschen als Monopol oder ausschließliche Innungssache behandelt wird. Nur wollte ich allenfalls rathen, *ne quid Res publica detrimenti capiat,* – eine höchst unschuldige Einschränkung dabey zu verfügen; und diese wäre: das sehr weise Strafgesetz der alten Kayser des ersten und zweyten Jahrhunderts gegen die heimlichen Conventikel und geheimen Verbrüderungen zu erneuern, und dem zu Folge allen, die nicht berufen sind auf Kanzeln und Kathedern zu lehren, kein anderes Mittel zur beliebigen Aufklärung der Menschheit zu gestatten als die Buchdruckerpresse. Ein Narr, der in einem Conventikel Unsinn predigt, kann in der bürgerlichen Gesellschaft Unheil anrichten: ein Buch hingegen, was auch sein Inhalt seyn mag, kann heut zu Tage keinen Schaden thun, der entweder der Rede werth wäre, oder nicht gar bald zehnfältig und hundertfältig durch andere vergütet würde.

VI. An welchen *Folgen* erkennt man die *Wahrheit* der Aufklärung?

Antwort: wenn es im Ganzen heller wird; wenn die Anzahl der denkenden, forschenden, lichtbegierigen Leute überhaupt, und besonders in der Classe von Menschen, die bey der Nichtaufklärung am meisten zu gewinnen hat, immer größer, die Masse der Vorurtheile und Wahnbegriffe zusehends immer kleiner wird; wenn die Schaam vor Unwissenheit und Unvernunft, die Begierde nach nützlichen und edeln Kenntnissen, und besonders wenn der Respect vor der menschlichen Natur und ihren Rechten unter allen Ständen unvermerkt zunimmt; und (was ganz gewiß eines der unzweydeutigsten Kennzeichen ist) wenn alle Messen einige Frachtwagen voll Broschüren gegen die Aufklärung in Leipzig ein und ausgeführt werden. Denn die figürlichen Nachtvögel sind, in diesem Puncte, gerade das Widerspiel der eigentlichen: diese werden erst bey Nacht laut; jene hingegen schreyen am grellsten wenn ihnen die Sonne in die Augen sticht.

Sagt, hab ich recht? Was dünkt euch von der Sache
Herr Nachbar mit dem langen Ohr?

Timalethes.

Über die Rechte und Pflichten der Schriftsteller

Der Aufsatz *Über die Rechte und Pflichten der Schriftsteller* erschien 1783 im *Teutschen Merkur,* versehen mit der Eingangsbemerkung, die vorgetragenen Gedanken müßten eigentlich jedem einleuchten, gleichwohl sei jeder Einwand willkommen, wo immer er der Welt mitgeteilt werde – „im gegenwärtigen oder einem andern Journale".

Es geht um die Freiheit der Presse: „Die Freyheit der Presse ist Angelegenheit und Interesse des ganzen Menschengeschlechts." Hauptsächlich ihr sei der „gegenwärtige Grad von Kultur, dessen sich Europa rühmen" könne, zu verdanken – und also: „Freyheit der Presse ist nur darum ein Recht der Schriftsteller, weil sie ein Recht der Menschheit" ist. – Das gilt allgemein. Und nun folgt die Antwort auf die Frage, worum es denn eigentlich gehe, wenn man von ‚Aufklärung' oder ‚Selbst-Aufklärung' der Menschen spreche.

„Der Menschheit eignes Studium ist der Mensch." Wieland meint damit, was Karl Marx ein halbes Jahrhundert später in der 6. Feuerbachthese so formuliert: Der Mensch ist „kein dem einzelnen Individuum innewohnendes Abstraktum, sondern das ensemble der gesellschaftlichen Verhältnisse", was man ergänzen kann durch den Zusatz: aller Verhältnisse, die Menschen in der Geschichte zueinander und zu ihrer Umwelt eingegangen sind. – Wieland setzt fort: Um herauszufinden, „was dem Menschen möglich ist", müsse man „wissen, was er wirklich ist und wirklich geleistet hat" – alle echte Menschenkenntnis sei historisch und brauche die „Darstellung dessen, was sich mit dem Menschen zugetragen und immerfort zuträgt", kurz: „die Darstellung einer immer fortlaufenden Thatsache". Historische Untersuchung, Reisebericht, Archäologie, Beschreibung politischer und sozialer Verhältnisse, Nachrichten aller Arten – eine Begrenzung des Genres gibt es nicht.

Besonders hebt Wieland die Notwendigkeit politisch/soziologischer Beschreibung des gegenwärtigen und jeweiligen Zustandes eines jeden Landes hervor: „Beschaffenheit der Staatshaushaltung, der Polizey, der bürgerlichen und militärischen Verfassung, der Religion, der Sitten, der öffentlichen Erziehung, der Wissenschaften und Künste, der Gewerbe, der Landwirthschaft u. s. w." – Die Pflicht, die er den „Schriftstellern", also allen, die solche Berichte und Untersuchungen abfassen, auferlegt, ist „Wahrhaftigkeit und Unpartheylichkeit“. Gemeint ist: frei von vorgefaßter Meinung zu sein. Aber wer ist das schon gänzlich? Also steht auch jede noch so auf Objektivität pochende Untersuchung weiterer Debatte offen.

Über die Rechte und Pflichten der Schriftsteller in Absicht ihrer Nachrichten, Bemerkungen, und Urtheile über Nationen, Regierungen, und andre politische Gegenstände.

Bey der großen Menge von Schriften, worin gereiste Leute (unter welche von Yoriks Klassen[*] sie auch gehören mögen) die auf ihren Reisen und Wanderungen gesammelte Bemerkungen und Nachrichten in Briefen an Freunde, oder vielmehr an das Publikum, zum Druck befördern, und da die Begierde der lesenden Welt nach Schriften dieser Art natürlicher weise die Anzahl der reiselustigen Schriftsteller und briefstellerischen Wanderer täglich vermehrt, möchte es Vielen wohl angenehm seyn, einen richtigen Maasstab bey der Hand zu haben, nach welchem sie die Befugnisse solcher Schriftsteller und die Grenzen ihrer Freyheit bey Bekanntmachung ihrer Bemerkungen, Nachrichten und Urtheile, in allen vorkommenden Fällen mit Zuverlässigkeit bestimmen könnten.

Dieser Maasstab scheint in folgender Reihe von Wahrheiten enthalten zu seyn.

Ich gebe sie mit Zuversicht für Wahrheiten aus, weil ich nicht nur selbst gänzlich von ihnen überzeugt, sondern auch gewiß bin, daß sie jedem nur mäßig aufgeklärten und einiges Nachdenkens fähigen Menschen als Wahrheit einleuchten müssen.

Sollte indessen jemand gegen den einen oder andern der folgenden Sätze etwas Erhebliches zu erinnern haben: so wird er sich ein Verdienst um das Publikum machen, wenn er seine Einwendungen entweder in gegenwärtigem oder einem andern Journale der Welt mitzutheilen belieben wird.

* * *

---

[*] S. Yoriks Empfindsame Reise, die in der Desobligeante geschriebene Vorrede.

1.

Freyheit der Presse ist Angelegenheit und Interesse des ganzen Menschen-Geschlechtes. Dieser Freyheit hauptsächlich haben wir den gegenwärtigen Grad von Erleuchtung, Kultur und Verfeinerung, dessen unser Europa sich rühmen kann, zu verdanken. Man raube uns diese Freyheit, so wird das Licht, dessen wir uns jezt erfreuen, bald wieder verschwinden; Unwissenheit wird bald wieder in Dummheit ausarten, und Dummheit wird uns wieder dem Aberglauben und dem tyrannischen Despotismus preisgeben; die Völker werden in die scheusliche Barbarey der finstern Jahrhunderte zurücksinken: wer sich dann erkühnen wird, Wahrheiten zu sagen, an deren Verheimlichung den Unterdrückern der Menschheit gelegen ist, wird ein Ketzer und Aufrührer heissen, und als ein Verbrecher bestraft werden.

2.

Freyheit der Presse ist nur darum ein Recht der Schriftsteller, weil sie ein Recht der Menschheit, oder wenn man will, ein Recht polizierter Nationen ist; und sie ist blos darum ein Recht des Menschen-Geschlechts, weil die Menschen, als vernünftige Wesen, kein angelegneres Interesse haben als wahre Kenntnisse von allem was auf irgend eine Art, directer oder indirecter weise, einen Einfluß auf ihren Wohlstand hat, oder zu Vermehrung ihrer Vollkommenheit und Glückseligkeit etwas beytragen kann.

3.

Die Wissenschaften, welche für den menschlichen Verstand das sind, was das Tageslicht für unsre Augen, können und dürfen also, ohne offenbare Verletzung eines unläugbaren Menschen-Rechtes, in keine andere Grenzen eingeschlossen werden, als diejenigen welche uns die Natur selbst gesetzt hat. Alles was wir wissen können, das dürfen wir auch wissen.

4.

Die nüzlichste, also die vornehmste, aller Wissenschaften, oder, noch genauer zu reden, diejenige in welcher alle übrige eingeschlossen sind, ist die Wissenschaft des Menschen:

Der Menschheit eignes Studium ist *der Mensch.*

5.

Die Wissenschaft des Menschen ist eine Aufgabe, an deren vollständiger reiner Auflösung man noch Jahrtausende arbeiten wird, ohne damit zu Stande gekommen zu seyn. Diese Wissenschaft anzubauen, zu fördern, immer größere Fortschritte darin zu thun, ist der Gegenstand des Menschen-Studiums; und dieses kann auf keine andere Weise mit Erfolge getrieben werden, als indem man die Menschen, wie sie von jeher waren, und wie sie dermalen sind, nach allen ihren Beschaffenheiten, Verhältnissen und Umständen kennen zu lernen sucht.

6.

Diese historische Kenntnis der vernünftigen Erdebewohner ist die Grundlage aller philosophischen Wissenschaften, welche die Natur und die Bestimmung des Menschen, seine Rechte und seine Pflichten, die Ursachen seines Elendes und die Bedingungen seines Wohlstandes, die Mittel, jenes zu mindern und diesen zu befördern, kurz, aller Wissenschaften, welche das allgemeine Beste des menschlichen Geschlechtes zum Gegenstande haben. Um herauszubringen was dem Menschen möglich ist, muß man wissen, was er wirklich ist und wirklich geleistet hat. Um seinen Zustand zu verbessern und seinen Gebrechen abzuhelfen, muß man erst wissen, wo es ihm fehlt, und, woran es liegt, daß es nicht besser um ihn steht. Im Grunde ist also alle ächte Menschenkenntnis historisch. Die Geschichte der Völker, nach ihrer ehemaligen und gegenwärtigen Beschaffenheit, in derjenigen Verbindung der Thatsachen und Begebenheiten, woraus man sieht wie sie zusammenhangen, und wie der Effect des einen wieder die Veranlassung oder Ursache des andern wird: diese Philosophie der Menschen-Geschichte ist nichts anders als Darstellung dessen was sich mit den Menschen zugetragen und immerfort zuträgt, Darstellung einer immer fortlaufenden Thatsache, wozu man nicht anders gelangen kann, als indem man die Augen aufmacht und sieht, und indem diejenige, welche mehr Gelegenheit als andere gehabt zu sehen was zu sehen ist, ihre Beobachtungen den andern mittheilen.

7.

Aus diesem Gesichtspuncte sind nun alle Beyträge zu beurtheilen, welche von Männern von Verstand und Erfahrung, von Seefahrern und Landfahrern, Reisigen und Fußgängern, Gelehrten und Ungelehrten (denn auch Ungelehrte können den Geist der Beobachtung haben, und sehen oft aus gesundern Augen als Gelehrte von Profession) zur Erd- und Völker-Kunde, oder, mit Einem Worte, zur Menschen-Kenntnis, in größern oder kleinern Bruchstücken bekannt gemacht worden sind. Aus diesem Gesichtspuncte erkennt man ihre Schäzbarkeit, und daß dem Menschlichen Geschlechte überhaupt, und jedem Volke, jedem einzelnen Staatskörper und jedem einzelnen Menschen insbesondere daran gelegen ist, daß solcher Beyträge recht viele in das allgemeine Magazin der menschlichen Kenntnisse geliefert werden.

8.

Insonderheit ist jeder großen Nation – also auch ganz vorzüglich der unsrigen, deren Staatskörper eine so sonderbare Gestalt hat, und aus so mannichfaltigen und ungleichartigen Theilen zusammengewachsen ist, daran gelegen, ihren gegenwärtigen Zustand so genau als möglich zu kennen; und jeder noch so geringe Beytrag, der über die Beschaffenheit der Staatshaushaltung, der Polizey, der bürgerlichen und militärischen Verfassung, der Religion, der Sitten, der öffentlichen Erziehung, der Wissenschaften und Künste, der Gewerbe, der Landwirthschaft u. s. w. in jedem Theile unsers gemeinsamen Vaterlandes, und über die Stufe der Kultur, Aufklärung, Humanisirung, Freyheit, Thätigkeit und Emporstrebung zum Bessern, die jeder derselben erreicht hat, einiges Licht verbreitet, jeder solche Beytrag ist schäzbar, und verdient unsern Dank.

9.

Die erste und wesentlichste Eigenschaft eines Schriftstellers, welcher einen Beytrag zur Menschen- und Völker-Kunde, aus eigener Beobachtung, liefert, ist: daß er den aufrichtigen Willen habe die Wahrheit zu sagen; daß er folglich keiner Leidenschaft, keiner vorgefaßten Meynung, keiner interessierten Privatabsicht wissentlich einigen Einfluß in seine Nachrichten und Bemerkungen erlaube. Seine erste Pflicht ist Wahrhaftigkeit und Unpartheylichkeit; und da wir zu allem berechtigt sind was eine nothwendige Bedingung der Erfüllung unsrer Pflicht ist: so ist auch, vermöge der Natur der Sache, Freymüthigkeit ein Recht das keinem Schriftsteller dieser Classe streitig gemacht werden kann. Er muß die Wahrheit sagen wollen, und sagen dürfen.

10.

Diesem zufolge ist also der Schriftsteller vollkommen berechtigt, von dem Volke, über welches er uns seine Beobachtungen mittheilt, alles zu sagen was er gesehen hat, Gutes und Böses, Rühmliches und Tadelhaftes. Mit ungetreuen Gemählden, welche nur die schöne Seite darstellen, und die fehlerhafte entweder ganz verdunkeln, oder gar durch schmeichlerische Verschönerung verfälschen, ist der Welt nichts gedient.

11.

Niemand kann sich beleidiget halten, wenn man ihn abschildert wie er ist. Die Höflichkeit welche uns verbietet, einer Person in öffentlicher Gesellschaft, ihre Fehler zu sagen, ist keine Pflicht des Schriftstellers, der vom Menschen überhaupt, oder von Nationen, Staaten und Gemeinheiten (wie groß oder klein sie übrigens seyn mögen) zu sprechen hat. Eine Nation würde etwas Unbilliges verlangen, und sich lächerlich vor der Welt machen, welche für ganz untadelich und von allen Seiten vollkommen gehalten seyn wollte: und ganz untadelich müßte sie doch seyn, wenn ein verständiger Beobachter gar nichts an ihr auszusetzen hätte. Alles was, in solchem Falle, die Ehrerbietung gegen eine ganze Nation oder Gemeinheit von mir fodert, ist — in anständigen Ausdrücken, ohne Übertreibung, Bitterkeit und Leichtfertigkeit von ihrer blinden Seite zu sprechen; und vornehmlich seine Unpartheylichkeit auch dadurch zu beweisen, daß man ihren Vorzügen, und allem was an ihr zu rühmen ist, Gerechtigkeit wiederfahren lasse.

12.

Zu Erlangung einer richtigen Kenntnis von Nationen und Zeitaltern ist hauptsächlich vonnöthen, daß man das Unterscheidende oder Charakteristische eines jeden Volkes, welches merkwürdig genug ist um die öffentliche Aufmerksamkeit zu verdienen, kennen lerne: und dieses Charakteristische äussert sich gewöhnlich eben so wohl, ja oft noch stärker und auszeichnender, in Fehlern als in Vollkommenheiten. Oft sind die Fehler nur ein Übermaaß von gewissen Eigenschaften, die in gehörigem Maaße sehr löblich sind, wie z. B. geziertes Wesen ein Übermaaß von Eleganz ist. Nicht selten sind die Fehler an Nationen, eben so wie an einzelnen Menschen, blos natürliche (wiewohl allezeit verbesserliche) Folgen eben derjenigen Sinnesart, wodurch ein Volk zu gewissen Tugenden besonders aufgelegt ist: wie z. B. die National-Eitelkeit der Franzosen ein Fehler ist, den sie nicht hätten, wenn nicht hohes Ehrgefühl, Liebe zum Ruhm, und lebhafte Theilnehmung an National-Ehre ein Hauptzug ihres National-Charakters wäre. Fehler dieser Art bemerken, heist nicht beleidigen, sondern einen dankverdienenden Wink geben, wo und wie man in seiner Art besser und lobenswürdiger werden kann.

13.

Ein Beobachter, den die Natur mit etwas Scharfsinn und Lebhaftigkeit des Geistes ausgesteuert, und die Philosophie mit dem richtigen Maasstabe dessen was löblich, schön, anständig und schicklich, oder was das Gegentheil ist, versehen hat, sieht überall, wo er hinkommt, die Menschen und ihr Thun und Lassen, Gewohnheiten und Eigenheiten, auch ihre Schiefheiten und Albernheiten, in ihrem natürlichen Lichte; und, ohne die mindeste Absicht etwas lächerlich machen zu wollen, findet sich, daß man über das lächerliche – lachen oder lächeln muß. Wohl dem Volke das nur lächerliche Fehler hat!

14.

Zuweilen liegt der vermeynte Tadel, worüber man sich unzeitig beklagt, blos in der Vorstellungsart einer übermäßig reizbaren Selbstgefälligkeit. Als Xenophon seine zwey Gemählde von der Spartanischen und Atheniensischen Republik gegeneinander stellte, schrien die leztern, welche gewohnt waren von ihren Sophisten und Lohnredern immer nur schmeichelhafte Dinge zu hören, über großes Unrecht: aber Wir, die keinen Grund haben weder Atheniensern noch Spartanern zu schmeicheln, oder mehr Vorliebe für die einen als für die andern zu haben, wir finden nun daß Xenophon den Atheniensern kein Unrecht that. Er sagt mit der ihm ganz eigenen Simplicität und Geradheit, was jedermann, der nach Athen gieng und mit seinen eigenen Augen sah, sehen mußte. Die Athenienser schrien über Satyre und Ironie, wo Xenophon weder an Satyre noch Ironie gedacht hatte. Die Wahrheit war, daß er sie blos in einen Spiegel schauen ließ. Sein Gemählde ist das Gemählde einer jeden Republik, wo das Volk die höchste Gewalt hat: und alle die besondern Züge, die nur auf die Athenienser zu passen scheinen, sind im Grunde bloße Modificationen, wovon der nähere Grund in ihrer Lage und in ihren äussern Umständen zu finden war. Ich kann die Constitution der Athenienser nicht loben, sagt Xenophon: aber, da es ihnen einmal beliebt hat sich eine solche Constitution zu geben: so finde ich, daß sie sehr inconsequent seyn müßten, wenn sie anders wären als sie sind. Man tadelt dies und dies und dies an ihnen, und überlegt nicht, daß sie, ihre Constitution vorausgesetzt, in allem dem, weswegen man sie tadelt, recht haben. Sein Buch von der Atheniensischen Republik ist daher, wenn man will, eine Satyre und eine Apologie zu gleicher Zeit – in der That aber, und in den Augen eines jeden unbefangenen Lesers, ist sie weder mehr noch weniger „als eine historische Darstellung dessen was die Athenienser in ihrer demokratischen Epoke waren, in ein solches Licht gestellt, daß man deutlich begreift, wie sie das waren, und warum sie es waren; und warum es unmöglich war, daß sie anders hätten seyn sollen, so lange sie nicht die Quelle alles dessen was an ihnen tadelhaft war, ihre Constitution, änderten."

Eine eben so simple, getreue, ungeschmeichelte Darstellung dessen, was, in unserm gegenwärtigen Zeit-Momente, jeder besondrer Staat, jede große oder kleine Haupt- Residenz- und freye Reichsstadt in Teutschland würklich ist, wie jene Xenophontische von Sparta und Athen, würde ihrem Verfasser zwar, wahrscheinlich, viel Verdruß und keine öffentliche Danksagung im Namen Kaysers und Reichs zuziehen (wie ehedem D. Bürnet für seine Whiggische Geschichte von England vom Ober- und Unterhaus von Groß-Brittannien erhielt) aber er würde eine solche Danksagung wenigstens verdienen; denn es wäre eine große Wohlthat die er der Nation erwiese.

15.

Wer aus einem großen Staat in einen andern kömmt, wo Verfassung und Einrichtung, National-Charakter und National-Sitten mit jenem stark abstechen, z. B. aus einem militärischen in einen, der seinen Wohlstand dem Frieden und den Künsten des Friedens zu danken hat: der bringt eine Disposition mit sich, vorzüglich alles das zu bemerken, was den Unterschied zwischen beyden ausmacht, weil dies gerade die Züge sind die ihm am stärksten auffallen. Daher kommt es denn ganz natürlich, daß er ein Belieben daran findet, das Charakteristische der einen und der andern Nation gegeneinander zu stellen, und mit einander zu vergleichen – eine Operation, wodurch gemeiniglich herauskommt, daß das, worin die eine sich besonders hervorthut, gerade nicht die glänzendste Seite der andern ist. Kein Volk, zumal ein kleines, kann alle mögliche Vorzüge beysammen haben; es giebt sogar einige, die einander ausschließen. Ich bin gewiß, daß ein Hauffen edler junger Mitbürger und Kameraden des Alcibiades, ihrer Tapferkeit unbeschadet, gegen eben so viele Spartanische Knaster-Bärte wie ein Trupp schöner Herren, die zum Tanze gehen, aussahen. Spartaner und Athenienser, Thebaner und Korinthier, (alte oder moderne) in einem Gemählde gegen einander contrastiren zu lassen, ist immer eine sehr unschuldige Sache: wiewohl die einen auf die andern wechselsweise ein nicht immer vortheilhaftes Licht reflectiren.

16.

Was § 11. und 12. von Nationen gesagt worden, gilt auch von Regenten und großen Herren. August und Trajan, wenn man ihren Schmeichlern und Lobrednern glauben wollte, müßten keine Menschen, sondern Götter und Ideale aller Vollkommenheiten gewesen seyn: und wenn man den Büchermachern in ihren Zueignungsschriften, und den Zeitungsschreibern, wenn sie Todesfälle und Thronbesteigungen ankünden, und – den Leichenpredigern oder Standrednern, wenn sie aus bezahlter Pflicht zum leztenmale loben, unbeschränkt glauben müßte: so wären alle unsre Regenten, vom ersten Monarchen in Europa bis zum – kleinsten aller Dynasten im H. R. Reich, lauter Auguste und Trajane. – Wollte Gott! – Aber was ist das ist; und wie es überall in der Welt ist, das sieht wer ein Paar gesunde Augen hat, und wer nicht sehen kann, fühlt's. Regenten, die von ihrer Würde und von ihrem Amte die gehörige Empfindung haben, verachten solche Schmeicheleyen, und wissen, daß wer das Herz hat ihnen unangenehme Wahrheiten zu sagen, es gewiß ehrlich mit ihnen meynt. Der beste Fürst ist der, dessen größter Wunsch ist, der beste Mensch unter seinem Volke zu seyn. Und gewiß ein solcher kann und wird es nicht übel finden, wenn man ihm mit Bescheidenheit zu verstehen giebt, was die Nachwelt ohne Scheu heraussagen wird, wenn es zu spät für ihn seyn wird Nutzen daraus zu ziehen.

17.

So wie es keinen wissenschaftlichen Gegenstand giebt, den man nicht untersuchen, ja selbst keinen Glaubenspunkt, den die Vernunft nicht beleuchten dürfte, um zu sehen, ob er glaubwürdig sey oder nicht: so giebt es auch keine historische und keine praktische Wahrheit, die man mit einem Interdict zu belegen, oder für Contrebande zu erklären berechtiget wäre. Es ist widersinnig, Staats-Geheimnisse aus Dingen machen zu wollen, die aller Welt vor Augen liegen; oder übel zu nehmen, wenn jemand der ganzen Welt sagte, was einige hundert tausend Menschen sehen, hören und fühlen.

18.

Ein Augenzeuge kann, ohne Schuld seines Willens, unrichtig sehen. Wer einem andern, den er für glaubwürdig hält, etwas nachsagt, kann falsch berichtet worden seyn: der aufmerksamste und scharfsichtigste Beobachter ist – wie alle Menschen, der Möglichkeit des Irthums unterworfen, und kann einen wichtigen Umstand übersehen, oder gewisse Dinge nicht aus ihrem wahren Gesichtspunct oder in ihrem vortheilhaftesten Lichte gesehen haben. Es ist also kaum möglich, daß die Schriften, worin Völker, Staaten, merkwürdige Menschen, Begebenheiten und Sitten der Zeit, und dergl. historisch geschildert werden, auch bey dem reinsten Vorsatze die Wahrheit zu sagen, von Unrichtigkeiten gänzlich frey seyn sollten. Auch ist es möglich, daß jemand aus Unerfahrenheit oder Beschränktheit seiner Einsichten, oder aus dunkeln Vorstellungen und Neigungen, die ohne sein Wissen auf ihn wirken, z. B. aus Vorliebe für sein Vaterland, zuweilen unrichtig sehen und urtheilen kann. Aber es wäre widersinnig hieraus den Schluß zu ziehen, daß man also keine historischen Schriften, keine Beyträge zur Völker- und Menschen-Kunde, keine Reisebeschreibungen, und keine Sammlungen solcher Thatsachen, deren Publicität der Welt nüzlich ist oder werden kann, mehr bekannt machen dürfte. Alles was daraus folgt, ist: daß ein jeder, der etwas besser zu wissen glaubt, oder im Stande ist die Irrthümer eines Schriftstellers zu berichtigen, nicht nur volle Befugnis, sondern sogar eine Art von Pflicht auf sich hat, dem Publico damit zu dienen. – Und soviel für diesmal!

W.

Kritik der Religion

Die *Gedanken von der Freyheit über Gegenstände des Glaubens zu philosophiren* sind 1788 in mehreren Teilen im *Teutschen Merkur* veröffentlicht worden. Dieser Aufsatz ist erstaunlich lang, und das hat seinen guten Grund. Im 18. Jahrhundert stand hinter der Forderung, über alle möglichen Fragen eine öffentliche Debatte führen zu dürfen, immer auch ein: „und das gilt auch für alle Fragen der Religion“, als wäre gerade das nicht selbstverständlich. – „Man kann es nicht zu oft wiederholen: Nichts was Menschen jemals öffentlich gesagt, geschrieben und gethan haben kann sich des Privilegiums gegen die kaltblütige Untersuchung und Beurtheilung der Vernunft anmaßen. Kein Monarch ist so groß und kein Priester so heilig“, daß das, was er sage oder täte davon ausgenommen sein dürfte.

Das Thema war ebenso grundsätzlich wie aktuell. Zehn Jahre zuvor hatte der Herzog von Braunschweig Lessing (der als Bibliothekar von Wolfenbüttel sein Untertan war) ein Publikationsverbot auferlegt. Lessing hatte Schriften des verstorbenen Hamburger Gelehrten Samuel Reimarus (als *Schriften eines Ungenannten*) publiziert, in denen die Glaubwürdigkeit von Berichten aus dem Alten und Neuen Testament geprüft wurden. Unter anderem ging es um die mangelnde Glaubwürdigkeit der Berichte über die Auferstehung Jesu. Der Publikation schloß sich eine Debatte an, vor allem mit dem Hamburger Hauptpastor Melchior Goeze, der die Obrigkeit dazu aufrief, derlei Publikationen wegen ihrer Staatsgefährlichkeit zu unterbinden. Was dann auch geschah. (Man denke bei derlei nicht nur an das 18. Jahrhundert. 1940 wurde in New York gerichtlich ein Lehrverbot für Bertrand Russell bestätigt – und zwar für Philosophie, Logik und Mathematik –, auch und explizit wegen seiner atheistischen Positionen.)

Wieland, der eine fromme Jugend hinter sich gebracht und noch bis ins junge Erwachsenenalter sehr christliche Schriften veröffentlicht hatte, ließ später all das hinter sich. Man kann ihn einen gänzlich a-religiösen Menschen nennen. Aber er war niemand, der das propagierte, wie er eben nie ein Propagandist der eigenen Meinungen war. Worum es ihm wie allen denen, die man ‚die Aufklärer‘ nannte, die Voltaires, Diderots, Humes, Kants, Lessings, ging, war, das seit der Spätantike bestehende Weltanschauungs- und Deutungsmonopol der christlichen Religion zu bestreiten und, nach politischer Möglichkeit, abzuschaffen.

Bei einigen Intellektuellen der Aufklärung gehörte dazu das Nachdenken über „natürliche Religion", das heißt die Frage, woher eigentlich das menschliche Bedürfnis nach Religion stamme. Lessing etwa beschreibt in seiner *Erziehung des Menschengeschlechts* (1780) die Transformation religiös-mythischer Welterklärungen in zunehmend rationale Überzeugungen und die Wandlungen religiöser Ge- und Verbote in säkulare Ethik. Ähnlich sieht es Wieland. Er sieht als den Kern allen religiösen Glaubens das Bedürfnis, an einen (väterlichen) Gott und Weltschöpfer und die Fortexistenz nach dem Tode zu glauben. Dieses Bedürfnis hält er für menschlich, Gott und Unsterblichkeit für wahr zu halten für tröstlich, aber daraus ergibt sich natürlich kein Argument für die Wahrheit selbst.

Das aber ist nicht das Thema seiner Abhandlung. Es geht Wieland nicht darum, Religion anzugreifen, sondern um historische Äußerungsformen von Religion, und darum schreibt er einen religionshistorischen Abriß (der in dieser Hinsicht so lang auch wieder nicht geraten ist). Und dieser zielt darauf, daß die Ausbildung der verschiedenen Religionen, sei es das Christentum, der Islam, das Judentum, andere wie der Zoroastrismus etwa, stets zu Priesterherrschaften, zu Vormundschaftsregimen geführt habe. Wieland spricht von „jener schrecklichen Finsternis, Sclaverey und Verwilderung der Jahrhunderte zwischen Theodosius und Friedrich III.", also jenem römisch-deutschen Kaiser, in dessen Regierungszeit die Erfindung des Buchdrucks zeitlich zusammenfällt.

Die Kritik des Deutungsmonopols der Religionen und die Kritik aller Anmaßung von Vormundschaft gehen bei Wieland immer zusammen, hier haben wir vor allem eine vehemente, auch wütende Attacke gegen die katholische Konfession, die er den „prachtvollen Kerker" nennt, „worin die Vernunft in der größern Hälfte Europens noch immer gefangen gehalten wird". Man denke, daß die Inquisition in Spanien erst durch Napoleon abgeschafft wurde. Hier spricht aus dem Aufklärer noch der lutherische Protestant, der sich auch schützend vor die Religionsverwandten in Deutschland stellt.

Wieland läßt hier keinen Zweifel und phantasiert ein Erdbeben, daß „die ganze Stadt Rom, mit der Basilica zu St. Johann im Lateran, der Peterskirche" und so weiter „von der Erde dergestalt verschlungen werden könnte, daß ihre

Stätte nicht mehr gefunden würde". Gewiß, schreibt er, wünsche er dergleichen nicht, aber wenn es geschähe... „Sollte darüber wohl ein großes Wehklagen unter den Völkern der Erde entstehen?" Ja, mehr noch, könnte man ein solches Ereignis nicht als Chance begreifen, nicht alles wieder aufzubauen? Die Phantasie läuft letztlich in den Seufzer aus, es werde vielleicht – „so Gott will!" – „am Schlusse des 19ten Jahrhunderts manches zur Wirklichkeit gediehen seyn, was man am Schlusse des 18ten mit dem gelindesten Nahmen Träume eines radottierenden [schwatzenden] Weltbürgers nennen wird".

Aber was folge nun aus diesen Reden? Wieland plädiert für einen zurückgenommenen Glauben ohne glaubensanweisende Vormünder, ohne „Aberglauben und Dämonisterey", einen, den er bei dem historischen Jesus von Nazareth sieht, dem er entschieden die Absicht, eine Religion zu stiften, abspricht. Vielmehr habe er die Religion, die er vorgefunden habe, „reinigen" wollen. Worunter Wieland versteht, was für alle sonstigen Religionen anzuempfehlen sei, ihre Reduktion auf einen ethischen Kern, auf Lebenslehren für ein menschlich-altruistisches Miteinander-Leben. Man sei gewiß auf gutem Wege, so auf die Religionen zu sehen, möge aber bedenken, daß der diesbezügliche Fortschritt nicht gesichert sei. Wieland verweist auf den Dreißigjährigen Krieg – „in keinem andern Jahrhundert, selbst in den scheußlichen Zeiten der Kreuzzüge, der Waldenser Verfolgung und der Ausrottung der Tempelherren, sind der Religion in allen Theilen von Europa zahlreichere Hekatomben von Menschenopfern geschlachtet worden". Das gilt für alle Konfessionen – Wieland beschreibt, wie auch der Protestantismus seinen eigenen Fanatismus entwickelt habe. Was könne uns davor bewahren, daß wieder solche Zeiten kämen? Man denke noch einmal daran, daß das Publikationsverbot für Lessing von einem lutherischen Prediger gefordert und von einem lutherischen Fürsten erlassen wurde.

Es ist nicht weiter überraschend, daß Wieland gesetzgeberische Maßnahmen gegen alle Versuche priesterlicher Indoktrination, Beleidigung anderer Religionen, Haß- und Hetzpredigten aller Arten empfiehlt, bei gleichzeitiger Freiheit, in schriftlicher Form zu sagen, was man für recht und wahr halte. Darauf folgt ein, man könnte vielleicht sagen: ängstlicher Rat „an die Philosophen, für deren Freyheit ich bisher so laut gesprochen habe": Sie möchten es nicht übertreiben. Religiöse Meinungen und Doktrinen müssen als menschliche Meinungen jeder Kritik offenstehen, aber nicht aus der Perspektive einer anderen, bevorzugten Doktrin, die an ihre Stelle trete. „Aufklärung“ ist keine konkurrierende Weltanschauung, sondern ein Prinzip der Weltanschauungskritik.

Wenn Wieland dazu rät, den „Glauben an Gott“ von kritischer Einrede zu verschonen, heißt das nicht nur, man möge aus der skeptischen Haltung keine atheistische Doktrin machen, sondern er mahnt zu politischer Vorsicht. Der Ärger über die, die keine taktisch-kluge Zurückhaltung in dem, was sie gegen die Religionen vorbringen, walten lassen, führt ihn weit hinaus: „das ungereimte und ärgerliche Disputiren gegen das Daseyn Gottes oder gegen die angenommenen Beweise desselben, wenn man keine bessern zu geben hat, ingleichen das öffentliche Bestreiten der Lehre von der Unsterblichkeit der Seele“ möge als ein „Attentat gegen die Menschheit und gegen die bürgerliche Gesellschaft erklärt; und durch ein ausdrückliches Strafgesetz verboten werden“. Das allerdings verträgt sich schlecht mit der zuvor erstellten Maxime: „Nichts was Menschen jemals öffentlich gesagt, geschrieben und gethan haben, kann sich eines Privilegiums gegen die kaltblütige Untersuchung und Beurtheilung der Vernunft anmaßen.“

Gedanken von der Freyheit über Gegenstände des Glaubens zu philosophiren.

Die Aufsätze eines mir selbst von Person unbekannten Anonymus über verschiedene philosophische und metaphysische Probleme, die zeither im T. Merkur erschienen sind, geben mir nicht nur den Anlaß, sondern machen es mir gewissermaßen zur Pflicht, meine eignen Gedanken von der Freyheit über Gegenstände des Glaubens zu philosophiren, und die Gründe warum ich überzeugt bin, daß die Ausübung dieses Rechtes gerade jetzt nöthiger sey, und heilsamer werden könne als jemals, dem Publiko zu ruhiger Prüfung mitzutheilen. Ich selbst muß gestehen, daß die Gedanken des Anonymus nicht immer mit den meinigen zusammen treffen: indessen glaube ich, daß sie zu sehr nützlicher Erörterung Gelegenheit geben können und werden;[*)] und ich hoffe, selbst unter denen, die aus ihren eignen Speculationen – oder Erinnerungen dessen was sie andern nachzusprechen gewohnt sind, ganz andere Resultate herausbekommen, werde ihm schwerlich jemand die Gerechtigkeit versagen, einen hellen Kopf in ihm zu erkennen, der mit den exakten Wissenschaften und den Schriften der Philosophen bekannt ist, und die Gegenstände, worüber er schreibt, nicht erst seit ehegestern in genauere Erwägung gezogen hat.

Überhaupt würde ich es da als ein offenbares Zeichen einer traurigen Retrogradation des gesunden Menschenverstandes unter uns ansehen müssen, wenn die Freyheit, womit der Anonymus über Gegenstände, deren Untersuchung unstreitig der Vernunft zu kommt, seine Gedanken sagt, durch die Mehrheit der Stimmen für anstößig oder unzuläßig erklärt werden sollte. Es wäre wahrlich eine sehr illiberale und unphilosophische Art zu philosophiren, wenn derjenige, der mit der Fackel der Vernunft in die dunkelsten Gegenden der menschlichen Ideenwelt einzudringen versucht, sich bey jedem Schritte fürchten müßte, eine Entdeckung zu machen, wodurch irgend ein alter oder junger Hircocervus für das was er ist erkannt würde: oder wenn

---

*) Die vorgehende Abhandlung des Hrn. P. Weland ist die erste Probe hievon.

man, bey Analysierung und Vergleichung menschlicher Begriffe und Meynungen, die Resultate dieser Operationen immer voraussehen, und auf einmal mit Denken einhalten müßte, sobald eines käme, woraus dieser oder jener ehrliche Dogmatiker die Consequenz ziehen könnte, daß es mit seinem Gedanken-Formular wohl nicht ganz richtig stehen dürfte.

Die Vernunft – ohne welche wir Adamskinder allzumal doch nichts als Gras- und Fleischfressende Yahoos wären – muß ihrer Natur nach in ihren Operationen ganz frey seyn. Der Gebrauch dieser Freyheit, und das Recht, den ganzen Prozeß, wie wir im Nachdenken über interessante Gegenstände auf diese oder jene Resultate gekommen sind, andern mitzutheilen, gehört unter die unverlierbaren Rechte der Menschheit. Das allgemeine Beste der Gesellschaft ist mit der Erhaltung dieses Palladiums unzertrennlich verknüpft; denn von seinem Verlust würde der Verlust aller Gewissensfreyheit und aller bürgerlichen Freyheit, würde die Wiederkehr jener schrecklichen Finsterniß, Sclaverey und Verwilderung der Jahrhunderte zwischen Theodosius und Friedrich III. die natürliche Folge seyn. Wenn es wahr ist, daß unser Jahrhundert sich einiger beträchtlichen Vorzüge vor allen vorhergehenden rühmen kann, so haben wir sie lediglich der Freyheit des Denkens und der Presse, der dadurch bewürkten Ausbreitung der Wissenschaften und des philosophischen Geistes, und der mehrern Bekanntmachung derjenigen Wahrheiten, von denen das Wohl der bürgerlichen Gesellschaft abhängt, zu danken. Manche Lobredner unsrer Zeiten mögen wohl von diesen Vorzügen zu sanguinisch denken; aber, wenn sie nicht ungleich größer, ausgebreiteter und in ihren Wirkungen wohlthätiger sind, woher kommt es, als weil die Rechte der Vernunft noch bey weitem nicht in allen Ländern unsers Welttheils anerkannt werden, und sogar da, wo noch das meiste Licht ist, in den Vorurtheilen, den Leidenschaften, und dem Privat-Interesse herrschender Partheyen, Stände, Orden, u. s. w. noch so starken und hartnäckigen Widerstand finden?

Man kann es nicht zu oft wiederholen: Nichts was Menschen jemals öffentlich gesagt, geschrieben und gethan haben, kann sich eines Privilegiums gegen die kaltblütige Untersuchung und Beurtheilung der Vernunft anmaßen. Kein Monarch ist so groß und kein hoher Priester so heilig, daß er, Kraft seiner Majestät oder Heiligkeit, vor den Ohren und Augen der Welt Sottisen sagen oder thun dürfte, ohne daß es erlaubt wäre – sollte es auch erst nach seinem Tode geschehen – mit aller geziemenden Höflichkeit zu zeigen, daß die Sottisen, die er gesagt oder gethan hat, Sottisen sind. Und wenn dies wahr ist – wie doch wohl niemand unverschämt genug seyn wird leugnen zu wollen? – Warum sollten nur die unrichtigen Definitionen, nur die grundlosen Distinctionen, nur die Sophismen und Paralogismen, mit Einem Worte, nur die Sottisen der Gelehrten, Schriftsteller, Doctoren und Magistern, wie illuminiert, resolut, subtil, irrefragabel, angelisch und seraphisch die Herren auch seyn mögen, sich selbst einen Freybrief gegen Prüfung und Beurtheilung geben dürfen?

Auch dies kann, (wenigstens so lang es noch so nöthig ist wie dermalen) nicht oft und laut genug gesagt werden: Nicht die Dinge selbst, sondern nur unsre Vorstellungen, Meynungen, Einbildungen, würkliche oder vermeynte Erfahrungen, daraus gezogene Schlüsse, oder zu ihrer Erklärung erfundene Hypothesen und Systeme, sind der Gegenstand der speculativen Philosophie. Bis zu den Natur-Dingen selbst sind wir noch nicht gekommen. Wir weben und leben in einem Ocean von Phänomenen, Ideen und Phantomen; wir werden von ihnen auf unzähliche Art getäuscht; aber unser Interesse ist, so wenig als möglich getäuscht zu werden: und was haben wir denn als den allgemeinen Menschenverstand und die reine Vernunft, was uns das Wahre, dessen Erkenntniß uns zu unsrer Glückseeligkeit nöthig ist, von Irrthum und Betrug, die uns schädlich und verderblich sind, deutlich und mit Gewißheit unterscheiden lehren könnte?

Es ist wahr, Kinder müssen so lange sie Kinder sind durch Autorität geleitet werden: aber sie müssen auch unterrichtet werden, damit sie nicht ewig Kinder bleiben. Ein Kind wird, der Ordnung der Natur zufolge, mit jedem Jahre weniger Kind; es hat alles in sich, was es braucht um zur Reiffe und Vollkommenheit seiner individuellen Naturbestimmung zu gelangen, und es ist unrecht, wenn seine Obern es, aus eigennützigen Absichten, an seiner Entwicklung hindern. – Ist das was man Volk nennt, eine Art von moralischem Kinde, wie man nicht ohne allen Grund anzunehmen gewohnt ist, so muß auch von ihm gelten, was von allen Kindern gilt: es muß ihm keine Gelegenheit abgeschnitten werden zu männlichem Verstande zu gelangen.

Ich sehe seit einiger Zeit nicht nur die Finsterlinge, (worunter in der That der eine oder andere dem alten Amadis von Gallien den Nahmen des schönen Finsterlings *(beau Tenebreux)* streitig machen könnte) sondern sogar solche, die für sehr illuminirte Köpfe gehalten seyn wollen, gegen Aufklärung und Aufklärer sich erheben. – Was mag man wohl damit wollen? Was fürchtet man vom Lichte? Was hofft man von der Finsterniß? – Können kranke Augen das Licht nicht ertragen? so muß man sie gesund zu machen suchen, und sie werden es nach und nach schon ertragen lernen. Aber Mörder, Diebe, Ganeonen, und ihres gleichen scheuen das Licht – und gerade diese muß es, um des allgemeinen Bestens willen, bis in ihre geheimsten Schlupfwinkel verfolgen.

Jede bekannt gemachte Wahrheit, jede Berichtigung eines Irrthums (träfe es auch nur eine falsche Leseart in einem alten Autor, oder die Zahl der Staubfäden einer neuen Pflanze an) hat ihren Werth: aber es giebt Wahrheiten und Irrthümer, die auf das Wohl oder Weh des menschlichen Geschlechts einen sehr großen, einen entscheidenden Einfluß haben: und diese sollen und müssen unermüdet und unerschrocken von allen ihren Seiten, nach allen ihren Beziehungen und Wirkungen beleuchtet werden, und dem stärksten Feuer der Prüfung so lange ausgesezt bleiben, bis sie, von allen Schlacken des Irrthums gereinigt, als feines gediegenes Gold aus dem Tiegel kommen, und alsdann, ohne Möglichkeit eines vernünftigen Widerspruchs, den kostbarsten und herrlichsten Schatz der Menschheit ausmachen.

Von den Wahrheiten, die ich hier im Auge habe, sind einige einer Evidenz fähig, die der Gewißheit unsers eigenen Bewustseyns gleich ist – Andere hingegen sind so beschaffen, daß sie, vermöge der Natur der Sache und der Schranken unsers Wesens, keine andere Gewißheit für uns haben können, als die aus einem hohen Grade von Wahrscheinlichkeit entspringt, und durch einen im Herzen aller Menschen liegenden geheimen Wunsch, daß sie wahr seyn möchten, unterstützt wird; ein Wunsch, der ein erweisliches moralisches Bedürfniß, sie als wahr anzunehmen, zum Grunde zu haben scheint. Diese Wahrheiten sind nicht so wohl Gegenstände der spekulativen Vernunft als des vernünftigen Glaubens: aber ihre Wurzel liegt so tief in der menschlichen Natur, daß kein Volk des Erdbodens, wie unentwickelt und ungebildet es auch sonst seyn mag, sofern es des menschlichen Nahmens nur einigermaßen werth ist, gefunden wird, bey welchem sich nicht wenigstens finstre, unreife, und misgestaltete Phantomen und Schattenbilder dieser Wahrheiten festgesetzt hätten, für welche sie eine ihnen selbst unerklärbare Anhänglichkeit haben.

Diese Wahrheiten sind – das ewige Daseyn eines Obersten Grundwesens von unbegrenzter Macht, von welchem das ganze Weltall nach unveränderlichen Gesetzen der vollkommensten Weisheit und Güte regiert wird – und die Fortdauer unsers eignen Grundwesens, mit Bewußtseyn unsrer Persönlichkeit und ewigem Fortschritt zu einer vollkommenern Art von Existenz.

Meiner innigsten Überzeugung nach müssen diese zwey Glaubens-Wahrheiten, in ihrer möglichsten Reinheit und Simplicität gedacht und fest geglaubt, den wohlthätigsten Einfluß auf unsre innere Moralität, Zufriedenheit und Glückseligkeit haben. Es ist erweislich und erwiesen, daß sie den Menschen, im Ganzen genommen, unentbehrlich sind; erweislich und erwiesen, daß auch der beste und glücklichste Mensch, durch ihren Glauben noch besser, noch glücklicher werden muß. Von ihnen, und von ihnen allein gilt, was Cicero von den Eleusinischen Mysterien sagt: daß sie uns in die Verfassung setzen, froher zu leben und mit besserer Hofnung zu sterben.

Welcher dem menschlichen Geschlecht gehässige Dämon hat sich denn von uralten Zeiten bis auf den heutigen Tag so unselig geschäftig bewiesen, gerade diesen Glauben einer göttlichen Weltregierung und eines bessern Zustandes nach diesem Leben auf alle nur ersinnliche Weise zu verunstalten, zu verdunkeln, und durch Vermischung mit der ungereimtesten Schwärmerey dem scheuslichsten Aberglauben, und den menschenfeindlichsten Wahnbegriffen und Irrlehren, das was die Stütze, der Trost und die Hofnung der Menschheit seyn sollte, zum Mittel ihrer Unterdrückung und Mishandlung, zu einem Werkzeug der Tyrannie, des Betrugs, und der Beutelschneiderey, ja sogar zu einem Gifte zu machen, das die Seele gleichsam in ihren zartesten und edelsten Theilen anfrißt, und in ein moralisches Scheusal verwandelt?

Wir haben nicht nöthig, die erste Ursache alles dieses Übels weit ausser uns zu suchen; sie liegt uns sehr nahe; denn, kurz – der Dämon stekt in unsrer eignen Haut! und wiewohl es, aus Mangel hinlänglicher Urkunden, unmöglich ist, die Geschichte des Aberglaubens mit historischer Gewißheit zu verfolgen: so ist doch nichts leichter, als die Entstehung desselben unter den Umständen, worin uns die allgemeine Menschengeschichte die ältesten Völker zeigt, psychologisch zu begreifen. Es ist aber hier nicht der Ort, und zu meiner dermaligen Absicht unnöthig, mich in eine solche Deduction einzulassen.

Die ältesten Gesetzgeber, die sich dazu berufen fühlten, noch sehr rohe und in einer Art von natürlicher Wildheit lebende Menschenstämme in bürgerliche Gesellschaften zu vereinigen, fanden den Glauben an Götter im Himmel, auf Erden, im Meer und unter der Erden, und vornehmlich den Glauben an väterliche Götter, und Schutzgötter der Gegend, wo sie wohnten, der Berge und Flüße derselben, u. s. f. in den Gemüthern schon befestiget; und sie kamen sehr natürlich auf den Gedanken, diesen Umstand zu ihrem großen Vorhaben zu benutzen. Sie sahen, daß die Furcht vor den Göttern, unter der Leitung einer klugen Hand, das kräftigste Mittel werden könne, die rohen Menschen, mit denen sie es zu thun hatten, zu bändigen, und an bürgerliche Zucht und Ordnung zu gewöhnen. Sie machten also entweder die Götter selbst zu den Urhebern ihrer Gesetze, oder setzten diese wenigstens unter ihre unmittelbare Garantie; sie gaben dem Gottesdienst eine bestimmtere Form und größere Feyerlichkeit, sie stifteten die Mysterien, und bey den Griechen wurden, z. B. Eleusis, Olympia, und Delphi, schon in sehr alten Zeiten, die Vereinigungspuncte der unzähligen kleinen Völckerschaften, woraus sich nach und nach der große politische Körper bildete, der den Jupiter, als seinen allgemeinen Schutzgott, und die Amphiktyonen als sein höchstes Nationalgerichte verehrte.

So wurden alle bürgerlichen Gesellschaften gewisser maaßen auf die Religion gegründet; sie machte einen Theil der Gesetzgebung, ein wesentliches Stück der Constitution, aus. Man betrachtete sie (mit wie viel Recht oder Unrecht ist jezt nicht die Frage) als ein Band des Staats, das nicht zerrissen werden könne, ohne den Staat selbst aufzulösen. Aber — wie war diese Religion beschaffen?

So rohe und äusserst sinnliche Leute, wie man sich die Menschen dieser Zeiten denken muß, waren noch wenig fähig, sich bis zu dem vernunftmäßigen Begriff der höchsten Macht, Weisheit und Güte, dem einzigen würdigen Begrif der mit dem Wort Gott verbunden werden kann, zu erheben. Sie verlangten sichtbare und handgreifliche Gegenstände ihrer religiosen Verehrung. Die Götter bekamen also Bilder, die Bilder Tempel, die Tempel Priester. Diese letztern wurden, wie natürlich, nach und nach aus Dienern Vertraute, aus Vertrauten Günstlinge, aus Günstlingen Organe ihres Gottes. Die Götter offenbarten sich ihnen bald in Träumen, bald durch Stimmen oder Erscheinungen. Sie wurden von diesen höheren Wesen in den Geheimnissen der Natur und des Schicksals unterrichtet. Daher waren die Priester in den ältern Zeiten auch die Weisen oder Gelehrten, die Weissager, und die Ärzte des Volcks, und sind es noch jezt bey allen Völkern die noch auf den untersten Stufen der Cultur stehen. Sie heilten die Krankheiten, die sie als Wirkungen böser Dämonen oder erzürnter Gottheiten betrachteten, meist durch übernatürliche Mittel, durch magische Formeln, Beräucherungen, Amulete, Talismane und dergl. Ihre Arzneykunst war also gröstentheils ein Zweig ihrer Magie und Theurgie.*) Diese letztern, mit allen ihren Nebenzweigen, den sämtlichen Divinationskünsten, der Astrologie, Geomantie, Nekromantie, Geisterbeschwörung, Geisterbannung, Vertreibung der Gespenster, Erhebung verborgener Schätze, u. s. w. wurden priesterliche Künste, wurden mit der Religion verbunden, und durch sie geheiligt. Die Neigung zum Wunderbaren und die Begierde das Künftige zu wissen sind die schwächste Seite der menschlichen Natur: die Priester zogen zu große Vortheile von ihr, als daß sie sich nicht überall (mehr oder weniger nach Maasgabe der übrigen Umstände) ein Geschäfte daraus gemacht haben sollten, alle diese einträglichen Felder des Aberglaubens, als ihr eigenes Gebiet und Appanage, möglichst anzubauen. Immerhin mochte es auch damals, wie noch jetzt, Schwärmer und Einfältige unter ihnen geben, die im Ernst an alle diese Thorheiten glaubten: aber die meisten wußten sehr gut was an ihren übernatürlichen Künsten war, und ihr Gewissen wurde gar bald harthäutig genug, ohne Compunction die Schwachen zu betrügen, die so gern betrogen seyn wollen, und immer so geneigt sind, nicht nur ihr bißchen Vernunft, sondern sogar ihre fünf Sinne knebeln und binden zu lassen, sobald sie etwas übernatürliches zu sehen und zu hören hoffen. Die so hoch gepriesene und falsch berühmte Weisheit der Egyptischen Priester, bestand gröstentheils in den vorbenannten priesterlichen Künsten.

---

*) Magie in der weitesten Bedeutung ist die vorgebliche geheime Wissenschaft, auf Geister aller Arten, und durch sie auf die Körperwelt zu wirken; Theurgie ist der Nahme der vorgeblichen reinen und heiligen Magie der unbekannten Wundermänner Hermes, Trismegistus, Zoroaster und ihrer vorgeblichen Schüler, welche blos durch die Kraft göttlicher Nahmen und Anrufungen Gottes und mit Hülfe guter Geister wunderbare Wirkungen hervorzubringen vorgiebt.

Die sogenannte Philosophie des Zoroaster, und überhaupt alles was man Philosophie der Morgenländer nennt, begünstigete sie ebenfalls, und war dieses Nahmens eben so unwürdig als die Kabbala der Juden.

Als endlich die wahre Philosophie sich unter den Griechen hervorthat, nahm zwar der Aberglaube bey dem edlern Theile der Nation in der Maaße ab, wie die Aufklärung zunahm; aber da (wie gesagt) die einmal eingeführte Volksreligion in jeder ihrer Republiken einen Theil der Staatsverfassung ausmachte: so musten die Weisen sich zu sehr in Acht nehmen, mit den Priestern in keine gefährliche Collision zu kommen, als daß diese letztern sich nicht immer im Besiz der einträglichsten Zweige ihres Gewerbes, und das an ihnen hangende Volk in seiner Disposition zur Dämonen-Scheu (Δεισιδαιμονια, wie die Griechen den Aberglauben sehr richtig nannten) und bey seinem Hang zu allen Arten von Alfanzereyen, erhalten hätten.

Nach und nach entstanden unter den Griechen die bekannten philosophischen Secten und Orden. Einige derselben, als die Pythagoräer, Platoniker und Stoiker, hatten Grundsätze, die sich mit der herrschenden dämonistischen Religion sehr gut vertrugen, Pythagoras und Plato sogar solche, die obbesagten priesterlichen Künsten zur Grundlage dienen zu können schienen. Die pythagorische und platonische Philosophie wurde also (sonderlich je unreiner und trüber sie nach und nach zu werden anfieng) von den Priestern immer mehr begünstigt. Die epikuräische hingegen, die sich zwar der Volksreligion im Äusserlichen klüglich conformierte, aber die erklärte Gegnerin aller Arten von religioser Betrügerey, aller Magie und Geisterseherey, aller neuen Orakel, aller übernatürlicher Künste und Operationen war, blieb, so lange sie dauerte, der Priesterschaft äusserst verhaßt, und wurde von ihr auch dem Volcke so verhaßt gemacht, daß ihre Bemühungen gegen den Aberglauben, im Ganzen und in der Folge der Zeiten, nur sehr wenig ausrichten konnten.

Die merkwürdige Zeitepoche Alexanders des Großen, worin der größte Theil des damals bekannten Asiens, nebst Egypten, griechischen Fürsten unterworfen, und die Sprache, Künste, Wissenschaften, Religion und Sitten der Griechen über alle die Provinzen, die ehemals die persische Oberherrschaft erkannt hatten, ausgebreitet wurden, ward durch eine natürliche Folge der Vermischung, die nach und nach zwischen den Griechen und Asiaten, Syrern, Medern, Egyptern u. s. w. statt finden mußte, auch wegen des

Einflusses dieser Vermischung auf die Denkart und den Geist der Zeit, wichtig. Die Philosophie der Griechen artete in diesen Ländern nach und nach aus, und verlohr sich endlich in der morgenländischen Magie oder Dämonomanie. Alexandria wurde die Schule einer neuen Philosophie, worin die ungleichartigsten Begriffe und Meynungen zusammenflossen, um alle möglichen Ausschweifungen und Unternehmungen der Schwärmerey und des Aberglaubens mehr als jemals zu unterstützen.

Als die Römer das herrschende Volk in der Welt wurden, blieb nicht nur in den morgenländischen Theilen des ungeheuren *Imperii Romani* alles in diesem Stande, sondern die Römer, bey denen die Aufklärung durch Wissenschaften sehr spät angefangen und selbst unter den Großen nur auf wenige sich erstrekt hatte, fanden ungemeinen Geschmack an dem morgenländischen Aberglauben. Schon zu Augustus Zeiten finden wir Rom und Italien mit Syrischen und Egyptischen Landstreichern überschwemmt, die unter dem Nahmen Egyptischer Priester, Magier, Chaldäer u. s. w. die Superstition der Römer und Römerinnen auf alle mögliche Art zu besteuern wußten. Solchergestalt war alles, was die Römer den Erdkreis nannten, in allen seinen Theilen, (mehr oder weniger) mit Abgötterey und Zauberey, läppischen Götter- und Feenmährchen, Glauben an übernatürliche Undinge, magische Operationen, Amulete und Talismane, Verwandlungen der Menschen in Thiere, Geistererscheinungen, Evocation der Verstorbenen, Glauben an Traumdeuter, Wahrsager, Orakelsprüche, und an tausend wahnsinnige Arten die guten und bösen Geister sich günstig zu machen, zu versöhnen, zu unterwerfen oder auszutreiben, erfüllt, kurz, die ganze Menschenmasse mit magisch-religiösem Aberglauben und Wahnwitz angestekt, – als der göttliche Stifter des Christenthums in Palästina auftrat, um den Glauben an einen allgemeinen Vater im Himmel durch seine Lehre und noch mehr durch sein Beyspiel zu predigen, und die ächte Gottesverehrung, von allem magischen und theurgischen Aberglauben gereinigt, auf Redlichkeit des Herzens, Liebe zu Gott und den Menschen, und Ausübung aller moralischen Tugenden zurückzuführen.

Wenn man von dem Plan der Vorsehung nach dem Erfolg urtheilen darf, so konnte und sollte ein so großes Werk als die Zerstörung des Reichs der Dämonen und ihrer Priester, d. i. mit andern Worten, der Herrschaft des Aberglaubens, der Abgötterey und der Magie, über die menschlichen Gemüther, ist, nicht ein Werk weniger Jahre, ja selbst nicht weniger Jahrhunderte seyn. Wenigstens beweiset die in einem großen Theil ihrer Urkunden offen vor uns liegende Weltgeschichte der verflossenen siebzehn Jahrhunderte, daß diese große Unternehmung zwar angefangen, aber bald wieder von denen selbst, die sich nach dem Nahmen Christi nannten, gehemmet worden, und durch einen fortdauernden Zusammenfluß nachtheiliger Gegenwirkungen, bis jetzt nur auf eine sehr unvollständige Art bewirckt worden ist.

W.

(Die Fortsetzung nächstens.)

Fortsetzung der Gedanken von der Freyheit über Gegenstände des Glaubens zu philosophieren.

(S. Januar 1788. S. 62 – 77.)

Unsre eigne Zeit ausgenommen, wird man schwerlich in der ganzen Geschichte einen andern Zeitraum finden, wo zugleich, und zum Theil in eben denselben Ländern, neben einem ziemlich hohen Grade von Aufklärung, Cultur und Verfeinerung auf der einen Seite, auf der andern mehr Finsterniß in den Köpfen, mehr Schwäche, Leichtgläubigkeit und Disposition zu allen Arten von Schwärmerey, mehr Hang zu geheimen religiosen Verbindungen, Mysterien und Orden, mehr Glauben an unglaubliche Dinge, mehr Leidenschaft für magische Wissenschaften und Operationen, selbst unter den obersten Classen des Staats statt gefunden, kurz, wo es allen Gattungen von religiosen Betrügern*), Gauklern, Taschenspielern und Wundermännern leichter gemacht worden wäre, mit der Schwäche und Einfalt der Leute ihr Spiel zu treiben, als – das erste und Zweyte Jahrhundert der Christlichen Zeitrechnung. Die siegreichen Kämpfe eines Lucians und Celsus**) gegen diesen Schwindelgeist ihrer Zeit waren nicht hinlänglich, einem Übel Einhalt zu thun, dessen Wachsthum durch so viele, hier nicht zu entwickelnde Umstände, und in der Folge vornehmlich durch die Neuplatonische Philosophie, – die (mit Polonius im Hamlet zu reden) Methode in den Unsinn brachte, auf alle nur ersinnliche Weise befördert wurde.

---

*) Ich verstehe unter religiosen Betrügern solche, denen die Religion zum Dekmantel und zum Werkzeug ihres Betrugs dienen muß.

**) Celsus, ein Freund Lucians, schrieb ein großes Werk gegen die Magie, dessen Verlust zu bedauern ist, weil sich aus einer Stelle Lucians schließen läßt, daß vornehmlich auch die Kunststücke, wodurch die angeblichen Adepten der magischen Weisheit die Leichtgläubigen hintergiengen, ausführlich darin beschrieben waren. Es ist leicht zu erachten, daß die Herren sich alle Mühe gaben, ein solches Buch zu unterdrücken.

Auch die Christen wurden von dieser schwärmerischen Philosophie bezaubert, da sie ihnen nicht nur mit ihren eigenen Mysterien sehr gut zusammen zu stimmen, sondern sogar den Schlüssel dazu zu enthalten schien; und als ihre Parthey endlich, nach langen und blutigen Kämpfen mit dem sogenannten Heidenthume, die herrschende im römischen Reiche wurde, und ihre Gegner völlig unterdrückt oder ausgerottet hatte, zeigte sich nur zu bald, daß die Welt wenig dadurch gebessert war. Der Dämonismus des Heidenthums stieg, in einer andern Einkleidung und unter andern Nahmen, wieder aus seiner Asche hervor. Das Licht der Wissenschaften verschwand nach und nach gänzlich. Die Mönche traten an die Stelle der schwärmenden Pythagoräer und Platoniker, und bemächtigten sich, nach ihrem Beyspiele, so gar der magischen und theurgischen Künste, unter dem Vorwande, sie bewirkten durch die Kraft des wahren Gottes und des Nahmens Jesu, was die Zauberer und vorgeblichen Theurgen der Heiden durch den Beystand höllischer Geister gewirkt hätten. Die Chroniken und Legenden der vier ersten Jahrhunderte nach Constantinus M. wimmeln von Teufelaustreibungen, Todtenerweckungen, Erscheinungen von Engeln, Teufeln, und armen Seelen; alles ist voller Wunder, die oft bis zum Lächerlichen unglaublich und ungereimt sind, und von unzähligen heiligen Mönchen und Bischöffen verrichtet worden seyn sollen. Die Natur müßte, wenn nur der zwanzigste Theil dieser vorgeblichen Thatsachen wahr wäre, in diesen Zeiten alle ihre Rechte verlohren haben, und in eine gänzliche Antinomie und Anarchie verfallen gewesen seyn. Nothwendiger Weise versank, unter solchen Umständen das Volk immer tiefer in einen der Menschheit schändenden Aberglauben. Die alt hergebrachten Wahnbegriffe der heidnischen Welt vermischten sich auf eine unnatürliche Art mit den reinen Grundbegriffen des Christenthums, und brachten die monstrosesten Hirngespenster hervor, die ohne Untersuchung angenommen, und von der Klerisey (aus Ursachen, die ihr und uns wohl bekannt sind) auf alle Weise unterhalten, ja zum Theil zu Dogmen und Glaubenspuncten gestempelt, und mit kräftigen Ernulfusflüchen gegen alle Unternehmungen der Vernunft verzäunt wurden.

Es würde mich zu weit von meinem Wege abführen und ist zu meiner dermaligen Absicht unnöthig, dieses historische Gemählde fortzusetzen, und die Iliade von Übeln, die sich unter solchen Umständen, theils durch das Bündniß, theils durch den Streit zwischen dem Kayserthum und Priesterthum, über einen großen Theil des Erdbodens ausbreitete, auch nur summarisch anzudeuten. Ungeachtet eine ganz wahre und unpartheyische historische Darstellung dieses merkwürdigen Zeitraums der Geschichte der Menschheit, jezt da ich dieses schreibe, noch unter die frommen Wünsche gehört: so sind doch schon die in jedermanns Händen sich befindende Werke eines Hume, Giannone, Robertson, Moßheim, Walch, Schmidt, u. a. mehr als zureichend, alles bisher gesagte, überflüßig und zum Theil wohl über die Intention der Verfasser, zu bestätigen. Wer aber zu einer ganz lebendigen und anschauenden Erkenntniß des Geistes dieser unseligen Zeiten gelangen wollte, müßte sich freylich zu der schrecklichen Aufopferung entschließen, die Quellen selbst zu besuchen, und unter andern sich in der Chronik und den *Libris Miraculorum* des Gregorius von Tours, in der goldnen Legende des Erzbischoffs Jacob de Varagine, in den *Actis Sanctorum,* und in den Geschichtsbüchern der Mönchsorden umzusehen, – wo er genug sehen würde, um vor Erstaunen über die unbegreifliche Unverschämtheit und Unvernunft der Menschen dieser Zeiten beynahe selbst den Verstand zu verlieren.

Das Einzige was ich, in Beziehung auf den Hauptgegenstand dieses Aufsatzes (wozu mir das bishergesagte nur den Weg bahnen soll) noch bemerken muß, ist folgendes.

Von der Zeit an, da die neue (Christliche) Religion die herrschende im ehemaligen Römischen Reiche wurde, trat sie nicht nur in alle Rechte der Alten ein, und wurde die Religion des Staats, folglich von den Gesetzen geschüzt und begünstigt, sondern maßte sich noch neue, bisher unerhörte Rechte an. Die alte Staatsreligion hatte alle andere, selbst die Christliche, geduldet: die leztere, oder vielmehr ihre Klerisey, (die auch hierin, wie in so vielem andern, den Geist des Stifters verläugnete, indem sie sich auf den Buchstaben einiger harten Ausdrücke steifte) behauptete ein ausschließendes Recht, und duldete in kurzem keine andere mehr neben sich. Aber sie gieng noch weiter. Nicht zufrieden jeden andern Glauben, jede andere Religionsmeynungen, Dogmen, Vorstellungs- und Ausdrucks-Arten über unbegreifliche Gegenstände für irrig erklärt zu haben, belegte sie auch den Irrthum mit Strafen. Sie behandelte die Überzeugung als eine Sache die von unserm Willen abhängt; wer die Ehrlichkeit hatte, ihren Gründen, die seinen Verstand nicht überzeugten, dasjenige was er für Wahrheit erkannte, entgegenzusetzen, wurde als ein vorsezlich und halsstarrig Irrender zum ewigen, und (was noch weit schlimmer war) sogar zum zeitlichen Feuer verurtheilt. So entstand in der Christlichen Religion eine neue, zuvor nie erhörte Gattung von Verbrechen; der Bosheit und dem Eigennutz wurde ein neuer Zweig von Denunciationen, dem Despotismus der Byzantinischen und Abendländischen Tyrannen eine neue Quelle von Confiscationen, neue Mittel eines jeden, der ihnen verhaßt oder verdächtig war, loß zu werden, und der Klerisey ein neuer Weg eröfnet, sich das furchtbarste Ansehen und einen fast grenzenlosen Einfluß zu verschaffen.

Um jedoch den Schein zu haben, als ob die Dogmen, von deren Glauben nun das zeitliche und ewige Leben der Menschen abhieng, auf unwiderleglichen Gründen beruheten und jede Untersuchung aushielten, erfand man eine subtile Art von Dialektik und Terminologie, bey der es ausdrücklich darauf angelegt war, den auffallendsten Absurditäten einen Schein von Möglichkeit zu geben, Widersprüche in eine Art von Zusammenhang zu bringen, und dem Menschenverstande den Weg zur Wahrheit so mühselig und unzugangbar zu machen, daß unter zehntausenden – selbst aus jenen Menschenclassen, deren Stand und Bestimmung im gemeinen Wesen einen hohen Grad von Vernunftsfertigkeit erfodert – kaum Einer seyn möchte, der nicht lieber Alles was man wollte blindlings glauben, als sich auf einem so peinvollen Wege überzeugen lassen wollte. Aber im Grunde war es auch mit diesem neugebrochnen Überzeugungswege auf bloße Täuschung abgesehen: denn nicht nur war er so beschaffen, daß er bey wirklich denkenden Köpfen statt der Überzeugung vielmehr Zweifel über Zweifel erregte, und sie, wider ihren Willen, auf neue, den herrschenden widersprechende, Meynungen führte: sondern es war auch schon vorher ausgemacht, daß jede Untersuchung eines Glaubenspuncts oder Dogma's, die ein anderes Resultat als dieses Dogma geben würde, an sich selbst schon irrig, verwerflich und verdammlich, d. i. des elementarischen und des höllischen Feuers schuldig sey. Wehe dem, der sich, in diesen unseligen Jahrhunderten, seiner Vernunft, zu Prüfung dessen, was man ihm zu glauben auferlegte, bedienen, und die Orakelsprüche einer Priesterschaft, die sich einer willkührlichen und unumschränkten Herrschaft über den Verstand, ja sogar über die Sinne der Menschen bemächtiget hatte, den nothwendigen Naturgesetzen des menschlichen Denkens zu unterwerfen sich unterstehen wollte! Alle Untersuchung hört auf, wo jeder Zweifel für eine Eingebung des Teufels erklärt wird, die nur mit Fasten, Beten, Abtödtung des Fleisches, und gänzlicher Unterbrechung alles Denkens bekämpft werden muß; und die Vernunft wird zu einem völlig unbrauchbaren Werkzeuge gemacht, so bald uns ihr freyer Gebrauch in die dumpfen Kerker der Inquisition, und aus diesen auf einen Scheiterhaufen führt.

Ich rufe getrost jedes vernünftige oder vernunftfähige Geschöpf auf dem ganzen Erdboden auf, mir zu läugnen, wenn es kann, daß man auf diese Art, und durch solche Mittel und Anstalten, jede Religion, wie unsinnig, abscheulich und lächerlich sie auch immer seyn möchte, – von dem unmenschlichen Götzendienste des Kananitischen Feuergottes Moloch bis zu dem albernen Dienste der Latonenfrösche zu Abdera, für die einzig wahre und allein seligmachende ausgeben, und als solche der ganzen Welt aufdringen könnte!

Was für einen Nahmen verdienten also wohl diese, die sich anmaßen, oder, wenn ihre Vorfahren sich einer solchen Anmaßung schuldig gemacht hätten, noch immer darauf bestehen wollten, die einfacheste, vernunftmäßigste, wohlthätigste, menschlichste aller Religionen, auf einem solchen Wege, und durch solche oder ähnliche Verfahrungsarten auszubreiten und zu erhalten?

Ich bitte jeden die Wahrheit aufrichtig liebenden Leser hier einen Augenblick stille zu stehen, und dann die Betrachtungen selbst fortzusetzen, auf die ihn das gesagte natürlicherweise führen muß. Meine Absicht ist nicht zu beleidigen. Es wäre höchst unbillig, den vernünftig denkenden und bessergesinnten Jeztlebenden den Wahnsinn und die Missethaten barbarischer Vorfahren zum Vorwurf machen zu wollen. – Aber die Zeiten der Unwissenheit sind vorbey; wenigstens kann sich niemand, der nicht zur Hefe des Pöbels gehört, mehr mit unüberwindlicher Unwissenheit entschuldigen, wenn ihm die Grundwahrheiten, von deren Erkenntnis und Befolgung das Wohl des menschlichen Geschlechts und der bürgerlichen Gesellschaft schlechterdings abhängt, unbekannt sind; denn sie sind, Gottlob, seit mehr als funfzig Jahren laut genug gepredigt worden, und um ein mäßiges Geld in allen Buchläden feil gestanden. Leuchtet uns aber die Fackel der Vernunft, warum wollten wir lieber im Dunkeln als in ihrem Lichte wandeln! Fühlen und erkennen wir die Ehre und Würde, Menschen (in der engern Bedeutung dieses

Nahmens[*]), zu seyn: warum sollten wir nicht wenigstens den Willen haben, Alles von uns zu werfen, was uns verhindert, als ächte Menschen zu empfinden, zu denken und zu handeln? – Sind die Grundsätze, die zu Anfang dieser Schrift[**] in Erinnerung gebracht worden, unumstößliche Grundwahrheiten, – ist der freye Gebrauch der Vernunft in Beleuchtung und Untersuchung jeder menschlichen Meynung, jedes menschlichen Glaubens, eines von den unverlierbaren Rechten der Menschheit, die uns niemand, ohne das gröste aller Verbrechen, das Verbrechen der beleidigten Majestät der menschlichen Natur[***] zu begehen, rauben kann: wer darf sich vermessen, seinen Bruder in dem Besitz und Gebrauch dieses Rechts zu stören? – Ist kein Mensch unfehlbar; ist irren und getäuscht werden etwas von unsrer Natur überhaupt unzertrennliches; giebt es eine unendliche Menge von Gegenständen des Wissens so wohl als des Glaubens, über die es – vermöge der Grenzen, welche die Natur dem menschlichen Geiste gesezt hat – unmöglich ist völlig ins Klare zu kommen: so trage jeder seine Meynung oder seinen Widerspruch, mit seinen Gründen, bescheiden und gelassen vor, ohne den zu verunglimpfen oder zu verspotten, der vernünftige Gründe zu haben glaubt, anders zu denken. Ist die Überzeugung des Verstandes vom Willen unabhängig, kann Irrthum nie als ein Verbrechen gestraft werden: so erkenne man doch endlich einmal, daß es Unsinn und Ungerechtigkeit zugleich ist, Nahmen, wodurch bloß verschiedene Vorstellungsarten, verschiedene Begriffe, Lehrmeynungen und Überzeugungen, von einander unterschieden werden, zu Schimpfnahmen zu machen!

Es ist etwas den gesunden Menschensinn empörendes in der noch immer unter den Gelehrten selbst herrschenden Gewohnheit, das Wort Deist oder Theist, welches einen Menschen bezeichnet, der weder Atheistische noch Dämonistische Grundsätze hat, so zu behandeln, als ob es eine Mackel, die kein Mann von Ehre auf sich sitzen lassen könne, bey sich führe, – da doch das Christenthum offenbar den Deismus zur Grundlage hat, und die Christianer der ersten Jahrhunderte in ihren Apologien stolz darauf waren Deisten

---

[*] Nehmlich in der, worunter die Halbmenschen, Drittels- und Viertels-Menschen, und andre *Anthropomorpha* nicht begriffen sind.

[**] T. M. Januar 1788. S. 78 – 83.

[***] Von welcher alle Majestät der Völker und ihrer Könige entspringt, wenn sie nicht Usurpation und Schimäre seyn soll.

zu seyn. Die Einwendung, daß man unter dem Worte Deist, in der gewöhnlichen verhaßten Bedeutung, einen solchen Bekenner der natürlichen Religion verstehe, der nicht an die besondern Dogmen der Christen, so wie sie auf gewissen Concilien und in gewissen Symbolen und Formularien festgesezt worden, glauben kann, — ist ein elender Behelf. Denn, gesezt auch, ein jeder Deist müßte vermöge seiner Grundsätze alle besondern Dogmen der Christen verwerfen: so bleibt es an Diesen doch immer ungerecht, Haß oder Verachtung auf einen jeden zu werfen, der nicht alles glaubt was sie glauben. Aber im Grunde verhält sich die Sache ganz anders. Der wahre Deismus ist dem ächten, von allem Magismus und Dämonismus, und von allen übrigen Schlacken der barbarischen Jahrhunderte gereinigten Christenthum sehr nahe; und wenn ein Deist, unter allen Religions-Partheyen auf dem Erdboden, eine zu der er sich halten sollte zu wählen hätte, so würde er (vorausgesezt, daß er in seinem Bekenntniß aufrichtig, und also ein warmer Freund der Wahrheit und Tugend ist), gewiß unter derjenigen Christlichen Parthey zu leben wünschen, deren Grundsätze, Dogmen und Verfassungen den Grundlehren und Gesinnungen Christi am nächsten kommen, und von den besagten falschen Zusätzen und Schlacken am reinsten sind. Was könnten nun diese Christen für einen billigen Grund haben, ihn von ihrer äusserlichen Gemeinschaft auszuschließen? Ist es nicht, wenn sie glauben, daß der Glaube, der ihm noch fehlt, zu seinem ewigen Wohl nöthig sey, eine Pflicht, daß sie ihm die Gelegenheit dazu nicht versagen? Kann er nicht vielleicht durch Zeit, liebreiche Belehrung, und gutes Beyspiel bey ihnen das erhalten, was ihm noch abgeht um in allen Stücken wie Sie zu glauben? — wenn es ihnen doch ja so wichtig scheint, daß jedermann in allen Stücken glaube wie Sie. Wenn aber nun vollends der Deist mitten unter ihnen gebohren wurde; wenn er in dem Staate, worin dermalen ihr Glaubens-Symbol das herrschende ist, zu bürgerlichen Rechten und Vortheilen gebohren wurde: mit welcher Billigkeit kann er bloß deswegen seiner Geburtsrechte verlustig erklärt werden, weil es seiner Vernunft eben so physisch unmöglich ist, gewisse Sätze, die ihr falsch scheinen, für wahr zu halten, als es ihm unmöglich ist in der Luft zu gehen, oder im Feuer zu leben? — oder ist es nicht schändlich, wenn sie ihn um einer solchen Ursache willen, in die Alternative setzen, entweder ein Lügner und Heuchler zu seyn, oder sich aus seinem Vaterlande zu verbannen?

Ich kann nicht umhin, da die Folge meiner Gedanken mich auf diesen

Punct gebracht hat, meinen herzlichen Eckel vor dem Mißbrauch, der in unsern Tagen mit dem Worte Toleranz, und was noch ärger ist, mit der Sache selbst getrieben wird, Luft zu machen. Was nennet man dulden? Menschen werden doch wohl, so lange kein anderes Verhältniß und kein anderer Name sie von den Pflichten der Menschlichkeit loßzählen kann, einander auf dem Erdboden dulden wollen? Wer darf sich unterstehen, das Gegentheil zu lehren, wenn gleich in der Ausübung das Gegentheil leider! alle Tage zum Vorschein kommt? Ist es aber nicht häßlich, das was alle Menschen einander als Menschen schlechterdings schuldig sind – nehmlich, einander so zu behandeln wie jeder von den andern behandelt zu werden wünschet – mit einem so elenden Wort als dulden zu verkleinern und beynahe auf Nichts zu reduzieren? – Welche mehr als kindische Inconsequenz! Wir sehen es für eine hohe Pflicht an, in tausend unbedeutenden Dingen gefällig und zuvorkommend gegen einander zu seyn: und in Angelegenheiten, wo es auf Überzeugung, Gewissen, Gemüthsruhe und Rechtschaffenheit ankommt, maßen wir uns ein Recht an, über andere zu tyrannisieren? Ich kann von einem jeden fodern, daß er mich auf der Straße ungestört meines Weges gehen lasse: und ich soll es für eine Gnade halten, wenn ihr duldet, daß ich von überirrdischen Dingen anders denke, wähne oder träume als ihr, ungeachtet ihr selbst um nichts dadurch gebessert seyd, ob ich so oder anders über diese Dinge denke?

Narren und böse Leute sind von Natur intolerant; jene können nicht leiden daß man anders denke als sie, diese möchten, wo möglich, die ganze Welt nöthigen zu thun und zu leiden was sie wollen. Hätten diese zwey Gattungen von Menschen immer den Meister auf dem Erdboden gespielt, so würde er schon lange eine ungeheure Wildniß und Wüste seyn. Zum Glücke wird die Welt im Ganzen (wie wenig es auch im Besondern das Ansehen hat) von den Klügern und Bessern regiert, und der Weise duldet die Thoren, weil er weise, die Schwachen weil er stark, die Bösen weil er gut ist. Und so kommen wir, wenn die Rede von den großen Übeln ist, die das Menschengeschlecht drücken, immer wieder auf die Wahrheit aller Wahrheiten zurük: den Menschen kann nicht geholfen werden, wenn sie nicht bessere Menschen werden; sie können nie besser werden, wenn sie nicht weiser werden; aber sie können nie weiser werden, wenn sie nicht über alles, wovon ihr Wohl oder Weh abhängt, richtig denken; und sie werden nie richtig denken lernen, so lange sie nicht frey denken dürfen, oder, welches einerley ist, so lange die Vernunft nicht in alle ihre Rechte eingesezt ist, und alles, was in ihrem Lichte nicht bestehen kann, verschwinden muß.

Tausende, die im Leben gegen diese Grundsätze handeln, werden, wenn sie dieses lesen, sich selbst die Wahrheit derselben eingestehen. Unglücklicher Weise hängt es nicht immer von ihrem guten Willen ab, auch nach ihnen zu handeln. Die Anwendung der klarsten Resultate der einfachsten unläugbarsten Wahrheiten, wird, unter gegebenen Umständen und durch den Einfluß einer Menge entgegenwirkender Kräfte, oft zu einer unendlich verwickelten und vielleicht unauflöslichen Aufgabe. – Der prachtvolle Kerker, worin die Vernunft von der größern Hälfte Europens noch immer gefangen gehalten wird, ist das Werk einer großen Kunst und vieler Jahrhunderte; Tausend nicht gemeine Köpfe und Millionen rüstiger Hände haben daran gebaut, und er ist auf den Felsen des Ansehens und Vortheils der Priesterschaft so fest gegründet, und durch so viele Flügel und Nebengebäude mit einem andern Zauberthurme, worin die Freyheit in Fesseln schmachtet, so künstlich verbunden worden: daß es beynahe ungereimt wäre, die Erlösung dieser gefangenen Prinzessinnen für möglich zu halten, geschweige unternehmen zu wollen. Das Schicksal kann freylich mit der Zeit große Revolutionen herbeyführen, wodurch der gegenwärtige Zustand der Welt eine gewaltige Veränderung erleiden würde: aber wenn die Weltverbesserung, auf die ein menschenfreundlicher Träumer unsre Nachkommen ins Jahr 2440. vertröstet, bloß durch Aufklärung bewirkt werden sollte, so ist sehr zu besorgen, daß er ihre Epoke noch um einige Jahrhunderte zu früh gestellt hat. Möchte ich doch mit dieser übel augurierenden Ahnung schon vor meinen Enkeln zu Schanden werden! Aber das treuherzige Geständniß der Ovidianischen Medea,

– video meliora proboque
Deteriora sequor –

wird so lange wahr seyn als Menschen – Menschen bleiben; und so lange die *Deteriora* mit großen, glänzenden, und auf der Wage des Eigennutzes unendlich überziehenden Vortheilen verbunden sind, wird er auch der rechte Schlüssel zu tausend Ereignissen und Handlungen seyn, die den Verstand des einsamen, aus der wirklichen Welt in sein idealisches Dschinnistan zurückgezogenen Philosophen überraschen, und seine übel berechneten Erwartungen täuschen werden.

Wie gerne ich also, in diesem traulichen Monolog über Gegenstände, woran viel gelegen ist, mit dem ganzen edlern und bessern Theile unsrer großen Nation bloß als Mensch zu Menschen, Weltbürger zu Weltbürgern, und Teutscher Mann zu Teutschen Männern, ohne einige Rücksicht auf Verschiedenheit der Religionspartheyen hätte sprechen mögen – und dies um so mehr, da mein Widerwille gegen allen Sectengeist, meine Neigung und Fähigkeit, als einer der ohne Vorurtheile und Interesse in allem diesem ist, gegen jede Parthey gerecht zu seyn, und meine Wohlgesinntheit für das gemeine Beste meiner Nation und der Menschheit überhaupt, vielen unter ihnen längst bekannt und ohne Zweifel die Ursache ist, warum man mein wohlmeynendes *Radotage* über die *pia desideria* aller gutdenkenden Menschen mit so vieler Nachsicht anzuhören gewohnt ist: so sehe ich mich doch genöthigt, auf die Hofnung, mit dem was ich theils schon gesagt, theils noch zu sagen habe, bey beyden Hauptpartheyen Eingang zu finden, gänzlich Verzicht zu thun, und mir vorzustellen, als ob ich nur diejenige, zu der ich, mehr aus freyer Wahl als durch nöthigende Verhältnisse, selbst gehöre, zu Vertrauten meiner Gedanken gemacht hätte. Nur dies einzige – weil doch diese gute Gelegenheit dazu da ist und sobald nicht wiederkommen möchte, – sey mir erlaubt, in Rücksicht auf eine von allen aufgeklärten Patrioten und Christen allgemein für nöthig erkannte Verbesserung laut heraus zu denken. –

Ich wünsche allen Menschen, und also auch Sr. Päbstlichen Heiligkeit, Pius VI. und allen seinen rechtmäßigen Nachfolgern auf dem heil. Stuhl zu Rom (den ich, wenn er auch nicht der Stuhl des heil. Peters seyn sollte, für einen sehr respectabeln Stuhl halte) Gnade von Gott und alles Gute in dieser und jener Welt – und hoffe also, es werde mir nicht für einen heimlichen Groll gegen die Päbstliche Heiligkeit, oder für bösen Willen gegen die Gebeine der H. H. Apostel Peter und Paul ausgedeutet werden, wenn ich als eine physische Möglichkeit annehme, daß über lang oder kurz die ganze Stadt Rom, mit der Basilica zu Sct. Johann im Lateran, der Peterskirche, dem großen Obelisk, dem Vatican, dem Campidoglio, der Engelsburg, der Maria rotonda, und allen ihren übrigen unzähligen Herrlichkeiten, bey einem schrecklichen Erdbeben von der Erde dergestalt verschlungen werden könnte, daß ihre Stätte nicht mehr gefunden würde.

Wie sehr mir auch das Heil der Welt am Herzen liegt, so gestehe ich doch aufrichtig, daß es mich unendlich schwer ankommen würde, für den Untergang der Stadt Rom zu beten, und wenn er gleich die einzige Bedingung desselben wäre. Ferne sey es also von mir, auch nur den leisesten Schatten und Traum eines solchen Wunsches jemals in meiner Seele aufkommen zu lassen! – Aber gesetzt nun (welches der Himmel und alle Schuzgeister der Künste und Alterthümer verhüten wollen!) gesezt, weil es doch physisch möglich ist, der schreckliche Fall hätte sich nun ereignet, – Rom wäre von der Erde verschlungen, oder (ohne Vergleichung) wie Sodom und Gomorra in eine Art von todtem Meer verwandelt worden – was für Maasregeln könnte und würde die Katholische Kirche wahrscheinlicher Weise dann wohl zu ergreiffen haben?

Mit der Stadt Rom wären alsdann auch wie gesagt, die Kathedra Petri, und der magische Fischerring, (der mit dem weltbekannten Siegelring Salomons um den Vorzug streitet) die berühmten Donationen Constantins, Pipins und Carls des Großen, die Decretalen Isidorus des Sünders, die dreyfache Krone der überirdischen, irdischen und unterirdischen Gewalt, die vier heiligen Jubelpforten, die Dataria und Rota, und die Wollenweberey und Agnus-Dei-Fabrik der Nonnen von Sct. Agnes, aus der Welt verschwunden. Sollte darüber wohl ein großes Wehklagen unter den Völkern der Erde entstehen? Hätten die übrigen Bischöffe und Prälaten der Kathol. Christenheit wohl große Ursache, ihre Kleider zu zerreissen und Asche auf ihre Häupter zu streuen? Sollten und müßten sie nun wohl nichts angelegners haben, als mit vereinigten Kräften sobald als möglich ein neues Rom und einen neuen Successor des heil. Peters, auf dem Stuhle, worauf dieser nie gesessen, zu erwählen? Würden sie nicht vielmehr – ich rede menschlich, aber hoffentlich nicht thöricht – große Ursache haben, sich dieser Fügung des Himmels in Geduld zu unterwerfen, und, alles wohl überlegt, sich am Ende dankbarlich gefallen lassen, durch diesen unverhoften Zufall alles fernern Kampfes für ihre Rechte überhoben, und in diejenige Freyheit und respective Unabhänglichkeit gesetzt zu seyn, die ihnen vermöge der ältesten Kirchenverfassung zukommt? – Aber, (höre ich sagen) was würde da aus dem für so nothwendig geachteten *Centro Unitatis* werden? – Und haftet denn dieser Vereinigungspunct nothwendig an einer einzelnen Person, oder an einem gewissen Stuhle? oder gerade an diesem? Ist der Christliche Nahme und das Apostolische Symbolum nicht Vereinigungspunct genug? Und wenn kein Rom mehr ist, dessen despotischer Geist bey der möglichsten Einförmigkeit seiner Unterthanen einzig interessiert ist: wem ist dann an einer der ganzen Natur unbekannten und nur durch unnatürliche Gewalt zu erzwingenden Einförmigkeit länger gelegen? Kann Eintracht, und Ordnung nicht sehr wohl mit Mannichfaltigkeit bestehen? Entspringt Harmonie nicht aus Mannichfaltigkeit mit Ordnung? und ist Harmonie nicht schöner als Monotonie? – Doch, sehen wir, – ohne uns länger bey einem Einwurf, der doch am Ende von selbst wegfallen wird, aufzuhalten, – was die Folgen dieses großen Falles seyn würden.

Wenn kein Pabst mehr ist, so hört natürlicher Weise das päbstliche System mit allen seinen *Accessoriis* und Auswüchsen von selbst auf. Die Schafe Christi befinden sich nun wieder unter der Aufsicht ihrer Hirten und Oberhirten in der nehmlichen Verfassung, worin sie im vierten und fünften Jahrhundert waren; und es wird dann bloß an den besagten Hirten liegen, sie (mit dem Psalmisten zu reden) auf grünen Auen zu weiden, zu frischen Wasserbächen zu führen, und an keinem Guten Mangel leiden zu lassen. Sie haben kein ungewisses Ansehen, keine schimärischen Rechte, keine Ansprüche, die von jeder Untersuchung erschüttert werden, und bloß auf Unwissenheit, Aberglauben und Furcht vor Ernulfusflüchen und Scheiterhaufen gegründet sind. Was könnte sie also bewegen das Licht zu hassen, welches sie nicht zu scheuen haben? die Vernunft in Fesseln zu halten, die auf ihrer Seite ist? der Aufklärung zu widerstehen, die eben dadurch, daß sie „die Haupt-Feste der Christlichen Religion, mit Aufopferung der unhaltbaren Aussenwerke, gegen alle Angriffe der Vernunft sichert," ihrem Ansehen und ihren Rechten unerschütterliche Festigkeit giebt? Sie haben nichts durch den Aberglauben, nichts durch die Vermischung des reinen Christenthums mit magischem und Dämonistischem Unrath, nichts durch wunderthätige Bilder, Teufelsbannerey, fromme Geistermährchen, und dergleichen Albernheiten zu gewinnen: und sie denken zu edel und gut, um sich jemals zu Erben der römischen Ablaßkrämerey, Jubeliahre, Apotheosen aberwiziger Mönche und mondsüchtiger Nonnen, Talismanischer Amulete, Loretten-Bilderchen, -Kerzchen und -Glöckchen, und anderer solcher verächtlicher Finanzzweige machen zu wollen. Kurz, es wäre, in dem vorausgesezten Falle, kein Grund zu erdenken, warum sie nicht zu Abstellung jedes erweislichen Mißbrauchs, und zu Beförderung jeder erweislichen Verbesserung mit Freuden die Hände bieten, und die Ersten seyn sollten, den obenbemeldten Kerker zu öfnen, um die gefangene Vernunft, — Sie, die uns allein einer wahren Religion fähig macht — auf ewig in Freyheit zu setzen, und dadurch, neben tausend andern wohlthätigen Folgen, auch der einzig möglichen, einzig zu wünschenden Art von Vereinigung aller christlichen Gemeinen den Weg zu bahnen.

Ich bitte nur noch um eine kleine Geduld, und ich habe — ausgeträumt.

Es giebt Dinge, die, ihrer Natur nach, dergestalt von unserer Willkühr abhangen, daß sie sind oder nicht sind, sobald es uns beliebt, daß sie seyn oder nicht seyn sollen.

Man erlaube mir, dieses durch ein bekanntes Beyspiel zu erläutern. Als Sanct Paul nach Ephesus kam*), befand sich unter andern daselbst ein Tempel, der unter die Wunder der Welt gerechnet wurde, und in diesem Tempel, ein kleines wohlberäuchertes Bildchen von Eben- oder Rebenholz**), das man die große Diane der Ephesier nannte, und weit und breit in ganz Asien als ein wunderthätiges Bild göttlich verehrte. Sanct Paul — der sich, bekannter maßen, seiner Vernunft gegen den Aberglauben der Heiden mit großer Freyheit zu bedienen pflegte, ohne sich darum zu bekümmern, daß die armen Leute ihren Wahnglauben für den wahren Glauben hielten, — Sct. Paul also nahm sich die Freyheit, einigen Ephesiern zu sagen: Bilder, die von Händen gemacht wären, könnten nicht Götter seyn; und es fehlte nicht an Leuten, denen dieses Räsonement sehr einleuchtend vorkam. Nun befand sich aber ein gewisser Demetrius in dieser Stadt, dem sehr viel daran gelegen war, daß die große Diane der Ephesier noch fernerhin eine Göttin bliebe: denn er hatte eine Fabrik von kleinen silbernen Dianentempelchen, die von den Fremden gekauft zu werden pflegten, wovon es in dieser Hauptstadt Asiens beständig wimmelte; und diese Fabrik gieng so stark, daß das ganze Goldschmidt-Handwerk zu Ephesus in Arbeit und Verdienst dadurch gesezt wurde. Demetrius versammelte also alle seine Arbeiter, und

---

*) Gesch. der Apostel Cap. 19.

**) So sagt Plinius, *L. XVI. c. 40.* und die Einwendung die der Graf Caylus, in seiner Abh. vom Tempel zu Ephesus dagegen macht, ist (im Vorbeygehen zu sagen) von keiner Erheblichkeit.

stellte ihnen die Gefahr vor, worein ihre Fabrik durch Sct. Pauls Vernunftschlüsse gerathen wäre. „Es will, sagte er, nicht allein unserm Handel dahin gerathen, daß er nichts gelte, sondern auch der Tempel der großen Göttin Diana wird für nichts geachtet,*) und wird dazu ihre Majestät untergehen, welcher doch ganz Asia und der Weltkreis Gottesdienst erzeigt."**) — Man begreift, warum die Majestät der großen Göttin Diana dem frommen Manne so sehr am Herzen lag. Kurz, das Ende von dieser Goldschmidts-Synode war, natürlicher Weise, daß sie alle voll Zorns wurden, und aufschrien: Groß ist die Diana der Ephesier! In kurzem brachten sie die ganze Stadt in Aufruhr. Das Volk stürmte dem Amphitheater zu, das Getümmel nahm überhand, und als die Leute endlich hörten warum es zu thun sey, schrie der Pöbel zwey Stunden lang an einem fort, groß ist die Diana der Ephesier: bis endlich der Kanzler, durch eine sehr verständige und eines Groß-Kanzlers von England würdige Rede, das Volk wieder beruhigte, und nach Hause schickte.

Ich kenne kein besseres Beyspiel, meinen obigen Satz ins Licht zu setzen, als dieses. Die hölzerne Diana der Ephesier war eine Göttin, oder war keine Göttin, je nachdem die Ephesier wollten. Und warum dies? Weil sie wirklich, Scherz bey Seite, nur ein hölzernes Bild von einer kleinen häßlichen vielgebrüsteten Zigäunerin, und also keine Göttin war. Indessen so lange sie dafür gehalten wurde, war es in gewissen Stüken eben so, als ob sie es wirklich gewesen wäre. Wir wollen billig seyn — Die Asiarchen, die Häupter der Stadt Ephesus, der Kanzler, und ihres gleichen, wußten ohne Zweifel, so gut als wir, was an der Sache war: indessen hatten sich die Ephesier von alten Zeiten her eine Ehre daraus gemacht, die Neokoren***) der großen

---

*) Dies war, mit Erlaubniß, eine große Lüge von dem Goldschmidt Demetrius! Der Tempel der Diana blieb immer ein herrliches Meisterstück der Baukunst, und wurde von Sct. Paul und aller Welt dafür geachtet, Diana mochte eine Göttin seyn oder nicht.

**) *Non solum autem haec periclitabitur nobis pars in redargutionem venire, sed et magnae Dianae templum in nihilum reputabitur, sed et destrui incipiet majestas ejus, quam tota Asia et orbis colit. Acta Apostolor. c. XIX. v. 27.*

***) Das Wort Neokoros bedeutete bey den Griechen ursprünglich einen Tempelkehrer, oder was wir einen Küster nennen. In der Folge machten sich ansehnliche Städte eine Ehre daraus, die Neokoren oder Küster ihrer Schutzgötter, denen sie einen Tempel unter sich erbauet hatten, zu heissen, und unter den römischen Cäsarn bewarb man sich in die Wette um die Ehre des Neokorats der Kayser, denen in den Provinzen schon bey ihrem Leben eine Art von göttlicher

Diana zu heissen, und ihr prächtiger Tempel verschafte der Stadt Ansehen und einen einträglichen Zulauf von vielen Fremden; sie hatten also politische und cameralistische Gründe, als etwas unwidersprechliches (wie sich der Herr Kanzler von Ephesus*) ausdrückt) anzunehmen, nicht daß ihre Diana wirklich eine Göttin sey, aber „daß die Stadt Ephesus die Pflegerin der großen Diana und des vom Himmel gefallnen Bildes**) sey." – Bey dem gemeinen Volke war die Gottheit ihrer Diana, an deren Verehrung sie von Kindesbeinen an gewöhnt worden waren, eine ausgemachte Sache, und es fiel ihnen so wenig ein, sich Einwürfe gegen diesen Glauben zu machen, als dem Pöbel zu Loretto, zu zweifeln daß ihre *Santa Casa* durch eine Gruppe von Engeln von Nazareth nach Loretto getragen worden sey. Aber die Goldschmidte hatten ein ganz anderes Interesse Bekenner und Verfechter der Gottheit der Diana zu seyn; und sie hätten im Herzen nicht mehr daran glauben können als Cicero an sein Augurat, ohne daß sie, so lange ihre Tempelchen gekauft und gut bezahlt wurden, weniger laut zusammengeschrien hätten: groß ist die Diana der Ephesier!

Setzen wir nun aber den Fall, die Regenten der Stadt Ephesus hätten einen sehr großen und dringenden Beweggrund (den sie freylich nicht hatten) gehabt, daß ihre Diana keine Göttin mehr seyn sollte: was würden sie wohl gethan haben? – Die Unternehmung wäre allerdings großen Schwierigkeiten unterworfen gewesen: aber mit Zeit und Geduld sind schon schwerere Dinge zu Stande gekommen. Vermuthlich hätten sie vor allen Dingen den Goldschmidten eine andere einträgliche Arbeit gegeben. – Sct. Paul und seine Gehülfen auf der einen, die Philosophen, die Luciane und ihres gleichen auf der andern Seite, hätten alsdann freye Erlaubnis erhalten, über die Sache zu raisonnieren, und am Ende auch (nur mit Witz und Urbanität) zu scherzen

---

Ehre erwiesen wurde. Luther übersezt dies Wort in der angezogenen Stelle ganz schicklich durch Pflegerin; denn in dem Sinne, worin es von ganzen Städten gebraucht wurde, führte es die Begriffe von Patron und Schirmherr bey sich. Die Ephesier nannten sich auf allen ihren Münzen die Neokoren der Artemis, und waren um so stolzer auf diesen Titel, weil ihr damaliger Dianentempel gewisser maßen ein gemeinschaftlicher Tempel des ganzen Asiens war, das zu seiner Erbauung beygetragen hatte.

*) Apostelgesch. XIX. v. 35. 36.

**) Aus dieser Stelle, die durch ein von Jos. Scaliger in seinem Commentar über Eusebii Chronikon angeführtes griech. Epigramm bestättiget wird, erhellet, daß es ein gemeiner Glaube war, das Bild der Ephesischen Diana sey vom Himmel gefallen.

soviel ihnen beliebt hätte; und das Volk, das mit allen seinen Fehlern und Unarten doch mehr Menschenverstand hat als man ihm zutraut, würde unvermerkt so umgestimmt worden seyn, daß es ganz gelassen eine Anstalt nach der andern hätte machen sehen, um die Weissagung des ehrlichen Demetrius in Erfüllung zu bringen.

Ich hoffe, man wird es mir nicht als einen Mangel an Ehrerbietung gegen gekrönte Häupter ausdeuten, wenn ich sage, daß gewisse Meynungen, die seit den Zeiten P. Gregors VII. nach und nach von Mönchen, Jesuiten, und andern Clienten des Römischen Hofes ausgebrütet worden sind, und durch die erstaunlichen Prätensionen des besagten Hofes eine Art von Scheinbarkeit erhalten haben, — z. B. daß ein jeweiliger Pabst Gott auf Erden oder wenigstens ein Mittelwesen zwischen Gott und Mensch sey, daß er alle Gewalt im Himmel und auf Erden*) habe, daß er Unrecht zu Recht machen könne, daß er über alle Gesetze sey, daß er Könige ab- und einsetzen könne, und was dergleichen *propositiones male sonantes* mehr sind**) — daß, sage ich, diese und ähnliche Meynungen eben so, wie die Gottheit der Diana, von unserm Belieben sie zu glauben oder nicht zu glauben abhangen. Sanct Paul würde unfehlbar, aus dem ganz simpeln Grunde — „ein Mensch, wie wir andern, könne, so wenig als ein hölzernes Bild, ein Gott oder Halbgott seyn" — sich für das Nichtglauben entschieden haben. Wir stoßen also, wenn ich so sagen darf, gleichsam mit der Nase auf die Solution des großen Problems, das von Vielen für so schwer als die Verfertigung des Steins der Weisen gehalten wird; und ich laufe Gefahr, eines ungebührlichen Mistrauens in die Sagacität meiner Leser beschuldiget zu werden, wenn ich noch hinzusetze: der römische Bischoff würde weder mehr noch weniger als der erste unter den abendländischen Bischöffen, seinen Brüdern, seyn, sobald man für gut befände, sich über diesen Punct lediglich an erwiesene Thatsachen, alte Urkunden, gesunde Vernunft und Natur der Sache zu halten.

Und damit wäre vielleicht viel gewonnen! Denn so könnte alles Gute, was (wie wir gesehen haben) eine ziemlich natürliche Folge eines plözlichen Un-

---

*) Die im Himmel wollten wir Ihm gerne unbestritten lassen, wenn er nur auf seine Allgewalt über das kleine Erdkügelchen worauf wir wohnen Verzicht thun wollte; ein Opfer, das in Vergleichung mit der Gewalt im Himmel, die ihm bliebe, so unbedeutend ist, daß man sich beynahe schämen muß, davon zu reden.

**) S. das Glaubensbekenntniß des P. Giannone im October 1784. des T. Merkur.

terganges der Stadt Rom wäre, erzielet werden, ohne daß man es eben mit dem Umsturz der herrlichen Peterskirche, des Musei Clementini, der Villa Borghese u. s. w. so übermäßig theuer erkaufen müßte. Man dürfte sich nur entschließen, in allem gerade so zu verfahren als ob das Unglück geschehen wäre: so würde, sehr wahrscheinlicher Weise, auch alles so erfolgen, und beynahe eben so leicht, wenn auch etwas langsamer, in seine alte und natürliche Ordnung kommen. Ein Erdbeben würde freylich schneller wirken und eine Menge Bedenklichkeiten und Schwierigkeiten auf einmal applanieren; so wie ehmals die Gothen, da sie unter dem heillosen Kayser Gallienus den Tempel der Diana von Ephesus verbrannten und zerstörten, ihrer Gottheit auf einmal ein Ende machten: aber ich gestehe, daß ich diese heroischen Mittel nicht liebe; und ich möchte, der Vernunft zu Ehren, wünschen, daß eine so glückliche Veränderung vielmehr ihr Werk als die blinde Wirkung empörter Elemente seyn möchte. Im Grunde würde es auch, in mehr als Einer Rüksicht, besser seyn. Man erinnert sich vermuthlich, was für ein höchst ehrwürdiger und liebenswürdiger Mann der Pabst Pius XXVI. (oder wie er heißt) im Jahre 2440. seyn wird, – wie so ganz und gar er der Gegenfüßler eines Gregor VII. eines Johann XII. und XXII. eines Clemens V. Alexander VI. Julius II. Leo X. – kurz der grösten Zahl seiner Vorfahrer ist, und wie vollkommen dieser vortrefliche Pontifex Maximus durch seine Aufklärung, Weisheit, Güte, Bescheidenheit und Uneigennützigkeit der hohen Würde eines ersten Priesters und allgemeinen Vaters der Christenheit Ehre macht. – Dazu könnte es nun, mittelst meines demüthigen Vorschlags, noch vor dem Jahre 2440 kommen; und wie ersprieslich für die Kirche und die Welt eine solche Verwandlung wäre, bedarf wohl keines Beweises. Ihre heilsame Folgen sind so wichtig und ausgebreitet, daß ein Freund der Menschheit sich kaum erwehren kann, ungedultig darüber zu werden, wenn die Maulwurfshügel, die der Realisierung derselben im Wege stehen, noch immer für unersteigliche Berge angesehen werden wollen.

In der That sehe ich nur Einen erheblichen Einwurf, der gegen das obige Mittel diese wünschenswürdige Revolution zu beschleunigen, gemacht werden könnte – nehmlich, „daß dadurch die mannigfaltigen Besteurungen und Tribute wegfallen dürften, welche die Nachfolger Hildebrands (denn Sct. Peter hatte und begehrte weder Silber noch Gold) von dem blinden Glauben, dem blinden Gehorsam und allen übrigen Sünden der Ultramontaner bisher gezogen haben." Allein, da es bey mehrbesagtem Vorschlage nicht darauf abgesehen ist, die Fürsten der Kirche ihrer rechtmäßigen und wohlerworbenen Temporalien berauben zu wollen: so blieben dem Administrator des Kirchenstaates, bey einer besser eingerichteten Wirthschaft, auch ohne jene fremden Zuflüsse, noch immer Einkünfte genug übrig, seine erhabene Würde mit Anstand zu behaupten, und die Peterskirche, nebst den übrigen sechs Basiliken zu Rom in baulichen Ehren zu erhalten.

Falls nicht etwa die heimlichen und öffentlichen Verschwörungen, die unter allerley Nahmen, Anstalten und Vorspiegelungen gegen die gesunde Vernunft gemacht werden, uns unversehens wieder in die Barbarey und Finsterniß der Hildebrandischen Zeiten zurückwerfen sollten, — so ist zu hoffen, daß mit zunehmendem Tage die Augen, und so Gott will! auch die Hände und Füße sich immer mehr stärken werden: und so könnte denn wohl am Schlusse des 19ten Jahrhunderts manches zur Wirklichkeit gediehen seyn, was man am Schlusse des 18ten mit dem gelindesten Nahmen Träume eines radottierenden Weltbürgers nennen wird.

Ich sage von Herzen Amen hiezu! und gedenke mich nun, nach dieser kleinen kosmopolitischen Digression, für den Rest gegenwärtiger Betrachtungen an denjenigen Theil meiner Brüder zu wenden, der seine Befreyung von dem Joche, das unsre Väter drückte, ihrem muthigen Gebrauch der Rechte der Vernunft hauptsächlich zu danken hat, und nicht zu entschuldigen wäre, wenn er durch den Nichtgebrauch derselben die unschätzbaren Vortheile wieder verlöre, welche sie, sogar mit Darsetzung ihres Lebens, ihren Nachkommen nicht zu theuer erkauft zu haben glaubten.

W.

(Die Fortsetzung nächstens.)

Fortsetzung der Gedanken von der Freyheit über Gegenstände des Glaubens zu philosophieren in einem Schreiben an Herrn P. Z***.

Sie melden mir, daß die beyden Aufsätze von der Freyheit über Glaubenssachen zu philosophieren – die im Jenner und März des T. Merk. dieses Jahres erschienen sind – oder vielmehr die Freyheit die ich mir selbst in diesen Aufsätzen genommen, meine Gedanken über Freyheit zu denken, Toleranz, Religion, Dämonismus, Priesterkünste, reines und verfälschtes Christenthum, und andre unter diese Rubrik gehörige Dinge mit wohlmeynender Offenherzigkeit herauszusagen, von einem großen Theile der Leser des T. M. freundlich aufgenommen worden sey. Sie setzen hinzu: man sey nicht zufrieden gewesen, sich in Erwartung der versprochenen Fortsetzung dieser Betrachtungen schon in zwey Monatsstücken getäuscht zu sehen: und Sie fodern mich auf, meine Freunde nicht länger auf die Erfüllung meines Versprechens warten zu lassen.

Was soll ich Ihnen hierüber sagen, mein lieber Z. Hoffentlich trauen Sie mir zu, daß ich den guten Willen, womit meine Freunde aufnehmen was ich aus gutem Willen gebe, in sein gehöriges Fach zu legen wisse, und von der großen Entbehrlichkeit meiner Gedanken über dergleichen Gegenstände so überzeugt sey, als es der strengste meiner ungeneigten Leser (denn ich kann doch nicht lauter geneigte verlangen)? nur immer seyn kann. Schwerlich kann jemand besser wissen als ich selbst, wie wenig es möglich ist, über diese Dinge, zumal in unsern Tagen, wo seit mehrern Jahren von so vielen so vieles davon geschrieben worden, etwas Neues zu sagen. Indessen ist auch wahr, daß verständige Leser über Gegenstände dieser Art nichts neues erwarten, sondern – aus innerm Gefühl, daß sie eine der wesentlichsten Anliegenheiten der Menschheit betreffen, und daher nie zuviel beherziget, nie zu oft von allen ihren Seiten und in jedem möglichen Lichte gezeigt werden können – zufrieden sind, wenn sie entweder in der Vorstellungsart oder dem Vortrage dessen, der sich darüber hören läßt, etwas finden, das diesen Dingen, worüber man immer geschrieben hat, und immer schreiben wird, weil sie immer interessant waren und ewig interessant bleiben werden, einigen Anstrich von Neuheit zu geben scheint. Immer wird man dem Manne gerne zuhören, der sich darüber als einer Sache woran ihm und uns gelegen ist, unbefangen und offenherzig mit uns unterhält, und wiewohl er uns nichts neues offenbaret, uns wenigstens nichts sagt, als was er selbst gedacht oder empfunden hat.

Bey allem dem, lieber Herr und Freund, giebt es uns ein unfröhliches Gefühl, wenn man nicht umhin kann sich selbst zu sagen: daß man, mit allem seinem guten Willen etwas zum gemeinen Wohl der Menschen beyzutragen, am Ende doch immer nur leeres Stroh dresche, Wasser mit einem Siebe schöpfe, in den Sand schreibe, Böcke melke und Mohren bleiche. — Was haben sich, nur bloß in diesem unserm Jahrhundert, die hellesten und gesundesten Köpfe in Europa nicht zerarbeitet, um die schädlichen und schändlichen Überreste der alten Barbarey wenigstens unter den cultiviertesten Völkern unsers Welttheils wegzuräumen? Um hier nur Ein Beyspiel zu geben: wer wird jemals ein besseres und allgemeiner gelesenes Buch über die Toleranz schreiben, ihre Vortheile wahrer darstellen, die Einwürfe, die man gegen sie macht, gründlicher widerlegen, die Verbindlichkeit zu derselben unwidersprechlicher darthun, die abscheulichen Folgen der Intoleranz und des Religions-Zwanges nachdrücklicher durch auffallendere und schrecklichere Beyspiele schildern, als es Voltaire gethan hat? Sollte man nicht denken, Wahrheiten, von denen mit solcher Evidenz, solcher Energie, bewiesen wird, daß es Wahrheiten sind, und daß das Wohl der Staaten und des ganzen menschlichen Geschlechtes auf ihnen beruhet, müßten nun — wenigstens von allen, die nicht ein handgreifliches Interesse darunter haben sich ihnen entgegen zu setzen — allgemein anerkannt werden, und tausendfache Früchte tragen? Und doch wurden wenige Jahre, nachdem die Welt so trefflich belehrt, gerührt und erbaut worden war, die Abrahamiten in unsern Tagen mit Knitteln aus dem Schoos Abrahams heraus in den Schoos *de notre Mere sainte Eglise* hineingeprügelt! wurde in unsern Tagen zu Parma ein fürchterliches Inquisitions-Tribunal errichtet! wird in einer der ersten teutschen Reichsstädte der Tag, worin durch die eminenteste Majorität beschlossen wird, daß die Protestanten kein Bethaus in dieser Stadt haben sollen, gleich als ob die Republik an diesem Tage von ihrem Verderben gerettet worden sey, mit Sang und Klang und allgemeinem Jubilieren gefeyert! — Was hälfe es noch mehr Beyspiele zu häuffen? Wozu ein unverständiger Religionseifer viele der angesehensten Personen in Frankreich, bey Gelegenheit der armseligen Toleranz, die man den Protestanten aus bloßen Finanz-Rüksichten angedeihen lassen wollte, hingerissen hat, ist bekannt. Und doch rühmen wir uns der Aufklärung unsrer Zeit! Und Voltaire selbst glaubte das große Werk zu Stande gebracht zu haben, rasselte mehr als einmal auf dem windichten Triumphwagen der Gloria über die dummen Köpfe seiner Gegner weg, schleppte die Bilder des Aberglaubens, der Intoleranz, der Religionswuth an die Räder desselben gefesselt hinter sich her — und glaubte diese Ungeheuer selbst auf immer entwafnet und gefesselt zu haben!

„Wozu hälf es dir, dich täuschen zu wollen? flüstert mir mein guter Genius zu: Nie, so lange die Menschen — Menschen bleiben, wird das Licht die Finsterniß völlig verschlingen! Nie wird die Vernunft einer kleinen Anzahl über die Unwissenheit, die Imbecillität, die taumlichte Imagination, die Armuth des Geistes und die Schwäche des Herzens der größern Anzahl die Oberhand gewinnen. Nie werden ganze Völker anders als nach den greulichsten Erschütterungen, und auch alsdann nur in einzelnen Stücken, und selbst hierin nur eine Zeitlang ihr wahres Interesse einsehen lernen, und dieser Einsicht getreu bleiben. Immer wird ein großer Mann einen Zeitgenoßen oder Nachfolger haben, der wieder einreißt, was jener gebaut hat. Schon keimen im Schoos der Zukunft neue Gothen, neue Sarazenen und Türken, neue Gregore von Nazianz und Gregore von Rom, um die Werke der menschenfreundlichen Musen wieder zu vernichten, und die Welt wieder in die finstre Barbarey zurückzustürzen, woraus diese wohlthätige Schuzgötter der Humanität sie gezogen hatten. — Aber diese Umwälzungen der immer in andern Gestalten wiederkehrenden Vergangenheit, dieser ewige Kampf des Guten und Bösen, dieses Zerstören, dessen was da ist, um dem was werden soll Platz zu machen, gehört nun einmal zu der großen Ordnung der Dinge, deren Plan euch Sterblichen eben so unübersehbar, als die Hand, die seine Ausführung leitet, verborgen ist. Euch gebührt es, euch in die Nothwendigkeit zu fügen, und ohne Ungeduld oder Läßigkeit zu thun, wozu ihr euch berufen fühlt. Wie Lucian, da er in seinem Traumgesichte mit der Pädeia, auf ihrem Wagen, durch die Lüfte fuhr, oder wie in der Fabel Triptolemus auf dem Drachenwagen der Ceres, streue du allerley guten Saamen auf die Erde herab, unbekümmert (denn du säest nicht für dich selbst) was für Früchte er bringen, ob er auf gutes Erdreich oder auf Sand, ins Wasser oder auf nackte Felsen fallen werde. Etwas davon wird immer aufgehen, vielleicht durch irgend einen Wind oder eine fortwälzende Welle in einen ganz andern Boden getragen, als wohin der Saame zuerst fiel, — Vielleicht erst lange wenn du nicht mehr bist."

Weg also, mein Freund, mit jenem unfröhlichen Gedanken! Und da wir nun doch (unsern kleinen häuslichen Zirkel ausgenommen) der Welt mit Nichts als unserm guten Willen dienen können, — so laß uns immer von Zeit zu Zeit etwas ausstreuen, wovon wir uns (wenigstens so gewiß als Menschen von etwas gewiß seyn können) überzeugt halten daß es gute Saamenkörner sind — und der Himmel lasse sie gedeihen oder nicht gedeihen, wie es die große Pepromene vorherbestimmt hat.

Sie haben gesehen, l. Z. daß meine beyden vorigen Aufsätze eine Reyhe von Thatsachen, die uns die Welt- und Religionsgeschichte an die Hand giebt, enthalten, welche uns, wenn sie vollendet ist, vermuthlich der Auflösung unsers Problems sehr nahe bringen wird. Aber ehe wir in der angefangenen Gedankenfolge fortfahren, wird es, um uns wieder gehörig zu orientiren, nöthig seyn, sowohl die Resultate des bereits gesagten, als die ersten Grundbegriffe, von welchen unsere Betrachtung ausgieng, so nahe zusammenzustellen, das wir sie im möglichsten Volllichte auf Einen Blick übersehen können.

Wenn eine gute Anstalt ihren Zweck so gröblich verfehlt hat, daß gerade das Gegentheil von dem was sie bewirken sollte, herausgekommen ist, so sind (wann ich nicht sehr irre) nur zwey Dinge zu thun: Man muß entweder die gute Anstalt völlig eingehen lassen — und dies wäre thöricht, wofern man nicht gewiß wäre, etwas anders an ihre Stelle setzen zu können, das den Nutzen, den sie schaffen sollte, gewisser und besser schaffen würde: — oder man muß so lange nachforschen, woran es liegt daß sie ihren Zweck verfehlte, bis man es ausfindig gemacht hat, und dem entdeckten Übel alsdann durch die zweckmäßigsten Mittel aufs schleunigste abzuhelfen suchen.

Ist aber das Gute, aus welchem wider seine Natur Böses herausgekommen ist, von solcher Art, daß es erstens nicht von uns abhängt, ob es daseyn oder nicht daseyn soll; ist zweytens die Sache so beschaffen, daß sich jedermann durch bloßes Aufthun seiner Augen überzeugen kann, das

Übel sey bloß daher gekommen, weil sich mit jenem Guten etwas Böses vermischt habe, das nicht nur die heilsamen Wirkungen desselben gehindert, sondern es durch seine Beymischung sogar in ein verderbliches Gift habe verwandeln müssen; und ist es endlich drittens eben so augenscheinlich, daß es völlig in unsrer Gewalt und im Grunde eine leichte und mit wenig oder gar keiner Gefahr verbundene Operation ist, dieses Böse, das so heillose Wirkungen gethan hat, von dem Guten, wenigstens bis auf einen solchen Grad der Reinheit des letztern, abzuscheiden, daß es nicht Menschenmöglich ist, es weiter darin zu bringen: so ist, däucht mich, die Frage: was also zu thun sey? für Leute die bey ihren fünf Sinnen sind, keine Frage mehr; und wenn (alles dies vorausgesetzt) dem Übel gleichwohl nicht abgeholfen wird, so wissen wir wenigstens was wir von dem Verstand oder guten Willen der moralischen Ärzte und Apotheker, die zu Heilung unsrer moralischen Gebrechen angestellt sind, zu denken haben, u. s. w.

Lassen sie uns jezt die Anwendung dieser ziemlich unwidersprechlichen praktischen Grundsätze machen.

So weit uns die Geschichte in die ältesten Zeiten der Kinder Adams zurücksehen läßt, sehen wir Religion und Aberglauben überall dicht neben einander aufwachsen, und diesen, gleich einer üppig aufschießenden Parasitischen Pflanze, jene umschlingen, ihr nach und nach allen Saft entziehen, und sogar durch seine Einflüsse den Früchten, wodurch sie dem Menschlichen Geschlechte wohlthätig seyn könnte, seine eigene giftige Beschaffenheit mittheilen.

Da hier schlechterdings alles darauf ankommt, uns von der Religion einen von allem Aberglauben, von allem was Hang zur Sinnlichkeit, Phantasie, Leidenschaften und Priesterkünste*) beygemischt haben, gereinigten Begriff zu machen: so kann ich mir unter diesem Worte nichts anders denken, als den Glauben an ein unerforschliches Urwesen, durch welches alle Dinge bestehen, und nach unveränderlichen Gesetzen der vollkommensten Gerechtigkeit oder (was eben dasselbe sagt) der vollkommensten Güte und Weisheit, in Ordnung erhalten werden — verbunden mit dem Glauben der Fortdauer unsers eigenen, uns nicht minder unerforschlichen

---

*) Was ich unter diesen nicht liberalen Künsten verstehe hoffe ich in der ersten Abtheilung dieses Aufsatzes (T. M. Januar 1788. S. 87. u. 88.) deutlich genug gemacht zu haben.

Grundwesens, mit Bewustseyn unsrer Persönlichkeit und einem Fortschritt zu immer größerer Vollkommenheit, der durch unser Verhalten in diesem Leben modificiert wird.

Von diesem Glauben behaupte ich: daß er 1) ein moralisches Bedürfniß der Menschheit sey;

2) Daß seine Wurzel so tief in unsrer Natur liege und gleichsam mit allen Fasern derselben so verschlungen sey, daß man, um sie im Menschen gänzlich auszurotten, den Menschen selbst zerstören müßte;

3) Daß er durch die Vernunft hinlänglich unterstüzt werde, um den Nahmen eines vernünftigen Glaubens zu verdienen; und

4) daß er, in so fern er von Aberglauben oder Dämonisterey frey bleibt, nicht nur ganz unschädlich, sondern dem menschlichen Geschlechte höchst wohlthätig und in gewissen Sinne unentbehrlich sey*).

Unglücklicher Weise war es, in der Verfassung und den Umständen, worin sich die Menschen der ältesten Zeiten befanden, nicht möglich, daß ihre Religion, — wenn wir auch annehmen es sey eine Zeit gewesen, wo sie, so viel es die Schwäche des kindischen Alters der Menschheit zuließ, einfältig und rein war — sich lange in dieser Lauterkeit hätte erhalten können. Rohe sinnliche Menschen, verlangten einen sichtbaren und palpabeln Gott. Durchdrungen von einem mächtigen aber dunkeln Gefühl des Göttlichen in der Natur, aber unfähig, dieses Gefühl zu einem reinen Vernunftsbegriff zu erheben, füllten sie die ganze Welt mit göttlichen Wesen an, und bildeten sich ihre Götter nach ihrem Bedürfniß. Sie hatten Götter nöthig, die zu ihnen herabstiegen, mit ihnen sprächen, sich ihrer Angelegenheiten annähmen, ihnen jagen und fischen hälfen, im Kriege vor ihnen herzögen, ihnen in zweifelhaften Fällen sagten was sie thun oder nicht thun sollten u. s. w. Da sie soviel von ihren Göttern verlangten und erwarteten, fanden sie es billig, auch auf ihrer Seite etwas für die Götter zu thun, und ihnen ihre Dankbarkeit und Ehrfurcht durch Opfer, Gelübde, Schenkungen, Denkmäler, Tempel, Statuen, u. s. w. zu bezeugen. Unvermerkt gewöhnten sich die Menschen an die Vorstellung, daß

*) Ich setze diese vier Propositionen, ohne hier den Beweis zu führen, als längst ausgemacht, und von allen, die dieser Aufsatz interessiren kann, anerkannt, voraus. Sollte jemand, dem es im Ernst um Wahrheit zu thun ist, neue Gründe zu haben glauben, diese Sätze für nicht so ausgemacht zu halten, als ich: so würde ihre Mittheilung und Untersuchung unfehlbar den Nutzen haben, die bezweifelte Wahrheit in ein neues Licht zu setzen.

sie alles Gute, was ihnen die Natur und der Zusammenhang der Dinge freywillig oder als die Frucht ihres eigenen Verstandes und Fleisses schenkt, als willkührliche Geschenke gewisser Gottheiten betrachteten. Aber die Natur war von jeher beynahe eben so geschäftig, den Menschen Böses als Gutes zu thun – alle dem Menschen schädliche und verderbliche Naturwirkungen wurden also ebenfalls den Göttern zugeschrieben. Erdbeben, Überschwemmungen, Mißwachs, Hunger, verderbliche Seuchen, schreckende und die Hofnung des Landmanns zerstörende Gewitter, u. s. w. wurden als Ausbrüche ihres Zorns betrachtet, der durch bekannte oder unbekannte Vergehungen und Beleidigungen gereizt worden sey. Dies gieng endlich so weit daß bey vielen Völkern sogar gewisse lasterhafte Leidenschaften und Handlungen, wenn sie ungewöhnliches Unglück über ganze Familien und Völkerschaften brachten, als Folgen des Zorns irgend einer beleidigten Gottheit betrachtet wurden.

Götter, die auf so vielfältige Art in das Schicksal der Menschen verflochten waren, von denen man so viel hoffte, und soviel fürchtete, die man so oft zu versöhnen hatte, oder seinen Unternehmungen günstig machen wollte, konnten nicht lange ohne Priester d. i. ohne Mittelspersonen, Procuratoren und Sachwalter der armen Sterblichen bey jenen höhern Wesen, – und Priester nicht lange ohne Theologie seyn. Da die Vernunft nur sagen kann was Gott nicht ist, aber auf die Frage, was er sey, in Verlegenheit geräth, und entweder stammelt oder verstummet: so brauchte es eben keinen großen Künstler, um die ganze Theologie der Vernunft auf ein Hirsenkorn zu graviren. Natürlicher Weise konnten Priester sich mit einer so compendiösen Götterkenntniß nicht behelfen: sie mußten mehr von ihren Principalen wissen als gemeine Menschen, und woher hätte ihnen diese geheime Wissenschaft kommen können als von den Göttern selbst? Diese offenbarten sich ihnen in Träumen, durch Erscheinungen, oder auf andere Art, und bald sahe man aus dieser übernatürlichen Quelle jene berühmten priesterlichen und magischen Wissenschaften entspringen, auf welche die Philosophie freylich nie gekommen wäre, wozu sie aber doch wenigstens den Schlüssel hat: die Theorie der guten und bösen Geister, der himmlischen, elementarischen, und höllischen Dämonen; die Wissenschaft der Opfer, Expiationen und Initiationen; die Wissenschaft sich die höchsten Götter gnädig, die guten Dämonen günstig, die bösen unterwürfig zu machen; die Wissenschaft Träume auszulegen und zukünftige Dinge aus gewissen Zeichen, wodurch die Götter sie uns andeuten, vorherzusagen; die Wissenschaft durch Amulete, Zauberworte, Zauberlieder, und andere geheimnißvolle Mittel Krankheiten zu heilen, u. s. w. So wurden die Priester nach und nach zu Wahrsagern, Zeichendeutern, Ärzten, und Wundermännern; so kam das Schicksal ganzer Völker, das Glück und Unglück der Familien und sogar das Leben der Menschen in ihre Gewalt; so bemächtigten sie sich der zwey stärksten Triebfedern der menschlichen Natur, der Furcht und der Hofnung, um über unwissende Wilde und Barbaren unumschränkt zu herrschen; so wurde aus Religion Dämonisterey, aus Priesterthum Magie, und beyde walteten, unter allerley Gestalten, Nahmen und Modificationen, über den Erdboden: als die christliche Religion entstand, und durch eine beym ersten Anblick erstaunliche, bey genauer und unbefangener Untersuchung aber sehr begreifliche Revolution, der Vielgötterey in dem ganzen Umfang des alten römischen Reichs ein Ende machte, um auf die Trümmer der alten Religion eine neue Art von Hierarchie zu gründen, die sich zwar anfangs durch die wohlthätigsten Absichten ankündigte und beliebt machte, aber nur zu bald durch die Leichtigkeit, womit sie sich der Herzen zu bemächtigen gewußt hatte, die Schwäche der Menschen und die Stärke ihrer eigenen Hülfsmittel kennen lernte, und dadurch verleitet wurde, die Macht eines gewissen wundervollen Doppelschlüssels so weit auszudehnen und mit so wenig Discretion zu gebrauchen, daß ihr Einfluß und ihre Oberherrschaft endlich drückender, schädlicher, grausamer und verderblicher für die Humanität und die bürgerliche Gesellschaft wurde, als es der offenbar in seiner eigenen unverlarvten Gestalt herrschende Dämonismus und Magismus je gewesen war.

Man weiß – bringt es aber öfters bey den wichtigsten Gelegenheiten viel zu wenig in Anschlag – wie mächtig Gewohnheit und Vorurtheile in denen wir aufgewachsen sind, über den gemeinen Menschenverstand tyrannisiren: und wie sollten sie, – sie, die uns fähig machen gegen das Zeugniß unsrer eigenen Sinne zu glauben, – nicht die Gewalt haben unsere Vernunft zu fesseln, und uns z. B. in einem Buche, für dessen Buchstaben man uns schon die tiefste Ehrfurcht eingeprägt hat, ehe wir den Sinn und Geist desselben zu fassen, ja nur zu ahnden fähig waren, nicht Dinge verborgen bleiben lassen, die einem jeden ganz unbefangenen Menschen beym ersten Lesen desselben in die Augen springen? Es soll mich also nicht wundern, wenn das, was ich jezt sagen werde, vielen meiner Leser anstößig seyn sollte; wie wohl es darum (wenigstens meiner innigsten Überzeugung nach) nicht weniger wahr ist – und das ist: daß zwischen dem Geist und Zweck *Jesu,* – so wie er sich uns in dem grösten Theile der vier Evangelien darstellt, in welchen alles was wir von seiner Person und Geschichte wissen enthalten ist, – und zwischen einigen Dingen, die Er gesagt und gethan haben soll, eine so auffallende Disharmonie, ein so starker Widerspruch obwaltet, daß es beynahe unmöglich, und wenigstens gegen alle Regeln der gemeinen Kritik ist, zu glauben, daß Er diese letztern Dinge wirklich gesagt und gethan habe. Meine Gedanken über dieses Phänomenon ausführlich zu entwickeln, würde mich hier zu weit führen, und bleibt auf eine andere Gelegenheit ausgesezt: ich sage also, zu meiner dermaligen Absicht, nur so viel, und hoffe, daß wenigstens mancher der die Evangelien mit etwas mehr als gewöhnlichem Nachdenken gelesen hat, (denn gewöhnlich werden sie ohne alles Nachdenken gelesen) darin mit mir einstimmig seyn werde: daß Christus zwar die Religion seines Volkes habe reinigen und verbessern, aber keine eigentlich neue Religion, noch weniger eine neue politische Religionsverfassung, am allerwenigsten aber die, welche mehrere Jahrhunderte nach seinen Tode, auf dem von seinen Jüngern schon gelegten Grunde nach und nach aufgeführt wurde, habe stiften wollen. Die Religion von welcher er zugleich Lehrer und Vorbild war, die welcher der Nahme der christlichen, d. i. der Religion Christi, im eigentlichsten Sinne zukommt, ist kein Institut das einen Theil bürgerlicher Verfassung ausmacht, sondern bloße Angelegenheit des Herzens; sie ist ganz auf das Verhältniß zwischen Gott, als allgemeinem Vater der Menschen, und diesen, als seinen (gutartigen oder verkehrten, gehorsamen oder wiederspänstigen) Kindern gegründet; sie erhebt das dunkle Gottesgefühl, das der menschlichen Natur angebohren und eigen scheint, zu der einfachsten, humansten, der Gottheit würdigsten, und dem Bedürfniß der Menschheit angemessensten Vorstellung von Gott, reinigt sie von allem dämonistischen und magischen Aberglauben*) und macht sie in jeder mensch-

*) Daß dieß der Geist der Lehre Christi, und das unwidersprechliche Resultat ihrer Grundbegriffe sey, wird schwerlich jemand, der sie unmittelbar aus der Quelle geschöpft hat, läugnen können. Warum ist aber diese Quelle selbst nicht von allem dämonistischen Schlamme rein? Gewiß war es Christus: aber nicht seine Jünger, denen er und seine Lehre, ungeachtet ihrer Anhänglichkeit an seine Person, gewissermaßen immer ein Räthsel geblieben zu seyn scheint. Er wurde von ihnen getrennt, ehe er sie von allen Vorurtheilen und Wahnbegriffen ihres Volkes

lichen Seele, in welcher sie lebendig und herrschend wird, zu einer unversieglichen Quelle von grenzenlosem Vertrauen auf Gott, von Liebe alles Guten, von allgemeiner Humanität, von aushaltender Stärke im Unglück, von Mäßigung und Bescheidenheit im Wohlstand, von Geduld im Leiden, von Geringschätzung alles dessen, was uns die Weisheit gering schätzen lehrt, von innerm Frieden des Herzens, Zufriedenheit mit dem Gegenwärtigen und immerwährender Hofnung einer bessern Zukunft. — Seine Religion war wahre Theosophie, im einfachsten Sinne dieses Wortes. — Gott war ihm Alles in Allem, Alles in der Natur, Alles in Ihm Selbst. Daher das Reich Gottes, dessen Annäherung er ankündigt, wozu er alle Menschen einladet, wozu alle berufen, aber wenige auserwählt sind: weil ihm unverborgen war, daß nur wenige Menschen so einfältigen Sinnes und guten Willens sind, um mit ganzer Seele in diese seine Vorstellungsart und Gesinnungen einzugehen und ihm in Allem diesen, — d. i. in allem, was er mit den weisesten und besten Menschen, die jemals lebten, gemein und was er vor ihnen voraus hatte, — gleichförmig zu werden, und also den Nahmen seiner Jünger im eigentlichen Verstande zu verdienen. Alle konnten und mußten dazu eingeladen werden: aber die Natur der Sache brachte es mit sich, daß diejenigen, die wirklich mit Ihm Eines Sinnes und Geistes waren, nur eine kleine Gesellschaft von Brüdern, eine Art von Orden (wenn ich so sagen darf) ausmachten, — wie ehemals die Jünger des Pythagoras, oder wie die Essener unter den Juden — und eben in dieser kleinen Anzahl und in der Einförmigkeit ihres innern Sinnes, lag der Grund der brüderlichen Gleichheit, die er unter ihnen etablirte, und der engen liebevollen Verbindung, worin sie, als Kinder Eines Vaters, unter einander lebten oder leben sollten.

Indem ich mir diese Vorstellung von der Religion Christi und von der ersten Brudergemeine, deren Stifter er war, mache, begehre ich keineswegs zu läugnen, daß es in der Folge nicht möglich sollte gewesen seyn, eine mit den Grundsätzen und der Moral Christi übereinstimmende Volk- und Staats-Religion zu gründen, die von allem dämonistischen und magischen Aberglauben rein hätte bleiben können: ja, ich glaube nicht zu

---

und ihrer Zeit hatte reinigen können. Eben darum (glaube ich) versprach er ihnen den Geist, der sie in alle Wahrheit leiten sollte. Aber dieser Geist wohnt nur in reinen Herzen, und zog sich vermuthlich von dem Augenblick zurück, da sie sich einfallen ließen, an die Brüder zu Antiochia, Syria und Cilicia zu schreiben: es gefällt dem heiligen Geist und Uns u.s.w.

weit zu gehen, wenn ich sage, daß sich sogar eine auf jene Grundsätze gebaute hierarchische Religionsverfassung denken (nur nicht so leicht ins Werk stellen) lasse, die von allen Priesterkünsten, aller tyrannischen Priestergewalt, Herrschaft über die Gewissen, Unterdrückung der Vernunft, Intoleranz, ungebührlicher Einschränkung der Vorstellungen, die man sich von den übersinnlichen und unbegreiflichen Dingen zu machen habe, von aller Möncherey u. s. w. mit Einem Worte, von der ganzen Litaney der Mißbräuche, die seit so vielen Jahrhunderten unter der sogenannten Christenheit im Schwange giengen, frey wäre; – wie denn etwas diesem ähnliches seit den Zeiten der Königin Elisabeth in England zu sehen ist. Wie schön aber auch das Ideal seyn möchte, welches man auf diese Möglichkeit bauen könnte, dies wenigstens ist unwidersprechlich: daß von Constantinus M. Zeiten an (ja schon lange zuvor) das Christenthum und seine kirchliche Verfassung sich von dem Geiste dessen, nach welchem es sich nannte, immer mehr und mehr entfernte, – daß es endlich beynahe in allem das Gegentheil dessen wurde, was es hätte seyn sollen, – und daß eine allgemeine gründliche Verbesserung endlich der große Gegenstand einer (wiewohl fruchtlosen) Kirchenversammlung, und der sehnliche Wunsch aller Layen, ja sogar eines beträchtlichen Theils des Klerus wurde.

W.

(Der Beschluß künftig.)

Beschluß der Gedanken von der Freyheit in Glaubenssachen zu philosophiren.

Diese Kirchenverbesserung, die schon so lange für nöthig gehalten, mehrmals angefangen, von Rom aus immer wieder hintertrieben, aber selbst durch alle diese Bewegungen nicht weniger als durch die Einflüsse der wieder erweckten griechischen und lateinischen Litteratur, vorbereitet worden war, ereignete sich endlich in der ersten Hälfte des sechzehnten Jahrhunderts mit dem bekannten Erfolge; wiewohl unter so heftigen Erschütterungen, unter einem so hartnäckigen Widerstande der herrschenden Parthey, unter so vielen wilden Ausbrüchen fanatischer Leidenschaften auf beyden Seiten, daß die errungnen Vortheile mit dem Preise, den sie gekostet haben, in gar keiner Proportion stünden, wofern die Verbesserung auf halbem Wege stehen bleiben, und nicht mehr wahrer Gewinn für die Menschheit davon herauskommen sollte, als woran sich diejenigen genügen lassen, die alle fernere Aufklärung und Verbesserung unnöthig finden, ja wohl gar die bloße Meynung, „daß das angefangene Werk noch weit von seiner Vollendung sey," für frevelhaft erklären. In keinem andern Jahrhundert, selbst in den scheußlichen Zeiten der Kreuzzüge, der Waldenser Verfolgung und der Ausrottung der Tempelherren, sind der Religion in allen Theilen von Europa zahlreichere Hekatomben von Menschenopfern geschlachtet worden, als in diesem. Kein anderes bietet reichhaltigern Stoff zu Betrachtungen über den unübersehbaren Einfluß der Religion auf das zeitliche Wohl und Wehe der Menschen dar! Können wir, beym Überblick des unermeßlichen Elendes, das in diesen schrecklichen Zeiten durch Intoleranz, hierarchische Tyranney, fanatischen Neuerungs- und Empörungsgeist, wüthenden Eifer der neuen, kaltblütigen Grausamkeit der alten Parthey, theils aus wirklicher religioser Leidenschaft, (wenn ich so sagen kann) theils unter der Larve der Religion, über Europa gebracht worden ist, – einen auffallendern, einleuchtendern Beweis verlangen, wie unendlich viel der menschlichen Gesellschaft daran gelegen sey, durch die möglichste Reinigung und Simplificierung der Religion auch der bloßen Möglichkeit zuvorzukommen, daß wir oder unsre Nachkommen solche Greuel, solche Unmenschlichkeiten, solche Teufeleyen um Gottes willen, wieder erleben könnten?

„Dazu, sagt man, wird es so leicht nicht wieder kommen. Der Geist der Toleranz, der in unsern Zeiten herrschend geworden ist, und selbst in Ländern, wo er die Oberhand noch nicht gewonnen, doch die Art mit den Glaubensdissidenten zu verfahren sehr gemildert hat, ist uns Bürge dafür." — Gut! Aber wer bürgt uns für diesen Geist der Toleranz selber? Von wie langer Dauer wird sein Reich, von welcher Stärke wird seine Macht gegen Aberglauben und Fanatismus seyn, — wenn diese Duldung — deren bloßer Name schon wider sie zeugt — nur eine momentane Frucht vorübergehender Eindrücke einiger Modeschriften, nicht natürliche Folge wahrer allgemein verbreiteter Aufklärung und Überzeugung ist? Wenn sie bloß von der Denkart, oder Laune, oder Bonhommie, oder Gleichgültigkeit der Regenten, und von der zufälligen Schwäche über ihre Unmacht heimlich seufzender Molochspriester, abhängt, anstatt auf dem festen Grunde der allgemeinen Vernunft und auf unwiderruflichen Staatsgesetzen zu beruhen? Kurz, was für Ursache haben wir, uns für sicher zu halten, wenn der wüthende unbezähmte Tyger — nur schläft, anstatt, wie der Dedschial der Mahommedaner, wenigstens bis zum Weltgerichte, mit unzerreißbaren Ketten gefesselt zu seyn?

Gegen eine Parthey, bey welcher die Intoleranz, in gewissem Sinne, sogar ein Grundartickel ihrer Religion ist, kann uns, so lange sie bey dieser Denkart beharret, nichts als unsere politische Macht sicher stellen. Aber worauf gründet sich unsre innere Sicherheit? Was schützt uns gegen die Intoleranz der abergläubischen Anhänglichkeit an alte Terminologie und Formulare, gegen den fanatischen Eifer für die vermeynte Sache Gottes u. s. w. in unserm eigenen Mittel?

Die unter uns im Schwang gehende Gleichgültigkeit gegen die Religion, ist eine sehr unzuverläßige, von dem leichtesten Anstoß zusammenfallende Schutzwehre. Wer mit der Geschichte der Menschheit und Religion bekannt ist, kann unmöglich gleichgültig darüber seyn, in welchem Zustande sich eine Sache befinde, die in den Händen des Thoren, des Schwärmers, des Tartüffen, sobald er mit einigem Ansehen bekleidet ist und Einfluß hat, zum

Werkzeuge so vieles Unheils werden kann. Die Erfahrung unsrer eignen Zeit könnte und sollte uns belehren, daß diese Gleichgültigkeit, die dem ansehnlichsten und aufgeklärtesten Theil der Gesellschaft eine zeitlang die Augen gegen viele ihrer Aufmerksamkeit würdige Dinge verschloß, von den Antipoden der Vernunft sehr vortheilhaft benutzt wurde, und daß sie gerade der Schatten ist, worunter alle Arten von religiösem Unkraut am besten gedeyhet. Vielleicht braucht es nicht mehr als noch funfzig Jahre wie die letztverfloßnen, um es dahin zu bringen, daß Schwärmer und Zeloten unsren Nachkommen nicht mehr Freyheit zu denken und zu glauben übrig lassen, als die heilige Inquisition den Einwohnern von Goa. So lange der Gebrauch dieser Freyheit bloß zufällige Duldung ist, so lange das Recht der Protestanten an unbeschränkte Gewissensfreyheit und unbeschränkte Untersuchung aller menschlichen Meynungen, Auslegungen und Entscheidungen in Glaubenssachen, nicht als etwas Ausgemachtes anerkannt, sondern den einen noch ein Problem, den andern sogar Ketzerey ist: so lange haben wir wenig Ursache, uns vor einem Rückfall unter das Joch, das unsre Väter nicht ertragen konnten, sicher zu glauben.

Aber wie kann, sollte man billig fragen, wie kann jenes Recht, auf welchem selbst die Existenz der Protestanten beruht, in ihrem eigenen Mittel noch problematisch seyn? Wo ist die Urkunde, durch welche diejenigen, die sich selbst in Freyheit gesetzt hatten, ihre Nachkommen zu neuen willkührlichen Fesseln verurtheilt hätten? Oder, wenn es eine solche Urkunde gäbe, welche Verbindlichkeit könnte sie für uns haben? Wer kann im Nahmen seiner Kinder auf den künftigen Gebrauch ihrer Vernunft Verzicht thun? Unter welchem Vorwande könnte eine so unnatürliche Enterbung jemals statt finden? Das Recht, wovon hier die Rede ist, wenn sie selbst es hatten, mußten sie auch uns hinterlassen: denn es war entweder Naturrecht oder Nichts.

Unsere Väter im sechzehnten Jahrhundert warfen das Joch des blinden Glaubens ab, das die ihrigen so lange ziemlich ruhig getragen hatten. Sie erinnerten sich der heilsamen Ermahnung des Propheten: seyd nicht wie Roß und Mäuler, die nicht verständig sind! und fiengen an zu merken, daß die sehr reellen Übel, von denen sie zu Boden gedruckt wurden, bloße Folgen einer Art von Bezauberung seyen, welche in dem Augenblick vernichtet ist, da man aufhört, sich für bezaubert zu halten. Vorurtheile, die durch alles, was man sah und hörte, von Kindheit an, den Gemüthern eingeprägt wurden;

Wahnbegriffe, die durch alle Schrecken des zeitlichen und ewigen Feuers gegen den bloßen Gedanken, sie zu bezweifeln, so lange gesichert gewesen waren, – wurden vor den Richterstuhl der Vernunft gezogen, in Untersuchung genommen, und so, wie sie für das, was sie waren, für Vorurtheile und Wahnbegriffe erkannt wurden, verworfen. Tradition, Besitz von undenklichen Zeiten her, Entscheidungen von Sct. Peters Stuhl herab, Meynungen der heiligen Kirchenväter und Doctoren, ja sogar jene Ehrfurcht gebietende Formel des ersten Conciliums zu Jerusalem – „es gefällt dem heil. Geist und Uns" – im Munde allgemeiner Kirchenversammlungen, wurden von den Reformatoren und ihren Anhängern für Nichts geachtet, sobald sie ihrer eigenen innern Überzeugung und den Beweisgründen, worauf sie beruhete, entgegenstunden. Aber alles dieß erfolgte nach und nach; man wußte anfangs selbst nicht, wie weit und wohin der Weg, den man eingeschlagen hatte, führen würde, und war – wie es denn unter den damaligen Umständen nicht anders möglich war, – weit entfernt, auf einmal alle Autorität des römischen Stuhls, der Kirchenväter, der Concilien und der Tradition verwerfen zu wollen. Man empörte sich anfangs gegen bloße Mißbräuche, welche die sogenannte Disciplin der Kirche betrafen: aber bald sah man sich genöthiget, auch die Glaubenspuncte anzugreifen, hinter welche sich jene verschanzten. Jeder falsch befundene Satz zog natürlicher Weise die Untersuchung anderer nach sich, mit denen er zusammenhieng: und so konnte es nicht fehlen, daß man in wenigen Jahren einen großen Theil des alten Lehrgebäudes so wurmstichig und baufällig finden mußte, als es wirklich war. Man berief sich auf den Pabst, so lange man Hofnung hatte, daß er den Mißbräuchen, auf die der erste Angriff gerichtet war, abhelfen würde: aber sobald der Pabst gegen das, was Luther und seine Anhänger für unumstößlich erwiesene Wahrheit hielten, entschieden hatte, sah man sich gezwungen, die Autorität der Päbstlichen Heiligkeit näher zu beleuchten*), und fand am Ende, daß er ein so fehlbarer

*) Ferne sey es von mir, durch diese Behauptung etwas der Aufrichtigkeit und Rechtschaffenheit des sel. D. Luthers nachtheiliges insinuiren zu wollen! Als er auf den Pabst provocierte, war er von der Unfehlbarkeit dieses Oberhaupts der Kirche noch völlig überzeugt, weil er sie noch nicht untersucht hatte: aber er war von der Wahrheit seiner Sätze gegen den Ablaßkram eben so sehr, nur mit besserm Grunde, überzeugt. Er zweifelte also keinen Augenblick daran, daß der unfehlbare Richter für die Wahrheit entscheiden würde. Als aber, gegen alle seine Erwartung, das Gegentheil erfolgte, und Leo X. den Jupiter so unverständig spielte, daß er

Mensch sey, als ein anderer, und daß es mit seinem Vicariat Christi nicht besser stehe als mit seiner Succession auf dem Stuhle des heil. Peters, der Rom nie gesehen hatte, oder mit seiner Succession in den Titel und die Rechte eines Pontifex Maximus, die den Kaysern angehörten. Eben so mußte es, vermöge der Natur der Sache mit allen übrigen Autoritäten gehen. Man gab sich alle Mühe, die heiligen Väter, die großen Kirchenlehrer, die Tradition, die Entscheidungen der Concilien, soviel möglich auf seine Seite zu ziehen: aber sobald sie für die Gegner zeugten, wurde ihr Zeugniß abgelehnt, und von ihrer Autorität an eine höhere appelliert. Auch die so oft wiederholte Apellation an eine zu veranstaltende allgemeine Kirchenversammlung, wenn sie etwas mehr als ein durch die Noth der Umstände abgedrungener Behelf war, setzte ein Vertrauen auf die Majorität einer solchen Versammlung voraus, die der Überzeugung der Reformatoren von der Güte ihrer Sache gleich war: denn gesetzt, das Concilium würde gegen sie entscheiden, — welches denn auch das Tridentinische zu thun nicht ermangelte — was blieb ihnen anders übrig, als die ganze *in corpore* versammelte Hierarchie für Menschen zu erklären, die zusammengenommen eben so wenig unfehlbar und dem Irrthum eben so unterworfen seyen, als einzeln.

Man sah sich also bald genöthigt, die heilige Schrift für den einzigen entscheidenden Richter in Glaubenssachen, und für die einzige Quelle, woraus die christliche Glaubenslehre geschöpft werden müsse, zu erklären, und alle übrigen Autoritäten nur in so fern, als sie mit derselben vollkommen übereinstimmten, gelten zu lassen. Wieviel oder wenig dadurch gegen die römische Kirche gewonnen wurde, und was diese mit Schein oder Recht dagegen einzuwenden hatte, gehört nicht hieher: genug, es konnte, bey dem allmählich zunehmenden Tage, nicht fehlen, daß man früher oder später gewahr werden mußte, daß ein Buch, wie untrüglich und göttlich es übrigens seyn möchte, nur alsdann für einen entscheidenden Richter in Glaubenssachen gelten könnte, wenn es, (wie die Elemente der Geometrie) so beschaffen wäre, daß alle Menschen, die es läsen, nicht nur vollkommen einerley dabey dächten, sondern auch von der Wahrheit seines allen Menschen

---

seinen Donnerkeil sogar gegen handgreifliche Wahrheiten zum Schutze handgreiflicher Greuel abschoß: so mußte der ehrliche Luther nothgedrungen an der päbstlichen Unfehlbarkeit zweifeln, und eine Untersuchung darüber anzustellen anfangen, die unmöglich zu Gunsten derselben ausfallen konnte.

gleich verständlichen und keiner Vieldeutigkeit unterworfenen Inhalts so anschaulich und innig überzeugt würden, daß es ihnen schlechterdings unmöglich wäre, daran zu zweifeln, oder über den Sinn und die Deutung dieser oder jener Stellen verschiedener Meynung zu seyn. Ob ein solches Buch möglich sey, ist eine Frage, die ich mir so wenig zu beantworten anmaße, als sie zu meinem Zweck gehört: aber dies wird doch wohl niemand zu läugnen begehren, daß die Bibel dieses Buch *nicht* ist; — daß man sehr viel Hebräisch und Griechisch wissen, sehr viele andere Bücher gelesen haben, und eine unendliche Menge historischer und philosophischer, kritischer, antiquarischer, chronologischer, geographischer, physikalischer und anderer wissenschaftlicher Kenntnisse besitzen muß, um es mit Verstande zu lesen, — und daß es, dem ungeachtet, auch für Leser, die mit allen diesen Kentnissen in dem erforderlichen Grade versehen sind, dennoch beynahe auf allen Blättern Stellen enthält, die von verschiedenen Personen verschieden verstanden und ausgelegt werden; nichts von solchen Stellen zu sagen, die mit einer so unerklärbaren Unbegreiflichkeit behaftet sind, daß alle Bemühungen, die man angewandt hat, den Glaubenspuncten, die demungeachtet daraus gezogen wurden, nur soviel Licht als zu einem nicht ganz vernunftwidrigen Glauben nöthig ist, d. i. nur soviel Licht, um zu wissen, *was* man glaube, zu geben, bis auf diesen Tag fruchtloß gewesen sind.

Bey dieser unläugbaren und weltbekannten Beschaffenheit der Sache bleibt also — so viel ich wenigstens begreifen kann — in Ansehung alles dessen was in der H. Schrift dunkel, vieldeutig, geheimnißvoll, im Widerspruch mit allgemeinen Vernunfts- und Erfahrungs-Wahrheiten, oder mit andern Stellen der Bibel selbst, mit Einem Wort, was nicht allgemein faßlich und verständlich ist, — nichts übrig, als diese Alternative: entweder sich einem unfehlbaren Richter in Glaubenssachen, der allein über den Sinn zweifelhafter Worte und Sätze zu entscheiden berechtigt ist, zu unterwerfen: oder allen, die darin mit uns übereinstimmen, daß sie sich zur Religion Christi halten, und keinen unfehlbaren Richter in Sachen des Glaubens über sich erkennen, das Recht nach ihrer eigenen Überzeugung zu glauben, oder, (welches einerley ist,) das Recht, sich über alles dunkle und unbegreifliche der Religion diejenige Vorstellungsart zu machen, die ihnen die richtigste scheint (wie verschieden sie auch von der unsrigen seyn mag) einzugestehen, sie dieser Verschiedenheit ungeachtet für unsre Brüder zu erkennen, und durch diese dem Geist Christi höchstgemäße Sinnesart allen gehäßigen Zänkereyen, Verketzerungen, und Verfolgungen, samt allem in der bürgerlichen und christlichen Gesellschaft daraus entstehenden Unheil, auf einmal und auf ewig ein Ende zu machen. Wollen wir die erste Parthey ergreifen, so sehe ich dann keine neue Alternative mehr; Dann bleibt uns nichts übrig, als gerades Weges uns zu den Füßen des dreymal gesegneten Vaters in dem dreyfach gekrönten Heiligthum zu werfen, uns mit unsrer guten alten Mutter *Sainte Eglise* aussöhnen zu lassen, und zu glauben was sie uns zu glauben befiehlt, wie übel sich auch unsre arme murrende Vernunft an der Kette dieses blinden Glaubens und leidenden Gehorsams, befinden mag. Denn, welchem Doctor oder welchen Doctoren der Theologie aus unserm eigenen Mittel sollten wir das Recht zugestehen, uns vorzuschreiben was und wie wir glauben sollen? Die Linie auszustecken, über die wir im Forschen nach Wahrheit, im Streben nach Licht, im Versuch unsern Verstand von verworrenen, materiellen, unschicklichen und mit den ersten Grundwahrheiten der Vernunft unverträglichen Vorstellungsarten in Sachen der Religion zu reinigen, nicht hinaus gehen dürfen? Wer darf so dreiste seyn, seinen Verstand, seine Einsichten nicht nur zum Maasstab, sondern sogar zur Regel und zum Gesez aller übrigen zu machen? Wenn es vor zwey und dreyhundert Jahren erlaubt war, sich in Glaubenssachen gegen Autorität und Machtsprüche, gegen Pabst, Kirchenlehrer und Concilien, aufzulehnen: seit wenn ist es unerlaubt worden, eben dasselbe gegen die Autorität und Machtsprüche einer noch so großen Anzahl Protestantischer Kirchenlehrer zu thun, die (meines Wissens) kein ächteres Creditiv ihrer Unfehlbarkeit, als die hochheilige Synode zu Trident, aufzuweisen haben? Durften unsre Vorfahren prüfen und das Bessere (d. i. was ihrer damaligen Einsicht und innern Überzeugung nach, das Bessere war) behalten: warum nicht auch Wir? Warum sollen wir nicht fortsetzen dürfen, was sie nur anfangen, nicht vollenden konnten? Was, vermöge der Natur der Sache, nie vollendet werden kann? Wer gab ihnen ein Recht, die Vernunft ihrer Nachkommen zu fesseln? Ihren Glauben in Formulare zu zwingen? Ihnen Vorstellungsarten aufzudringen, die mit den Einsichten und Kenntnissen, welche ihnen das Wachsthum aller Wissenschaften nach und nach verschaft hat, unverträglich sind? Mit einem Worte, über ihren Verstand zu herrschen und ihr Gewissen zu tirannisieren? –

„Das wollen wir nicht, sagen die Verfechter der Formulare und althervorgebrachten Glaubens-Reglements: es steht bey euch zu glauben was ihr könnt: nur geht von uns aus, verlaßt Amt, Einkommen, Haus, Hof und Vaterland, entsagt eurer ganzen bürgerlichen Existenz, sucht euch in den Sandwüsten von Afrika, oder in den noch unbewohnten Inseln des Südmeers einen Ort aus, wo ihr unangefochten philosophieren, glauben und hungern könnt, so viel euch beliebt: nur verlangt nicht, daß wir euch für Brüder und Mitchristen erkennen, und die bürgerlichen Vortheile, zu denen uns unsere Terminologien und Formulare berechtigen, mit euch theilen, so lange ihr selbst gesteht, daß ihr, als Dissidenten, nicht dazu berechtigt seyd.“ Ich habe dem Protestanten, der so zu reden, oder doch zu handeln fähig ist als ob er so dächte, keine Antwort zu geben. Aber ich frage jeden unbefangenen, ehrlichen Mann, ob eine solche Art mit denen, die über dunkle und geheimnißvolle Glaubenspunkte anders denken als gewisse Doctoren des 16ten und 17ten Jahrhunderts, oder als die Nicänische oder irgend eine andere Kirchenversammlung, dem Geiste des Protestantismus gemäß sey?

Unsere Vorfahren konnten zu der Zeit, da sie die Fesseln des blinden Glaubens und Gehorsams abschüttelten, durch politische Verhältnisse und Erfordernisse der Zeit genöthigt seyn, von ihrem Glauben öffentlich Rechenschaft zu geben: aber weder sie noch irgend eine menschliche Gewalt konnte berechtigt seyn, eine solche Confession zu einer absoluten Glaubensregel für ihre noch ungebohrnen Nachkommen zu machen. Das Recht selbst zu denken, selbst zu untersuchen, ihrer eigenen Überzeugung zu folgen, dessen sie sich bedienten, weil sie es hatten, haben auch ihre Kinder. Ich sage noch mehr; weder die allererste christliche Gemeine *(ecclesia)* noch irgend eine folgende, hatte ein Recht, konnte ein Recht haben, durch die Majorität zu bestimmen, wie ihre Mitchristen die dunkeln und verschiedener Deutung fähigen Stellen der Reden Christi und der Schriften seiner Apostel zu verstehen hätten, oder Formeln fest zu setzen, wie sie sich über irgend einen Artickel, der nicht von einer einleuchtenden Deutlichkeit ist, auszudrücken schuldig wären. Christus selbst hat kein Glaubensformular festgesetzt; sogar das Apostolisch genannte Symbolum ist, seines respectabeln Alters ungeachtet, bekanntermaßen kein Werk der Apostel; und, wenn ja die immer zunehmende Menge der Bekenner des christlichen Glaubens es nöthig machte, die wesentlichen Puncte, worin sie alle übereinstimmten, in einen kurzen und faßlichen

Lehrbegriff zu bringen, der zugleich zum Unterricht der Jugend dienen konnte: so mußte doch wenigstens die Vorstellungsart über einen jeden Artikkel, der seiner Beschaffenheit nach verschiedene Vorstellungsarten zuläßt, frey bleiben; oder man müßte (gegen alle Vernunft und gegen alles, was in der Lehre Christi allgemein verständlich ist) behaupten, die christliche Religion könne ohne Gewissenszwang und willkührliche Herrschaft über den menschlichen Verstand nicht bestehen; eine abscheuliche Behauptung, deren niemand fähig seyn kann, in dessen Seele jemals auch nur eine leise Ahnung von dem, was der Sinn und Geist Christi war, gekommen ist. Die Gemeine hatte also nie ein Recht über Vorstellungsarten zu entscheiden, das was in der Schrift unbestimmt und problematisch ist, zu bestimmen, noch in streitigen Fällen einer von den verschiedenen Meynungen eine ausschließliche Sanction zu geben: so wie die Lehrer nie berechtigt waren, ihre besondern Meynungen und Vorstellungsarten für die einzig wahren auszugeben und zu Glaubensartickeln zu machen. Es ist Unsinn unerklärbare Dinge erklären, unerweisliche Dinge beweisen zu wollen: aber es ist Unsinn und Frefel zugleich, in einem solchem Falle seine Erklärung, seinen Beweis, andern als Wahrheit aufzudringen. Den Vorstehern der Gemeinen, oder vielmehr der Obrigkeit, kam es zu, solchen Freveln in Zeiten auf eine schickliche Art zu steuern: aber nie und nimmermehr waren sie berechtigt, oder können sie jemals berechtigt seyn, irgend eine Meynung, die den Grundgesetzen der Vernunft und den beyden Haupt- und Grundartickeln der wahren Religion (d. i. derjenigen, welche die Religion Christi selbst war) nicht offenbar widerspricht, unter verhaßten Benennungen zu einem Verbrechen zu machen, und als ein solches zu bestrafen. Daß einst eine Zeit war, wo man diese so offenbare Wahrheiten mißkannte – daß Leute mit solchen Köpfen und Herzen, wie der Bischoff Alexander von Alexandria und sein getreuer Waffenträger Athanasius und ihres gleichen, nach andern Grundsätzen zu Werke giengen, – daß die Arianer um kein Haar besser waren als ihre Gegner, und, sobald sie den Meister spielten, mit den nunmehrigen heterodoxen Orthodoxen eben so ungerecht, unmenschlich und unchristlich verfuhren, als die Alexandrianer und Athanasianer, wenn die Mehrheit der Stimmen und der Schutz der weltlichen Macht, oder ihre Intrigen und Gewaltthätigkeiten sie zu den Rechtgläubigen machten, mit ihnen – daß Constantin, zur Schmach des christlichen Nahmens der Große genannt, seine Pflichten und seine

Rechte so wenig kannte, diese heillosen Händel, anstatt sie in der Geburt zu ersticken, durch die Art, wie er sich dabey benahm, zu unterhalten, und selbst in die Flamme zu blasen — alles dies, mit allen den Greueln, die aus diesen und ähnlichen, die Menschheit schändenden Streitigkeiten, und aus dem sinnlosen Betragen der Regenten dabey, entstanden — was geht es uns Protestanten im achtzehnten Jahrhundert an? Und welch ein feindseliger Dämon treibt noch jetzt — bey so unendlich veränderten Umständen — in einer Zeit, die an Aufklärung und selbst an Sittlichkeit soviel vor den Zeiten der Constantine und Theodosiusse voraus hat, noch so manchen blinden Eiferer an, diese Greuel wieder erneuern, und, wo möglich, sogar die Großen auf ihre Seite zu ziehen, und zu Werkzeugen der Verfolgung und Unterdrückung machen zu wollen?

Wehe dem Regenten, dessen Augen nicht hell genug sind, um zu sehen, was er befehlen und was er nicht befehlen kann! der nicht weiß, daß er nicht einmal über den gleichgültigsten Sprachgebrauch, nicht einmal über eine kleine streitige Syntaxfrage, geschweige über Glaubenssachen und Angelegenheiten des Gewissens entscheiden kann — nicht weiß, daß er gesetzt ist über Menschen nicht über Maschinen zu regieren; daß Religion, Glaube, Überzeugung, ihrer Natur nach, keinen Zwang leiden; daß Aufklärung durch Wissenschaft und Vernunft nie schädlich werden kann; daß er den Armen am Geist, den Köpfen, deren Wissen und Verstand mit Finsterniß umhüllt ist, ja selbst allen Arten von Phantasten, Enthusiasten und Schwärmern — so lange sie die öffentliche Ordnung und Ruhe nicht stören, Nachsicht schuldig ist: aber daß es einem Regenten nicht nur rühmlich, sondern sogar eine seiner wesentlichsten Pflichten ist, diejenige zu schützen und aufzumuntern, die durch schickliche Mittel dem Aberglauben und der Schwärmerey, als immer schädlichen und nicht selten gefährlichen Seelenkrankheiten, entgegen arbeiten — zumal wenn es offenbar genug ist, daß sie epidemisch zu werden anfangen.

Wohl hingegen dem Lande, wo Aufklärung und Glaubensfreyheit gleichen Schritt mit einander halten, und wo nicht alle — doch wenigstens diejenigen, die den übrigen zu Lehrern und Regenten gesetzt sind, sich überzeugt haben, daß Religion oder Glauben an Gott eine Angelegenheit des Herzens nicht des Kopfes ist; — daß sie nicht darin besteht, daß wir über das göttliche Wesen grübeln und disputieren, sondern daß wir uns bestreben den Willen

Gottes zu thun: — daß (nach dem klaren Ausspruch Christi und seines Lieblingsjüngers) reine und thätige Liebe der Menschen, die wir sehen, das untrüglichste Kennzeichen unserer Liebe zu Gott, den wir nicht sehen, ist, und daß wir unsern Glauben nicht durch Bekenntnisse und Formulare, sondern durch unsere Werke zu zeigen angewiesen sind; — daß Gott an unserm albernen Geschwätze, was er sey oder nicht sey, an unserm kindischen Lallen über sein Wesen, seine Eigenschaften, seine Würkungen, seine Ökonomie, seine Absichten, und was er wolle oder nicht wolle, könne oder nicht könne u. s. w. in der heiligen Schrift nirgends sein Wohlgefallen bezeugt, hingegen auf alle mögliche Art erklärt hat, „wer fromm sey und recht thue, der sey Ihm angenehm"; und daß, mit Einem Wort nicht Übereinstimmung in religiösen Meynungen und Formeln — sondern thätiger Glaube an Gott und den von ihm zu den wohlthätigsten Zwecken auf die Welt gesandten Christus, thätige Liebe der Menschheit und lebendige Hofnung eines bessern Lebens für diejenigen, die sich dessen in dem gegenwärtigen fähig machen, — der wahre Vereinigungspunct der Christen, und jene Gesinnungen in diesen zu bewirken, das Ziel desjenigen seyn müsse, der des ehrwürdigen Namens eines Lehrers der unverfälschten Christus-Religion würdig seyn will.

Wie viel alle diese Wahrheiten durch meinen Vortrag auch verlohren haben können, so sind sie doch an sich zu lichtvoll, als daß sie nicht einem jeden, der Augen zu sehen hat, einleuchten sollten. Ich kenne die Sophistereyen und Trugschlüsse sehr gut, womit man sie theils zu entkräften, theils den Regenten als gefährlich zu schildern sucht: sie sind oft genug auf eine unwiderlegliche Art beantwortet worden, und es ist wahre Schande für die menschliche Vernunft, daß es noch immer nöthig ist, für Grundsätze zu streiten, die das Palladium der Menschheit und dabey so evident sind, daß sie zu läugnen eben so ungereimt ist, als die Bewegung oder die Existenz der Dinge ausser uns zu läugnen.

Da die Anwendung meiner bisherigen Betrachtungen auf unsre gegenwärtige Zeit sehr leicht zu machen ist, so überlasse ich sie dem eigenen Nachdenken meiner Leser, und setze, zu Vermeidung alles möglichen Mißverstandes, nur noch dieses hinzu. Meine Meynung ist keinesweges, irgend einem protestantischen Fürsten zu rathen, daß er, durch ein öffentliches Proclama alle Arten und Unterarten von Arianern, halben und ganzen Pelagianern, Eutychianern, Nestorianern, Manichäern, Gnostikern, mit allen andern Anern, Äern und Isten, die es vom J. C. 34 an, bis auf dieses 1788ste, in der lieben Christenheit gegeben hat, in seine Staaten einladen, ihnen Kirchen erbauen und Lehrer besolden, und sich recht herzlich angelegen seyn lassen solle, die möglichste Verschiedenheit in Religionsmeynungen unter seinem Volke zu veranlassen und sorgfältig zu unterhalten. Mein unmaßgeblicher Rath — wenn ich einen zu geben hätte — würde bloß dahin gehen:

1) Gelehrten und helldenkenden Männern, besonders unter denen, die zum Lehramte öffentlich berufen sind, eine durch keine willkührliche, oder alte, nicht mehr passende Gesetze eingeschränkte Freyheit zu lassen, die Religionslehren ihrer Einsicht und Überzeugung gemäß, vorzutragen;

2) die Application aller und jeder bereits erfundenen *Ketzernahmen* auf irgend einen Jetztlebenden und die Erfindung neuer Ketzernahmen öffentlich bey schwerer Strafe*) zu verbieten;

3) nicht zu erlauben, daß irgend ein sogenannter Ketzer der vergangenen Zeiten, wegen seiner Abweichung von dem, was in Kirchenversammlungen als die wahre Lehre über die geheimnißvollen und unerklärbaren Artickel des christlichen Glaubens festgesetzt worden, auf Lehrstühlen oder in Schriften als ein Feind Gottes und Jesu Christi tractirt, oder mit andern verhaßten Benennungen belegt werde, die in dem christlichen Volke die Meynung erwecken müssen, als ob es Sünde und Verbrechen sey, sich in Religionssachen zu irren, oder anders zu denken als wir.

4) Zu verordnen, daß man von den mehr besagten geheimnißvollen und über alle Vernunft gehenden Glaubensartikeln nie anders als in Worten der Schrift rede, sich aller Erklärung und spitzfündigen Speculationen über diese Dinge enthalte, und sie überhaupt nur in so fern, als sie dem moralischen Zwecke der Religion förderlich seyn können, vortrage.

5) Sich in die gelehrten Streitigkeiten, die über speculative Sätze, Auslegung dieser oder jener Schriftstellen u. s. w. entstehen mögen, nicht einzumischen, keine öffentliche Parthey darin zu nehmen, und nur dahin zu sehen, daß die Herren Disputanten nicht aus den Schranken der christlichen Liebe

---

*) z. B. des Schiffziehens; nur wollte ich, im Nahmen der Menschlichkeit, bitten, einige Sorge dafür zu tragen, daß die armen Leute besser genährt würden, und ein etwas bequemeres Dach und Fach bekämen, als die unglücklichen Schiffzieher an der Donau.

und der — allgemeinen Wohlanständigkeit hinausgerathen, und aus einer bescheidenen Erörterung kein Stiergefechte werde.

6) Dafür zu sorgen, daß der öffentliche Religionsunterricht in Schulen und Kirchen von allen Überbleibseln der alten Barbarey gereinigt, und in allem dem großen Endzweck der innerlichen moralischen Besserung der Menschen (welcher offenbar der Zweck Jesu war) gemäß eingerichtet werde. — Ausserdem würde ich mir die Freyheit nehmen, sie zu überzeugen, daß unter den Lehrern diejenige, die einen großen Eifer für die Sache Gottes, eine besondere Frömmigkeit und eine eigene, aus allem, was in der Bibel am unverständlichsten ist, zusammengesetzte Sprache affectiren, immer gegen Aufklärung und Aufklärer grißgramen, über die Gefahr des christlichen Zions und den Verfall der reinen Lehre stönen, und den weltlichen Arm gegen die vermeyntlichen Wölfe, die dem Schafstall Christi drohen sollen, auffordern — entweder übelorganisirte Köpfe, oder arme kranke Leute sind, die mit ihrem Arzt von der Sache sprechen sollten, oder zu einer Gattung gehören, die ein andrer, der nicht so höflich wäre als ich, Heuchler, Pharisäer, Baalspriester und Tartüffen nennen würde, die, wenn sie vor 1754 Jahren die Ehre gehabt hätten, im hochwürdigen Synedrium zu Jerusalem zu sitzen, aus wirklichem oder affectirtem Eifer für die Sache Gottes, das *crucifige* über den unschuldigsten und besten der Menschen, aber den erklärtesten Gegner aller Gleißnerey, vermuthlich so laut als Caiphas und Philo geschrien haben würden. Vor dieser Art Menschen würde ich den Fürsten rathen, sich wohl in Acht zu nehmen; und halte mich übrigens versichert, daß auf dem angerathenen Wege am Ende mehr Übereinstimmung des Glaubens herauskommen werde, als auf demjenigen, den einige Zeloten so gern eingeschlagen wissen möchten.

Und nun — nur noch ein paar wohlgemeynte Worte an die Philosophen, für deren Freyheit ich bisher *implicite* und *explicite* so laut gesprochen habe. Anstatt die Philosophie mit Cicero als die Wissenschaft der göttlichen und menschlichen Dinge zu definieren, möchte ich sie lieber die Wissenschaft aller Begriffe nennen, welche sich die Menschen von natürlichen und göttlichen Dingen machen können, und die Kritik aller Begriffe, die sie sich von jeher wirklich davon gemacht haben. Ich kann mich unmöglich an Gott oder Christus, oder an der Unsterblichkeit der Seele, an Himmel und Hölle, an den guten und bösen Geistern, an Sonne und Mond, noch am Mann im Mond (wenn einer ist) versündigen, wenn ich die Vorstellungen, Einbildungen, Wahnbegriffe, die sich diese oder jene Menschenkinder von ihnen gemacht haben, auf die philosophische Capelle bringe, und nach den Gesetzen des vernünftigen Denkens untersuche, was davon wahr oder falsch seyn, was in die Luft verfliegen, oder als Schaum und Schlacken oben schwimmen, oder als *caput mortuum* zu Boden sinken möchte. Es bleibt also ewig dabey: Nichts in der Welt ist so heilig, daß es sich dem Richterstuhl der Vernunft entziehen, daß es nicht von der Philosophie untersucht und auf die Probe gebracht werden dürfte: denn es sind nicht die Sachen, sondern die Begriffe und Meynungen der Menschen von den Sachen, die wir in Untersuchung nehmen. Aber, liebe Herren und Freunde, wiewohl wir in gewissem Sinne alles dürfen, so frommet doch nicht alles.

> Halt Maas in allem, denn in allem giebts
> ein Mittel, dessen Linie, was recht ist,
> bezeichnet; dieß- und jenseits wird gefehlt!

sagt unser Horaz. Ein weiser Mann untersagt sich alle Speculationen, die zu nichts helfen, aber wohl zufälliger Weise viel schaden können. In einem christlichen Staate die Frage: ob ein Gott sey? aufwerfen, oder welches auf eins hinauslauft, von dem Daseyn Gottes als einem philosophischen Problem sprechen, weil die Beweise desselben keine mathematische oder apodiktische Demonstrationen sind, ist um nichts besser, als wenn einer zu Rom die Frage: was ist der Pabst? aufwerfen, oder zu Frankfurt am Mayn öffentlich disputieren wollte: ob es nicht besser wäre, die kayserliche Würde eingehen zu lassen? – Der Glaube an Gott, nicht nur als an die erste Grundsache aller Dinge, sondern auch als unumschränkten und höchsten Gesetzgeber, Regenten und Richter der Menschen, macht, nebst dem Glauben an einen künftigen Zustand nach dem Tode, die ersten Grundartickel der Religion aus. Diesen Glauben auf alle mögliche Weise zu bekräftigen und zu unterstützen ist eines der würdigsten nützlichsten Geschäfte der Philosophie, ist, in Rücksicht der Unentbehrlichkeit desselben, sogar Pflicht: ihn anzufechten und durch alle Arten von Zweifeln und Scheingründen in den Gemüthern der Menschen wankend zu machen oder gar umzustoßen, kann nicht nur zu gar nichts helfen, sondern ist im Grunde um nichts besser, als ein öffentlicher Angriff auf die Grund-verfassung des Staats, wovon die Religion einen wesentlichen Theil ausmacht, und auf die öffentliche Ruhe und Sicherheit, deren Stütze sie ist.

Ich trage also kein Bedenken, meinem unmaßgeblichen Rath an den König oder Fürsten, der mich (wider alles Vermuthen) nach 50 Jahren etwa über diese Dinge um Rath fragen sollte, noch diesen Artickel hinzuzusetzen: daß das ungereimte und ärgerliche Disputiren gegen das Daseyn Gottes oder gegen die angenommenen Beweise desselben, wenn man keine bessern zu geben hat, ingleichen das öffentliche Bestreiten der Lehre von der Unsterblichkeit der Seele, für ein Attentat gegen die Menschheit und gegen die bürgerliche Gesellschaft erklärt; und durch ein ausdrückliches Strafgesetz verboten werden sollte. Die Philosophie hat nützlichere Dinge zu thun, als die Schärfe ihrer Werkzeuge an den Grundpfeilern der moralischen Ordnung, und an dem, was zu allen Zeiten der Trost und die Hofnung der besten Menschen gewesen ist, zu probieren, und der Philosoph ist kaum dieses Nahmens werth, der nicht bedenkt, daß gegen einen Menschen, der der Religion ohne Nachtheil seiner Moralität und Gemüthsruhe entbehren kann, zehntausend sind, die, wenn sie auch ihren edelsten Zweck an ihnen verfehlt, doch ohne den Zaum, den sie ihnen anlegt, schlimmer, und ohne die Hofnung, so sie ihnen giebt, unglücklicher seyn würden als sie sind.

W.

Über religiöse Toleranz

Wieland schrieb diesen kleinen Aufsatz im *Teutschen Merkur* 1783 als Zusatz zu einem Bericht *Etwas von den Deisten in Böhmen.* Dieser Bericht schilderte die Vertreibung einer Religionsgemeinschaft, die im Verdacht gestanden hatte, ihre Nachbarn zu missionieren. Man nannte sie ‚Deisten'; sie sagten von sich, nur an einen Vatergott zu glauben, so wie das Alte Testament ihn lehre, sonst gälten keine religiösen Dogmen für sie. Missionstätigkeit bestritten sie.

Es ging einerseits um diese Ereignisse und um das Recht der Öffentlichkeit, von solchen Verfolgungsmaßnahmen zu erfahren. Was war geschehen, wie waren die, wir würden heute sagen: Deportationen vorgenommen worden, und: „was die wahre Ursache sey, warum man nichts mehr von diesen Leuten hört?"

Man hatte, wie gesagt, die Maßnahmen damit begründet, die Gemeinde habe sich der Verführung zur Konversion schuldig gemacht. Aber was sei das für eine Beschuldigung? „Nichts ist natürlicher und erlaubter als daß Einer, welcher selbst den besten Weg zu gehen glaubt, ihn [...] auch andern, die seiner Meinung nach irre gehen, zeigen will". Auch ihm, Wieland, könne doch nicht untersagt werden, zu erläutern, warum er kein Katholik sei. Derlei aber, und darauf kommt es Wieland hier an, möge nicht ‚Toleranz' heißen.

Der Begriff ‚Toleranz', der heute in Sonntagsreden beliebig vorkommt und bei dem sich jeder etwas zu denken meint, hatte im 18. Jahrhundert – jedenfalls bei Lessing, Wieland, Goethe – keinen guten Klang. Aus guten Gründen. Schon im obigen Aufsatz über die Freiheit, in Glaubenssachen zu philosophieren, hieß es: „Ich kann von einem jeden fodern, daß er mich auf der Straße ungestört meines Weges gehen lasse: und ich soll es für eine Gnade halten, wenn ihr d u l d e t, daß ich von überirdischen Dingen anders denke, wähne oder träume als ihr [...]?" Wer von Toleranz rede, rede von etwas, das von jemandem, der das Recht bzw. die Macht dazu hat, gewährt wird (also nach Belieben auch wieder entzogen werden kann). Nach dem Westfälischen Frieden, also dem Friedensschluß, der den Dreißigjährigen Krieg beendete, galt, daß der jeweilige Landesherr die Religion bestimmte, die in seinem Lande herrschen sollte (also die eigene). Der Untertan mußte sich fügen (im Zweifelsfalls konvertieren) oder das Land verlassen. Möglicherweise verlor der

Landesherr auf diese Weise Menschen, die er nicht verlieren wollte, sei es, daß es zu viele waren, sei es, daß es sich um unverzichtbare Fachleute handelte, die zufälligerweise das falsche Bekenntnis hatten. Die wurden, um Abwanderung zu vermeiden, ‚toleriert' und konnten bei ihrem, von dem des Fürsten abweichenden Bekenntnis bleiben. Glaubensfreiheit hing also vom Gutdünken der jeweils Regierenden ab – das sei ‚Toleranz'; es gehe aber doch darum, zu bestreiten, „daß Glaubensfreyheit von irgend eines Menschen Willkühr" abhängen dürfe.

Toleranz wird als Ausnahme gewährt, wo Intoleranz die erlaubte Regel ist. Toleranz erbittet man, Freiheit fordert (oder erkämpft) man.

[Über religiöse Toleranz.]

Die Betrachtungen, die bey diesem glaubwürdigen, wiewohl noch zu wenig umständlichen Berichte sich jedem denkenden Leser aufdringen müssen, haben hoffentlich keiner Geburthshülfe vonnöthen. Nur etliche Fragen sey uns erlaubt an den Menschenverstand unsrer Leser, von welcher Parthey, Religion, und Völkerschaft sie seyn mögen, zu thun. Was ist die Toleranz von welcher so viel Schreibens und Rühmens in unsern Tagen ist? Ist sie blos ein willkührliches Gnadengeschenk eines Monarchen der Alles kann was er will – oder eine Pflicht, die aus einem unverlierbaren Rechte der Menschheit, aus dem Rechte an Gewissensfreyheit, entsteht? Haben diejenigen, die sich zu der Augspurgischen oder Helvetischen Confession bekennen, ein anderes und besseres Recht an Duldung, als das allgemeine Recht eines jeden Menschen, vermöge dessen er nicht gezwungen werden darf, durch äusserliche Handlungen für wahr zu erklären, was er in seinem Innern für Wahn und Irthum hält? Erlaubt das Naturgesetz der Gewissens-Freyheit Schranken zu setzen? Und, (wenn anders noch jemand diese Frage mit Ja beantworten zu können glaubt) worauf kann sich dieses Recht der Gewissensfreyheit Schranken zu setzen, gründen? Was ist eine Freyheit, die so enge eingeschränkt werden kann als es demjenigen beliebt in dessen Händen die Gewalt ist? –

Mich dünkt, alle diese Fragen sind leicht zu beantworten. Entweder entscheidet hier *Ratio status,* oder allgemeine Vernunft. Entscheidet jene, und kommt es bloß auf die Willkühr eines Regenten, oder auf seine Meynung von politischer Convenienz an, ob die Menschen, die unter seiner Regierung leben, Glaubens- oder Gewissensfreyheit haben sollen oder nicht: so ist klar, daß es auch von seiner Willkühr abhängt, die ertheilte Freyheit wieder zurückzunehmen, sobald sich sein Urtheil von dem was er seinem politischen Interesse für zuträglich hält, ändert. Jauchze über eine solche Freyheit wer will! – Aber, rund mit der Sprache herauszugehen, es ist Ungereimtheit, zu sagen „daß Glaubensfreyheit von irgend eines Menschen Willkühr abhange." Sie ist ein allgemeines, angebohrnes, unverlierbares Recht der menschlichen Natur. Wer das Recht hat Athem zu holen, aus seinen Augen zu sehen, auf seinen Beinen zu gehen u. s. w. der hat auch das Recht zu glauben was er glaubt, und ist von seinem Glauben niemand Rechenschaft schuldig. Alle Religionen gründen sich auf Meynung und Glauben. Gründeten sie sich auf mathematische Gewißheit, auf vollkommene anschauliche Evidenz: so wäre von jeher nur eine einzige Religion in der Welt gewesen. Da dieses nicht ist: so hat jeder Mensch das Recht, in Religionssachen, d. i. in allem was seinen Glauben an das höchste Wesen und sein Verhältniß gegen dasselbige betrift, der Meynung zu seyn, von deren Wahrheit er sich überzeugt fühlt, und wobey sein Verstand und Gewissen sich beruhigt. Derjenige der andre Religionsmeynungen hat, kann freylich nicht umhin zu glauben, daß jener sich irre; auch steht ihm frey, ihn von seiner Meynung zu unterrichten: aber er hat kein Recht ihn zu seiner Meinung zu zwingen. Auch der Gesetzgeber in einer bürgerlichen Gesellschaft darf dies nicht. Er darf keine Religion durch Zwanggesetze einführen, und keine durch Zwanggesetze hindern oder unterdrücken. Die Eingeführte Religion ist nichts weiter als die Religion der Meisten; und das Beywort herrschend mit Religion verbunden ist völliger Unsinn. Denn keine Religion kann ein Recht haben über andre zu herrschen. Der Regent ist als Oberhaupt des Staates Beschützer und Aufseher der Religion. Jenes ist er, in so fern er die allgemeine Pflicht auf sich hat, jedes Mitglied des Staats bey allen seinen Rechten zu schützen, d. i. nicht zu zugeben, daß es in ihrem Genuße gestört oder derselben gar beraubt werde. In so fern ist er also verbunden einen jeden, bey derjenigen Religion zu schützen die er hat; und wenn zweyhundert Religionen auf einmal in seinem Staate entstünden, so haben alle zweyhundert gleiches Recht an seinen Schutz. Er ist aber auch Aufseher der Religion, in so fern ihm obliegt zu verhindern daß die innre Sicherheit oder Ruhe des Staats nicht durch Bekehrungssucht, Verfolgungsgeist und andre Ausbrüche eines unverständigen oder von Priestern und Leviten mißgeleiteten Religionseifers unterbrochen werde; und vermöge dieser Regentenpflicht kann er – nicht Meynungen als Verbrechen strafen – aber wohl Handlungen verbieten, welche, durch eine natürliche Folge, die Ruhe des Staats stöhren würden. Wer alsdenn, mit Verachtung des Gesetzes solche Handlungen zu begehen fortfährt, kann seines Ungehorsams wegen bestraft werden. Wären aber diese Handlungen von solcher Art, daß der Übertreter des Gesetzes sich in seinem Gewissen dazu verbunden hielte, d. i. (mit andern Worten) glaubte er in dem Falle zu seyn „wo man Gott mehr gehorchen muß als den Menschen“: so fände auch keine Strafe des Ungehorsams statt; und das Strengste, was über ihn verhängt werden dürfte, wäre, daß er angehalten würde mit aller seiner Habe aus dem Lande wegzuziehen.

Alle diese Sätze sind natürliche und meistens unmittelbare Folgerungen aus der unläugbaren Vernunfts-Wahrheit: Meynung und Glauben können, ihrer Natur nach, keinem äusserlichen Zwang unterworfen seyn. Ihre Anwendung auf die Deisten in Böhmen macht sich von selbst. Es ist auf keine Weise zu glauben, daß man diesen Leuten die Gewissensfreyheit habe versagen wollen, an welche sie das nehmliche Recht haben, das allen andern Religionsbekennern zukommt. Der Schreiber des mitgetheilten Briefes giebt zwar mehrere Ursachen an, warum diese Deisten nach Siebenbürgen transportirt worden, nemlich:

1) Weil man ihre Secte der Moralität und

2) der Ruhe des Vaterlandes und

3) vorzüglich dem übrigen in der christlichen Religion lauen oder unwissenden Hauffen nachtheilig geglaubt; und weil sie

4) der Proselytenmacherey ergeben gewesen, und ihre Parthey bey den ihrigen durch Verfolgung, bey andern benachbarten Gemeinen durch Verführung zu vergrößern gesucht haben sollen:

allein, da der 2te und 4te Punct auf Eins hinausläuft, und bey dem 1sten sich im vorliegendem Falle gar nichts,*) bey dem 3ten aber nur etwas sehr Schwankendes und Unbestimmtes denken läßt: so bleibt nur der vierte Punct übrig, der (die Wahrheit des *Facti* vorausgesetzt) einen hinlänglichen Grund abgiebt, warum man eine Translocation dieser Leute nöthig gefunden. Proselytenmacherey, Verfolgung und Verführung sind freylich Handlungen, wobey das Amt der Ober-Aufsicht über die Religion eintritt, und denen nicht gleichgültig zugesehen werden kann. Sie sind an Deisten so wenig als an Katholiken oder Protestanten zu dulden: aber sie sind an Deisten auch keine grössern Verbrechen als an Katholiken und Protestanten. Die Präsum-

*) Denn wer die Beobachtung des Dekalogus für ein wesentliches Stück seiner Religion erklärt, macht sich zu aller Moralität anheischig, die zu einem Bürger irgend eines Staates erforderlich ist. Haben aber diese Leute noch besondere Lehrsätze, die der Moralität entgegenstehen, so hätten diese Sätze angezeigt werden sollen.

tion der vollständigsten Gerechtigkeit und Billigkeit ist allezeit für die Handlungen des großen Monarchen, der ein Verfahren, das mit seinen preiswürdigen Grundsätzen der Toleranz und Gewissensfreyheit so stark contrastirt, nicht über diese Leute verhängt haben würde, wenn er nicht gerechte Ursachen dazu gehabt hätte. Indessen ist eine Anzahl von 52 Familien Böhmischen Landvolkes, die sich öffentlich und vor ihrer Obrigkeit zum Deismus bekennen, eine so sonderbare und seltsame Erscheinung in der Moralischen Welt, daß nichts natürlicher und billiger ist, als der Wunsch, von allen Umständen dessen was sich mit diesen Böhmischen Deisten zugetragen genau und zusammenhängend unterrichtet zu seyn. Wie kamen so rohe Leute als man sich Böhmische Bauern gewöhnlich vorstellt, und wie kamen gerade diese 52 Familien zu Rockitno und Chwoynez im Chrudimer Kreise zu einer so einfachen philosophischen Religion? Die Veranlassung, die der vortrefliche Bischoff von Königsgrätz angegeben haben soll, mag wohl nur mehr als zuviel gegründet seyn: aber es scheint doch daß nähere und bestimmtere Ursachen dazu gehören eine so ungewöhnliche Würkung hervorzubringen. – Diese 52 Deistische Bauer-Familien erklärten sich, sagt man, geradezu gegen den allgemeinen Glauben der Christen, und nahmen also auch vermuthlich keinen Antheil, oder wollten wenigstens ins künftige keinen Antheil an dem öffentlichen Gottesdienst der Christen nehmen. Wollten sie aber gar keine gemeinschaftliche Religions-Übungen an dessen Stelle setzen, oder worin sollten diese bestehen? – Ferner: was für eine Bewandtnis hat es mit der Verfolgung der ihrigen, die ihnen Schuld gegeben wird? Wie konnten Leute, welche selbst nicht anders als in Kraft des Naturgesetzes, das den menschlichen Verstand von allem Zwang befreyt, geduldet zu werden hoffen konnten, auf den unsinnigen Gedanken kommen, die Ihrigen zu ihrem Deismus zu zwingen? Man muß gestehen, daß die Beschuldigung zwar nichts unmögliches enthält, aber sehr wenig wahrscheinlich ist. Eben so wäre zu wünschen, daß die Welt genauer berichtet würde, worin die Verführung bestanden habe, deren sie sich gegen andere benachbarte Gemeinden schuldig gemacht haben sollen. Nichts ist natürlicher und erlaubter als daß Einer, welcher selbst den besten Weg zu gehen glaubt, ihn (auf gegebene Veranlassung) auch andern, die seiner Meinung nach irre gehen, zeigen will. Dies ist eben so wenig Verführung als es Verführung wäre, wenn ich z. B. einen Katholiken, der mir dazu Gelegenheit gäbe, die Ursachen unverhohlen mittheilte, warum ich meiner Überzeugung nach kein Katholik seyn kann; gesetzt auch daß dies zu Erörterungen führte, die meinen Katholiken in seinem Glauben wanken machten. Über Religions-Meynungen mit einander sprechen, einander Gründe geben, die Gegengründe des andern prüfen und zu widerlegen suchen u. dergl. ist keine Verführung. Aber es giebt Beamte und Pfarrer in der Welt, die es mit den Worten so genau nicht nehmen. Ich bin weit entfernt hiemit sagen zu wollen, daß der Pfarrer und der Ober-Amtmann, von welchen in dem Briefe die Rede ist, sich würklich in diesem Falle befunden haben. Aber da dies doch immer eine Möglichkeit bleibt: so wäre gut, wenn das Publicum in den Stand gesetzt würde, diesen Herren Gerechtigkeit wiederfahren zu lassen. Auch die Art und Weise, wie die mehrbesagten Deisten, seitdem sie sich als solche erklärt, und an das allgemeine Duldungsrecht, das in Religionssachen allen Menschen zukommt, Anspruch gemacht haben, von Obrigkeits wegen behandelt worden? Wie es mit ihrer Versetzung nach Siebenbürgen zugegangen? Wie viel oder wenig Gelindigkeit oder Strenge dabey vorgewaltet? und was die wahre Ursache sey, warum man nichts mehr von diesen Leuten hört? — Alles dies sind Fragen, deren umständliche, unpartheyische und documentirte Beantwortung um so mehr zu wünschen wäre, da diese ganze Begebenheit vor tausend andern würdig scheint, in den Jahrbüchern der Menschheit aufbehalten zu werden.

Über die ‚öffentliche Meinung‘

Dieses Gespräch findet sich im 31. Band von Wielands *Sämmtlichen Werken* (der Ausgabe seiner Werke ‚letzter Hand', veröffentlicht 1798. Wieland verfaßte einige seiner philosophisch-politischen Aufsätze (insbesondere die zur Französischen Revolution) als Gespräche zwischen zwei Diskutanten – man sagt auch ‚Dialoge', obwohl ‚dia-' nicht von ‚zwei' kommt, sondern vom griechischen ‚dialegein' (= untersuchen, erörtern), weshalb sich an Dialogen durchaus mehr als zwei Personen beteiligen können. Aber das nur nebenbei.

Wieland bevorzugte diese Form, weil es ihm nicht darum ging, seine politischen Ansichten (etwa in Form von Leitartikeln) unter die Leute zu bringen, sondern deutlich zu machen, daß es sich in den zu erörternden Fragen um Probleme handelte, die einer permanenten Debatte bedürften, also in gewisser Weise immer offen bleiben müßten, wenn auch ihre Diskussion die Klugheit und Informiertheit der Diskutanten stets befördern sollte. Das nächste Mal möge man weiter streiten, aber anders und klüger als zuvor. – Die Positionen, die Wielands vorgestellte Gesprächspartner – hier heißen sie Egbert und Sinibald – vertreten, sind zwar zuweilen auch die Wielands selbst, aber nicht immer und nicht durch die Bank. Danach zu forschen, was denn nun im einen oder anderen Fall Wielands eigene Überzeugungen gewesen sein mögen, ist ein meist vergebliches, immer müßiges Unterfangen. Das hat Wielands Zeitgenossen zuweilen irritiert, wir sollten es als Vorzug seiner Dialoge begreifen und als Konsequenz seiner Auffassung von Aufklärung, nicht zu predigen, sondern gemeinsam klüger zu werden.

Das Thema dieses Gesprächs nun ist die ‚öffentliche Meinung', soll heißen: die Meinung, die man als in einer Bevölkerung vorherrschende (und vielleicht herrschende?) annehmen kann oder jedenfalls oft annimmt – eine Annahme, auf die dann mancher aus Legitimationsgründen rekurriert. Sei so etwas anzunehmen und wenn ja, welcher Art sei solches öffentliche Meinen? – Wielands Egbert bestreitet zunächst, daß „das Volk" überhaupt „Meinungen habe", es fänden sich vielmehr bloße „Ansichten" mal dieser, mal jener Art, worauf er seinen Sinibald erwidern läßt, es gebe durchaus eine öffentliche Meinung, nämlich eine solche, die mehrheitsfähig sei, wenn es zu Zeiten dazu komme, daß das bloße diffuse Diese-und-jene-Ansichten-Haben sich zu Meinungen verdichte, die dazu tauglich seien, handlungsleitend zu werden: Solch eine „Meinung, die bey einem ganzen Volke, hauptsächlich unter denjenigen Klassen, die, wenn sie in Masse wirken, das Übergewicht machen, nach und nach Wurzel gefaßt“, sei in der Lage, oft nur durch bloßen Zufall virulent gemacht, „in kurzer Zeit die größten Reiche umzukehren“.

Um diese Frage – das Gespräch ist 1798, keine zehn Jahre, aber immerhin doch auch schon fast zehn Jahre nach dem sogenannten ‚Sturm auf die Bastille‘ geschrieben – dreht sich das Folgende: Staatsverbesserungen oder -umstürze, revolutionäre oder reformatorische Gesellschaftsveränderungen? Wielands Egbert hat folgendes Bild von Staatsrevolutionen und der Rolle, die die politische Aufklärung dabei spielt: Was die Philosophen denken, kümmert die Mehrheit nicht, sie nimmt's nicht mal zur Kenntnis. Wirkung hat Agitation, die nicht die Vernunft, sondern die Affekte bedient, und so mag es zu Umstürzen kommen, die diese oder jene Meinung zur Herrschaft bringen, die jeweils nur insofern die öffentliche Meinung ist, als sie die herrschende ist, bewehrt mit Bajonetten oder der Guillotine. – Und nun? – Man debattiert die Sache weiter, und es kommt zu einer Untersuchung der Frage, welcher Art die „Meinungen“ eigentlich seien, die zu politischen Veränderungen (oder Umstürzen) führten – oder deren Ausbleiben wahrscheinlich machten. Geht es um politisches Meinen, das unmittelbar zu politischer Aktion wird, oder um solches, das allmählich zu politischen Reformen nötigt?

David Hume hat 1741 eine kleine Abhandlung über die Frage geschrieben, warum sich Bevölkerungsmehrheiten Zustände gefallen ließen, unter denen sie offensichtlich litten. Seine Antwort faßte er unter „opinion“ (Meinung) zusammen: Rätselhaft sei das gar nicht, Menschen täten das, was ihnen ihrer Ansicht nach bekömmlich sei, und unterließen, was ihnen wenig bekömmlich erscheine, und wenn sie in so drückenden Verhältnissen weiterlebten, so eben weil ihnen eine Auflehnung dagegen noch weniger attraktiv erscheine. Bei Wieland geht das (in den Ausführungen Sinibalds) so: Es gebe stets ein „unbestimmtes Verlangen, es besser zu haben“, aber stets auch eine „gewisse allen Menschen angeborene Trägheit“, die dazu führe, große Anstrengungen zu Veränderungen – zumal solche mit ungewissem Ausgang! – zu scheuen. Auch gewöhnten sich die Menschen mit großer Leichtigkeit an die Zustände, unter denen sie lebten oder zu leben gezwungen seien. Modern soziologisch gesprochen nennt man das ‚soziales Vertrauen‘, also das Setzen darauf, daß es morgen ungefähr so weitergehen werde, wie es gestern und heute gegangen ist, und man also wisse, worauf man sich einstellen müsse und wie man im Zweifelsfalle durchkommen könne. Wie wir wissen, gibt es dieses Vertrauen auf die vertraute Gleichförmigkeit der Dinge auch in Zuständen extremer Unsicherheit, was nur scheinbar ein Paradox ist.

Wie könne es aber doch zu sozialen oder politischen Veränderungen kommen? Die beiden Diskutanten sprechen über Möglichkeiten und Chancen einer Aufklärung, die in der allmählichen Durchsetzung politischer Vernunft besteht. „EGBERT: Jeder Ausspruch der Vernunft hat die Kraft des Gesetzes, und bedarf dazu nicht erst öffentliche Meinung zu werden. SINIBALD: Sagen Sie lieber, sollte die Kraft eines Gesetzes haben, und wird sie auch sicher erhalten, sobald er sich als die Meinung der Majorität ankündigt. EGBERT: Das wird sich im neunzehnten Jahrhundert ausweisen." Es kam das 19., es kam das 20., und es kamen mit ihm Schrecken, die die größten Misanthropen und Pessimisten des 18. nicht voraussehen konnten.

Über die öffentliche Meinung.

EGBERT. Sie haben Sich schon mehrmahls auf die öffentliche Meinung berufen, Sinibald, und mit einem Ton, als ob Sie ihr nicht weniger Gewicht zugeständen, als die Alten dem allgemeinen Volksglauben *(consensus gentium)* beyzulegen pflegten. Darf ich fragen, was Sie unter der öffentlichen Meinung verstanden haben wollen? Denn ich bekenne, daß ich noch nie mit mir selbst habe überein kommen können, was ich bey dieser vieldeutigen Benennung, die man in unsern Tagen so oft zu hören bekommt, eigentliches und bestimmtes denken soll.

SINIBALD. Und ich bekenne Ihnen eben so unverhohlen, daß mich Ihre Frage in einige Verlegenheit setzt. Es wäre doch närrisch genug, wenn bey dieser Gelegenheit heraus käme, daß ich nicht mehr von der Sache wisse als Sie selbst, und mit tausend andern wackern Leuten treuherzig an eine öffentliche Meinung geglaubt, von ihr gesprochen, und ihr wer weiß was für geheime Zauberkräfte zugeschrieben hätte, ohne etwas bestimmteres dabey zu denken, als man gewöhnlich bey Redensarten denkt, von denen man sich einbildet, daß sie einem jeden verständlich seyen, wiewohl unter zehen vielleicht ein jeder sich etwas anderes dabey vorstellt. Auf alle Fälle dürfte sie wohl unter die Dinge gehören, wovon sich leichter sagen läßt, was sie nicht sind, als was sie sind.

EGBERT. Ich kann nicht bergen, daß die schwankende Bedeutung, unter welcher dieser Ausdruck im gemeinen Leben so oft gehört wird, mich beynahe auf den Gedanken gebracht hätte, es gebe gar keine öffentliche Meinung.

SINIBALD. Da hätten Sie doch wohl einen zu raschen Schluß gemacht?

EGBERT. Ich erkläre mich. Was ich damit sagen will, ist nicht, daß das Volk gar keine Meinungen habe; noch weniger, daß eine Grille, die es sich in den Kopf gesetzt hat, nicht, unter besondern Umständen, für den Augenblick von einer großen und fürchterlichen Wirkung seyn könne: sondern nur, daß es so veränderlich und wetterlaunisch, so wenig mit sich selbst in seinen Meinungen übereinstimmend, und so geneigt und gewohnt sey, blindlings hinter einem Anführer herzutraben, daß im Grunde bey seinen Meinungen nicht mehr, und nur allzu oft weniger Gutes heraus komme, als wenn es gar keine hätte.

SINIBALD. Hier wäre also gleich eine Gelegenheit, lieber Egbert, wo ich Ihnen sagen könnte, was die öffentliche Meinung, nach meinem Begriff, nicht ist. Ich denke aber, wir kommen am kürzesten aus der Sache, wenn wir, bevor wir untersuchen, ob es eine öffentliche Meinung gebe, und wie viel oder wenig Aufmerksamkeit sie verdiene, erst zwischen uns selbst festsetzen, was für einen Begriff wir mit dem Wort öffentliche Meinung verbinden. Ich meines Orts verstehe darunter eine Meinung, die bey einem ganzen Volke, hauptsächlich unter denjenigen Klassen, die, wenn sie in Masse wirken, das Übergewicht machen, nach und nach Wurzel gefaßt, und dergestalt überhand genommen hat, daß man ihr allenthalben begegnet; eine Meinung, die sich unvermerkt der meisten Köpfe bemächtigt hat, und auch in Fällen, wo sie noch nicht laut zu werden wagt, doch, gleich einem Bienenstock der in kurzem schwärmen wird, sich durch ein dumpfes, immer stärker werdendes Gemurmel ankündigt; da sie dann nur durch einen kleinen Zufall Luft bekommen darf, um mit Gewalt hervor zu brechen, in kurzer Zeit die größten Reiche umzukehren, und ganzen Welttheilen eine neue Gestalt zu geben.

EGBERT. Wohl! Ich lasse mir diese Bedeutung des Wortes gefallen; und, dieß vorausgesetzt, sage ich: daß ein ganzes Volk, oder, was ich für eben dasselbe gelten lassen will, die große Mehrheit eines Volkes, keine solche öffentliche Meinung habe, und daß es bloße Täuschung sey, wenn wir etwas, das ihr Daseyn zu begründen scheint, bey einem Volke wahrzunehmen glauben. Was man für die öffentliche Meinung ausgiebt, ist immer die Meinung und der Wunsch einer kleinen Anzahl von Köpfen, denen daran gelegen ist, das Volk zum Werkzeug ihrer Absichten zu machen, und die daher ihr möglichstes thun, das Feuer, das sie anblasen, allgemein zu machen. Auch ist es ihnen wohl zuweilen gelungen, ganze Nazionen zu fanatisieren; aber, wenn hundert tausend Arme sich auf einmahl heben, so geschieht es nicht, weil sie von eben derselben Meinung, sondern weil sie von eben demselben Stoß in Bewegung gesetzt werden. Woher sollte auch dem Volke, dem rohen und unwissenden, im Denken ungeübten und eines blinden Glaubens an seine Obern gewohnten Volk, eine andre gemeinschaftliche Meinung kommen, als die ihm entweder von seinen Lehrern oder von den Gewalthabern im Staat eingeprägt wird? Die Männer, die sich in vergnüglicher Selbsttäuschung überreden, daß sie die ganze Welt mit dem Licht ihrer Weisheit erfüllen, oder mit dem Feuer ihres Genius durchglühen, sind dem unendlich größern Theile des Volkes, unter welchem sie leben, nicht einmahl dem Nahmen nach bekannt, und haben ganz und gar keinen Einfluß auf die Meinungen desselben. Die Voltairen und Rousseaus, die Montesquieus und Mablys könnten Jahrhunderte lang schreiben, das Volk weiß nichts davon, kümmert sich nicht darum, und bleibt den Meinungen seiner Großmütter getreu. Kommt es aber jemahls, aus Ursachen, woran das Volk im Grunde ganz unschuldig ist, zu einem Aufruhr im Staate, so wirkt der erste beste hosenlose Tollkopf, der auf einen Tisch steigt und mit donnernder Stentorstimme einem sich um ihn her drängenden Haufen Unsinn predigt, in zehn Minuten mehr, als die scharfsinnigsten und beredtesten Aufklärer, Weltverbesserer und Utopien-Drechsler in der ganzen Welt in hundert Jahren. Denn er setzt fünf hundert Brauseköpfe seiner Art in Bewegung, die in eben so kurzer Zeit fünf tausend andere mit sich reißen. Der ungeheure Schneeball wird im Fortwälzen immer fürchterlicher; eine Myriade von Wahnsinnigen steckt die andre an; diejenigen, die es nicht sind, sind gezwungen, um des Lebens sicher zu seyn, es zu scheinen: und so steht, ehe man Zeit hat sich umzusehen, ein ganzes Reich in vollen Flammen, ruft eine ganze Nazion wie aus Einem Halse Freyheit und Gleichheit aus, ohne daß die öffentliche Meinung das geringste zu allem dem Unwesen beygetragen hat; da vielmehr im Gegentheil, sobald sich der erste Sturm legt, sogleich tausend verschiedene Meinungen zum Vorschein kommen, über welche man einander in die Haare geräth, und in deren Nahmen man nicht aufhört einander die Hälse zu brechen, bis sich endlich wieder eine Gewalt hervor thut, die den Leuten durch Bajonette, Flintenkolben und Guillotinen zu erkennen giebt, was sie meinen sollen. Dieß, lieber Sinibald, ist die wahre Geschichte der Volksmeinungen mit wenigen Pinselstrichen nach dem Leben dargestellt! Wenigstens muß ich gestehen, daß mir in der Welt, so weit ich sie kenne, nichts aufgestoßen ist, das dem, was Sie Sich unter der öffentlichen Meinung denken, ähnlich wäre.

SINIBALD *lächelnd.* Die Sache wäre also hiermit auf einmahl abgethan, und mir bliebe nichts übrig, als Ihnen meinen Beyfall zuzuklatschen und mich zu empfehlen.

EGBERT. Verzeihen Sie! Ich habe Ihnen bloß meine Meinung von der Sache gesagt, und ich bin sehr bereit zu hören, was Sie mir dagegen einwenden wollen.

SINIBALD. Nein, lieber Freund! auf diesem Wege würden wir nicht weiter kommen, als daß am Ende jeder mit seiner Meinung davon ginge; und das können wir besser jetzt gleich thun, und uns den vergeblichen Wortwechsel und die verlorne Zeit ersparen. Wenn Sie, wie Tristram Shandy sagt, die Wahrheit als etwas, das wir noch nicht haben und einander suchen helfen wollen, betrachten können, so bin ich Ihr Mann; wo nicht –

EGBERT. Gut, gut! Ich gestehe gern, daß ich zu einseitig war; und um zu beweisen, wie willig ich bin, Ihnen, was Sie finden wollen, suchen zu helfen, lassen Sie uns damit anfangen, genauer zu bestimmen, was für einen Begriff wir, wenn die Rede von öffentlicher Meinung unter einem Volke ist, mit dem Worte Volk verbinden.

SINIBALD. Ich für meinen Theil keinen andern, als den gewöhnlichen, den der Sprachgebrauch festgesetzt hat, wie ich mich vorhin schon erklärt zu haben glaube.

EGBERT. Ich erinnere mich sehr wohl, daß Sie besonders derjenigen Klassen erwähnten, „die, wenn sie in Masse aufstehen, das Übergewicht machen." Sollten Sie wohl hierunter auch die nervigen Erdensöhne, die sich noch vor wenig Jahren unter dem unvergeßlichen Nahmen der Sanskülotten in Frankreich so merkwürdig machten, begriffen haben wollen?

SINIBALD. Wenn Sie unter dieser Benennung die gesetzlosen Horden und Schwärme von Bettlern, Gaunern, Beutelschneidern, Glücksrittern, Spitzbuben, Banditen, Straßenräubern und Mördern, die unter den Auspizien des berüchtigten Filipp Egalité und seines Anhangs in den drey letzten Jahren der Französischen Monarchie, und unter Marat, Robespierre und ihren Mitverschwornen in den beiden ersten Jahren der Republik, eine so thätige Rolle spielten, mit allen denen, deren ganzes Eigenthum bloß in ihren Armen und Fäusten besteht, in Einen Klumpen zusammen werfen, – so versteht sich die Antwort auf Ihre Frage von selbst. Wehe dem Lande, worin diese Sanskülotten so zahlreich sind, daß ihr Aufstehen in Masse, unter der Anführung irgend eines entschloßnen und verschmitzten Bösewichts, schon allein hinlänglich ist, das Schicksal desselben zu entscheiden! Ich gestehe, daß ich weder an die einen noch andern dachte, als ich von den Volksklassen sprach, die das Übergewicht geben, wenn sie in Masse wirken. Weit entfernt, daß die erstern eine eigene Klasse im Staat ausmachen sollten, bestehen sie vielmehr aus dem Abschaum, Bodensatz und Auskehricht aller übrigen; und nichts zeuget lauter gegen eine Regierung, als wenn es ihr an Kraft oder Willen fehlt, dem Überhandnehmen dieser gefährlichen Art von geheimen innerlichen Feinden zuvorzukommen, oder sich ihrer wenigstens noch in Zeiten zu entledigen. Was die andere Art von Sanskülotten betrifft, – diejenigen nehmlich, die kein anderes Eigenthum haben als ein Paar nervige Arme und eiserne Fäuste, so möchte es wohl schwer seyn, den Staat, worin ihnen jene verächtliche Benennung zukommt, von gerechten Vorwürfen frey zu sprechen. Denn wenn diese unterste, aber einem großen Staat unentbehrliche Klasse, nicht eine der nützlichsten ist; wenn sie ihm sogar dadurch gefährlich wird, daß sie sich durch übermäßigen Druck und hoffnungsloses Elend wo nicht gezwungen, doch sehr stark versucht fühlt, mit den erklärten Feinden aller Gesetze und bürgerlichen Ordnung gemeine Sache zu machen: an wem liegt wohl die meiste Schuld, als an denen, in deren Macht es stand, und deren Pflicht es war, das Übel durch zweckmäßige Mittel zu verhüten? – Doch es würde uns zu weit aus unserm Wege führen, wenn ich diese Betrachtung verfolgen wollte. Denn, mit Einem Worte, diese unterste Volksklasse, wie sehr sie auch, in mancherley Rücksicht, der Aufmerksamkeit der Gesetzgebung und Regierung würdig und bedürftig ist, kann doch, vermöge der Natur der Sache, ja schon allein darum, weil ihre Anzahl in jedem auch nur leidlich wohl eingerichteten Staate in Verhältniß gegen die Masse des übrigen Volkes unbeträchtlich ist, nicht unter der großen Mehrheit begriffen werden, die ich als den Depositär der öffentlichen Meinung betrachte. Übrigens muß ich Sie noch bemerken machen, lieber Egbert, daß die Redensarten, in Masse wirken, und in Masse aufstehen, nichts weniger als gleichbedeutend sind. Ich weiß wohl, daß sie nur zu oft (zumahl von Staatsmännern und Regenten von der strikten Observanz) mit einander verwechselt werden; aber gemeinschaftliche, mit Wärme und Nachdruck vorgetragene Beschwerden und Vorstellungen sind noch lange kein Aufstand, und die ehemahligen Regenten einiger Schweizerischen Republiken haben die Verwechselung dieser im Grunde so verschiedenen Begriffe hart genug gebüßt, um andere vor ähnlichen Irrungen zu warnen.

EGBERT. Sie haben die unterste Klasse von der Mehrheit, deren übereinstimmende Meinung die öffentliche ausmachen soll, vermuthlich deßwegen ausgeschlossen, weil Sie zu viel Unwissenheit und Roheit bey derselben voraussetzen, als daß man ihr über alle Dinge, zu deren Beurtheilung etwas mehr als fünf Sinne und ein kleiner Antheil von Menschenverstand gehört, eine gesunde Meinung zutrauen könnte. Aber indem Sie, wie es scheint, annehmen, daß die Aufklärung, die in unserm Jahrhundert so große Vorschritte gemacht hat, nicht bis in die Köpfe der Tagelöhner eingedrungen sey, sollte hier nicht der Fall des ehemahls berühmten Vexierschlusses des Eubulides von Megara eintreten, vermittelst dessen er bewies, daß ein einziges Korn einen ganzen Haufen mache? Sollte nicht derselbe Grund, warum Sie die unterste Klasse ausschließen, auch von der unmittelbar an dieselbe grenzenden gültig seyn; und so von einer Klasse zur andern, durch die ganze lange Reihe von Unterabtheilungen, bis zu den obersten, welche, was die Aufklärung betrifft, wieder mit den untersten zusammen zu treffen, und (unter uns gesagt) wenig vor ihnen voraus zu haben scheinen?

SINIBALD. Wenn ich der untersten Klasse unter jedem policierten Volke keinen aktiven Antheil an der öffentlichen Meinung einräume, so geschieht es nicht sowohl aus Mißtrauen gegen ihren Menschenverstand, als aus Rücksicht auf ihren Stand in der bürgerlichen Gesellschaft, der diesen von Mangel und Arbeit gedrückten Menschen weder Muße noch Gelegenheit läßt, sich um Dinge, die ihre körperlichen Bedürfnisse nicht zunächst angehen, zu bekümmern. Was die Aufklärung betrifft, so möchten sich wohl in allen Klassen nicht wenige finden, deren Meinungen mit der öffentlichen (zumahl wenn sichs träfe, daß sie gerade die vernünftigste wäre) nichts zu schaffen haben, oder gar mit ihr in offenbarem Widerspruch stehen. Ich bekenne also, daß ich aus dieser Rücksicht nicht nöthig gehabt hätte, die unterste auszuschließen, indem es eben so möglich ist, daß sich in dieser einige helle Köpfe über den engen und nebligen Dunstkreis ihres Standes erheben, als es gewiß ist, daß in den höchsten Klassen selbst nur wenige zu einer klaren und unbefangenen Ansicht der menschlichen Dinge gelangen. Aber ich betrachtete bisher die öffentliche Meinung bloß im allgemeinen, ohne Rücksicht ob sie sich auf Irrthum oder Wahrheit gründet. In beiderley Fällen verdient sie immer die größte Aufmerksamkeit: im ersten, um ihr auf jede zweckmäßige Art entgegen zu arbeiten; im andern, um sie als den untrüglichsten Rathgeber dessen, was man zu thun hat, anzusehen.

EGBERT. Über den ersten Punkt werden wir in keinen Streit gerathen, Sinibald; denn, wofern es eine öffentliche Meinung giebt, so ist immer zehn gegen eins zu setzen, daß sie auf Vorstellungen gebaut seyn wird, denen man entgegen zu arbeiten hat; oder, um mich richtiger auszudrücken, die Erfahrung lehrt, daß es zu allen Zeiten herrschende Irrthümer gab, welche sich beynahe aller Köpfe in allen Klassen eines Volkes, ja der unendlichen Majorität des ganzen Menschengeschlechts bemächtigt haben; wie z. B. der Glaube an Gespenster, Elementargeister, Vorbedeutungen, Einfluß der Gestirne, Magie, Wunderkräfte und dergleichen, auf welchen man von jeher eine öffentliche Meinung gegründet hat, die sogar in unsern Tagen, und selbst unter den weniger ungebildeten höhern Volksklassen, durch alle Fortschritte der Naturwissenschaft nicht völlig verdrängt werden konnte.

SINIBALD. Und dieß aus sehr natürlichen Ursachen. Der Volksglaube, den Sie zum Beyspiel anführen, stützt sich nicht nur auf den unsrer Natur eigenen Hang zum Übersinnlichen und Übernatürlichen, und ist nicht nur zu allen Zeiten von Priestern und Dichtern aufs fleißigste genährt und gepflegt worden, sondern wird sogar noch in diesem Augenblicke von guten und schlechten Buchmachern, als ein unfehlbares Mittel viele Leser zu bekommen und starke Wirkungen zu thun, auf alle nur erdenkliche Art benutzt und aufgestutzt. Ein so wohl unterhaltener Aberglaube wird nie durch Kultur und Aufklärung so ganz verdrängt werden, daß er nicht sogar in der Fantasie und dem instinktmäßigen Hange derjenigen selbst, die ihn für das was er ist erkennen, einen geheimen Fürsprecher finden sollte. Aber eine ganz andere Bewandtniß hat es mit Wahnbegriffen und Vorurtheilen über Dinge, die unser unmittelbares Wohl oder Weh betreffen, und allen so nahe liegen, daß auch der gemeinste Menschenverstand sie ohne Mühe erreichen kann. Denn wie tiefe Wurzeln auch ein Irrthum in solchen Dingen geschlagen haben mag, so zeigen uns doch die Epoken der großen Revoluzionen Beyspiele genug, daß er endlich der Übermacht der Wahrheit weichen muß, und daß der öffentlichen Meinung, die sich dadurch festsetzt, sogar die Donnerkeule eines ehemahls vermeinten Halbgottes, und die ganze aufgebotene Macht der unumschränktesten Herrschergewalt, mit allen Werkzeugen der Zerstörung und des Todes bewaffnet, nichts anzuhaben vermögen.

EGBERT. Sowohl in dem besondern Falle, auf welchen Sie hier anspielen, als in allen andern, die unter dem allgemeinen Begriffe von Dingen, woran Allen liegt, und die der gemeinste Verstand erreichen kann, enthalten sind, dürfte wohl viel zu unterscheiden und zu sondern seyn. Was den ersten betrifft, so däucht mich, es könne von ihm auf andere, wiewohl ähnlich scheinende Fälle nicht geschlossen werden. Auch der stärkste und eingewurzeltste Wahnglaube giebt endlich der Macht der Zeit und der Gewohnheit nach, deren beider gemeinschaftliche Eigenschaft ist, die Formen der Dinge und den Eindruck, den sie auf das Gemüth machen, abzustumpfen, und schon dadurch allein eine von andern Umständen herbey geführte Veränderung in der Vorstellungsart der Menschen vorzubereiten und zu fördern. Ist nun vollends ein solcher Wahnglaube die Quelle unzähliger lästiger Mißbräuche und die Gelegenheit zu den härtesten Bedrückungen geworden, so kann man mit gutem Grund annehmen, daß es vielmehr das allgemeine Gefühl dieser Mißbräuche und Bedrückungen, als eine durch Untersuchung gewirkte Überzeugung von der Wahrheit war, was z. B. die große Empörung eines ansehnlichen Theils der Christenheit gegen den Päpstlichen Stuhl im sechzehnten Jahrhundert bewirkte. Die Übereinstimmung in diesem Gefühle, nicht die Übereinstimmung in Meinungen, that dieses Wunder; und bedürfen wir dessen wohl einen stärkern Beweis, als daß eben diese Menschen, die gegen den Römischen Stuhl gemeinschaftliche Sache machten, in eine Menge Sekten unter sich selbst zerfielen und einander mit Wuth verfolgten, sobald man ihnen Zeit ließ gewahr zu werden, daß sie über das, was man meinen oder glauben sollte, verschiedener Meinung wären. Eben dasselbe läßt sich auch (wie ich schon im Vorbeygehen bemerkte) von allen großen politischen Revoluzionen behaupten. Nichts kann unbestimmter, schwankender und veränderlicher seyn, als die Meinungen des Volkes in solchen kritischen Zeitläufen; nichts wäre schwerer als eine darunter anzugeben, die man die allgemeine oder öffentliche nennen könnte: aber was sich laut und öffentlich genug hören läßt, ist das Gefühl der gemeinsamen Bedrückungen, der Wunsch davon befreyt zu werden, ein ungeduldiges Verlangen diesen Wunsch erfüllt zu sehen, und, wenn die Hoffnung zu verschwinden beginnt, eine Verzweiflung, die zu allem fähig macht.

SINIBALD. Ich danke Ihnen, Egbert, daß Sie mir den Weg zur Beantwortung der Frage, die uns beschäftigt, selbst gebahnt und abgekürzt haben. Sehr gern gebe ich Ihnen zu, daß, sobald beym Ausbruch oder im Fortgang einer Staatsrevoluzion von spekulativen Punkten, von den besten Mitteln zum Ziele zu gelangen, in so fern sie durch Untersuchung und Vernunftschlüsse heraus gebracht werden müssen, oder von der zweckmäßigsten Art der Anordnung und Ausführung dieser Mittel die Rede ist, eine feststehende öffentliche Meinung etwas unerhörtes und nicht zu erwartendes sey. Der Ursachen hiervon sind so viele, daß es eben so mühsam als langweilig wäre, sie alle aufzuzählen; indessen lassen sie sich füglich unter zwey zusammen fassen, in welchen alle übrigen begriffen sind. Die eine ist: daß bey solchen Staatserschütterungen die Volksklassen, welche die große Mehrheit ausmachen, in zu heftiger Gährung und größten Theils in einem allzu leidenschaftlichen Gemüthszustande sind, als daß der gemeine gesunde Menschenverstand mit gehöriger Freyheit wirken und das Übergewicht entscheiden könnte; die andere: daß sowohl diejenigen, denen an Erhaltung der bisherigen Ordnung der Dinge, und mit ihr an den gewohnten, ihnen allein vortheilhaften Mißbräuchen, alles gelegen ist, als diejenigen, die eine neue, auf ihren eigenen Vortheil berechnete Ordnung der Dinge wollen, aber auch schon bey der Unordnung, die ihr vorher geht, unendlich viel zu gewinnen haben oder zu gewinnen hoffen, sich alle möglichen Bewegungen geben, und kein Mittel unversucht lassen, das Volk zu bearbeiten, zu verwirren, zu ängstigen, zu schrekken, und gewaltsam mit sich fortzureißen, oder zu verführen, zu blenden, zu täuschen, durch Schmeicheley und große Verheißungen zu bestechen, und durch alle diese Mittel in jener unseligen Gährung zu erhalten, die sich gewöhnlich mit dem Untergang beider Parteyen und der gänzlichen Auflösung des Staats endiget. Ganz gewiß findet während solcher politischen Momente nichts, was man mit Recht öffentliche Meinung nennen könnte, Statt: aber es ist, meiner Überzeugung nach, eben so gewiß, daß eine solche Meinung jeder Staatsumwälzung vorgeht und gleichsam das Zeichen zum Anfang derselben giebt; und daß, nachdem die Explosion endlich erfolgt ist, die Wiederherstellung einer auch nur leidlichen Ordnung nicht eher erwartet werden darf, bis das Volk, auf welche Art es geschehen mag, wieder ruhig genug geworden ist, um einer öffentlichen

Meinung fähig zu seyn, und sie mit dem gehörigen Nachdruck zu erkennen zu geben.

EGBERT. Ich bin begierig zu hören, wie Sie auch mich von der Wahrheit dieser Behauptung überzeugen wollen.

SINIBALD. Ich hoffe, daß Sie meine Darstellung mit dem natürlichen Gange der menschlichen Dinge, und dem, was uns die Geschichte alter und neuer Zeiten, und die Erfahrung unsrer eigenen gelehrt hat, genau zusammen stimmend finden werden. Nur bitte ich Sie um Geduld, wenn ich Ihnen ein wenig weit auszuhohlen scheinen sollte. Wie dumpf oder leichtsinnig ein Volk seyn mag, so wird es doch nicht an Augenblicken fehlen, wo jedermann über seinen Zustand nach seinem gegenwärtigen Gefühl urtheilt, und denselben mit dem, was er durch mündliche Überlieferung oder zufälliger Weise von dem Zustande seiner Voraltern oder andrer Völker gehört hat, oder auch bloß mit seinen Bedürfnissen und Wünschen, in Vergleichung bringt. Die gewöhnliche Folge dieser Vergleichung ist ein unbestimmtes Verlangen, es besser zu haben, und eine eben so unbestimmte Geneigtheit, alle Wege einzuschlagen, auf welchen man, ohne große Wahrscheinlichkeit sich zu verschlimmern, seine Lage zu verbessern hoffen darf. Wir können sicher annehmen, daß dieß, so zu sagen, der Grundton in der Stimmung eines jeden Volkes ist, und daß man unter tausend Einwohnern eines Landes kaum Einen rechnen kann, der mit dem Gegenwärtigen so zufrieden wäre, daß er nicht eine geheime Neigung zu Veränderungen in sich trüge, welche die Sicherheit und Ruhe des Staats in beständige Gefahr setzen müßte, wenn nicht zu gutem Glück die Natur selbst für ein mächtiges Gegengewicht gesorgt hätte, wodurch wenigstens die schlimmsten Folgen dieser Unruhe und Unzufriedenheit des menschlichen Herzens oft Jahrhunderte lang aufgehalten werden. Dieses Gegengewicht liegt in einer gewissen allen Menschen angebornen Trägheit, die uns, so lange die eiserne Nothwendigkeit nicht etwas andres befiehlt, unwillig macht unsre gegenwärtige Lage gegen eine besser scheinende zu vertauschen, wofern wir uns nicht anders als mit großer Anstrengung unsrer Kräfte, und auch da noch mit Gefahr, Aufopferungen und Ungewißheit des Erfolges, in dieselbe versetzen könnten. Diese natürliche Trägheit, zu einer andern nahe mit ihr verwandten Eigenschaft, nehmlich der Leichtigkeit uns an eine gewisse Lebensweise zu gewöhnen, gesellt, ist unläugbar die stärkste, wo nicht die einzige Grundlage, worauf dermahlen die innere Sicherheit der meisten Staaten beruht; und wiewohl keiner Regierung zu rathen ist, sich auf die Haltbarkeit derselben zu viel zu verlassen, so lehrt doch die Erfahrung, daß kein Zustand so armselig ist, daß die Menschen (zumahl von früher Jugend an) sich nicht an ihn gewöhnen, und durch die bloße Macht der Gewohnheit um so stärker an ihn gefesselt werden könnten, da ein solcher Zustand nothwendig mit einer Abstumpfung der edlern Kräfte der Menschheit, wodurch sie bis zur bloßen Thierheit herab sinkt, verbunden ist. Ein Monarch, dem das Schicksal die Bequemlichkeit zugetheilt hat, über lauter Sklaven zu gebieten, kann sich auf die ewige Dauer seines Throns verlassen, wofern er nur so lange, bis er sein geliebtes Volk in den glücklichen Stand der Pescherähs (im Feuerlande) versetzt hat, Sorge trägt, daß der Eingang in sein Reich jeder Möglichkeit von Kultur und Aufklärung verschlossen bleibe. Denn freylich, zu verlangen daß Sklaverey und Kultur immer Hand in Hand neben einander gehe, hieße das Unmögliche wollen. Indessen ist doch auch die Kultur keine so gefährliche Sache, daß nicht die große Mehrheit einer policierten Nazion von fünf und zwanzig oder dreyßig Millionen Menschen, durch die besagte Macht der Gewohnheit, oft unglaublich lange in einem Zustand erhalten werden könnte, den die Pescherähs selbst, bey allem was er etwa noch vor dem ihrigen voraus hat, nicht beneidenswürdig finden würden.

EGBERT. Da geben Sie den hochbesagten Sultanen einen feinen Trost, Sinibald.

SINIBALD. Bis jetzt wenigstens ist ihnen die öffentliche Meinung noch ziemlich günstig. Denn aus unsrer bisherigen Betrachtung scheint mir als eine natürliche Folge hervorzugehen, daß man in jedem dermahlen bestehenden Staate, ohne Rücksicht auf desselben mehr oder weniger preiswürdige Verfassung und Verwaltung, bey dem größten Theile des Volkes zwey Gesinnungen annehmen könne, aus welchen sich eben so viele Meinungen bilden, die man mit Grund für öffentliche oder allgemeine gelten lassen kann, und von welchen die zweyte der ersten so richtig die Wage hält, daß selbst der furchtsamste Sultan vor Revoluzionsgefahr sicher auf beiden Ohren dabey schlafen dürfte. Die erste ließe sich, däucht mich, kurz und gut in diese Formel fassen: „Alles sollte besser gehen als es geht;" — eine Meinung, welche, mit oder ohne klares Bewußtseyn dessen der sie hegt, das

Gefühl zur Unterlage hat: „Mir selbst sollte besser seyn als mir ist." – Die zweyte dürfte, in Worte verfaßt, ungefähr so lauten: „Wir thun zwar, was wir können, und leiden was wir müssen, alles in Hoffnung, daß es noch einmahl besser kommen werde, und aus Furcht Übel ärger zu machen; aber jede Verbesserung unsers Zustandes, wobey wir diese Gefahr nicht laufen, soll uns willkommen seyn." Können Sie zweifeln, Egbert, daß ich in diesen beiden Formeln die Gesinnung und Meinung der unendlichen Majorität aller Bewohner Europens ausgedruckt habe?

EGBERT. Ich gestehe Ihnen, daß ich es nicht kann. Aber ich muß auch sagen, Sie haben da einen fürchterlichen Lichtstrahl in das Innere unsers Zustandes fallen lassen.

SINIBALD. Nicht so fürchterlich als es scheint. Wenn es ein Lichtstrahl ist, (und das ist er gewiß) so zeigt er uns Wahrheit, und hindert uns, das Ding das nicht ist (mit Swifts *Hoyhnhnms* zu reden) für Wahrheit zu halten, falsche Schlüsse darauf zu bauen, und dadurch zu Schaden zu kommen. Es ist gut, und mehr als gut, denn es ist unumgänglich nöthig, daß wir genau wissen, woran wir sind und worauf wir uns zu verlassen haben, damit uns weder falsche Sicherheit verblende, noch unzeitige Furcht und Panischer Schrecken so verwirrt mache, daß wir, um ein kleines Feuer zu löschen, nach dem Öhlkrug statt der Wasserkanne greifen. Lassen Sie uns also einen Schritt weiter gehen. Der so eben als öffentliche Meinung des Volks in jedem Staat ausgesprochne Satz enthält viele andere, die auf eben demselben Grunde beruhen, und entweder bloße Entwickelungen oder natürliche Folgen desselben sind. Z. B. „Wie schlimm es auch im Besondern und Einzelnen gehen mag, so lange nur die Gesetze noch einige Kraft haben, so lange sie noch (in den meisten Fällen wenigstens) jeden bey dem Seinigen schützen, so lange wir ordentlicher Weise vor willkührlichen Mißhandlungen, Beraubung unsrer bürgerlichen Rechte, unsrer persönlichen Freyheit, unsrer Ehre, unsers Lebens, sicher sind; so lange könnte es noch schlimmer gehen: wir müssen und wollen uns also gedulden!" – Glauben Sie nicht, Egbert, daß man auch dieß als öffentliche Meinung annehmen könne?

EGBERT lächelnd. Es ist eine so zahme und geduldige Meinung, daß ich sie Ihnen ohne Bedenken gelten lassen kann.

SINIBALD. Oder die folgende: „Wenn es zu Verbesserung unsers Zustandes nichts weiter bedarf als Ja zu sagen; d. i. wenn die Mittel dazu uns von den obersten Machthabern selbst von freyen Stücken in die Hände gelegt werden; oder, wenn der Fall eintritt, daß wir uns selbst helfen sollen, und wir uns durch Mittel helfen könnten, die von Vernunft und Billigkeit gut geheißen werden, und wobey also die allgemeine Wohlfahrt nicht gefährdet ist: so wollen wir aus allen Kräften zur Verbesserung thätig seyn." — Sollte nicht auch dieß, sobald der Fall dazu eintritt, eben so gewiß als die Meinung und Gesinnung der meisten Staatsbürger angenommen werden können, als man annehmen kann, daß jedermann, sobald der Anlaß dazu da ist, zweymahl zwey für vier erkennt?

EGBERT. Ich sehe nicht, warum wir es nicht annehmen sollten, vorausgesetzt daß die große Mehrheit im Staat nicht etwa aus lauter Bettlern und Banditen bestehe, denen freylich mit einem so ruhigen Gange der Sachen nicht gedient seyn möchte.

SINIBALD. Und so hätten wir denn doch etwas, das wir für öffentliche Meinung in jedem dermahlen bestehenden Staat annehmen können?

EGBERT. Nur sehe ich nicht, wozu es dienen soll. Denn so lange sich das Volk mit so gutmüthigen und gefälligen Meinungen behilft, könnt' es im Ganzen so übel gehen als es wollte, und selbst ein Heinrich VIII., Ludwig XI., Filipp II., Ferdinand II. und ihres gleichen, könnten nebst ihren lieben Getreuen so getrost und sicher tyrannisieren, als ob sie eben so viele Trajane und Mark-Aurele, *Henri-quatre,* und *Sully's* und *Duplessis-Mornay* wären.

SINIBALD. Dieß dürfte allerdings der Fall in einem Staate seyn, wo dem Fortgange der Kultur zur Humanität ein ewiger Riegel vorgeschoben wäre, indessen eine unweise Staatsverwaltung sich mit allen Mißbräuchen und Ungerechtigkeiten einer unterdrückenden Verfassung, und mit allen Ausschweifungen, Lastern und Freveln einer der Gesetze spottenden privilegierten Kaste vereinigte, das Volk von Stufe zu Stufe bis zur thierischen Gefühllosigkeit der Pescherähs herabzudrücken. Aber wo die Kultur mit den Mißbräuchen beynahe gleichen Schritt hält, und das öffentliche Elend den aufgeklärtesten Theil der Nazion, der das Studium der Natur und des Menschen schon lange, wiewohl nur zur Spekulazion, trieb, endlich nöthigt, Moral und Politik zum Gegenstande der schärfsten Untersuchungen zu machen, und ihre ersten Gründe aus der menschlichen Natur selbst hervor zu graben, da nehmen die Sachen einen andern Gang. So lange die Moral eine ausschließliche Behörde der Priesterschaft, und die Politik das anmaßliche Geheimniß der Höfe und Kabinette ist, müssen sich diese und jene zu Werkzeugen der Täuschung und Unterdrückung mißbrauchen lassen; das Volk wird das Opfer schändlicher Wortspiele, und die Gewalt erlaubt sich alles und darf sich alles ungestraft erlauben, da es von ihrer Willkühr abhängt, Unrecht zu Recht, Recht zu Unrecht zu stempeln, und das, wovor sie sich am meisten fürchtet, die Bekanntmachung der Wahrheit, zum Verbrechen zu machen, und als solches zu bestrafen. Nicht so, wenn die Vernunft sich ihrer ewigen unverjährbaren Rechte wieder bemächtigt hat, um alle Wahrheiten, an deren Erkenntniß Allen Alles gelegen ist, wieder ans Licht hervor zu ziehen, und ihnen mit Hülfe aller Musenkünste, unter allen nur ersinnlichen Gestalten und Einkleidungen, die möglichste Popularität zu verschaffen. Eine Menge berichtigter Begriffe und Thatsachen kommen dann in Umlauf; eine Menge Vorurtheile fallen wie Schuppen von den Augen einer neuen Generazion; es wird immer heller in den Köpfen; man lernt Irrthümer für — Irrthümer erkennen, an welchen Jahrhunderte lang nur zu zweifeln Verbrechen war, und erstaunt, wie man Augen und Ohren vor den unwidersprechlichsten Aussagen der Vernunft und des allgemeinen Gefühls so lange habe verschließen können. Wie gering auch verhältnißmäßig die Anzahl derjenigen seyn mag, die in diesem Licht als in ihrem Elemente leben, zu einem heitern Überblick der wahren Beschaffenheit der menschlichen Dinge gelangt sind, und den Leitfaden in der Hand haben, der uns allein aus dem Labyrinthe des Lebens heraus helfen kann, so wird doch die Wirkung des von ihnen ausgehenden Lichtes von einem Jahrzehend zum andern immer merklicher; sie verbreitet sich stufenweise durch die mittlern Klassen der Gesellschaft; und wenn auch nur einzelne gebrochne Strahlen bis zu den untersten dringen, so sind sie doch hinreichend, Aufmerksamkeit und Verlangen nach Belehrung über Dinge, deren allgemeine Wichtigkeit für die Menschen man zu erkennen anfängt, wenigstens bey einigen zu erregen. Was ist nun, wenn Kultur und Aufklärung einmahl diese Stufe erstiegen haben, natürlicher, als daß zu einer Zeit, wo eine gänzlich zerrüttete Staatswirthschaft für die Verschwendungen des Hofes keine Quellen mehr aufzutreiben, die schlaueste Finanzkunst dem gesunknen öffentlichen Kredit nicht wieder aufzuhelfen, und die Tyranney selbst von einem bis aufs Mark ausgesogenen Volke nichts mehr heraus zu drücken vermag; zu einer Zeit, wo die ausgelassenste Üppigkeit und übermüthigste Verschwendung auf der einen Seite, gegen die äußerste Armuth und eine an Verzweiflung grenzende Muthlosigkeit auf der andern, so widerlich absticht, daß die aus allem leidlichen Verhältniß getretene Ungleichheit unter den Ständen und einzelnen Gliedern eben desselben Staats auch die stumpfsinnigsten Halbmenschen empören muß – was Wunder, sage ich, wenn in einem solchen Zeitraume sich endlich, von allen Seiten her, tausend und zehen tausend Stimmen, laut genug um überall gehört zu werden, gegen Aberglauben, Despotismus und privilegierte Gesetzlosigkeit, als die ersten Quellen des öffentlichen Elends, erheben? Oder was ist natürlicher, als daß beynahe alle guten Köpfe einer solchen Nazion sich theils mit Aufdeckung der nähern und entferntern Ursachen dieses Elends, theils mit den Mitteln demselben abzuhelfen, beschäftigen? Und wie sollt' es zugehen, daß alles dieß nicht endlich mächtig auf den Geist der Nazion wirken, und bey der größern Mehrheit, als dem leidenden Theil, eine der gegenwärtigen Ordnung der Dinge ungünstige Disposizion hervorbringen sollte, von welcher der Übergang zu einem lebhaften ungeduldigen Verlangen nach irgend einer großen wesentlichen Veränderung nur ein kleiner Schritt ist?

EGBERT. Was Sie da sagen, bringt mir einen Umstand aus dem achten Zehend dieses Jahrhunderts ins Gedächtniß, der mir so stark auffiel, daß ich ihn schon damahls als ein furchtbares Vorzeichen eines nahe bevorstehenden Ausbruchs der Gährung, die sich bereits hier und da in dem Innern von Frankreich verspüren ließ, betrachtete, und mich oft wunderte, daß eine so sonderbare Erscheinung sonst von niemand bemerkt zu werden schien. Dieß war, daß in den letzten sechs oder sieben Jahrgängen der *Bibliotheque universelle des Romans* ein ungewöhnlicher Geist der Freyheit, eine gewisse nur leicht verdeckte, mit unter ziemlich stark in die Augen fallende politische Tendenz, und ein gewisser ernster, kräftiger, öfters sogar überspannter und kaustischer Ton unvermerkt herrschend wurde, der mit der anscheinenden Frivolität der Sachen gar sonderbar kontrastierte, und, da er in einem so allgemeinen Lesebuch selbst der königlichen Censur nie aufgefallen zu seyn scheint, mir desto deutlicher bewies, daß der alte Geist der Nazion aus seinem tiefen Schlaf zu erwachen anfange, und wahrscheinlich nicht lange mehr unthätig bleiben werde.

SINIBALD. Sollten nun in einem solchen Zeitpunkte, wo der Geist eines durch hierarchischen, aristokratischen und monarchischen Despotism lange niedergedrückten Volkes alle seine Ketten zu schütteln anfängt, und im Begriff ist eine nach der andern zu zerreißen, nicht auch, natürlicher Weise, die öffentliche Meinung eine bestimmtere Gestalt gewinnen, und sich endlich so deutlich zu erkennen geben, daß nur eine beynahe unbegreifliche Verblendung die Machthaber verhindern könnte, zu sehen, daß es die höchste Zeit sey andre Wege einzuschlagen, wenn sie der Katastrofe, die sie doch selbst befürchteten, zuvorkommen wollten? Sollte sich nicht mit der höchsten Wahrscheinlichkeit annehmen lassen, daß es in Frankreich wenigstens schon im Jahre 1788 allgemeine Meinung der größern Mehrheit gewesen sey: „Das Volk habe Rechte zurück zu fordern, gegen welche keine Verjährung gelte" – „Es sey eine nicht länger zu duldende Ungerechtigkeit, daß das Volk die Lasten des Staats allein, oder nach einer ganz unbilligen Austheilung trage" – „Willkührliches Verfahren in Sachen, welche das Eigenthum, die Ehre und persönliche Freyheit der Bürger betreffen, sey kein wesentliches Vorrecht der höchsten Gewalt, und die Nazion sey nicht schuldig, deßwegen weil die Staatsverfassung monarchisch sey, sich despotisch beherrschen zu lassen?" – Ich müßte mich sehr irren, oder diese und ähnliche Sätze lagen als öffentliche Meinung den so genannten *Cahiers* des dritten Standes zum Grunde, worin das Volk seinen Stellvertretern im Jahre 1789 seine damahls noch sehr gemäßigten Forderungen und Wünsche ausführlich zu vernehmen gab.

EGBERT. Ich kann und will nicht gegen meine Überzeugung mit Ihnen haberechten, Sinibald. Ich könnte zwar einwenden, daß die Sätze, die Sie so eben für die öffentliche Meinung des Französischen Volkes zu Anfang des Jahres 1789 erklärten, eigentlich nur die Meinung des unterrichteten und denkenden Theils gewesen sey: aber ich sehe leicht voraus, was Sie mir darauf antworten würden. In der That kommt es hier nicht so wohl darauf an, wer eine Meinung zuerst aufgebracht, oder sie am besten zu behaupten weiß, als darauf, daß sie, um den Nahmen der öffentlichen zu verdienen, dem Geiste und der gegenwärtigen Stimmung der Nazion so angemessen und überhaupt so beschaffen sey, daß sie, sobald sie sich laut vernehmen läßt, dem größten Theile derselben einleuchte und mit Beyfall von ihm aufgenommen werde. Ich kann daher nicht in Abrede stellen, daß die besagten Sätze wirklich für öffentliche Meinung nicht nur in Frankreich, sondern beynahe in ganz Europa gelten konnten.

SINIBALD. Ich hätte also den ersten Punkt meiner Behauptung hinlänglich dargethan. Denn auch dieß werden Sie mir gern zugeben, daß weder die Orleanssche Fakzion, noch die heimlichen Republikaner der damahligen Zeit, und am allerwenigsten das kleine Häufchen der redlichen Patrioten, die es mit dem König und der Nazion gleich ehrlich meinten, nur daran gedacht haben würden, den ersten entscheidenden Schritt zur Revoluzion zu wagen, wenn sie nicht gewiß gewesen wären, in jener öffentlichen Meinung eine Stütze zu finden, die ihnen im Nothfalle den Schutz des ganzen Volkes sicherte. Was den andern Punkt betrifft, so scheint es mir Natur der Sache zu seyn, daß, so lange die Gährung der ganzen Staatsmasse dauert, keine Meinung sich im Volk erhebt, die man mit Fug und Recht eine öffentliche nennen könnte; wenn auch gleich, wie unter Robespierre, ein allgemeiner Schrecken die Wirkung thun kann, alle vor der Guillotine zitternden Köpfe ein erzwungenes pagodenmäßiges Ja oder Nein nikken zu machen. Aber sobald das Volk wieder frey Athem hohlen darf, von seinen Ausschweifungen und Paroxismen zurück gekommen ist, und, der ewigen Verschwörungen, Proskripzionen, Delazionen und Exekuzionen, kurz des ganzen revoluzionären Unwesens herzlich müde, sich allenthalben nach Sicherheit und Ruhe sehnt: dann ist das erste, was man mit Recht für entschiedene öffentliche Meinung ausgeben kann, die allgemeine Überzeugung, „daß nichts als Unterwerfung unter eine gesetzmäßige Regierung und entschloßne Anhänglichkeit an dieselbe den aufgelösten Staat, unter welcher neuen Gestalt es auch sey, ins Leben zurück rufen könne;“ — und von dem Tage an, da sich diese öffentliche Meinung stark und deutlich ausdruckt, kann man auch die wahre Zeit des Anfangs einer neuen Ordnung der Dinge rechnen, und für gewiß annehmen, daß sie sich so lang' erhalten werde, als das Volk bey dieser Gesinnung verharren wird.

EGBERT. Die Existenz und die Wichtigkeit dessen, was Sie öffentliche Meinung nennen, wäre also, für mich wenigstens, außer Zweifel gesetzt. Nur scheint es, unglücklicher Weise, nicht möglich zu seyn, die Machthaber in einem noch bestehenden Staate, wie nahe dieser auch bereits seiner Auflösung seyn mag, von der Aufmerksamkeit und Achtung zu überzeugen, die man ihr — auch in Ermanglung edlerer Beweggründe, schon aus bloßer Klugheit und Rücksicht auf eigene Sicherheit und Selbsterhaltung — erzeigen sollte. Es wären aus der neuesten Zeit auffallende Beyspiele hiervon anzuführen: aber der Augenschein spricht überall so laut, daß es überflüssig wäre, sich auf einzelne Fälle zu berufen. Wenn man die Herren auf das, was sie zu thun hätten, und auf die Gefahr im Verzug aufmerksam machen will, so hört man immer die Antwort: „Gerade deßwegen sey es jetzt nicht Zeit, dem Volk einen solchen Beweis, was es vermöge, in die Hand zu geben; in solchen Augenblicken müsse die Regierung die Zügel schärfer anziehen als jemahls; das geringste Zeichen von Nachgiebigkeit würde von dem Volke für Schwäche und Furcht ausgelegt, und zu einem Antriebe, seinen Forderungen kein Ziel zu setzen, gemißbraucht werden; und bloß dadurch, daß man ihm keine Furcht zeige, verhindre man es, wirklich furchtbar zu werden." — „Allerdings (hört man sie auch wohl sagen) sind Mißbräuche abzustellen, Beschwerden zu erleichtern, Verbesserungen zu machen: aber daran läßt sich erst alsdann denken, wenn alles wieder ruhig, und das obrigkeitliche Ansehen so befestiget ist, daß über den Beweggrund zu solchen Schritten kein Zweifel mehr Statt finden kann." — Nun erfolgt aber in solchen Fällen immer eines von zweyen: entweder das Volk dringt mit Gewalt durch, und die bisherige Ordnung der Dinge stürzt zusammen; oder die alten Machthaber behalten die Oberhand; und dann kann man sich darauf verlassen, daß an wirkliche, ernstlich gemeinte Abstellung der gerechtesten Volksbeschwerden so wenig mehr gedacht wird als an den Mann im Monde.

SINIBALD. Sie setzen, wie ich sehe, ein ziemlich geringes Vertrauen in die Weisheit und Güte der Väter des Vaterlandes.

EGBERT. Ich rede mit dem Herzen in der einen Hand, und mit der Fackel der Erfahrung in der andern. Oder sollten Sie mir auch nur ein einziges Beyspiel des Gegentheils anführen können? — Nur ein einziges, lieber Sinibald!

SINIBALD. Sie sind sehr bescheiden; und doch sollte mirs schwer fallen —

EGBERT. Das will ich glauben!

SINIBALD lächelnd. Ich habe ein ziemlich ungetreues Gedächtniß; es wäre nicht billig, aus meiner Verlegenheit einen Schluß zum Nachtheil eines dritten zu ziehen.

EGBERT. Wie schwach auch Ihr Gedächtniß seyn möchte, hätten Sie je ein solches Beyspiel erlebt, so würden Sie es, gerade um der Seltenheit willen, nie wieder vergessen haben. — Aber, Scherz bey Seite, Sie wissen ja so gut als ich, wie es in solchen Fällen zu gehen pflegt. Da sind immer so viele dringendere Geschäfte abzuthun — mit diesem hat es noch Zeit; es wird also indessen an den berüchtigten Nagel, der so vieles tragen muß, gehängt, und geräth mit zehn tausend andern, woran weder dem Referenten noch dem Richter etwas gelegen ist, unvermerkt in Vergessenheit. Oder kommt es ja durch irgend einen Zufall wieder zur Sprache, so finden sich, bey näherer Untersuchung der Sachen, so viele Häkchen, so viele Schwierigkeiten, die immer verwickelter und knotiger werden, je mehr man sich mit ihrer Auflösung zu schaffen macht. Und da es inzwischen an neuen und dringendern Geschäften nie fehlen kann; so kommt, natürlicher Weise, jenes verhaßte, womit sich niemand gern beladen läßt, abermahl an den wohl besagten Nagel, und bleibt nun so lange hangen, bis das Volk endlich die Geduld verliert, und die erste beste Gelegenheit ergreift, sich selbst Hülfe zu schaffen.

SINIBALD. Das mag wohl der gewöhnliche Gang der Sachen gewesen seyn, als die Welt noch (wie der berühmte Schwedische Kanzler Oxenstierna sagte) durch ein *minimum sapientiae* regiert wurde. Aber andere Zeiten, andere Maßregeln. Seit dem Jahre 1798 reicht das *Minimum* nicht mehr zu, und das daher entstehende *Deficit* würde durch die Mittel, wodurch der Despotism allmächtig zu seyn wähnt, nur schlecht und unsicher gedeckt werden.

EGBERT. Diese Mittel reichen doch wenigstens eine Zeit lang aus; und das ists, was die Gewalthaber, in den so genannten Republiken so gut und noch mehr als in monarchischen Staaten, zu täuschen pflegt. Es hat so lange gehalten, denkt man, warum sollt' es nicht wenigstens noch halten so lange wir leben? Unsre Nachfolger mögen dereinst sehen, wie sie zu rechte kommen; das ist dann ihre Sache, und mag auch ihre Sorge seyn!

SINIBALD. Der Fehler ist nur, daß diese Art zu rechnen so unsicher ist. Wenn nun unser baufälliges Haus unsern Nachfolger nicht abwartet, sondern über uns zusammen fällt, während wir es selbst noch bewohnen, wie dann? Auch mit dem mäßigsten Antheil von Klugheit wird kein Regent sich mehr auf solche Maximen verlassen. Kurz, nur durch so viel Gerechtigkeit und Weisheit, als Menschen von Menschen zu fordern berechtigt sind, kann ein Staat, was auch seine Verfassung sey, künftig zu bestehen hoffen. Wer diese Überzeugung nicht als den einzigen reinen Gewinn aus den Ereignissen der letzten zehn Jahre gezogen hat, der mag auf seine Gefahr den Versuch noch einmahl machen, und sehen, wie weit er kommt und wie lang' es geht! Die Menschheit ist in der Laufbahn, die ihr die Natur angewiesen hat, binnen etlichen Jahrtausenden merklich vorwärts geschritten. Zehen, zwanzig, dreyßig Millionen Menschen in Einem Staate lassen sich nicht länger als eben so viele moralische Nullen behandeln. Immerhin mag der größere Theil dieser Millionen, in gewissem Sinne, als unmündig anzusehen seyn; aber sie haben den allgemeinen Menschenverstand zum Vormund, und man darf darauf rechnen, daß in Sachen, die das Wohl oder Weh der unendlich größern Mehrheit unmittelbar betreffen, der Ausspruch dieses Vormunds auch die öffentliche Meinung ist. Ich sollte Ihnen vorhin ein Beyspiel aus einem andern Fache nennen, und wußte mich in der Eile auf keines zu besinnen: wissen Sie eines, auch nur ein einziges, wo die öffentliche Meinung ungestraft wäre verachtet worden?

EGBERT. Meine Geschichtskunde ist sehr eingeschränkt — ich weiß keines anzuführen.

SINIBALD. Wie ehrwürdig wird sie also dem Verständigen in jedem Falle seyn, wo es streng erwiesen werden kann, daß die Vernunft selbst für sie entscheidet, oder, was einerley ist, wo die schärfste Untersuchung der Sache, nach genauester Abwägung aller Gründe für und wider, kein anderes Resultat giebt!

EGBERT. Jeder Ausspruch der Vernunft hat die Kraft eines Gesetzes, und bedarf dazu nicht erst öffentliche Meinung zu werden.

SINIBALD. Sagen Sie lieber, sollte die Kraft eines Gesetzes haben, und wird sie auch sicher erhalten, sobald er sich als die Meinung der Majorität ankündigt.

EGBERT. Das wird sich im neunzehnten Jahrhundert ausweisen.

Wie man liest

Wie lesen die Leute denn? Aufmerksam? Mit dem Wunsche, durchs Lesen klüger zu werden? Oder „wie die meisten Leser, die nur zum Zeitvertreib in ein Buch gucken — oder zur Unzeit, wenn der Leser übel geschlafen, übel verdaut, oder unglüklich gespielt, oder sonst Mangel an Lebensgeistern hat", oder oder oder. Wieland teilt im Jahre 1781 eine Anekdote mit, an die er ein paar Bemerkungen knüpft. Leute lesen Rousseaus *Neue Heloise* und empören sich über eine Stelle, die aber nur eine spezielle Ansicht über einen Gegenstand wiedergibt und als solche gekennzeichnet ist — die Antithese findet sich ein paar Seiten später. Aber, einmal in der Welt, hält sich die Fehllesung für die Wahrheit. Was ist zu tun? Darauf zu hoffen, daß die Leute besser lesen lernen. Solcher Seufzer ist der Refrain von so manchem Lied.

Wie man ließt; eine Anekdote.

Es würde wenig helfen, dem Publico eine Confidenz von meinen eignen Erfahrungen, wie man gelesen wird, zu machen; viele davon würden hinlänglich seyn, den entschlossensten und harthäutigsten Autor auf ewig abzuschrecken – „Und haben euch gleichwohl nicht abgeschrekt" grinßt mir ein *Satiro maligno* zu. – Ich bekenne gerne, daß ich ihm lieber nichts antworten als die Schuld auf das Schiksal schieben will. Aber dieser Tage las ich in einem französischen Buche eine Anekdote diesen Artikel betreffend, womit ich – wie sich alles Gute gerne mittheilt – meine Leser, zu eignem beliebigen Nachdenken, regaliren will. Facta sind immer lehrreicher als Declamationen. Der Autor – sein Name thut nichts zur Sache, aber er ist, in meinem Sinne, noch einer von den besten, die sich izt zu Paris von der Bücherfabrik nähren – spricht von den manchfaltigen Ungemach, dem die Schriftsteller ausgesezt sind, bis der Tod ihrem Leiden ein Ende macht, und die Zeit ihre Werke entweder in den Abgrund der Vergessenheit gestürzt, oder, zu spät für den armen Autor! mit Preis und Unsterblichkeit krönt. Das Unglük, obenhin, unverständig, ohne Geschmak, ohne Gefühl, mit Vorurtheilen, oder gar mit Schalksaugen und bösem Willen gelesen zu werden – oder, wie die meisten Leser, die nur zum Zeitvertreib in ein Buch gucken – oder zur Unzeit, wenn der Leser übel geschlafen, übel verdaut, oder unglüklich gespielt, oder sonst Mangel an Lebensgeistern hat – oder gelesen zu werden, wenn gerade dieses Buch, diese Art von Lectüre unter allen möglichen sich am wenigsten für ihn schikt, und seine Sinnesart, Stimmung, Laune, mit des Autors seiner den vollkommensten Contrast macht – das Unglük, so gelesen zu werden, ist, nach der Meynung des besagten Autors, keines von den geringsten, welchen ein Schriftsteller (zumal in Zeiten, wie die unsrige, wo Lesen und Bücherschreiben einen Haupartikel des National-Luxus ausmacht) sich und die armen ausgesezten Kinder seines Geistes täglich und unvermeidlich bloßgestellt sehen muß. Unter hundert Lesern kann man sicher rechnen von achtzig so gelesen zu werden; und man hat noch von Glük zu sagen, wenn unter den Zwanzig übrigen etwan Einer ganz in der Verfassung ist, welche schlechterdings dazu gehört, um dem Werke das man ließt (und wenn's auch nur ein Madrigal wäre) sein völliges Recht anzuthun. Was Wunder also, wenn den besten Werken in ihrer Art, und in einer sehr guten Art, oft so übel mitgespielt wird? Was Wunder, wenn die Leute in einem Buche finden was gar nicht drinn ist; oder Ärgernis an Dingen nehmen, die, gleich einem gesunden Getränke in einem verdorbnen Gefäße, bloß dadurch ärgerlich werden, weil sie in dem schiefen Kopf oder der verdorbnen Einbildung des Lesers dazu gemacht werden? Was Wunder, wenn der Geist eines Werkes den Meisten so lange, und fast immer unsichtbar bleibt? Was Wunder, wenn dem Verfasser oft Absichten, Grundsätze und Gesinnungen angedichtet werden, die er nicht hat, die er, vermöge seines Charakters, seiner ganzen Art zu existiren, gar nicht einmal haben kann? Die Art, wie die Meisten lesen, ist der Schlüssel zu allen diesen Ereignissen, die in der litterarischen Welt so gewöhnlich sind. Wer darauf acht zu geben Lust oder innern Beruf hat, erlebt die erstaunlichsten Dinge in dieser Art. Die ungerechtesten Urtheile, die widersinnigsten Präventionen, die oft für eine lange Zeit zur gemeinen Sage werden, und zuletzt, ohne weitere Untersuchung, für eine abgeurthelte Sache passiren, wiewohl kein Mensch jemals daran gedacht hatte, die Sache gründlich und unpartheiisch zu untersuchen – haben oft keine andre Quelle als diese. Der Autor und sein Buch werden, mit Urtheil und Recht, aber nach eben so feinen Grundsätzen, nach einer eben so tumultuarischen und albernen Art von Inquisition, kurz mit eben der Iniquität oder *Sancta Simplicitas* verdammt, wie ehmals in ganz Europa, und noch heutigs Tages in einigen hellen Gegenden unsers lieben teutschen Vaterlandes – die Hexen verbrannt werden. Hier ist das Exempelchen, womit wir diese kleine vorläufige und vergebliche Betrachtung krönen wollen.

Rousseaus Neue Heloise war vor kurzem ans Licht getreten. In einer großen Gesellschaft behauptete Jemand, *Jean-Jaques* hätte in diesem Buche den Selbstmord gepredigt. Man hohlte das Buch herbey; man laß den Brief vom St. Preux wo die Rede davon ist. Alle Anwesenden schrien überlaut, man sollte ein solches Buch durch den Henker verbrennen lassen; und den Autor – es fehlte wenig, daß sie nicht auch den mit ins Feuer geworfen hätten. Indessen, da J. J. Rousseau gleichwohl für einen großen Mann passirt, so fanden sich einige, denen es billig dünken wollte, ehe man zur Execution schritte, die Sache näher zu untersuchen. Sie lasen den vorgehenden Brief, und dann den folgenden: und da fand sich, daß gerade dieser Brief ganz entscheidende Gründe gegen den Selbstmord gab, und daß J. J. Rousseau über diesen Punct ganz gesunde Begriffe hatte. Aber die Sage des Gegentheils hatte nun einmal überhand genommen; die Ganskӧpfe hielten fest, und fuhren fort mit ihrer eignen Dummdreistigkeit zu versichern, *Jean-Jaques* predige auf der und der Seite seines Buchs den Selbstmord, wiewohl er auf der und der Seite just das Gegentheil that.

„Was ist nun mit solchen Leuten anzufangen?" Nichts.

„Was soll ein Schriftsteller, der das Unglük hat in einem solchen Fall zu kommen, zu Rettung seiner Unschuld und Ehre sagen?" Nichts.

„Was hätte ihn davor bewahren können?" Nichts.

„Sollte denn kein Mittel seyn?" — O ja, ich besinne mich — er hätte selbst ein Ganskopf seyn — oder auch gar nichts schreiben — oder, was das sicherste gewesen wäre, beym ersten Hineingucken in die Welt den Kopf gleich wieder zurükziehen und hingehen sollen woher er gekommen war —

„Das sind *Extrema* —" So denk ich auch.

Ja, freylich ist der Menschen kurzes Leben
Mit Noth beschwehrt, wie Avicenna spricht.

Mit den Autoren ist kein Mitleiden zu haben — und den Lesern ist nicht zu helfen. Aber gleichwohl wäre zu wünschen, daß die Leute besser lesen lernten.

Was es heißt, ein Weltbürger zu sein

Der Aufsatz erschien im Jahre 1788 in zwei Teilen, der Titel *Das Geheimniß des Kosmopolitenordens* führt natürlich in die Irre: Erstens handelt es sich nicht um einen „Orden“, und zweitens gibt es da keine „Geheimnisse“. Das 18. Jahrhundert war eine Zeit, in der viel von Gesellschaften wie den Freimaurern geredet wurde, deren Programmatik die bürgerlich-moralische Verbesserung der Gesellschaft war und die ein Geheimnis aus sich machten und so immer wieder in den Verdacht gerieten, Umstürzlerisches zu planen oder heimlich irgendwelche fatalen Dinge zu tun. Wieland schätzte solche Geheimgesellschaften nicht, und als er im Alter doch Mitglied der Freimaurerloge in Weimar wurde (in der auch Goethe und der Herzog Carl August Mitglieder waren), ließ er sich von allen Einführungsritualen entbinden. Er nahm die Loge für einen Club, in dem man interessante Gespräche führen konnte.

Der Ausdruck ‚Kosmopoliten‘ geht wohl auf den griechischen Philosophen Diogenes von Sinope zurück, der sagte, er betrachte sich nicht als Bürger dieser oder jener Stadt, sondern einfach als Bürger der Welt. In Wielands Roman *Die Geschichte der Abderiten* wird die Hauptperson der ersten beiden Bücher, Demokrit von Abdera, Mitglied des Ordens der Kosmopoliten genannt, was heißt, daß er die Welt bereist hat und diese Kenntnis der Vielfalt menschlicher Verhältnisse ihm erlaubt, ohne nationale und regionale Borniertheiten auf die menschlichen Verhältnisse zu sehen. Die Kosmopoliten erkennen einander an gewissen geheimen Zeichen, heißt es dort. Ähnliches sagt man ja Freimaurern oder anderen nach (ein spezieller Händedruck etwa). Im Falle der Kosmopoliten handele es sich um den amüsierten Gesichtsausdruck, den sie sich nicht verkneifen können, wenn sie sich mit einer besonderen Beschränktheit konfrontiert sehen. Da man aber (sagt Wieland) nach einem Geheimnis suche, wo keines sei, so solle es nunmehr offenbart werden. Die Kosmopoliten seien keine Gesellschaft oder Verein, in die oder den man aufgenommen wird, sondern eine Gemeinschaft, zu der man gehöre, wenn man in einer bestimmten Weise über die Welt denke. Und das Geheimnis sei, daß es keines gebe: „Die ganze Welt darf wissen, wie sie denken“. Der wichtigste Grundsatz dieses Denkens sei die Unterscheidung dessen, was Menschen nicht beeinflussen können, von dem, was sie beeinflussen können. Das erstere sei hinzunehmen, des letzteren müsse man sich verantwortungsbewußt annehmen, „die Summe der Übel, welche die Menschheit drücken, so viel ihnen ohne selbst Unheil anzurichten möglich ist, zu vermindern, und die Summe des Guten in der Welt, nach ihrem besten Vermögen, zu vermehren."

Soviel zum Status des Mensch-Seins, wenn man so möchte. Was wäre zum Status des Bürger-Seins zu sagen? „Was man bey den alten Griechen [...] Vaterlandsliebe nannte, ist eine mit den kosmopolitischen Grundbegriffen unverträgliche Leidenschaft." Der Kosmopolit unterwirft sich den Gesetzen eines Staates, „deren Weisheit, Gerechtigkeit und Gemeinnützlichkeit offenbar ist", weil er Weltbürger ist, den übrigen, weil er muß. Aktiv für einen Staat wirkt er nur dann, wo es sich mit seinen Prinzipien vereinbaren läßt. Politische Karrieren sind für ihn äußerst unwahrscheinlich.

Ein Revolutionär ist Wielands Weltbürger nie, und zwar aus grundsätzlichem Mißtrauen gegen alle „plötzlichen Störungen des Gleichgewichts der Kräfte" und „gewaltsame Mittel" der Veränderung. Veränderungen brauchen Zeit, wer auf kurzfristigen politischen Erfolg setzt, richtet mehr an als aus. In der Regel stehen Kosmopoliten nicht auf Seiten irgendeiner Partei, denn kaum je hat nur eine Partei im politischen Streit recht. Es sei denn, daß entweder „moralisch gewiß ist, daß ihr öffentlicher Beytritt der guten Sache wirklich den Ausschlag geben würde", oder „wenn eine offenbar unrecht leidende Parthey in Gefahr wäre, ohne ihren Beystand gänzlich unterdrückt zu werden; oder wenn eine Parthey die andere mit einer die Menschlichkeit empörenden Grausamkeit behandelte".

Die Arbeit an politischen Verbesserungen hat eine Voraussetzung, Wieland kommt darauf immer wieder zurück, und das ist Pressefreiheit, also die Freiheit der Druckerpresse, als Garant für die „möglichste Ausbreitung aller Grundwahrheiten, die möglichste Publicität aller Thatsachen, Beobachtungen, Entdeckungen, Untersuchungen, Vorschläge zu Verbesserungen, oder Warnungen vor Schaden": Sie ist das „wahre Palladium der Menschheit" (‚Palladium' steht für das Kostbarste schlechthin), „von dessen Erhaltung alle Hoffnung einer bessern Zukunft abhängt, dessen Verlust hingegen eine lange und schreckliche Folge unabsehbarer Übel nach sich ziehen würde". Die Schranken der Publikationsfreiheit seien die des allgemeinen Persönlichkeits- oder Strafrechts und dürften nie weltanschaulicher Art sein.

Das Geheimniß des Kosmopolitenordens.

Einleitung.

Es werden ungefehr vierzehn Jahre seyn, daß der Verfasser der Abderitengeschichte in gegenwärtiger Zeitschrift die erste Nachricht von einer unsichtbaren Gesellschaft gab, welche bereits einige Jahrtausende unter dem Nahmen der Kosmopoliten existiren, und, seinem Vorgeben nach, große Vorzüge vor allen andern geheimen Gesellschaften und einen wichtigern und dauerhaftern Einfluß in die Dinge dieser Welt haben sollte, als irgend eine der letztern sich mit Grunde zuschreiben könne*).

Das Wenige, was dem Geschichtschreiber der Abderiten bloß zufälliger Weise und im Vorbeygehen von diesem bisher unbekannten geheimen Orden entfallen war, erregte eine allgemeine Aufmerksamkeit, deren Ursache wir hier nicht untersuchen wollen. Genug, je räthselhafter und unbegreiflicher die Sache den meisten Lesern vorkam, je begieriger wurden sie, mehr von diesem Geheimnisse zu erfahren; und diese Neugier mußte natürlicher Weise nicht wenig zunehmen, da bald hernach ein berühmter Mann desselben Jahrzehends – in den dringenden Ermahnungen, die er schnell hinter einander an alle Stände und Classen ergehen ließ, um zu Ausführung eines der ganzen Welt unendlich wichtigen Instituts die geringe Summe von dreißig tausend Thalern zusammen zu schießen, – sich auch namentlich und mit ganz besonderm Nachdruck und Vertrauen an die Kosmopoliten wandte, und dadurch das Daseyn dieser geheimen Gesellschaft, welches vorher noch von einigen ungläubigen bezweifelt worden war, ausser allen Widerspruch zu setzen schien.

In kurzem erfolgte nun, was die Kosmopoliten vorausgesehen hatten. Da ihre Unsichtbarkeit nothwendig aus der Natur der Sache folgt: da überdies keiner von ihnen ein Mitglied irgend einer andern geheimen Gesellschaft seyn kann, weil er von dem Augenblick an, da er sich zu einem solchen Schritt

---

*) S. Teutsch. Merk. 1774. May. S. 149 oder auch Geschichte der Abderiten 1. Theil 2. Buch S. 246 – 50. Leipzig bey Weidmanns Erben und Reich 1782.

entschlöße, aufhörte ein Kosmopolit zu seyn: und also, alles Forschens und leisen Anklopfens ungeachtet, die wirklichen Glieder dieses Ordens allen, die nicht ihres gleichen waren, verborgen blieben: so glaubten gewisse Leute, die um diese Zeit mit sehr weit aussehenden Entwürfen schwanger giengen, ein großes zu Beschleunigung derselben zu thun, und sich bey manchen einen desto leichtern Eingang zu verschaffen, wenn sie sich eines Nahmens, an welchen mehrere Jahre lang niemand Anspruch zu machen schien, als einer gleichsam verlassenen Sache bemächtigten, und sich, so oft es ihren Absichten zuträglich war, mit dem Kosmopoliten- oder Weltbürger-Titel decorierten, um die Meynung von sich zu erwecken, als ob sie wirklich und ausschließlich im Besitze des Geheimnisses wären, wovon der Verfasser der Abderitengeschichte in einem so räthselhaften Tone gesprochen hatte.

Ob sie hierin bloß als feine weltkluge Speculanten zu Werke gegangen, oder ob sie vielleicht in allem diesem ehrlich zu seyn geglaubt, und selbst von der grösten aller Zauberinnen getäuscht, sich wirklich eingebildet haben mögen, das zu seyn, was sie nicht waren, lassen wir billig dahin gestellt. Das letztere könnte um so eher zu glauben seyn, da sie, indem sie sich den Begriff eines Weltbürgers zu entwickeln suchten, sehr leicht auf die vermeynte Entdeckung fallen konnten, daß die Erleuchtung der Welt, wo nicht das einzige, doch wenigstens das vornehmste Mittel sey, wodurch die Kosmopoliten den ihnen zugeschriebenen großen Einfluß in die Dinge dieser Welt bewirkten.

Da der Erfolg, ungeachtet der glänzenden Aussichten, die den Menächmen der Kosmopoliten nichts geringers als das *Imperium orbis* zu verheissen schienen, ihren sanguinischen Hoffnungen nicht besser entsprach, als es jene (ohne ihre Feinde zu seyn, oder nur einen Finger gegen sie zu rühren) vorausgesehen hatten: so wäre es ohne allen Nutzen, uns deutlicher über diesen Hergang zu erklären. Aber dies glauben wir doch hinzusetzen zu müssen: daß man sich mächtig betrogen finden würde, wenn man sich schmeicheln wollte, mit irgend einem andern Losungsworte – z. B. mit Aufklärung (das ohnehin der verunglückten Erleuchtung zu synonym ist, um sich ein viel besseres Schicksal zu versprechen) jemals glücklicher zu seyn. Denn die wahren Kosmopoliten können und werden es nicht länger zugeben, daß geheime Gesellschaften, die in ihrer ganzen innern Verfassung, und in der Art und Weise, wie sie sich um das menschliche Geschlecht verdient machen wollen, so ganz das Gegentheil von ihnen sind, sich entweder ihres Nahmens anmaßen, oder, unter welchem andern es seyn möge, die Meynung von sich erwecken, als ob die Kosmopoliten mit ihnen einerley Zweck und Mittel hätten, und jemals, es sey durch den Beytritt einzelner Personen aus ihrem Mittel oder durch eine allgemeine Vereinigung, gemeine Sache mit ihnen zu machen fähig wären.

Das kürzeste und meines Erachtens auch das edelste Mittel, diesen Zweck zu erreichen, und den Gaukelspielen aller gegenwärtigen und künftigen Pseudo-Kosmopoliten ein Ende zu machen – es wäre denn, daß die Welt schlechterdings mit sehenden Augen betrogen seyn wollte – ist unstreitig der Entschluß, den ich mit vorausgesetzter unausbleiblicher Genehmigung und im Nahmen des ganzen Ordens gefaßt habe, das, was bisher das Geheimniß desselben war, ohne alle Zurückhaltung so aufrichtig und deutlich bekannt zu machen, daß es auch dem einfältigsten Menschenverstande in Zukunft unmöglich seyn soll, ächte und unächte Kosmopoliten jemals mit einander zu verwechseln. Die Zeit ist endlich gekommen, wo nichts Gutes das Licht zu scheuen Ursache hat: wenigstens ist sie für unser Teutschland gekommen. Es giebt, Dank sey dem Himmel! keine Neronen und Domitiane unter uns, vor denen gute Menschen sich verbergen müßten. Wenn auch in vielen Gegenden die Rechte der Vernunft durch alte Vorurtheile noch angefochten werden: so ist doch keine Wahrheit, die nicht irgendwo in unserm gemeinschaftlichen Vaterlande sich mit aufgedecktem Angesichte zeigen dürfte. Der freye Geist der Untersuchung hat in dem glücklichsten Zeitalter der Griechen (von welchen alle Aufklärung ausgegangen ist) mitten in Athen, nie unbeschränkter wirken dürfen als in unsern Tagen; und selbst jeder Mißbrauch der Vernunft in speculativen Dingen hat (wie billig) keine andere Ahndung als die Zuchtruthe der Kritik zu scheuen. Und ist nicht die ausserordentliche Duldung, welche man geheimen Verbindungen, die in keinem wohl polizierten Staate geduldet zu werden hoffen durften, widerfahren ließ, ist nicht diese Duldung selbst der auffallendste Beweis, wie ganz unnöthig es ist, irgend einen löblichen Zweck durch verborgene Wege und geheimnißvolle Mittel erzielen zu wollen?

Die Kosmopoliten können durch die Bekanntmachung ihres Geheimnisses in den Augen aller verständigen und guten Menschen nur gewinnen. – Es ist nicht das geringste weder in ihrer Verfassung, noch in ihrem Zwecke, noch in ihren Mitteln, das sich hinter allegorische Schleyer, und in hieroglyphische

Dunkelheit verbergen müßte. Sie dürfen der Welt zeigen wer sie sind, und was sie im Schilde führen. — Ihr geheimen Orden alle, wollt ihr uns von der Rechtmäßigkeit eurer Verfassungen, von der Lauterkeit eurer Absichten, von der Unschuld eurer Mittel überzeugen, — so gehet hin und thut desgleichen!

Das Geheimniß der Kosmopoliten.

Erstes Kapitel.

Von der innern Verfassung der Kosmopoliten und worin sie von allen andern Orden und geheimen Gesellschaften verschieden sind.

1.

Vor allen Dingen müßen wir uns, um auch dem Schatten eines Mißverstandes auszuweichen, erklären, in welchem Sinne die Kosmopoliten eine Art von geheimer Gesellschaft ausmachen.

Sie haben nehmlich mit allen andern menschlichen Gesellschaften gemein, daß sie unter einerley Gesetzen Einen Zweck durch ähnliche und zusammenstimmende Mittel bearbeiten. Sie unterscheiden sich hingegen von allen andern theils durch die Größe und Vollkommenheit ihres Zwecks, theils durch die Lauterkeit ihrer Grundsätze und Gesinnungen, theils durch die immer zweckmäßige Güte und reine Zusammenstimmung ihrer Arbeiten und Bestrebungen.

Eine geheime Gesellschaft aber können sie genennt werden, in so fern dasjenige, was sie zu Kosmopoliten macht, den Augen des großen Hauffens von jeher verborgen geblieben, und seiner Natur nach so beschaffen ist, daß, selbst nach gegenwärtiger gänzlicher Aufdeckung ihres Geheimnisses, mancher, ohne unsere Schuld, nicht viel mehr davon begreiffen wird als vorher.

Man sieht bereits aus diesem einzigen Merkmale, wie wesentlich sie von allen andern sowohl öffentlichen als geheimen Gesellschaften, Hetärien, Orden und Verbrüderungen verschieden sind.

Andere geheime Orden sind nur darum geheim, weil sie es seyn wollen: es hängt bloß von ihnen ab, so hört ihr vorgebliches Geheimniß auf, ein Geheimniß zu seyn, und die ganze Welt weiß so viel oder so wenig davon als sie selbst; kurz, um einer von ihnen zu seyn, braucht man nur von ihnen aufgenommen und in ihren Mysterien unterrichtet zu werden.

Mit den Kosmopoliten verhält es sich gerade umgekehrt. Man wird kein Kosmopolit durch Aufnahme und Unterricht: sondern man befindet sich in ihrer Gesellschaft, weil man ein Kosmopolit ist. Man wird dazu gebohren, und der hinzukommende Unterricht trägt nicht mehr dazu bey, als Nahrung und Bewegung zum Wachsthum und zur Ausbildung eines thierischen Körpers beyträgt, ohne ihn darum zu etwas anders machen zu können, als wozu ihm die Natur selbst die substanzielle Form und innere Anlage gegeben hat.

2.

Die Kosmopoliten sind nicht nur durch keinen Eid zu Beobachtung eines unverbrüchlichen Geheimnisses gegen alle die nicht zu ihrem Orden gehören, verbunden: sondern sie behaupten sogar, daß keine Privat-Gesellschaft, ohne ausdrückliche Erlaubniß des Staats in welchem sie lebt, berechtigt seyn könne, ihren Gliedern einen solchen Eid aufzulegen; und sie erklären dergleichen geheime eidliche Verbindungen *ipso facto* für unzuläßig, wie unschuldig auch ihre ursprüngliche Absicht und Verfassung seyn möchte. Es ist augenscheinlich, sagen sie, daß eine eigenmächtige und von der höchsten Gewalt nicht mit völliger Kenntniß der Sache autorisirte eidliche Verbindung eine Art von Zusammenverschwörung ist, und einen Staat im Staat hervorbringt, der dem letztern auf vielerley Art gefährlich und nachtheilig werden kann; zumal wenn es bloß in der Willkühr der Zusammenverschwornen steht, die Anzahl ihrer Glieder auf so viele Tausende und Hunderttausende zu erstrecken, als ihnen beliebt. Nichts als die völligste Gewißheit, daß das gemeine Wesen durch kein anderes Mittel von seinem gänzlichen Verderben gerettet werden könnte, kann jemals eine solche geheime Conföderation rechtfertigen. Denn ordentlicher Weise ist in keinem Staate jemanden verwehrt, so viel Gutes zu thun, als er kann und will, in so fern er nur in den Grenzen bleibt, die ihm die Verfassung und die öffentliche Ordnung und Ruhe vorschreiben. Und gesetzt auch, diese Einschränkung wäre in einigen Staaten oder zu gewissen Zeiten so enge, daß mancher wohlgesinnte Mann nicht alles thun könnte, wozu er einen Beruf in sich fühlt: so soll und muß er sich in dem Gedanken beruhigen, daß er als Mensch zu nichts verbunden ist, was er nicht ohne Verletzung seiner bürgerlichen Pflichten unternehmen könnte. Die Versicherung, die eine solche zusammenverschworne geheime Gesellschaft von sich giebt, daß weder ihre Verfassung noch ihre Arbeiten dem Staate, der Religion noch den Sitten nachtheilig sey, gesetzt auch sie sey vollkommen aufrichtig, kann ihre Conföderation nicht unschuldiger noch rechtmäßiger machen: denn wer ist uns Bürge dafür, daß sie nicht dereinst werden, was sie jetzt nicht sind? Überdies sind die Begriffe und Urtheile einzelner Menschen von so zusammengesetzten und äusserst verwickelten Gegenständen viel zu verschieden und unzuverlässig, als daß man es in einer Sache, wobey die Ruhe des Staats betroffen ist, darauf ankommen lassen könne, ob diejenigen, die eine solche Gesellschaft leiten, immer richtig oder unrichtig urtheilen, und nicht vielleicht Religion und Staat durch eben die Mittel, wodurch sie ihnen nützlich zu seyn wähnen, gegen ihre Meynung untergraben könnten. Am allerwenigsten aber (sagen die Kosmopoliten) können sich solche zum Geheimniß verschworne Gesellschaften mit dem Beyspiel der alten Egyptischen, Eleusinischen und anderer Mysterien dieser Art rechtfertigen, mit denen sie sich eine Ähnlichkeit zu geben suchen, die keinem Sachkundigen den großen und wesentlichen Unterschied verbergen kann: denn jene Mysterien waren von den Gesetzgebern selbst angeordnet, machten einen Theil der politisch-religiösen Verfassung aus, und standen unmittelbar unter der Oberaufsicht des Staats. Sobald die geheimen Orden sich gleicher Vorzüge werden rühmen können, wird ihnen niemand ihre Rechtmäßigkeit streitig machen.

Das erste also, worin sich die Kosmopoliten von allen geheimen Orden und Hetärien unterscheiden, ist, daß sie weder ein Geheimniß zu verbergen haben, noch aus ihren Grundsätzen und Gesinnungen eines machen. Die ganze Welt darf wissen, wie sie denken, was sie unternehmen, und welche Wege sie gehen. Sie lächeln über die Affectation, symbolische Bilder und Hieroglyphen aus der Kindheit der Welt herüber zu holen, und Wahrheiten, die jedermann in der Schule schon gelernt hat, darein zu verkleiden. Was für Weisheit, sagen sie, kann man sich von Männern versprechen, die, mit der feyerlichsten Mine von der Welt, Puppen an und auskleiden, blinde Kuh spielen und Nadeln verstecken? oder was für männliche Geschäfte können das seyn, die man, durch einen Schein von Rückfall in die erste Kindheit, der Aufmerksamkeit der Verständigen entziehen will?

3.

Die Kosmopoliten führen ihren Nahmen (Weltbürger) in der eigentlichsten und eminentesten Bedeutung. Sie betrachten alle Völker des Erdbodens als eben so viele Zweige einer einzigen Familie, und das Universum als einen Staat, worin sie mit unzähligen andern vernünftigen Wesen Bürger sind, um unter allgemeinen Naturgesetzen die Vollkommenheit des Ganzen zu befördern, indem jedes nach seiner besondern Art und Weise für seinen eigenen Wohlstand geschäftig ist.

Gleich weit von den beyden Extremen entfernt, dem Menschen entweder die erste Rolle im ganzen Weltall zu geben, oder sein Daseyn für ein unbedeutendes Spiel des Zufalls, einen Traum ohne Zweck, Sinn und Zusammenhang anzusehen – ohne sich der unmöglichen Bestimmung des eigentlichen Rangs, den er in der unendlichen Stadt Gottes einnimmt, anzumaßen – ohne (was eben so unmöglich ist) erforschen zu wollen, was er war, ehe er in seinen dermaligen Wirkungskreis gesetzt wurde, oder was er seyn wird, wenn er aufhört zu seyn, was er ist – überzeugt sie der Vorzug der Vernunft (die den Menschen über alle seine Mitbewohner dieses Sonnenstaubs im Universum, der für uns eine Welt ist, so hoch erhebt) daß der Mensch, seiner scheinbaren Kleinheit ungeachtet, nicht bloß als organisirter und belebter Stoff, ein blindes Werkzeug fremder Kräfte, sondern als denkendes und wollendes Wesen, selbst eine wirkende Kraft ist, und auf diese zweyfache Art in den allgemeinen Plan des Ganzen verflochten eine viel größere Rolle spielt, als er selbst zu übersehen fähig ist.

Aus dieser Überzeugung entspringt für sie ein doppelter Grundsatz, der sie durch ihr ganzes Leben leitet:

Der erste ist: alle Bestimmungen und Folgen ihres Daseyns, die nicht von ihrem Willen abhangen, alles anscheinende Böse, das sie entweder nicht voraussehen, oder, wenn sie es auch sahen, als natürliche Folge nothwendiger Collisionen oder Dissonanzen nicht vermeiden konnten[*], kurz, alles was sie als bloße Werkzeuge der Natur unfreywillig wirken oder leiden müssen, für etwas anzusehen, wofür sie sich selbst oder andern eben so wenig verantwortlich sind, als für die Wirkungen der Gesetze des Stoßes, der Schwere, oder irgend ein anderes Gesetz der Natur, dessen Wirkung nothwendig und unaufhaltbar ist.

Der andere ist: alle ihre Aufmerksamkeit, so viel möglich, auf das zu richten, was von ihrem eigenen Verstand und Willen abhängt, was sie gut oder übel, besser oder schlechter machen können: in allen Dingen dieser Art, selbst in Kleinigkeiten, sich die möglichste Vollkommenheit zum Ziel zu setzen, und hierin mit einer desto größern Strenge gegen sich selbst zu verfahren, je mehr Nachsicht einer von andern sich versprechen könnte.

Die Natur (sagen sie) hat einem jeden Menschen die besondere Anlage zu dem, was er seyn soll, gegeben, und der Zusammenhang der Dinge setzt ihn in Umstände, die der Entwicklung derselben mehr oder weniger günstig sind: aber ihre Ausbildung und Vollendung hat sie ihm selbst anvertraut. Ihm kommt es zu, was die Natur mangelhaft gelassen, oder gar gefehlt hat, zu verbessern, und seine Anlagen zu Kunstfertigkeiten zu erheben: es ist sein eigenes Interesse, und er kann kein angelegeneres Geschäfte haben, als das Bestreben, der Vollkommenheit in seiner Art, die in gewissen Sinne keine Grenzen hat, so nahe zu kommen als möglich. Da der Plan seines Lebens nicht von ihm allein abhängt, da er zu jedem Gebrauche, den das Schicksal von ihm machen will, bereit seyn soll: so ist seine erste und höchste Pflicht, sich die möglichste Tauglichkeit dazu zu erwerben.

Ein hoher Grad dieser Tauglichkeit, in so fern er von Übung, Fleiß, Anstrengung und Beharrung und also von unserm eigenen Willen abhängt, ist, was die Kosmopoliten Tugend nennen, und das Ideal derselben der Maßstab, wornach sie den Werth einzelner Personen bestimmen.

Aus dem bisher gesagten ergiebt sich der Unterschied zwischen Weltbewohnern und Weltbürgern. Die erstere Benennung kommt nicht nur allen Menschen, sondern selbst der ganzen Leiter der unter ihm herabsteigenden

[*] d. i. alles particulare Böse, dessen wahres und vollständiges Verhältnis zum Ganzen wir nicht abmessen und uns also nicht anschaulich überzeugen können, in wie fern es im Ganzen gut ist.

Thiere zu: aber ein Bürger der Welt in der engern und edlern Bedeutung dieses Wortes kann nur derjenige heissen, den seine herrschenden Grundsätze und Gesinnungen, durch ihre reine Zusammenstimmung mit der Natur, tauglich machen, in seinem angewiesenen Kreise zum Besten der großen Stadt Gottes mit zu wirken. Nur der gute Bürger verdient diesen Nahmen vorzugsweise.

4.

Die Kosmopoliten haben und erkennen als solche keine andern Obern als die Nothwendigkeit und das Naturgesetz, oder — was im Grunde eben dasselbe sagt — als das unerforschliche ewige Urwesen, welches der Anfang und das Ende aller Dinge ist.

Es würde ein sehr unbedeutendes Wortspiel seyn, wenn man darum auch von Ihnen sagen wollte, daß sie unbekannte Obern hätten. Wie verborgen und unzugangbar uns auch der höchste Regierer des Weltalls ist, so wissen wir doch genug von seiner Regierung, um unbeschränktes Vertrauen zu ihr zu fassen, und genug von seinen Gesetzen, d. i. von dem, was in der intellectüellen und moralischen Welt, Ordnung, Übereinstimmung und fortschreitende Vollkommenheit hervorbringt, um unsern Willen, und unsre Wirksamkeit, in so fern sie von unserm Willen abhängt, derselben gleichförmig zu machen.

Ausser dieser Subordination herrscht unter allen Kosmopoliten eine so vollkommene Gleichheit, als mit ihrer individuellen Verschiedenheit nur immer bestehen kann. Ihre Vollmacht und Instruction erhalten sie aus den Händen der Natur; es giebt keine andern Grade unter ihnen, als die Stufen ihrer Tauglichkeit und innern moralischen Güte; und da sie keinen besondern geheimen Plan haben, in keiner geheimen Verbindung zu Bearbeitung weit aussehender Absichten stehen, keinen erloschnen Orden von den Todten zu erwecken, keine Kirchenvereinigungen zu Stande zu bringen suchen, und nichts weniger im Schilde führen, als die Welt nach ihrem Sinne reformieren, und vermittelst einer künstlich ausgedachten Maschinerie, die eine unaufhörliche Aufsicht und Nachhülfe erfodert, nach Jesuitischer Art und Kunst, regieren zu wollen; kurz, da sie keinen Staat im Staate vorstellen, und von keinem gemeinschaftlichen Ordens-Interesse wissen, welches mit dem Interesse der bürgerlichen oder kirchlichen Gesellschaft in Collision kommen könnte, oder wohl gar in einer beständigen absichtlichen Opposition mit demselben stände: so ist klar, daß sie keiner besondern Constitution, keiner hochwürdigen Obern, keiner geheimen Kanzley, keines Sekelmeisters, und keiner gemeinschaftlichen Casse nöthig haben.

Diesem allen ungeachtet ist im buchstäblichen Verstande wahr, was an einem andern Orte schon vor vierzehn Jahren von ihnen gesagt wurde, nehmlich, daß sie, aller Entfernung von Raum und Zeit zu Trotz, in der engesten Verbindung mit einander stehen, ohne Schiboleth oder abgeredete Zeichen einander bey der ersten Zusammenkunft erkennen, und sogleich die besten und vertrautesten Freunde sind. Das ganze Geheimniß liegt in einer gewissen natürlichen Verwandtschaft und Sympathie, die sich im ganzen Universum zwischen sehr ähnlichen Wesen äussert, und in dem geistigen Bande, womit Wahrheit, Güte und Lauterkeit des Herzens edle Menschen zusammen kettet. Ich kenne kein stärkeres; wenigstens bedürfen die Kosmopoliten kein anderes, um eine Gemeinheit auszumachen, die an Ordnung und Harmonie alle andere menschliche Gesellschaften übertrift.

5.

Aus dem bisher gesagten erhellet schon von selbst, daß die Kosmopoliten über das, was der Zweck ihres Ordens sey, nie in die seltsame Verlegenheit gerathen können, worin man wohl eher andere ansehnliche und weltberühmte Gesellschaften gesehen hat. Nie werden sie allgemeine oder besondre Synoden ausschreiben müssen, um das Geheimniß ihres Geheimnisses ausfindig zu machen, und auf die Fragen: wer sind wir? was wollen wir? wo kommen wir her? und wo zielen wir hin? wenigstens sich selbst eine befriedigende Antwort zu geben. Es giebt in ihrem Mittel keine verschiedenen Meynungen über ihren Zweck, keine Partheyen, die nicht etwa nur in Vorstellungsart verschieden, sondern so gar die Antipoden von einander sind, und wiewohl sie äusserlich Ein Ganzes auszumachen scheinen, innerlich in einem so schlimmen Verhältniß gegen einander stehen, daß der Zweck der einen ist, das Werk der andern zu zerstören. Die Kosmopoliten, so viele ihrer in der Welt verstreut leben, sind alle zusammen in der schärfsten Bedeutung dieser Redensart, Ein Herz und Eine Seele: denn sie haben nur Einen gemeinschaftlichen Zweck, an welchem sie alle, ohne Geräusch, ohne das klappernde Getöse eines schwerfälligen Räderwerks, im Verborgenen, wiewohl von jedermann gesehen, jeder nach dem Maaße seiner Kräfte und Mittel, und nach dem Standpunkte worauf er gesetzt ist, ruhig fortarbeiten. Dieser Zweck ist an sich der simpelste, unschuldigste und wohlthätigste, der sich denken läßt; denn er ist weder mehr noch weniger als was in folgender Formel enthalten ist: die Summe der Übel, welche die Menschheit drücken, so viel ihnen ohne selbst Unheil anzurichten möglich ist, zu vermindern, und die Summe des Guten in der Welt, nach ihrem besten Vermögen, zu vermehren. Sie sind sich bewußt, daß sie in jedem Augenblicke ihres Lebens den reinen und festen Willen haben, sich zu diesem Zwecke zu verwenden, der, ihrer Überzeugung nach, der Zweck ihres Daseyns ist, und mit dem großen und letzten Zweck des ganzen Weltalls im reinsten Einklang steht. Sie können, als Menschen wie andere, im Besondern des besten Mittels oder des rechten Maaßes oder der schicklichsten Zeit verfehlen; wiewohl ihnen dies unendlich seltner als andern begegnet: aber ihr Zweck ist immer der einzig wahre; und da eines ihrer Grundgesetze ist, nichts gutes durch gewaltsame oder hinterlistige, oder zweideutige, geschweige schändliche Mittel bewirken zu wollen: so ist es, wie gesagt, bloß eine Folge der Schranken unsrer Natur, wenn sie in besondern, oft sehr verwickelten Fällen, ihres edeln Zwecks verfehlen. Dieser Fall muß bey ihnen nothwendig um so seltner seyn, da sie im Urtheilen von keinen Vorurtheilen und Wahnbegriffen, im Handeln weder von Nebenabsichten noch Leidenschaften getäuscht und irre geführt werden. Sie haben also den Vorzug vor andern, daß nicht nur ihre Art zu denken immer gesund und ihr Zweck immer lauter ist: sondern daß sie auch, so viel es das Loos der Menschheit zuläßt, ihren Grundsätzen immer gemäß handeln, und daher immer sicher seyn können, das Gute wirklich zu thun, das sie thun wollen.

Wir zweifeln nicht, alle unsere Leser hievon zu überzeugen, wenn wir im folgenden Abschnitt dieser Schrift, die aus dem Zweck und den allgemeinen Grundsätzen der Kosmopoliten entspringende Art zu denken und zu handeln ausführlicher entwickeln, und in ihrer Anwendung auf die wichtigsten Gegenstände und Verhältnisse des Lebens darzustellen suchen werden.

(Die Fortsetzung künftig.)

W.

Das Geheimniß des Kosmopolitenordens.

Zweytes Kapitel.

Von den politischen Grundsätzen der Kosmopoliten und ihrem Verhältniß zu der bürgerlichen Gesellschaft.

1.

Unter welcher Staatsverfassung ein Kosmopolit leben mag, es sey nun, daß er hierin bloß von der Nothwendigkeit, oder durch seine eigne Wahl bestimmt worden sey, so lebt er immer als ein guter und ruhiger Bürger. Die Grundsätze und Gesinnungen, die ihn zum Weltbürger machen, sind die Grundlage seines Wohlwollens gegen die besondere bürgerliche Gesellschaft deren Mitglied er ist; aber sie sind es auch, die den Wirkungen desselben Schranken setzen. Was man bey den alten Griechen und bey den stolzen Bürgern jener Stadt, die zur Herrschaft über die Welt gestiftet zu seyn glaubte, Vaterlandsliebe nannte, ist eine mit den kosmopolitischen Grundbegriffen unverträgliche Leidenschaft. Kein Römer konnte ein Kosmopolit, kein Kosmopolit ein Römer seyn. Der einzige Atticus macht vielleicht eine Ausnahme; aber er war auch in der That, seinem Beynahmen gemäß, mehr Athenienser als Römer; und was konnte er in seinen Verhältnissen, während des Sturms der die Aristokratische Demokratie in Rom umstürtzte, weiseres und besseres thun, als sich bloß auf die Erfüllung seiner weltbürgerlichen Pflichten einzuschränken?

Der Kosmopolit befolgt diejenigen Gesetze des Staats worin er lebt, deren Weisheit, Gerechtigkeit und Gemeinnützlichkeit offenbar ist, als Weltbürger, und unterwirft sich den übrigen aus Nothwendigkeit. Er meynt es wohl mit seinem Volke, aber er meynt es eben so wohl mit allen andern, und ist unfähig, den Wohlstand, den Ruhm, die Größe seines Vaterlandes auf absichtliche Übervortheilung und Unterdrückung anderer

Staaten gründen zu wollen. Die Kosmopoliten lassen sich daher niemals in Verbindungen ein, die mit der genauesten Ausübung dieser Gesinnungen unverträglich wären; sie entziehen sich aller Theilnehmung an einer Staatsverwaltung, wo ihnen die entgegengesetzten Maximen als Grundregeln vorgeschrieben würden. Wenn es daher in irgend einem Staate von nicht ganz unbeträchtlicher Größe etwas noch seltners geben könnte, als einen Minister der ein Kosmopolit wäre, so wäre es, wenn dieser Minister sich zehen Jahre hinter einander an seiner Stelle erhalten hätte.

2.

Ein Kosmopolit ist, vermöge seiner wesentlichsten Ordenspflichten, immer ein ruhiger Bürger, auch wann er mit dem gegenwärtigen Zustande des gemeinen Wesens nicht zufrieden seyn kann. Aber wiewohl dieses letztere (aus einem Mangel an objectiven Beweggründen, woran er keine Schuld hat) zuweilen der Fall seyn muß; wiewohl er, mit dem besten Willen von der Welt, alles, was gut ist, gut zu heißen, die Maßregeln und Handlungen der Vorsteher des Staats nicht immer besingen und beklatschen kann, ihre Schwächen, Untugenden, Schiefheiten, Mißgriffe, Inconsequenzen u. s. w. sehr wohl sieht und sehr ernstlich mißbilligt – kurz, ob er gleich die Gebrechen der Staatsverfassung, Gesetzgebung, Polizey, Ökonomie, und der ganzen Administration im Großen und Kleinen, auch vielleicht die Mittel, diesen Gebrechen abzuhelfen, kennt, und nichts eifriger wünscht als ihnen abgeholfen zu sehen: so kann man doch sicher darauf rechnen, daß er niemals, weder aus eigennützigen noch patriotischen Beweggründen, noch unter irgend einem andern Vorwande, die öffentliche Ruhe stören und irgend eine Verbesserung durch grundgesetzwidrige und gewaltsame Mittel zu bewirken trachten werde. Nie hat ein Kosmopolit an einer Zusammenverschwörung, an einem Aufruhr, an Erregung eines Bürgerkriegs, an einer gewaltsamen Revolution, an einem Königsmord, absichtlichen Antheil gehabt, noch jemals diese oder ähnliche Mittel, die Welt zu verbessern, gebilligt, geschweige empfohlen und öffentlich zu rechtfertigen unternommen. Ein Timoleon, der sein Vaterland durch einen Brudermord in Freyheit setzte, Brutus und Cassius, welche Cäsarn zu einer Zeit ermordeten, wo sein möglichst langes Leben eine Wohlthat für die

Welt gewesen wäre, Milton, der die Enthauptung Carls des Zweyten öffentlich vertheidigte, Algernon Sidney, der gegen einen Tyrannen alles für erlaubt hielt, waren republikanische Enthusiasten, keine Kosmopoliten.

Es fehlt zwar nicht an Beyspielen, wo auch diese letzten gegen unerträgliche Mißbräuche der höchsten Gewalt, gegen politischen und religiösen Despotismus, gegen erweislich ungerechte und unvernünftige Gesetze, gegen eine unterdrückende Staatsverwaltung heilloser Minister und dergleichen, in gewissem Sinne, Parthey gemacht und gearbeitet haben: aber nur so lange es durch rechtmäßige Mittel geschehen konnte. In solchen Fällen ist Widerstand sogar eine ihrer Ordenspflichten; nur sind ihnen dazu keine andere Waffen als die Waffen der Vernunft erlaubt. Diese mögen sie mit so viel Witz, Beredsamkeit, Scharfsinn und Stärke, als sie nur immer in ihrer Gewalt haben, zum Besten der guten Sache brauchen, und in dieser Art von Krieg, vertheidigungs- und angriffsweise so viel Verstand, Klugheit, Standhaftigkeit, Freymüthigkeit und Beharrlichkeit zeigen, als nur immer möglich ist: wenn sie alles gethan haben, so haben sie weiter nichts als ihrer Kosmopolitenpflicht genug gethan. Aber sobald sie sehen, daß die brennenden Köpfe, die sich etwa an die Spitze der Bessergesinnten und der Unterdrückten stellen, solche Wege einschlagen, die durch ihre natürliche Folgen den Staat gewaltsam erschüttern müssen; sobald es darauf angelegt wird, die abgezielten Verbesserungen theurer, als sie vielleicht werth sind, mit dem häuslichen Glücke, dem Wohlstand und dem Leben von Tausenden und Hunderttausenden zu erkaufen: dann ziehen sie sich in Zeiten zurück; arbeiten nun vielmehr das im Staat angezündete Feuer zu löschen als die Flamme noch mehr anzublasen und zu unterhalten; und wenn die Stimme der Vernunft, die in allen Dingen Mäßigung gebietet, nicht mehr gehört würde, stehen sie lieber von allem Wirken ab, ehe sie Gefahr laufen wollten wider ihre Absicht Schaden zu thun, und werden nicht eher wieder thätig, bis die Zeit gekommen ist, nach einem bessern Plan wieder aufzubauen, was unter den wilden Bewegungen des fanatischen Partheygeistes und des wüthenden Kampfes der willkührlichen Macht, die sich zu erhalten, mit der beleidigten Menschheit, die sich frey zu machen und zu rächen sucht, zu Trümmern gehen mußte.

Man hat den Kosmopoliten dieses Betragen von jeher für Menschenfurcht, Kleinmuth, Mangel an Eifer für die gute Sache, und eigennützigen Egoismus ausgedeutet; und in der That können Leute, die keine Kosmopoliten sind, aus

Feigheit und Mangel an edeln Gefühlen sich eben so zu betragen scheinen, wie jene.

Aber es ist (nach einer alten und sehr wahren Bemerkung) nicht immer einerley, wenn Zwey dasselbe thun; und wie (mit Hallern zu reden) ein Narr thöricht sagen kann, was ein kluger Mann weislich sprach: so kann ein Mensch von kleiner Seele auf eine schlechte Art thun, was ein edler Mensch auf seine Weise thut. Der Grund des Betragens der Kosmopoliten in den vorbesagten Fällen ist ein Prinzip, das unter die ersten Grundgesetze ihres Ordens gehört, nehmlich: „daß in der moralischen Ordnung der Dinge (wie in der physischen) alle Bildung, alles Wachsthum, alle Fortschritte zur Vollkommenheit, durch natürliche, sanfte, und von Moment zu Moment unmerkliche Bewegung, Nahrung und Entwickelung veranstaltet und zu Stande gebracht werden muß." Alle plötzliche Störungen des Gleichgewichts der Kräfte; alle gewaltsame Mittel um in kürzerer Zeit durch Sprünge zu bewirken, was nach dem ordentlichen Gange der Natur nur in viel längerer Zeit erwachsen konnte; alle Wirkungen, die so heftig sind, daß man das Maß der Kraft, die zu Hervorbringung der Sache nöthig und hinlänglich ist, nicht dabey berechnen kann, sondern immer Gefahr läuft, weit mehr als nöthig ist zu thun – kurz, alle tumultuarische Wirkungen der Leidenschaften, nach den Richtungen einseitiger Vorstellungsarten und übertriebener Forderungen, wenn sie auch am Ende viel Gutes hervorbringen, zerstören auch zu gleicher Zeit so viel Gutes, und richten, indem sie großen Übeln steuern wollen, selbst so großes Übel an, daß nur ein Gott fähig ist, zu entscheiden, ob das Gute oder Böse, das auf diese Art gewirkt wird, das Übergewicht habe.

Nach den Grundbegriffen der Kosmopoliten ist daher der Gewinn, den die Menschheit durch heftige und gewaltsame Mittel, sich in einen bessern Zustand zu setzen, erhält, mehr scheinbar als wirklich. Ihrer Meynung nach verliert sie dadurch immer auf der einen Seite, was sie auf der andern gewinnt, und würde in längerer Zeit, mit unendlich weniger Aufopferungen, das nehmliche Gute, oder vielmehr ein weit größeres erhalten haben, wenn die Vernunft allein die Kräfte, die dazu angewendet wurden, geleitet hätte; ja selbst diesen mehrern Aufwand von Zeit sehen sie als keinen Verlust an, da, vermöge der Natur der Dinge, eine größere Vollkommenheit und Dauerhaftigkeit des Guten, das in diesem natürlichen Wege gewonnen wird, die unfehlbare Frucht desselben ist.

Übrigens ist die anscheinende Neutralität, welche von den Kosmopoliten in den meisten Fällen, wo der Staat in Partheyen zerfällt, beobachtet wird, nichts weniger als Gleichgültigkeit gegen die gute Sache: sondern gerade ihr erleuchteter und wohlgeordneter Eifer für die gute Sache ist die Ursache, warum sie sich (zwey Fälle allein ausgenommen) für keine Parthey erklären. Gewöhnlich liegt die gute Sache zwischen den Partheyen, deren keine weder ganz recht noch ganz unrecht hat, mehr oder weniger in der Mitte; und die Kosmopoliten, deren Urtheil, von keinen Leidenschaften verfälscht, von keinen Nebenabsichten irre geführt wird, finden bey aller ihrer anscheinenden Ruhe und Unthätigkeit tausend Gelegenheiten und Mittel, viel Böses zu verhindern, und viel Gutes zu thun, die ihnen entgehen würden, wenn sie sich öffentlich und ausschließlich für eine Parthey erklärten.

Ich kenne (vorberührter maßen) nur zwey Fälle, wo die Kosmopoliten sich mit einer Parthey gegen eine andere vereinigen. Der erste ist, wenn es moralisch gewiß ist, daß ihr öffentlicher Beytritt der guten Sache wirklich den Ausschlag geben würde: der andere, wenn eine offenbar unrecht leidende Parthey in Gefahr wäre, ohne ihren Beystand gänzlich unterdrückt zu werden; oder wenn eine Parthey die andere mit einer die Menschlichkeit empörenden Grausamkeit behandelte. So konnte z. B. in den Niederländischen Unruhen unter Philipp II. und seinem teuflischen Werkzeuge, dem Herzog von Alba, kein Kosmopolit anders als Parthey gegen diese Unmenschen zu machen: so würde (als ein Beyspiel des ersten Falles) wenn die künftigen Repräsentanten der französischen Nation auf den guten Gedanken kämen, der willkührlichen Gewalt des Königs und seiner Minister zweckmäßige und der Natur ihres Staates angemessene Schranken zu setzen, kein Kosmopolit einen Augenblick anstehen können, diese Parthey aus allen seinen Kräften zu unterstützen.

3.

Die Kosmopoliten behaupten, es gebe nur Eine Regierungsform, gegen welche nichts einzuwenden sey, und dieß ist, sagen sie, die Regierungsform der Vernunft. Sie bestünde darin: wenn ein vernünftiges Volk von vernünftigen Vorgesezten nach vernünftigen Gesetzen regiert würde. Ich brauche nicht erst zu sagen, daß das Wort vernünftig hier in seiner eigentlichen Bedeutung genommen wird, nicht in der, wo es die bloße Fähigkeit vernünftig zu werden, sondern in der, wo es die wirkliche Thätigkeit der Vernunft und die volle Ausübung der ihr zustehenden Herrschaft über den thierischen Theil der menschlichen Natur bezeichnet. Daß diese Regierungsform (mit Erlaubniß und ohne jemands Beleidigung zu sagen) bis dato noch unter die Dinge gehöre, die zwar jedermann in gewissen Augenblicken wünscht, die aber noch nie existiert haben, wird schwerlich irgend ein vernünftiger Mensch zu läugnen begehren. Aber daß sie nicht nur möglich sey, sondern daß alle bürgerliche Gesellschaft wirklich, vermöge einer innern Nothwendigkeit, nach ihr strebe, und wie langsam auch immer der Fortschritt seyn mag – ihr mit der Länge der Zeit immer näher komme, ist ein Lieblingssatz der Kosmopoliten, dessen Wahrheit auf keinem schwächern Grunde beruht, als auf dem großen, ihrer Meynung nach unumstößlichen moralischen Axiom: daß, vermöge einer unfehlbaren Veranstaltung der Natur, das menschliche Geschlecht sich dem Ideal menschlicher Vollkommenheit und daraus entspringender Glückseligkeit immer nähere, ohne es jemals völlig zu erreichen.

Ihrer Meynung nach sind alle bisher bekannte Regierungsformen eben so viele natürliche Stufen, auf welchen die menschliche Gesellschaft zur vollkommensten, zur Regierung der Vernunft, emporsteigt. Eine jede derselben bildete sich anfangs auf eine bloß natürliche Art gleichsam von selbst, war fast immer das Werk zufälliger Ursachen, momentaner Bedürfnisse, persönlicher Vorzüge und Verdienste auf Seiten der Regenten, freywilliger Zuneigung oder Dankbarkeit auf Seiten des Volks. Jede war den besondern Umständen des letztern, der niedrigern oder höhern Stufe seiner Cultur, dem Himmelsstrich, unter welchem es wohnte, der Lage und physischen Beschaffenheit des Landes, der Nahrung und Lebensweise, dem National-Temperamente u. s. w. bald mehr bald weniger angemessen. In jenen ältesten Zeiten, die man mit Recht die Kindheit der Welt nennt, wirkte die Vernunft meistens nur als Instinct – Die Menschen, noch Kinder an Erfahrung, sinnlich, lebhaft, leichtsinnig, unruhig und ungeduldig wie die Kinder, sorgten immer nur für den gegenwärtigen Augenblick, und sahen wenig mehr als Kinder – von der Zukunft, d. i. von den natürlichen aber langsamen Folgen des Gegenwärtigen, voraus. Wenige unter den Völkern der ältern Zeiten wußten den Werth der Freyheit gehörig zu schätzen, noch wenigere wußten Freyheit mit bürgerlicher Ordnung, und die Künste des Kriegs (der gewissermaßen der natürliche Zustand roher Menschen ist) mit den Künsten des Friedens zu verbinden. Die Griechen wußten es, und durch sie – deren Verdienste um die Menschheit nie genug erkannt werden können – wurde Europa nach und nach was es ist, und vermuthlich immer bleiben wird, das wahre Vaterland der Künste und Wissenschaften, der Welttheil, worin die Cultur aufs höchste gestiegen, und der, wiewohl der kleinste, kraft der unendlichen Obermacht, die seine Bewohner durch die ungleich größere und immer fortschreitende Ausbildung aller menschlichen Natur-Fähigkeiten über die übrigen Völker des Erdbodens erhalten, auf immer der herrschende geworden ist.

Aus bekannten Ursachen erfolgte indessen die eben so bekannte Wirkung, daß – bey dem schnellsten Fortschritt der Cultur in einzelnen Künsten und Wissenschaften, die von der Erfindsamkeit, der Betriebsamkeit, dem hartnäckigen Fleiß und dem Wetteifer, den die Concurrenz hervorbringt, abhangen, – die höchste aller Künste, die königliche Kunst, Völker durch Gesetzgebung und Staatsverwaltung in einen glücklichen Zustand zu setzen und darin zu erhalten, verhältnißmäßig am weitesten zurückgeblieben ist. Noch immer liegt der größere und schönere Theil von Europa unter einem die edelsten Kräfte der Menschheit erstickenden Drucke, dem schweren Druck der Überreste der barbarischen Verfassung, der Unwissenheit und der Irrthümer eines rohen und finstern Jahrtausends. Noch sind in einigen unsrer mächtigsten Reiche die Rechte der Nation und die Rechte des Throns nicht auseinander gesetzt, nicht gegen einander abgewogen, und dem ersten Grundgesetz aller bürgerlichen Gesellschaften gemäß, bestimmt. Noch giebt es Staaten, wo nicht die allgemeine Vernunft, sondern der oft sehr blödsichtige Verstand und der schwankende Wille eines Einzigen, oder der Wenigen, die sich seiner Autorität zu bemächtigen wissen, die Quelle der Gesetze ist. Noch wird das, was man Justitzpflege nennt, in den meisten Ländern durch barbarische, schlecht zusammenhangende, und auf Zeit und Umstände übel passende Gesetze geschändet. Noch ist in vielen Staaten nichts ungewissers, als die Sicherheit des Eigenthums, der Ehre, der Freyheit und des Lebens der Bürger. – Und alles dies in Europa! in einem Jahrhundert, wo Kunst und Wissenschaft, Geschmack und Aufklärung und Verfeinerung, in verhältnißmäßig kurzer Zeit, Stufen erstiegen haben, von deren Höhe man mit einer Art von Schwindel auf die vorigen Jahrhunderte herunter sieht!

Aber auch in diesen wichtigen und zum Glück der Völker so wesentlichen Stücken scheint sich (oder alles müßte uns betrügen) der gegenwärtige Zustand von Europa einer wohlthätigen Revolution zu nähern; einer Revolution, die nicht durch wilde Empörungen und Bürgerkriege, sondern durch ruhige, unerschütterlich standhafte Beharrlichkeit bey einem pflichtmäßigen Widerstand, – nicht durch das verderbliche Ringen der Leidenschaften mit Leidenschaften, der Gewalt mit Gewalt, sondern durch die sanfte, überzeugende, und zuletzt unwiderstehliche Übermacht der Vernunft bewürkt werden wird; kurz, einer Revolution, die, ohne Europa mit Menschenblut zu überschwemmen, und in Feuer und Flammen zu setzen, das bloße wohlthätige Werk der Belehrung der Menschen über ihr wahres Interesse, über ihre Rechte und Pflichten, über den Zweck ihres Daseyns, und die einzigen Mittel, wodurch derselbe sicher und unfehlbar erreicht werden kann, seyn wird. – Was zu diesem Ende im Laufe des gegenwärtigen Jahrhunderts schon geschehen, ist bekannt: was im Werden ist, wird noch vor Verfluß desselben entschieden, und von den wichtigsten Folgen seyn; und man kann sich darauf verlassen, daß die Kosmopoliten bey allem diesem keine müßigen Zuschauer abgeben.

4.

Es erhellet aus dem vorhin gesagten, daß die Kosmopoliten alle noch jetzt bestehenden Regierungsformen als bloße Gerüste zu Aufführung jenes ewig bestehenden Tempels der allgemeinen Glückseligkeit betrachten, woran, in gewissem Sinne, alle vorgehenden Jahrhunderte gearbeitet haben. Aber Despotismus ist, nach ihren Begriffen, eine barbarische Regierungsform, welche, um lange bestehen zu können, Umstände und Bedingungen voraussetzt, die bey den aufgehelltern Nationen in unserm Europa nicht mehr denkbar sind. Überhaupt ist er diesem Welttheile, selbst in den Zeiten, die der Cultur und Aufklärung vorhergegangen, immer unbekannt gewesen. Jahrtausende lang war Freyheit das Element sowohl seiner rohen, als seiner polizierten und gebildeten Bewohner. Alle Stifter der heutigen europäischen Reiche waren Anführer freyer Menschen; und wo findet sich (ein einziges nordisches ausgenommen), eine öffentliche Acte, wodurch in einem der übrigen die Nation förmlich und feyerlich ihren Freyheitsrechten entsagt hätte? Und kann nicht vielmehr im Gegentheil aus der Geschichte deutlich dargethan werden, daß alles was der Thron in einigen Staaten über die unläugbaren Rechte der Nation gewonnen hat, entweder hinterlistig erschlichen, oder gewaltsamer Weise usurpiert und erzwungen worden ist? Aber könnte man auch beweisen, daß unsre Vorfahren jemals dumm genug gewesen wären in ihre Unterdrückung einzuwilligen, und es auf die Willkühr eines Einzigen ankommen zu lassen, wie er über ihre Personen und ihr Eigenthum schalten wolle: was könnte eine solche Thatsache im Wege des Rechts den Ansprüchen ihrer Nachkommenschaft schaden? Gegen die ewigen Gesetze der Vernunft, gegen die wesentlichen Rechte der Menschheit, gilt keine Verzicht, keine Verjährung, keine Verabsäumung der Gelegenheit sie geltend zu machen oder zu reclamiren. Das erste, was Menschen, unter welcher Regierungsverfassung sie leben, zu fodern haben, und was ihnen nur ein erklärter Tyrann streitig machen könnte, ist „Menschen zu seyn" – und Menschen können sie nicht seyn, wenn sie Sclaven sind. Die Anwendung dieser großen Grundwahrheit, die auch der schaamloseste Schmeichler und verworfenste Knecht der Könige zu läugnen sich nicht unterstehen darf, ist reich und fruchtbar an eben so unläugbaren Folgerungen, die den Kosmopoliten gegründete Hoffnung geben, daß Europa zu Ende des neunzehnten Jahrhunderts dem, was sie die Regierungsform der Vernunft nennen, um ein großes näher gekommen seyn werde, als es dermalen ist. Das wohlthätige Licht, das sich immer weiter über diesen Welttheil ausbreitet, immer tiefer eindringt, und auch das vorgebliche heilige Dunkel der falschen Staatskunst bis in seine geheimsten Hölen und Winkel durchleuchtet, wird die Völker sowohl als die Regenten immer besser und gründlicher, jene über den Umfang ihrer Rechte und die Grenzen ihrer Pflichten, diese hingegen, umgekehrt, über die so oft überschrittenen Schranken ihrer Rechte und die so oft vergeßne Größe ihrer Pflichten belehren. Jene werden einsehen lernen daß nur ein blödsinniger sich zumuthen läßt, Gold für gelbe Blätter hinzugeben, und sich vor Blitzen von Bärlappenstaub zu fürchten – daß nur Schaafe einem Herren unterthänig sind, der sie bloß darum weiden läßt, um sie zu scheeren, und, so bald es ihm einfällt oder gelegen ist, abzuschlachten — und daß es nur an ihnen liegt, die Spinnefäden die sie in einer seltsamen Verblendung für unzerreißliche Stricke gehalten haben, für Spinnefäden zu erkennen. Auf der andern Seite wird die allmächtige Noth endlich auch den Regenten, die dessen bedürfen, die Augen öfnen, und sie aus der traumähnlichen Täuschung erwecken, worin einige von ihnen ihr eigenes wahres Interesse so sehr verkennen. Aus innerster Überzeugung, daß es für einen König unendlichemal besser ist, über freye, thätige und glückliche Menschen als über thierische, muthlose, langsam verhungernde Sclaven, — besser über volkreiche, blühende und überall durch die Wirkungen des Fleisses, der Betriebsamkeit, der Künste und des Reichthums verschönerte Länder, als über armselige Hütten und verwildernde Einöde zu regieren — werden sie sich willig der verhaßten Macht, gegen ihre Absicht Unheil anzurichten, entäußern, um desto unbeschränkter nichts als Gutes thun zu können; und indem sie sich einer Art von Gewalt, die keinem Gott, geschweige einem Menschen, zukommen kann, begeben, werden sie, aus innerer Überzeugung, nichts verlieren, aber wohl sehr viel zu gewinnen glauben. Es wäre zu sanguinisch gehofft, wenn wir uns eine so wohlthätige Revolution von einem großmüthigen Entschluß, ihren eigenen Vortheil dem allgemeinen Besten aufzuopfern, versprechen wollten: aber da sie so augenscheinlich ihr eignes höchstes Interesse ist, so läßt sich mit bestem Grunde erwarten, daß die Zeit, wo eine so evidente Wahrheit auch bis zu ihnen durchdringen wird, nicht mehr so ferne sey, als viele Kleingläubige sich einbilden. Noth lehrt nicht nur beten, sie lehrt auch denken; und wenn man erwägt, wie groß und ausgebreitet oft der Nutzen eines einzigen vernünftigen Gedankens ist, den ein Fürst zu rechter Zeit hat: so können die Freunde der Menschheit nicht anders, als sich freuen, daß manche es so eifrig darauf angelegt zu haben scheinen, sich recht bald in diese heilsame Nothwendigkeit zu setzen.

5.

Da die vernunftmäßigste Verfassung und Regierung der Völker, welcher (nach dem System der Kosmopoliten) der ganze Zusammenhang der menschlichen Dinge mit langsamen, aber desto festern Schritten sich nähert, durch nichts mehr beschleunigt werden kann, als durch die möglichste Kultur der Vernunft, die möglichste Ausbreitung aller Grundwahrheiten, die möglichste Publicität aller Thatsachen, Beobachtungen, Entdeckungen, Untersuchungen, Vorschläge zu Verbesserungen, oder Warnungen vor Schaden, deren Bekanntmachung einzelnen Gesellschaften und Staaten, oder dem menschlichen Geschlecht überhaupt nützlich seyn kann, so betrachten die Kosmopoliten die Freyheit der Presse, ohne welche dies alles nicht bewerkstelliget werden könnte, als das dermahlige wahre Palladium der Menschheit, von dessen Erhaltung alle Hoffnung einer bessern Zukunft abhängt, dessen Verlust hingegen eine lange und schreckliche Folge unabsehbarer Übel nach sich ziehen würde. Man beurtheile diese Sache weder einseitig noch obenhin! Wir wissen so gut als jemand, was sich in einer lustigen Laune darüber witzeln, oder in einer finstern darüber seufzen läßt; und eben so bekannt sind uns die mehr oder wenig scheinbaren Gründe, womit man die vorgebliche Nothwendigkeit, der Preßfreyheit willkührliche Schranken zu setzen, aufstützen und anstreichen will. Aber sie fallen von sich selbst zusammen, wenn man bedenkt, daß die Freyheit selbst verlohren ist, sobald ihr andere und engere Schranken gesetzt werden, als die Natur der Sache zuläßt. Nun ist aber schon längst unumstößlich erwiesen, daß man der Preßfreyheit, (ohne sie nach und nach so lange zu beschneiden bis nichts mehr von ihr übrig bliebe) gar keine andere Schranken setzen darf, als diejenigen, die jedem Schriftsteller, Buchhändler und Buchdrucker durch das gemeine bürgerliche und peinliche Recht gesetzt sind. Alle Schriften nemlich, deren Bekanntmachung in jedem polizierten Staate, wie groß auch die persönliche Freyheit in demselben seyn mag, ein Verbrechen ist, und es vermöge der Natur der Sache seyn muß — also Schriften, welche solche directe Beleidigungen einzelner benannter oder deutlich bezeichneter Personen enthalten, die in den bürgerlichen Gesetzen verboten und verpönt sind — Schriften, welche geradezu Aufruhr und Empörung gegen die gesetzmäßige Obrigkeit zu erregen suchen — Schriften, welche geradezu gegen die gesetzmäßige Grundverfassung des Staats gerichtet sind — Schriften, welche geradezu auf den Umsturz aller Religion, Sittlichkeit, und bürgerlichen Ordnung arbeiten — alle solche Schriften sind in jedem Staat eben so gewiß strafwürdig als Blasphemie, Hochverrath, thätliche Beleidigungen, öffentliche Unzucht, Giftmischerey u. s. w. Aber das Wörtchen direct oder geradezu ist hier nichts weniger als müßig; es ist so wesentlich, daß die ganze Strafwürdigkeit einer angeklagten Schrift gänzlich auf ihm beruhet. Denn sobald es irgend einem bestellten Bücher-Censor oder dem bürgerlichen Richter erlaubt wäre, eine Schrift durch Folgerungen die von seiner Vorstellungsart, seiner besondern Meynung, oder Vorurtheilen, dem Grade seines Verstandes oder Unverstandes, seiner Sachkenntniß oder Unwissenheit, der Schiefheit oder Richtigkeit seines innern Auges, der Lauterkeit oder Verdorbenheit seines Gefühls und Geschmacks abhiengen, — welches Buch wäre vor der Verdammung sicher? Und wissen wir nicht aus der Erfahrung, daß in Ländern, wo eine so willkührliche Censur herrscht, gerade die vortrefflichsten Bücher die ersten sind, die in den *Index prohibitorum* gesetzt werden?

Es sey also daß man, um ein Amt mehr zu haben*), einen Bücher-Censor bestellen will, oder daß die Untersuchung über Schriften, die als verbrecherisch denunciiert werden, dem ordentlichen Richter überlassen bleibt, immer ist unläugbar, daß jener nur solche Bücher verbieten kann, deren Verfasser dadurch ein Verbrechen begangen hat, worüber dem bürgerlichen Richter die Erkenntniß zusteht. Über die Frage, ob der Inhalt des Buches alt oder neu, interessant oder unbedeutend, nützlich oder schädlich sey, ob der Autor wohl oder übel räsoniere, hat kein andrer Censor zu erkennen als das Publikum und die Zeit, welche die entscheidenden Stimmen sammelt und bekannt macht: viel weniger kann aus irgend einem solchen Vorwand ein Buch mit Gewalt unterdrückt werden, ohne sich an den wesentlichsten Rechten der Gelehrten-Republik zu vergreiffen, die (eben so wie die christliche) vom Staat ganz unabhängig ist, so lange sie nichts gegen seine Grundsätze unternimmt. Die Wissenschaften, die Litteratur, und die Buchdruckerkunst, die edelste und nützlichste aller Erfindungen, die seit Erfindung der alphabetischen Schreibekunst gemacht worden sind, gehören nicht diesem oder

*) Ich gestehe, daß ich von der Nothwendigkeit einer eignen Bücher-Censur in einem wohlpolizierten Staate, nicht sehr überzeugt bin. Warum bestellt man nicht auch besondere Aufpasser, die dahin sehen, daß Niemand sich betrinken, oder dem andern eine Ohrfeige geben, oder seine Taschenuhr mausen, oder irgend ein anderes Gebot im Dekalogus übertreten könne? Man läßt es ganz ruhig darauf ankommen, und begnügt sich, den wirklichen Übertreter zu bestrafen, wenn er nach rechtlicher Untersuchung des Verbrechens überwiesen worden ist. Warum hält man es mit den schriftstellerischen Verbrechen nicht eben so? Der Censor, dem ein criminelles Manuscript in die Hände kommt, kann und darf doch (wenige Fälle ausgenommen) nichts weiter thun als den Druck verbieten? Und dieses Verbots ungeachtet, wird es irgendwo gedruckt und als Contrebande in den Staat hinein geschwärzt werden. Wozu also die Censur?

jenem Staate, sondern dem menschlichen Geschlechte zu; aber wohl dem Volke, das ihren Werth zu schätzen weiß, sie aufnimmt, pflegt, aufmuntert, schützt, und in der Freyheit, die ihr Element ist, ungehindert weben und leben läßt! Vor allen andern Völkern hat die teutsche Nation vorzüglich Ursache, eine Beschützerin der Preßfreyheit zu sein; Sie, in deren Schoße zuerst die Erfinder der Typographie, und bald darauf die geist- und muthvollen Männer entstanden sind, die bloß durch den freyen Gebrauch, den sie von jener machten, fähig wurden, die Hälfte von Europa von der Tyrannei des römischen Hofes zu befreyen, die Rechte der Vernunft gegen uralte Vorurtheile zu behaupten, und den unabhängigen Geist der Untersuchung, der nach und nach über alle Gegenstände der menschlichen Kenntnis ein so wohlthätiges Licht verbreitete, aus einem mehr als tausendjährigen Schlummer aufzuwecken. Wie übel stände es uns an, unsre eigne Wohlthaten wieder zurüknehmen, den Fortgang der Wissenschaften mitten in ihrem muntersten Lauf aufhalten, und der Aufklärung, der wir so viel Gutes schon zu danken, von der wir und unsre Nachkommen noch so viel Gutes zu erwarten haben, unnatürliche Grenzen setzen zu wollen, da sie doch, vermöge der Natur des menschlichen Geistes, eben so grenzenlos ist, als die Vollkommenheit, wozu die Menschheit mit ihrer Hülfe gelangen kann und soll? Doch wozu sage ich dies? Gewiß kann der Gedanke, so etwas unternehmen zu wollen, in keinem gesunden Kopfe nur einen Augenblick Platz finden. Gewiß ist es bloßer leicht zu hebender Mißverstand, wenn Männer von gutem Willen eines solchen Vorhabens beschuldiget werden: so wie es unmöglich etwas anderes als Mißverstand seyn könnte, wenn solche Männer sich wirklich verbunden hielten, der guten Sache durch ein so verzweifeltes Mittel zu Hülfe zu kommen.

W.

(Die Fortsetzung künftig.)

Über die Mode der Vaterlandsliebe

Eine „Modetugend“ nennt Wieland in diesem 1793 erschienenen Aufsatz den „teutschen“ oder „deutschen Patriotismus“ (über die richtige Schreibung war man sich lange uneins, es so oder so zu schreiben hatte, jedenfalls in jenen Jahren, mit politischen Überzeugungen nichts zu tun). „Unfähig“ zu sein, den „Wohlstand, den Ruhm, die Größe“ des eigenen „Vaterlandes auf absichtliche Übervortheilung und Unterdrückung anderer Staaten gründen zu wollen“, hatte er zu den Kennzeichen des Kosmopoliten gezählt, also jedem Kolonialismus oder Krieg zur Vergrößerung von nationalen Territorien Absage erteilt. „Er meint es wohl mit seinem Volke“, sagt er vom Kosmopoliten, wohl also mit jenen Leuten, unter die ihn der Zufall der Geburt befördert hat – wie er es wohl mit allen anderen meint, auch wenn die, ebenso zufälliger Weise, woanders auf dem Globus leben. Das ist noch zurückhaltender als in Brecht/Eislers Entwurf zu einer deutschen Nationalhymne, wo es heißt: „und das liebste mag's uns scheinen | so wie andern Völkern ihrs“, das eine freundliche Lizenz zur Überschätzung des Eigenen enthält, wenn auch nicht mehr. Auch diese übliche Überschätzung ist bei Wieland nicht nötig.

In seiner Kindheit, so Wieland, habe er von den Pflichten gegen „Gott, den nächsten und mich selbst, von Pflichten gegen Eltern und Lehrer, auch wohl beyläufig ein Wort von Pflichten gegen die Obrigkeit“, sprich: den Kaiser irgendwo und den Bürgermeister von Biberach, sagen hören, von der Pflicht ein „teutscher Patriot zu seyn“ aber kein Wort, das Wort „teutsch“ oder „deutsch“ habe man in jener Zeit niemals „ehrenhalber nennen gehört“, und „das Prädikat teutscher Michel“ sei eines von jenen gewesen, „womit belegt zu werden einem jungen Alemannier nur um einen Grad weniger schimpflich war, als den Schul-Esel zu tragen“.

Solle nun der traditionelle deutsche Partikularismus durch die Idee einer deutschen Einheit überwunden werden? Bekanntlich zog sich diese Debatte, angefeuert durch antifranzösische Ressentiments, durch das ganze 19. Jahrhundert – am Ende stand ein Deutsches Reich, das so niemand gewollt hatte (obwohl es dann begeistert begrüßt wurde), über dessen Verfassung und Geschichte sich viel sagen läßt, aber nicht hier. Aus der Perspektive Wielands am Ende des 18. Jahrhunderts war das Ideal eines deutschen Reiches ein unnötiger Unfug. Patriotismus könne sich vernünftigerweise nur auf die Bejahung einer vernünftigen politischen Ordnung des eigenen Gemeinwesens beziehen. Später nannte man das ,Verfassungspatriotismus'.

Über teutschen Patriotismus.

Betrachtungen, Fragen und Zweifel.

Man kann über eine Sache nur in so weit denken, als man deutliche Begriffe von ihr hat; wo diese aufhören, fängt die Unwissenheit an; die Tugend des Unwissenden aber ist fragen und Bescheid annehmen. Nun gebricht es zwar einem Frager selten an einem fertigen Antworter: allein dafür geschieht es auch öfters, daß die erhaltene Antwort den Fragenden nicht befriediget, es sey nun, daß der Fehler an ihm oder an dem Antworter oder an der Natur und Schwierigkeit der Sache liege. In diesem Falle entstehen in dem Verstande des Unwissenden Zweifel, welche zu neuen Fragen Anlaß geben, und dem, der das Amt zu antworten über sich genommen hat, zuweilen sehr beschwerlich fallen. Indessen, da diese Zweifel nicht nothwendig einen bösen Willen zur Quelle haben, sondern gar wohl bloße Äußerungen des natürlichen Bedürfnisses eines noch unbefriedigten Verstandes seyn können; und da kein Naturgesetz vorhanden ist, kraft dessen alle Vorstellungen oder Gründe, welche Einen Menschen zu überzeugen hinlänglich sind, auch einen Andern überzeugen müssen: so scheinen die Antworter nicht immer untadelich zu seyn, wenn sie über die Zweifel der Frager ungehalten werden; und, wiewohl nicht zu läugnen ist, daß es für jene bequemer wäre, wenn der Verstand der letztern sich auf die erste beste Antwort gleich zum Ziel legte, und es daher auch ganz natürlich ist, daß sie es lieber mit Leuten die ihnen auf ihr Wort und ehrlich Gesicht glauben, als mit solchen deren Zweifel nur der Überzeugung weichen, zu thun haben: so scheint dies dennoch keine hinlängliche Ursache zu seyn, das Zweifeln überhaupt unter die Sünden zu stellen, welche man dem lieben Gott in der sogenannten offnen Schuld öffentlich zu bekennen und abzubitten pflegt,*) und es dadurch zu einer verhaßten, das Gewissen beunruhigenden, ja wohl gar ärgerlichen und der Ketzerey nahe kommenden Sache zu machen.

---

*) Unglaube, *Zweifel,* Kleinmüthigkeit, u. s. w.

Was mich auf diese Betrachtung gebracht hat, will ich ohne längere Umschweife aufrichtig bekennen. Ich habe seit einigen Jahren so viel schönes von teutschem Patriotismus und teutschen Patrioten rühmen gehört, und die Anzahl der wackern Leute, die sich für diese Modetugend erklären und nützlichen Gebrauch von ihr machen, nimmt von Tag zu Tage so sehr überhand, daß ich, — wäre es auch nur, um nicht zuletzt allein zu bleiben und den Ungeraden zu machen, wohl wünschen möchte, auch ein teutscher Patriot zu werden. An gutem Willen mangelt es mir — wie ich das ganze Heilige Römische Reich teutscher Nazion aufrichtig versichern kann — ganz und gar nicht: nur habe ich es bisher noch nicht soweit bringen können, mir von dem, was man einen teutschen Patrioten nennt, und von den Pflichten desselben, und wie diese Pflichten mit einigem Erfolg in Ausübung zu bringen, ingleichen wie sie mit denjenigen zu vereinigen seyn möchten, die ich (vielleicht aus einem Vorurtheil der Erziehung) den übrigen Völkern, die mit uns Teutschen von Einem gemeinschaftlichen Stammvater entsprossen und also gleichsam unsre Nebenmenschen und Brüder sind, schuldig zu seyn vermeyne, — einen deutlichen und rechtgläubigen Begriff zu machen.

In meiner Kindheit wurde mir zwar vieles von Pflichten gegen Gott, den Nächsten und mich selbst, von Pflichten gegen Eltern und Lehrer, auch wohl beyläufig ein Wort von Pflichten gegen die Obrigkeit, gegen Ihro Römisch-Kaiserliche Majestät als das allerhöchste Reichs-Oberhaupt, und insonderheit gegen Herren Burgermeister und Rath der löbl. Reichsstadt N. N. meiner lieben Vaterstadt, vorgesagt; aber von der Pflicht, ein teutscher Patriot zu seyn, war so wenig die Rede, daß ich mich nicht entsinnen kann, das Wort Teutsch oder Deutsch (Teutschheit war damals noch ein völlig unbekanntes Wort) jemals ehrenhalber nennen gehört zu haben, wohl aber mich noch ganz lebhaft erinnere, daß in meinen Schuljahren das Prädikat teutscher Michel eines von denen war, womit belegt zu werden einem jungen Allemannier nur um einen Grad weniger schimpflich war, als den Schul-Esel zu tragen.

Nun ist zwar an dem, daß es mir bey zunehmenden Alter und Verstande an Gelegenheit nicht gefehlt hat, das Teutsche Reich, zu welchem (wie ich endlich zu merken anfieng) auch meine werthe Vaterstadt gerechnet wird, nach seiner ältesten, spätern, neuern und neuesten Verfassung, und die teutsche Nazion, nach allem was sich zu ihrem Vortheil und Nachtheil sagen läßt, etwas näher kennen zu lernen: allein ich muß zu meiner Beschämung gestehen, daß mir alle meine, während einem großen Theil dieses achtzehnten Jahrhunderts, erlangte Kenntnisse über das, was unter teutschem Patriotismus eigentlich zu verstehen sey, wenig Licht gegeben haben.

Insonderheit will und kann ich nicht läugnen, daß die Vorstellungsart, die ich über Vaterland und Vaterlandsliebe und über den schönen Tod fürs Vaterland, oder das berühmte

> *Dulce et decorum est pro Patria mori!*
> Süß und ruhmwerth ists sterben fürs Vaterland!

aus dem Lesen der alten Griechen und Römer unvermerkt eingesogen, nicht sehr geschickt war, mich auf den Gedanken zu bringen, daß diese altgriechischen Tugenden oder Gefühle so leicht auf teutschen Grund und Boden verpflanzt werden könnten, oder, falls man es ja versuchen wollte, sonderliche Früchte tragen würden.

Um mich hierüber etwas bestimmter erklären zu können, muß ich um Erlaubniß bitten, etwas weit aushohlen zu dürfen.

Als der große Persische König Xerxes, mit einer unzählbaren Heeresmacht in das Innere von Griechenland eindrang, bestand der vornehmste Theil desselben aus einer Menge freyer Städte, die an Größe und Macht (alles Moralische abgerechnet) wenig mehr waren, als was unsere teutschen Reichsstädte in ihrer glücklichsten Epoche (wo patriotischer Geist auch in ihnen athmete und Verfassung sowohl als Zeitumstände sie noch vor drückenden Nachbarn schützten) gewesen sind; die aber freylich, theils durch ihre innere Einrichtung, vornehmlich aber durch den Geist und die Naturgaben ihrer Einwohner, Vorzüge hatten, welche einen beträchtlichen Unterschied machten.

Diese kleinen Freystaaten befanden sich mächtig wohl bey ihrer Unabhängigkeit; und der Gedanke sich dem Könige von Persien zum Eigenthum, oder was damals für einerley galt, zu Sklaven zu ergeben, war etwas, das ihnen eben so wenig einfallen konnte, als sich zum Spaß die Nasen abzuschneiden. Da war also nichts anders zu thun, als für ihre Freyheit und für ihr Eigenthum, für ihre angeerbten Tempel und Hausgötter, für ihren Hof und Heerd, ihre Weiber, Kinder und grauen Eltern, kurz, für alles, was einem edeln, freyen, im

Genusse seiner angebohrnen Menschen- und Bürger-Rechte, seines väterlichen Erbgutes und seiner häuslichen Freuden glücklichen Manne das Liebste ist, sich bis auf den letzten Tropfen Blutes zu wehren. Und diese Entschließung der Griechen – eine sehr simple Wirkung einer sehr begreiflichen Vaterlandsliebe, – war an ihnen um so natürlicher, weil sie größtentheils, von Geburt, Stand und Erziehung, Athleten und Kriegsmänner waren, die von Kindesbeinen an keine andre Arbeit, ja selbst keine andere Spiele als kriegerische, gekannt hatten; und weil überdies in der damaligen Welt noch eine Art sich zu bewaffnen und Krieg zu führen üblich war, wo persönlicher Muth, Tapferkeit, Behendigkeit und Geschicklichkeit ihrem Besitzer noch eine Art von Gewähr für sein Leben leisteten.

Indessen mußte doch jede griechische Stadt oder Völkerschaft beym ersten Anblick einsehen, daß sie, für sich allein, gegen einen Feind, der durch seine ungeheure Menge fürchterlich war, nichts vermögen würde. Nur vereiniget konnten eben diese Griechen, welche Xerxes einzeln vernichtet hätte, vernünftiger weise hoffen, ihm einen siegreichen Widerstand zu thun. Sie vereinigten sich also, und, in diesem Augenblick schwieg jede Privatleidenschaft, jede Erinnerung alter Beleidigungen oder frischer Beschwehrden, alle Eifersucht, alles Mißtrauen, vor dem Gefühl der gemeinen Noth: Eine Seele flammte auf einmahl in der ganzen Hellas auf. Athenienser und Spartaner, Euböer und Korinther, Thebaner und Plateer, fühlten itzt bloß daß sie Hellenen waren, und kämpften als Brüder um die Erhaltung und Freyheit des gemeinsamen Vaterlandes.

Dies ist, wie jedermann weiß, Thatsache; und schien mir immer, seitdem ich das Verhältniß zwischen Ursache und Wirkung einzusehen fähig war, sehr natürlich und begreiflich: ähnliche Ursachen und Umstände haben zu allen Zeiten und unter allen Himmelsstrichen – wie z. B. bey den Helvetiern und Batavern im 15ten und 16ten Jahrhundert – ähnliche Wirkungen von Patriotismus hervorgebracht.

Kaum aber war die gemeine Gefahr abgetrieben, kaum genossen die Griechen der ersten Früchte ihrer Siege: so sank jeder einzelne Freystaat gleichsam wieder in sich selbst zurück. Der Gemeingeist, der so große Wunder gethan hatte, hörte auf zu wehen; die Hellenen wurden wieder Athenienser, Spartaner, Korinthier, Euböer, Thebaner, u. s. w. Jeder dachte wieder bloß auf sein Eigenes. Athen und Lakedämon kämpften wieder um die Ehre und die Vortheile dessen, was sie mit einem milden Worte die Hegemonie (Direkzion) von Griechenlande nannten, und was in der That nicht viel gelinder als eine drückende Oberherrschaft über die Bundesgenossen war. Die minder mächtigen Städte schlossen sich bald an diese, bald an jene an; je nachdem sie dabey am wenigsten zu verlieren, oder am meisten zu gewinnen hofften. Kurz, der Privat-Patriotismus verschlang den allgemeinen eben so, wie endlich der Privat-Eigennutz auch den Privat-Patriotismus verschlang.

Bey allem dem aber erhielt sich doch unter den Griechen oder Hellenen überhaupt noch lange ein gewisser gemeiner vaterländischer Geist. Und wie hätte es anders seyn können? Ein gemeinsamer Ursprung, gemeinschaftlicher Ruhm, gemeinschaftliche Freyheit, gemeinschaftliche Götter und Feste, das Gericht der Amphiktyonen, der Tempel zu Delfi, zu Olympia, zu Eleusis, und so viele andere, die allen Griechen gleich heilig waren; die großen periodischen Nazional-Versammlungen bey den vierjährigen feyerlichen Kampf-Spielen, – deren vornehmster Zweck und Nutzen war, die allenthalben her versammelten Griechen ihrer gegenseitigen Anverwandtschaft zu erinnern, und Wohlwollen und gutes Vernehmen sowohl unter den einzelnen Bürgern als unter den Städten und Gemeinheiten selbst zu unterhalten, – und vornehmlich die große und schöne Stadt Athen, die durch ihr hohes Alterthum, durch die geselligen und menschenfreundlichen Sitten ihrer Bürger, durch die Verdienste, so sie sich von jeher um die übrigen Griechen erworben, durch die Hochachtung und Belohnungen, so sie allen Künsten und Talenten, die Freystatt so sie den Unglücklichen, und die Vergnügungen und Annehmlichkeiten des Lebens, so sie den Glücklichen anbot, das Herz, der Mittelpunkt, und (nach dem Ausdrucke des Isokrates) die gemeinsame immerwährende Versammlungsort aller Griechen war, – Alles dies mußte nothwendig seine Wirkung thun; und es wäre, ungeachtet ihrer Spaltung in so viele größere und kleinere Staaten, und wiewohl das Privat-Interesse unaufhörlich an dem gemeinschaftlichen Bande nagte, eben so unbegreiflich, wie dieses aus so vielen und starken Faden gewebte Band weniger ausgehalten hätte, als es unbegreiflich und ein wahres moralisches und politisches Wunder wäre, wenn ein sehr großer, aber aus äusserst ungleich-artigen und schwach zusammenhangenden Theilen bestehender Staatskörper, ohne jene mächtigen innern Kräfte und verbindende Ursachen, von Einem vaterländischen Gemeingeist beseelt, zusammengehalten, und geleitet werden sollte.

Ob nun dieser leztere Fall nicht gerade der unsrige sey? ist die erste Frage, die ich allen ehrlichen Teutschen, die sich selbst nicht mit leeren Worten täuschen wollen, sondern denen es um Wahrheit zu thun ist, ans Herz legen möchte.

Ich meines Ortes gestehe, daß sich mir starke Zweifel entgegen stellen, wenn ich diese Frage mit Nein beantworten will. Nicht nur mangelt es uns, däucht mich, beynahe an allem, was die Nazion mit einem solchen Patriotischen Gemeingeist beseelen könnte: sondern es finden sich auch in unsrer Verfassung und Lage, stark entgegen wirkende Ursachen, welche das Daseyn eines solchen Geistes beynahe unmöglich zu machen, oder, falls er auch verborgener und unbegreiflicher Weise in unserm Mittel vorhanden wäre, wenigstens seiner Einwirkung zu widerstehen, und seinen Einfluß auf etwas unendlich kleines zu reduzieren scheinen.

Wenn es, bey Betrachtung einer so ernsthaften Sache, erlaubt seyn muß, die reine Wahrheit frey herauszusagen; wenn es sogar Pflicht ist, einer Nazion nicht mit Tugenden zu schmeicheln, die sie weder besitzt, noch besitzen kann; was sollte uns hindern, frey zu gestehen: daß, wofern sich ja noch hier und da etwas der altgriechischen Vaterlandsliebe ähnliches in den einzelnen Staaten, woraus der große Germanische Körper besteht, regen sollte, nicht nur die Wirkung dieser lebendigen Kraft sehr gering, sondern auch bloß auf den besondern, größern oder kleinern Staat, als dessen unmittelbares Mitglied der angebliche Patriot sich betrachtet, eingeschränkt ist. Es giebt vielleicht – oder vielmehr, es giebt ohne Zweifel Märkische, Sächsische, Bayrische, Würtembergische, Hamburgische, Nürnbergische, Frankfurtische Patrioten, u. s. w.*) aber teutsche Patrioten, die das ganze Teutsche Reich als ihr Vaterland lieben, über alles lieben, bereit sind, nicht etwa bloß seiner Erhaltung und Beschützung gegen einen gemeinschaftlichen Feind, sondern auch, wenn die Gefahr vorüber ist, seinem Wohlstand, der Heilung seiner Gebrechen, der Beförderung seiner Aufnahme, seines innerlichen Flors, seines äusserlichen Ansehens, beträchtliche Opfer darzubringen: wo sind

---

*) Um allen übeln Ausdeutungen zuvor zukommen, erkläre ich hiemit förmlich, daß ich unter diesem u. s. w. die Einsaßen, Bürger und Unterthanen aller unmittelbaren Stände des H. R. R. ohne Ausnahme eben so verstanden und begriffen haben will, als ob sie alle nahmentlich hier ausgedruckt stünden; welches ziemlich viel Papier weggenommen, und unsern meisten Lesern doch wahrscheinlich nur lange Weile verursacht haben würde.

sie? Wer zeigt, wer nennt sie uns? was haben sie bereits gewirkt? und was kann man noch von ihnen erwarten? –

Ich sprach von beträchtlichen Opfern: sollte dies etwa zuviel verlangt seyn? O gewiß, wäre es eine lächerliche Forderung an Egoisten und Mackiavellisten, an kleine eigennützige und gemeine Menschen! Aber hier ist ja die Rede von Patrioten.

Man pflegt wohl zu sagen: Worte gelten wie Geld – und es schwimmt freylich unter der Garantie des öffentlichen Zutrauens manches unächte Stück im Strohm des allgemeinen Umlaufs mit fort. Aber, so angelegen es der politischen Gesellschaft ist, zuverläßige Münze zu haben: so angelegen, und wahrlich ungleich angelegener ist es den Menschen, als vernünftigen Wesen, (deren Wohl oder Weh von ihrer Denkart und Handlungsweise abhängt) weder falsche, noch blindlings nachgesprochne, noch hin und herschwankende Begriffe von ihren wichtigsten Angelegenheiten zu haben, und mit den Worten, womit sie diese Begriffe bezeichnen, einen festen, zuverläßigen und richtig aufgefaßten Sinn zu verbinden.

Wir wollen uns also über unsern vermeyntlichen Patriotismus nicht zu viel schmeicheln. Vielleicht ist er bey den meisten, die eine gewisse Erziehung genossen haben, nur das Aggregat aller der Eindrücke, welche die Maximen und Beyspiele von Vaterlandsliebe, die sie in ihrer Jugend in den alten Schriftstellern lasen, auf ihre damals noch weiche und unbefangene Gemüther machten? Vielleicht ist es mit dieser Tugend, wie mit der unbegränzten Wohlthätigkeit und Großmuth, von welcher gewöhnlich niemand mit größrer Wärme spricht, als Leute, die keinen Heller in der Tasche haben?

Wie an allen alten Weidsprüchen, so ist auch an diesem „jeder Ort, wo uns wohl ist, ist uns Vaterland“ *(patria est ubi bene est)* viel wahres: und es begreift sich daraus, warum wirklich noch in einzelnen teutschen Staaten so etwas, das man wo nicht Liebe zum Vaterland, doch wenigstens Anhänglichkeit an demselben nennen kann, unter gewissen Umständen und für den Augenblick, auch ungefähr etwas jener schönen Leidenschaft ähnliches zu wirken vermögend ist.

Ich erkläre mir z. B. hieraus (wiewohl hieraus nicht allein) die patriotischen Regungen, welche sich, mehr oder weniger, bey vielen Völkerschaften Germaniens, gegen die französischen Horden, die den schönsten Theil unsrer Rheingegenden überschwemmt hatten, von dem Augenblick an zu äußern anfiengen, da unser Volk durch die Dekrete der dermahligen Naz. Versammlung vom 15ten und 21sten December vorigen Jahrs, und durch die auf selbige gegründeten Thathandlungen der französischen Heer- und Hordenführer, augenscheinlich überzeugt zu werden anfieng, daß es diesen Desorganisierern aller bürgerlichen Ordnung wahrlich nicht um Verbesserung unsers Zustandes, sondern bloß darum zu thun sey, das Feuer des Aufruhrs und der Zwietracht, das schon vier Jahre in ihren Eingeweiden gewüthet, mit ihren allem Menschenverstand widersprechenden sankülottischen Maximen auch unter uns zu verbreiten, und, indem sie auch unserm Volke die Köpfe verrückten, es zu Meynungen und Thathandlungen zu verführen, deren natürlichste Folgen allgemeines grenzenloses Elend und Verderben seyn würde.

Aber auch hier wollen wir uns nicht selbst täuschen. Weit weniger unserm teutschen Patriotismus, als dem unbegreiflichen Unsinn der gallischen Schwärmer und Fakzions-Männer; weniger der Anhänglichkeit unsers Volks an das allgemeine Vaterland, als dem innigen Abscheu, den der schändliche Mord Königs Ludwig XVI. und die gewaltsam versuchte Einführung ihrer wahnsinnigen, den Nahmen der Demokratie beschimpfenden Sankülotterie in Brabant und einigen Theilen von Teutschland, in den Gemüthern des teutschen Volks erregte; weniger einer bey den meisten nicht möglichen Überzeugung von der Vortreflichkeit unserer allgemeinen Verfassung, als einer vielleicht unnöthigen Furcht, auch das Gute, dessen Genuß sie uns bisher gewährt hat, zu verlieren, und die Fakel der Zerstörung von jenen Wüthenden auch in unserm besondern Vaterlande schwingen zu sehen, ist es vielleicht zuzuschreiben, daß sich seit dem Ende des vorigen Jahres und besonders seit dem 21sten Jenner des laufenden, eine so allgemein spürbare Äusserung einer veränderten Vorstellungsart über die französische Revoluzions-Sache gezeigt, und die zweydeutige Gleichgültigkeit oder die schwankende Gesinnung eines nicht unbeträchtlichen Theils unsrer Teutschen verdrängt hat. Auch ist schwerlich zu läugnen, daß die Theilnehmung an dem glücklichen Erfolg der großen Fürsten, welche den feindlich überfallnen Reichsständen zu Hülfe gezogen sind, sich dem reissenden Fortschritt der Desorganisierer entgegengestellt haben, und im Begriff sind das teutsche Vaterland von dieser Pest gänzlich zu befreyen, noch lange nicht so lebhaft, der Eifer für die gemeine Sache noch lange nicht so wirksam und thätig ist, als er seyn müßte, wenn die Meynung derjenigen, die an der Existenz eines aus Nazionalgeist gegründeten teutschen Patriotismus zweifeln, durch das, was jetzt unter unsern Augen vorgeht, sollte entkräftet werden können. Weder die Wirkungen noch die wahrscheinlichen Quellen dieser Theilnehmung, dieses Eifers, sind so beschaffen, daß wir Ursache hätten uns viel darauf zu Gute zu thun.

Sollte ich etwa durch diese Behauptung den fanatischen Freyheits- und Gleichheitsschwärmern in Paris, welche die Existenz des Nazional-Patriotismus ausser ihrer im Fieber geträumten Demokratie für etwas unmögliches erklären, gewonnene Sache geben? — O gewiß nicht! Niemand kann stärker als ich überzeugt seyn, daß das was den Patriotismus hervorbringt oder ausschließt, nicht das ist, was man die *Form* der Regierung nennt, in sofern sie monarchisch oder republikanisch, aristokratisch oder demokratisch, gemischt oder einfach ist; niemand kann überzeugter seyn, daß Patriotismus die natürliche Frucht einer auf die Gerechtigkeit der Gesetze und die Zuverläßigkeit ihrer Vollziehung gegründeten Zufriedenheit des Volks mit seinem Zustande ist; unter welcher Regierungsform es auch sey. Nicht eine schimärische, nur unter Wilden, ja unter diesen kaum mögliche Gleichheit, welche allen Unterschied der Stände oder alle Vorzüge eines Standes vor dem andern, aufhebt, sondern die Gleichheit aller Glieder des Staats vor dem Gesetz; nicht die Größe, sondern die Sicherheit des Eigenthums, — nicht das einem jeden Bürger durch eine demokratische Konstituzion zugetheilte Recht unmittelbar an der höchsten Gewalt im Staate Antheil zu haben, sondern die Gewisheit eines jeden Bürgers, daß er von der höchsten Gewalt kein Unrecht zu erleiden hat; nicht das, was die schwindlichten Franzosen politische Freyheit nennen, sondern die Freyheit von Unterdrückung, von ungerechter Einschränkung des Gebrauchs seiner Kräfte und Talente, die Befreyung von allen unklugen, auf den gegenwärtigen Zustand nicht mehr passenden, und eben darum ungerechten Gesetzen, Gebräuchen und alten Einrichtungen — sind die ersten und nothwendigsten Bedingungen, unter welchen es möglich ist, daß ein Volk sich glücklich genug fühle, um das Land, in welchem, und die Regierung, unter welcher es diese Vortheile genießt, mit Anhänglichkeit zu lieben, und, wenn es die Noth erfordert, alles für ein solches Vaterland thun, leiden und aufopfern zu können. — Unläugbar befinden sich viele Städte und Länder im teutschen Reich, mehr oder weniger, in wirklichem Genusse einiger der vorbesagten Vortheile; gesetzt aber (was ich weder läugnen noch behaupten kann, aber gerne glaube und herzlich wünsche) gesetzt alle einzelnen Reichsländer, welche zusammen den großen Germanischen Nazional-Körper ausmachen, befänden sich in einem so erwünschten Zustande, und man könnte also ihren Bewohnern mit genugsamem Grunde einen wahren lebendigen und thätigen Patriotismus für das Land, worin sie wohnen und für die Regierung, unter welcher sie unmittelbar stehen, zutrauen: wäre man denn wohl deswegen auch begründet, anzunehmen, daß sie alle, oder daß auch nur der größte Theil von ihnen den Zusammenhang des Wohlstandes ihres besondern Vaterlandes mit der Erhaltung der allgemeinen Verfassung Germaniens, oder mit der Erhaltung irgend eines von ihnen weit entfernten und in keinen besondern Beziehungen mit ihnen stehenden Theils des teutschen Reichs, so deutlich einsehen und so lebendig fühlen werde, um wirklich von einem eben so lebhaften Patriotismus für das Ganze beseelt zu seyn?

Ich zweifle sehr, das jemand dies von den mittelbaren Bürgern oder Unterthanen des teutschen Reichs werde behaupten wollen, oder daß man es mit Billigkeit von ihnen erwarten könnte.

Aber sollte man es nicht desto gewisser, und mit dem größten Rechte, von Allen denen erwarten, welchen als unmittelbaren Ständen des teutschen Reichs an der Erhaltung seiner Grund-Verfassung Alles gelegen seyn muß, da sie derselben ihre wichtigsten Vorzüge und Vortheile, da sie ihr alle ihre Besitzungen und Rechte zu danken haben? Der stärkste Antrieb zum wärmsten und thätigsten Patriotismus ist unstreitig dieser: wenn wir uns in einer solchen Lage befinden, daß wir nur *salva re publica* selbst *salvi* seyn können. Dies war der Fall der Griechen als sie vom Darius und Xerxes angegriffen wurden: dies ist der Fall, worin sich gegenwärtig wo nicht alle, doch unstreitig 99/100 der teutschen Reichsstände befinden. Beyder Lage ist, in dieser Rücksicht, so gleich, daß man sich billig verwundern müßte, wenn gleiche Ursachen nicht auch hier gleiche Wirkungen hervorbringen sollten.

Doch hier drängen sich mir so vielerley Betrachtungen, Fragen, Zweifel, Wünsche und Träume auf einmahl auf, daß ich um Erlaubniß bitten muß, Athem zu schöpfen, und das alles erst in meinem eignen Gemüthe in einige Ordnung zu bringen, ehe ich den Versuch mache, es der weitern Beherzigung des geneigten Lesers vorzulegen.

W.

Wer soll regieren?

Stilpon oder über die Wahl eines Oberzunftmeisters in Megara erschien 1774 im *Teutschen Merkur* und ist ein kleines Kammerspiel über politisches Räsonieren. Zwei Ratsherren aus der Stadt Megara suchen den Philosophen Stilpon auf und bitten ihn um Rat, wen sie zum Oberzunftmeister, sagen wir: zum Stadtoberhaupt wählen sollen. Der eine sei gutmütig und dumm, der andere ein intelligenter Bösewicht. Stilpons Antwort: Seid ihr verrückt? Keinen von beiden!

Die Angelegenheit ist nicht bloß spaßig oder eine Satire auf das ewige ‚wie Politik nunmal ist' – das wäre langweilig. Interessant ist, wie die beiden Ratsherren für ihren jeweiligen Kandidaten argumentieren. Sei es nicht jedenfalls richtig, einen am Guten Interessierten zu wählen? Gewiß, aber der mache durch seine Dummheit doch alles wieder zunichte, wo der kluge Bösewicht doch zu Gutem zu überreden sei, wenn man ihm klarmachen könnte, daß es ihm selbst nütze... – So geht es hin und her, und Stilpon scheint einer der beiden Positionen zuzuneigen, doch bleibt die Mahnung, daß man bei der Diskussion über das kleinere Übel nie vergessen sollte, daß man eben zwischen Übeln wählt, und die Frage doch wohl zunächst sein müsse, wie man dahin komme, kein Übel wählen zu müssen.

Wie die Geschichte ausgeht, sei hier nicht verraten.

Stilpon oder über die Wahl eines Oberzunftmeisters von Megara.

Eine Unterredung.

Jedermann wird uns eingestehen, daß der erste Minister des Königreichs Lilliput, (eines Staats von Doctor Swifts Schöpfung, den viele unsrer Leser vielleicht besser kennen als ihr eigenes Vaterland) um die Lilliputer und ihre Nachkommenschaft glücklich zu machen, ein Mann von eben so grossen Talenten, Kenntnissen und Tugenden seyn müßte, als ob er Frankreich oder Spanien zu verwalten hätte. Vorausgesetzt, daß diese Lilliputer eine Art von Menschen sind, möchten sie, mit uns gemessen, so klein als die Käsemilben seyn, es würde immer ein Cecil, oder Sülly, oder Colbert, oder eine Vereinigung mehrerer Männer von diesem Werth erfodert, um Lilliput wohl zu regieren; und in so fern nur in diesen Ministern der Geist eines Cecils, Süllys oder Colberts würkte, möchten sie immerhin nur fünf oder sechs Daumen hoch seyn; dies hätte nichts zu bedeuten.

Wenn dies in Absicht der Minister von Lilliput richtig ist, warum sollte nicht das nehmliche von den Vorstehern eines jeden kleinen Staates gelten? Gleichwohl ist das gemeine Vorurtheil wider die kleinen Staaten. Man pflegt sie gewöhnlich mit Verachtung anzusehen, bloß weil sie klein sind; und wer z. B. zu Wien, Berlin oder Hannover im Ernste von einem Phocion, Cato oder Cicero der Reichsstadt Pfullendorf spräche, würde gewiß von den meisten seiner Zuhörer so angesehen werden, als ob er etwas sehr Ungereimtes gesagt hätte.

Ich will damit weder bejahet noch verneint haben, daß es in Pfullendorf oder irgend einer andern Reichsstadt jemals einen Phocion, Cato oder Cicero gegeben habe. Ich behaupte nur, daß es ein möglicher Fall sey; und daß die kleinste aller Republiken eben so gut Männer von diesem Schlage in ihrem Schoose hegen könne, als es möglich ist, und sich vermuthlich schon oft zugetragen hat, daß der Herr von einem Paar Dörfern ein Titus oder Antoninus gewesen wäre, wenn der Himmel für gut befunden hätte, ihn über viel zu setzen.

Wenn Männer von großem Geist und Herzen in kleinen Staaten, z. Ex. in Abdera, verhältnißweise seltner sind, als in großen – denn selten sind sie überall und zu allen Zeiten – so lassen sich davon ein Paar sehr gute Ursachen angeben. Eine davon liegt in den Schwierigkeiten in einem Abdera ein großer Mann zu werden, und die andre in den Schwierigkeiten, es zu seyn.

Ordentlicher weise wird man nur dann ein großer Mann, wenn man durch die Erziehung dazu gebildet, durch Beyspiele aufgefodert, durch Ruhmbegierde oder Hofnung glänzender Belohnungen angefeuert wird. Keine von diesen Ursachen hat gewöhnlich in sehr kleinen Staaten Platz. Wenn wir Sparta – welches freylich nur eine kleine Republik war, aber einen der größten Sterblichen zum Gesetzgeber gehabt hatte, – und das alte Rom – welches schon in seinen ersten Anfängen die ganze Anlage seiner künftigen Größe enthielt – ausnehmen, so ist vielleicht keine kleine Republik zu nennen, in welcher Erziehung und Beyspiel vortrefliche Bürger hervorgebracht hätten. Und wie sollten Belohnungen diese Würkung thun können in einem Staate, dessen Armut kaum für seine dringendsten Bedürfnisse hinreicht? Gewiß eben so wenig als die Hofnung des Nachruhms, oder wenigsten der Hochachtung seiner Zeitgenossen. Denn was für Hofnung könnte sich der obbesagte Cato oder Phocion der Reichsstadt Pfullendorf machen, in den Jahrbüchern der Menschheit zu glänzen, er der im Mindesten nicht darauf rechnen kann, nur wenige Meilen außerhalb der Ringmauren seiner Vaterstadt für den Mann, der er ist, bekannt zu werden? Ihm gilt es also ganz eigentlich, was Cicero dem alten Scipio zu seinem Enkel sagen läßt: durch ihren eigenen Reitz muß dich die Tugend zu edlen Thaten ziehen! Das Bewustseyn seines Verdienstes ist die einzige gewisse und merkwürdige Belohnung auf die er zählen kann. Aber was für feinen Thon muß die Natur nehmen, um solche Herzen zu bilden; und wie selten thut sie das?

Noch größer sind in kleinen Republiken*), gewöhnlich, die Hindernisse, die ein Mann überwinden muß, um würklich große Dienste zu leisten. Nirgends findet man – die Natur der Sache bringt es so mit sich – eingeschränktere Seelen, härtere Köpfe, kältere Herzen; nirgends mehr Eigensinn, Eifersucht, Neid, Wankelmuth, Falschheit; nirgends hartnäckigere Vorurtheile; nirgends

*) Das Wort Republik wird hier immer in der weitesten Bedeutung genommen, deren es fähig ist.

mehr Trägheit zu Unternehmungen, die keinen Privatnutzen versprechen; nirgends mehr Widerwillen gegen alles, was Dummköpfe Neuerungen nennen – als in kleinen Republiken.

O Abderiten, Abderiten – pflegte Demokritus seinen geliebten Landsleuten zuzurufen: sträubt euch doch nicht so gegen Neuerungen! alles Alte bey euch taugt nichts; alles muß neu zu Abdera werden, wenn es gut werden soll.

Aber wie solte diese Denkensart in kleinen Republiken nicht Ketzerey seyn? Jeder Schritt, den man darinn zum Bessern thun will, geht über ehrwürdige oder verjährte Mißbräuche; und bey jedem Mißbrauch, auf den man tritt, schreyen etliche – wackere Leute, denen es wehe thut. Daher der Haß, der in solchen Gemeinheiten das wahre Verdienst zu drücken pflegt. Daher, daß es als eine Art von Hochverrath angesehen wird, wenn ein Mensch von gesundern Kopfe sich die Freyheit nimmt, die Gebrechen der Staatsverwaltung wahrzunehmen. Wie dem guten Ovid*), wird es hier oft einem armen Schelme zum Verbrechen gemacht, mit seinen Augen gesehen zu haben, was die Herren nicht wollen, daß man sehen soll. In diesem Stücke konnte der Despotismus unter den alten Cäsarn selbst nicht strenger seyn, als er es oft in dem kleinsten Städtchen oder an dem kleinsten Höfchen ist.

Die große Schwierigkeit einen kleinen Staat wohl zu regieren, liegt nicht in seiner Kleinheit; denn, warlich, nur mit tausend Männern, die mit zusammengesetzten Kräften auf Einen Punkt loßarbeiten, – lassen sich Wunder thun. Die Schwierigkeit liegt bloß darinn, „Tausend Leute zu – Männern zu machen, und dann in diese Männer Einen gemeinschaftlichen Geist zu hauchen, der alle ihre Bewegungen nach Einem gemeinschaftlichen Endzweck richte.“ In kleinen Staaten ist dies oft so schwer, als die gefabelten Wunder des Orpheus und Amphion.

Diese Betrachtungen haben mich öfters bewogen, einen Bürgermeister einer unbedeutenden Reichsstadt, oder einen Vorsteher einer kleinen helvetischen Republik mit eben der Ehrfurcht anzusehen, womit man die Bilder der großen Männer des alten Griechenlandes und Roms anzusehen pflegt. Ich könnte mehr als einen nennen, auf dessen Grab ein schlechter von Reisenden unbesuchter Stein liegt, dessen Bild auf Münzen und Cameen die Cabinetter

---

*) *Cur aliquid vidi? cur noxia lumina feci?*

der Kenner zieren, und die Alterthumsforscher beschäftigen würde, wenn er das in Rom gethan hätte, was er in seinem kleinen Vaterlande that!

Aber wozu dieser Eingang? – Bloß dazu, damit sich nicht manche unsrer Leser abschrecken lassen, wenn sie sehen, daß es in dem folgenden Gespräche nur darum zu thun ist, ob Lampus, oder Gorgias, oder Megillus Oberzunftmeister in der kleinen Republik Megara werden soll, einer Republik, die schon längst Nichts mehr ist, und die, in der That, als sie noch Etwas war, sehr Wenig war. Den Megarern war an der Auflösung dieses Problems sehr viel gelegen; und wer weiß, ob nicht an der Art, wie es in des Philosophen Stilpons kleinem Gartensaal aufgelößt wurde, mancher kleinem und großem Republik (die vom Diogenes und die Insel Otahity ausgenommen) um ein merkliches mehr gelegen seyn möchte, als an der Frage,

ob Skaramuz, ob Skapin besser tanze?

* * *

Stilpon befand sich eines Abends in seinem Garten, und half seinem kleinen Knaben Schmetterlinge fangen, – denn, wiewohl der Knabe schon vier volle Jahre alt war, wußte er doch noch nichts von Metaphysik, Geographie, Astronomie, Weltgeschichte, Moral, Statistik, Grammatik und Dialektik; und Stilpon, wiewohl er ein Philosoph war, schämte sich nicht, eines so unwissenden Knaben Vater zu seyn, sondern half ihm, wie gesagt, Schmetterlinge fangen – als man ihm sagte, daß die Rathsherren Kleon und Eukrates in seinem Gartensaale wären. Diese Herren waren seine Freunde, so gut als Rathsherren Freunde eines Philosophen, der kein Rathsherr ist, seyn können; sie schätzten ihn hoch, fragten ihn öfters um Rath, wiewohl gemeiniglich erst, wenn es zu spät war, und wenn es auch nicht zu spät war, folgten sie ihm doch selten. Denn (sagten sie) sein Rath ist zwar gut; es ist klar, daß man es so machen müßte, wenn man's recht machen wollte; aber – es läßt sich nicht thun; Stilpon würde das eben so gut einsehen als wir, wenn er ein Rathsherr wäre.

Der Philosoph vermuthete die Ursache ihres Besuchs, und vernahm bald, daß er sich nicht geirret hatte. Die guten Männer waren in grosser Verlegenheit; denn, in der Lage, worinn sich ihre Republik damals befand, war dem gemeinen Wesen an der Wahl eines Oberzunftmeisters unendlich viel gelegen;

und sie beyde meynten es gut mit ihrem Vaterlande, zumal wenn sie wohl verdauten, gut schliefen, und keine besondere Ursach hatten, fünfe für gerade gelten zu lassen.

Rathen Sie uns, Stilpon, sagten sie; helfen Sie uns, wenn Sie können; nie hat sich Megara in einem gefährlichern Augenblicke befunden. Der Tod des rechtschafnen Demokles hat alles Gute, was er angefangen hatte, unvollendet gelassen. Die Redlichen haben ihren Beschützer verlohren, die Übelgesinnten schöpfen Hofnung, und diejenigen, in deren Dummheit oder bösem Willen alles, was zum gemeinen Besten unternommen wurde, immer den entschlossensten Widerstand fand, stehen an der Spitze aller Dummköpfe und bösen Buben bereit, die Republik zu überrumpeln. Die Wackelköpfe – wackeln, und die Schiefdenker, die überall Gefahr sahen, wo keine war, wissen sich itzt viel mit ihrer Scharfsichtigkeit, das Schwerdt nicht zu sehen, das an einem Pferdehaar über uns hängt. Alle, die durch Abstellung der alten Mißbräuche verlohren haben, (und Sie wissen, Stilpon, wie groß ihre Anzahl ist) glauben ihre Wiederherstellung als ein Recht fodern zu können, und arbeiten mit Eifer für denjenigen, dessen Schwäche oder verkehrte Denkensart ihnen die meiste Hofnung giebt zu ihrem Zweck zu kommen. Was wird das kleine Häufchen der Wohlgesinnten gegen sie vermögen; zumal, da wir nichts weniger als zusammenstimmen. Denn Einige haben den Muth nicht, etwas zu wagen; Andre sind schwach genug, Masken für Gesichter anzusehen; Einige sind es so sehr, daß sie sich einbilden können, ein Mann, den sie in hundert Fällen ungerecht, boshaft, falsch, rachgierig handeln gesehen haben, werde doch wohl kein so schlimmer Mensch seyn, und zum hundert und erstenmale auch so handeln. Kurz, guter Stilpon, wir sind in unmittelbarer Gefahr in die Hände eines Lampus oder eines Megillus zu fallen.

Das ist, sagte Stilpon, ungefehr so viel, als entweder an Scylla zu stranden, oder von Charybdis verschlungen zu werden. Die Wahl ist nicht die angenehmste. Lampus ist dumm, Megillus boshaft; und die Megarer, wenn sie ihre Wohlfahrt von dem einen oder dem andern abhangen machten, was wären die?

KLEON. Du kennst die Welt, Stilpon, und dir sollte fremde vorkommen was beynahe täglich geschieht? Wie oft befinden sich die ehrlichsten Leute in dem traurigen Falle, aus zweyen Übeln eines wählen zu müssen.

STILPON. Da bedaure ich diese ehrlichen Leute!

KLEON. So bedaure uns beyde. Du kennest unsre Lage. Lampus oder Megillus – Scylla oder Charybdis, wie du sagtest! Es steht nicht in unsrer Macht, zu verhindern, daß nicht einer von diesen beyden erwählt werde: Aber wir haben wenigstens so viel Einfluß, daß wir die Wahl auf den Einen oder den Andern lenken können. Und eben dies ist, was uns verlegen macht.

STILPON. Aber was haben denn die armen Megarer gethan, daß sie nun schlechterdings einem Lampus oder Megillus aufgeopfert werden sollen? Bedenken Sie, meine guten Herren, daß eine einzige grosse Thorheit oder Übelthat, die ein solcher Mann begehen wird, dem es an den Fähigkeiten oder an der Tugend, die sein Platz erfodert, mangelt, Folgen haben wird, deren Schädlichkeit noch die Kinder unsrer Enkel fühlen müssen! Fehlt es denn so gänzlich an rechtschaffenen Männern in Megara? Könnte die Wahl nicht für einen von Ihnen beyden entschieden werden? Warum soll der Mann, der uns regieren soll, nun eben schlechterdings einen schwachen Kopf oder ein schlechtes Herz haben?

EUKRATES. In der gegenwärtigen Lage der Sachen, werden wir uns vielleicht noch glücklich schätzen müssen, wenn es uns nicht noch schlimmer geht. Wissen Sie denn nicht, daß Gorgias Himmel und Erde bewegt, um seine beyden Mitbewerber zu verdrängen, und daß er, wenn keiner von diesen obsiegt, die größte Hofnung hat?

STILPON. Dies wäre in der That noch schlimmer als schlimm. Ein verschobenes Gehirn und ein verkehrtes Herz, in Einem Menschen vereiniget, – an der Spitze der Republik wäre gerade, was wir nöthig hätten, um unfehlbar verlohren zu gehen. – Daß es nur möglich seyn soll, so etwas besorgen zu müssen! Der blosse Gedanke empört meine Seele gegen alle eure Republiken und polizierte Staaten, in welchen – und in welchen allein – solcher Unsinn möglich ist. O ihr glücklichen Baktrianer und Korasmier! wer wollte nicht lieber mit euch unter Zelten oder in Grotten, Laubhütten und hohlen Bäumen wohnen? Ihr seyd frey, und wenn ihr einen Anführer gebraucht, so ist es der beste Mann unter euch! Und wir – vergeben Sie, meine Herren – der Gedanke, daß Sie der armen Republik wohl gar einen Gorgias zum Vorsteher geben könnten, hat mich einen Augenblick umgeworfen, wie sie sehen. Sie wissen, daß es mir für meine Person gleichviel seyn kann, wer uns regiert. Aber ich kann und will es nicht dahinbringen, für das Glück oder Unglück meiner Nebenmenschen gleichgültig zu werden.

EUKRATES. Wir eben so wenig, guter Kleon, und blos darum, weil wir überzeugt sind, daß der Republik kein grösseres Unglück begegnen könnte, als die Beute eines Gorgias zu werden, sind wir zu allem entschlossen, was ein Mittel, dieses Ärgste von ihr abzuwenden, werden kann.

KLEON. Es ist wahr, Gorgias hat wenig Freunde. Wer sollte den Mann lieben, von dem auch der schaamloseste feileste Lobredner keine einzige edle Neigung, keine einzige gute That anzuführen wußte, um die Schwärze seines Charakters nur durch Eine lichte Stelle zu mildern? Den Mann, den irgend ein feindseliger Dämon mit einer so unglücklichen Sinnesart gestraft hat, daß man nur alle diejenigen, die er haßt und verfolgt, zu zählen braucht, um die verdienstvollesten und liebenswürdigsten Personen von Megara herzuzählen.

EUKRATES. Dem ungeachtet hat er sich einen Anhang zu machen gewußt. Ja, die meisten sind ihm gerade darum ergeben, weil sie ihn als einen übelthätigen und unversöhnlichen Mann kennen. Die Furcht thut bey vielen Menschen die Würkung der Liebe. Dies weiß Gorgias, so dumm er sonst ist; sie mögen mich immer hassen, denkt er, wenn sie mich nur fürchten. Die übrigen halten zu ihm, weil sie selbst dumm und unwissend genug sind, daß er ein Mann von Einsicht und Geschicklichkeit in ihren Augen ist, ungeachtet ein paar Dutzend Kunstwörter, etliche wohl oder übel angebrachte Sprüche, die er aus einer Sammlung von Apophtegmen gestohlen hat, und einige subalterne Talente, die ihn allenfalls fähig machten, ein mittelmäßiger Sykophant oder ein erträglicher Schreiber zu seyn, sein ganzes Verdienst ausmachen. Wie dem auch sey, genug, er hat seinen Anhang; er wird unter der Hand von den Atheniensern unterstützt; er ist reich, und hat mittelst einer Freygebigkeit, die durch ihren Beweggrund vielleicht zu seinem größten Verbrechen wird, einen ansehnlichen Theil des Volkes so sehr bethört, daß sie ihn heute noch zum Oberzunftmeister machen würden, wann die Wahl vom Volk abhienge. Gorgias ist also furchtbar; wenn wir nicht vorsichtig sind, wird er sich zwischen Lampus und Megillus hineindrängen, und, o! der glücklichen Zeiten, die wir dann erleben werden!

STILPON. Ich wüßte wohl einen Rath; aber er ist nur für die Zeiten unsrer Urältervväter gemacht. Leute, wie wir, müssen sich alles gefallen lassen.

KLEON. Das wäre hart, guter Stilpon! So sehr wollen wir uns selbst nicht verlassen. Da wir keine Hofnung haben, der Republik so viel Gutes thun zu können, als wir wünschten, so muß es nun unsre Sorge seyn, ihr so wenig Böses zufügen zu lassen als möglich. Wenn man nun einmal in der unseligen Nothwendigkeit ist, aus zween oder dreyen Übeln eines zu erwählen, so ist da weiter nichts zu thun, als so genau als möglich abzuwägen, welches das leichteste sey, und dann herzhaft zuzugreifen.

EUKRATES. Dies ist es auch eigentlich, was uns zu dir führt, Stilpon. Wir wollten dich um deinen Rath bitten. Unglücklicherweise können wir, Kleon und ich, uns nicht vergleichen, ob Lampus oder Megillus das kleinere Übel sey. Lampus ist dumm, Megillus böse, Gorgias beydes. Die beyden ersten zusammengenommen sind ungefehr so schlimm als der Letzte allein; aber daraus folgt nicht, daß einer von ihnen gerade so viel wiegt als der andre. Megillus, so schlimm er ist, hat Verstand, sage ich: Lampus, so dumm er ist, hat ein gutes Herz, sagt Kleon. Kleon ist für das Herz; ich, für den Verstand: welcher von uns beyden hat Recht? Was ist Ihre Meynung, Stilpon?

STILPON. Die Frage ist ungefehr wie diese: Wir brauchen zu einer Reise nach Syrakus einen Steuermann; wer taugt besser dazu, ein Tauber oder ein Blinder? Ich gestehe Ihnen, meine Herren, ich habe einige Zweifel gegen das gute Herz Ihrer Dummköpfe und gegen den Verstand Ihrer Schurken. (Sie erlauben mir doch den Dingen ihren rechten Namen zu geben; es ist eine böse Gewohnheit, die mir noch von dem ehrlichen Diogenes her anklebt, den ich, wie Sie wissen, so lang er lebte, als meinen Meister ehrte.) Aber ich bin ein Mann, der sich berichten läßt. Lassen Sie hören!

KLEON. Wenn Sie mir zugeben, daß es am Ende doch immer das Herz ist, was den Menschen regiert, und daß ein Mensch, dessen Herz redlich und gut ist, so schwach er auch übrigens seyn mag, doch immer wenigstens den Willen hat, gut zu handeln: so hoffe ich meine Sache noch wohl gewinnen zu können. Ein Mann von Verstande, dessen Herz schlimm ist, wird desto mehr Böses thun, je mehr er Verstand hat; den Willen dazu hat er ohnehin; aber der Verstand vermehrt seine Macht, giebt ihm mehr Mittel an die Hand, lehrt ihn seine Absichten geschickter verbergen, seine übelthätigen Leidenschaften besser zu bemänteln; setzt ihn in den Stand, sich der Schwachheiten andrer Leute zu bedienen, und oft sogar redliche wohlgesinnte Personen zu Werkzeugen seiner bösen Anschläge zu machen. Ein guter Mensch, von sehr eingeschränkten Fähigkeiten, wird aus Unvermögen weniger Gutes thun, als er zu thun wünscht; aber er wird doch gewiß alles Gute thun, wozu man ihm Gelegenheit und Mittel zeigt. Da er selbst gut ist, so wird er auch die Guten lieben; und wenn unter diesen Leute von grossem Verstande sind, so wird es ihnen nicht schwer seyn, ihn dahin zu bringen, daß er alles das Gute thue, das sie selbst an seinem Platze thun würden; zumal wenn sie (nach unsrer Voraussetzung) klug genug sind, ihm ihre Stärke und Überlegenheit so wenig als möglich fühlen zu lassen. Der gute schwache Mann wird also (im glücklichen Falle wenigstens) nicht nur selbst so viel Gutes thun als er kann und weiß; er wird auch alles, oder doch einen großen Theil des Guten thun, was verständige Personen von rechtschafnen Grundsätzen ihm an die Hand geben; und, wissentlich, wird er gewiß nichts Böses befördern. Denn dies kann ihm nur alsdann begegnen, wenn er entweder von Übelgesinnten falsch berichtet ist, oder seinen eignen Vorurtheilen, oder Leuten von unzuverläßigem Urtheil, die er vielleicht um angenehmer Eigenschaften willen liebt, zu viel Gehör giebt; ein Fall, der sich nur selten zutragen wird, wenn die Verständigen und Rechtschafnen so wachsam und thätig sind, als man billig von ihnen erwarten kann. Hingegen der böse Mann, der Verstand hat, wird nicht nur alles Böse thun, wozu ihn seine eigenen Leidenschaften und schlimmen Fertigkeiten treiben, und wozu ihm sein Kopf die Mittel zeigt; er wird auch alles Böse thun, was alle übrigen Bösewichter in seinem Würkungskreise mit seinen eigenen Anschlägen und Absichten zu verbinden wissen, und mit unermüdeter Stetigkeit alles Gute hindern, was die Wohlgesinnten in Vorschlag bringen, oder selbst thun wollen. Dieses letztere ist ein sehr wichtiger Umstand, der, wie mich däucht, der Frage den überwiegendsten Ausschlag giebt. Derjenige, der alles Gute, wozu man ihm Gelegenheit giebt, aus Neigung thut, und nur das Böse, wozu er unwissenderweise betrogen wird, wird unendlichmal weniger Böses thun, als ein Andrer, der aus eigner Bewegung alles Böse thut, was er und seine Helfer thunlich finden, und alles Gute hindert, was die ehrlichen und verständigen Leute thun wollen. Die Sache ist, wie Sie sehen, einer Art von Berechnung fähig; und ich habe mich, bisher wenigstens, der Augenscheinlichkeit derselben nicht entziehen können. Ich glaube also nicht fehlen zu können, wenn ich mich für den ehrlichen Lampus erkläre, der zwar, wie wir alle wissen, leider! einen sehr schwachen Kopf, aber gewiß kein übelthätiges Herz hat, und also, höchstwahrscheinlicherweise, der Republik, in den vorliegenden Umständen, das wenigste Böse zufügen wird.

EUKRATES. Hören Sie nun –

STILPON. Um Vergebung! wie, wenn wir uns vor allen Dingen etwas deutlicher erklärten, was wir unter einem Manne von guten und bösen Herzen verstehen? Sie wissen, daß nichts zweydeutigers ist, als ein gutes Herz, nach dem Gebrauch, den man im gemeinen Leben von dieser liebenswürdigen Benennung macht. Der Bettler hält den Ersten den Besten, der ihm ein paar Dreyer giebt, für einen guten Mann, und die Nichtswürdigen, an die ein blöder Fürst seine Wohlthaten verschwendet, werden, wenigstens so lange sie Hofnung haben, noch mehr zu bekommen, vom Lobe seiner Großmuth und Gutherzigkeit überfliessen. Der Pöbel, der die Großen nur von ferne sieht, urtheilt von ihrem Inwendigen nach ihrer Mine; ein freundliches Aussehen, eine muntre Laune, eine gewisse Popularität ist oft hinlänglich, dem schändlichsten Tyrannen eine Zeitlang Liebe zu erwerben. Überhaupt wird Schwachheit der Seele und Gutes Gemüth täglich von den Meisten verwechselt. Wie Vielen schreibt man bloß darum ein gutes Herz zu, weil es ihnen an Muth fehlt, so viel Böses zu thun, als sie wünschten; oder, weil sie aus Trägheit, oder Furcht vor einem unangenehmen Augenblick, sich lieber Alles gefallen lassen, lieber Alles übersehen, als sich die Mühe geben mögen, Untersuchungen anzustellen – oder weil sie zu schwach sind, auch zu den unverschämtesten Bitten oder Foderungen Nein zu sagen? Wie manche Regenten haben den Ruf eines guten Herzens einzig und allein dem Umstand zu danken, daß man unter ihrer Regierung ungestraft ein so arger Bube seyn darf, als man will? Und fehlt es etwan an Beyspielen von Heuchlern, die jenen Ruf bloß dadurch erschlichen haben, daß sie vorsichtig genug waren, alles Böse, was sie thun wollten, durch andre zu thun? Lassen Sie uns also, eh wir weiter gehen, übereinkommen, was wir für einen Begriff mit den Worten Gutes Herz verknüpfen wollen.

KLEON. Ich glaube mich hierüber bereits deutlich genug erklärt zu haben. Vorausgesetzt, daß ein Mensch, der gar keinen Unterschied zwischen Recht und Unrecht fühlt, ein höchst ungewöhnliches Ungeheuer sey, verdient (deucht mich) derjenige den Namen eines Guten Menschen, der alles Unrecht aufrichtig verabscheut, und eben so aufrichtig wünschet, immer recht zu handeln. Die Unzulänglichkeit seiner Einsichten, eine gewisse Schwäche der Seele, die ihn dem Betrug oder der Verwegenheit andrer Menschen bloß stellt, oder ihn vielleicht unfähig macht, seine eigenen Begierden und Leidenschaften gehörig zu regieren, — kann nur zu oft die Ursache großer Übereilungen und Fehltritte werden: aber alles Böse, wozu er solchergestalt verleitet werden mag, kann ihm doch den Namen eines Guten Menschen nicht rauben. Er verdient ihn, weil er gut zu seyn wünscht, und weil er es auch allezeit ist, so oft nicht äußere Einflüße, die für ihn zu stark sind, ihn aus seiner gewöhnlichen Fassung setzen, oder seinen Bewegungen eine falsche Richtung geben.

STILPON. Was sagen Sie zu dieser Erklärung, Eukrates?

EUKRATES. Ich denke, daß es unserm Freunde Kleon vielleicht große Mühe gemacht haben möchte, eine andre zu finden, wobey die blöden Seelen, die er nun einmal in seinen Schutz genommen hat, besser davon gekommen wären. Aber, wie dem auch seyn mag, da diese Erklärung zu dem Zwecke, wozu wir sie gebrauchen, so gut als eine andre ist, so bin ich bereit, es dabey bewenden zu lassen; und behaupte also, ohne weitere Vorrede, daß ein schwacher Mensch, mit dem besten Herzen von der Welt, das unfähigste unter allen Wesen sey, sich selbst und andre zu regieren; und, da mir Kleon einwenden wird, daß ein solcher schwacher Mensch, weil er doch, um zu regieren, regiert werden müsse, eben sowohl durch verständige und gute Menschen, als durch Narren und Bösewichter regiert werden könne; und also wenigstens im glücklichen Falle unendlichmal weniger Böses thun werde, als ein Mann von bösem Willen; so behaupte ich ferner, daß diese Art von Menschenkindern ihrer Natur nach unfähig sey, sich von verständigen und guten Menschen regieren zu lassen. Ich glaube mir den Beweis dieser Sätze und Ihnen die Mühe, solchen zu fassen, nicht mehr erleichtern zu können, als wenn ich Ihnen nur mit flüchtiger Hand, das Bild eines schwachen Menschen vorzeichne, so wahr und getreu nach dem Leben kopiert, als ich nur immer kopieren kann. Der Originale, die dazu gesessen haben könnten, gehen so viele in der Welt herum, daß nichts leichter seyn wird, als sich zu überzeugen, daß ich keine Schimäre gemahlt habe. Ein schwacher Mensch — lassen Sie seinen Willen so gut seyn, als er kann — hat nicht Verstand genug, Wahres und Falsches von einander zu unterscheiden, und dies ist, wo nicht die einzige, doch gewiß die erste und fruchtbarste Ursache alles des Bösen, was ich von ihm zu sagen gezwungen seyn werde. Seine Seele schwebt je und allezeit in einer betrüglichen Dämmerung, wo ihm beynahe alle Dinge anders vorkommen, als sie sind. Desto schlimmer für ihn, wenn er demungeachtet richtig zu sehen glaubt; denn desto unmöglicher wird es, ihm den Dunst von den Augen zu blasen. Vermöge des guten Willens, womit wir ihn begabt voraussetzen, wünscht er, in jedem vorkommenden Falle, recht zu handeln. Aber zum Unglück für den gutherzigen Schwachkopf ist es unmöglich, daß man in irgend einem Falle recht handle, wenn man nicht weiß, was sich schickt, nicht unterscheiden kann, was, im gegebnen Falle, recht ist. Der schwache Mensch der dies nicht kann, möchte gar zu gern alles seyn, was er seyn sollte; aber die beschwerlichen Fragen, wer, was, wie, wo, wann, warum und womit, Fragen, die zum Unglück für den blöden Kopf alle Augenblicke wiederkommen, verderben ihm immer das Spiel. Denn entweder beantwortet er sich diese Fragen falsch, oder – kürzer davon zu kommen – er fragt gar nicht. Daher kömmt es dann, leider! daß er standhaft ist, wo er nachgeben sollte, und nachgiebt, wo ein weiser Mann wie eine Mauer stünde; daß er Herz hat, wo er zittern sollte, und zittert, wo nichts zu fürchten ist; daß er zurückhaltend ist, wo ihm nützlich wäre, offen zu seyn; streng, wo er gelinde; verschwendrisch, wo er sparsam, und sparsam, wo er freygebig seyn sollte. Daher, daß er nie weder die Menschen, mit denen ers zu thun hat, noch die Sachen, wovon die Rede ist, noch die Umstände, auf die immer alles ankömmt, zu unterscheiden weiß; daher so viele Fehler, die durch ihre Folgen oft so schädlich sind, daß er mit allem möglichen bösen Willen nichts schlimmers hätte thun können. Daher, daß er, weil er gehört hat, daß einige Spitzbuben Verstand haben, alle Leute von Verstand für Spitzbuben hält; daß er Kleinigkeiten mit Ernst und als wichtige Dinge, die würklich wichtigen Dinge hingegen obenhin behandelt; daß er sich einbildet, was einmal gelungen oder mißlungen ist, werde immer gelingen oder mißlingen; oder eine Würkung, die aus ihrer natürlichen Ursache sehr natürlich erfolgte, werde auch ohne Ursache erfolgen. Daher endlich das geheime Mißtrauen, das er in sich selbst setzt, und welches (so widersinnisch dies auch scheint) beynahe immer so groß ist, daß es das allgemeine Mißtrauen, so er in die übrigen Menschen setzt, überwiegt, und daher die Ursache wird, warum er seinem eignen Urtheil nur selten, und dann gerad am wenigsten folgt, wenn sichs zuträgt, daß er richtig urtheilt. Gestehen wir, meine Freunde, daß der beste Wille ohne Verstand, und (worauf hier alles ankömmt) ohne den Verstand, den man gerade vonnöthen hat, seinem Besitzer in den meisten Fällen ungefehr so viel Dienste thut, als ein Degen, der nicht aus der Scheide geht, einem Manne, der sich wehren soll. Ich sage, ohne den Verstand, den man dazu, was man vorstellen soll, vonnöthen hat. Denn was hilft dem ehrlichen Lampus, um Oberzunftmeister zu seyn, daß er sich besser als irgend eine obrigkeitliche Person in Griechenland auf die Pastetenbeckerey versteht, und in der Kunst Wachteln abzurichten seines gleichen sucht?

Aber (wird mein Freund Kleon sagen) können nicht andre ehrliche Leute für den schwachen Lampus Verstand haben? — Ehrliche Leute? Die ehrlichen Leute, denen er sich anvertrauen sollte, müßten so schwach seyn als er selbst; und wozu würden sie ihm alsdann helfen? Ein Blinder kann freylich eines andern Blinden Führer seyn, in so fern der Führer wieder seinen Führer hat; aber wenn nun auch des Führers Führer blind wäre? so würden alle drey gelegenheitlich in die Grube fallen. Die Sache wird, wie Ihr seht, nicht besser, wenn gleich dreyhundert Blinde einander führen wollten. Und von Blinden, d. i. von ihres gleichen, müssen sich die guten Schwachköpfe nun einmal führen lassen. Sie müßten besonders glücklich seyn, wenn sie von ungefehr auf einen Einäugigen oder Schieler stößen. Man hat Beyspiele davon, aber sie sind selten; und man trift zehn Fälle gegen einen, wo die armen Blinden an einer langen Reihe, immer einer den andern am Ermel haltend, von irgend einem schlauen Spitzbuben dahergeführt werden, ohne zu wissen wohin. Denn was die ehrlichen Leute, welche Verstand haben, betrift, so ist Erstens ausgemacht, daß sie sich mit den ehrlichen Leuten, die keinen haben, von jeher nicht wohl haben vertragen können; und dann, gesetzt auch, daß sie sich aus Liebe zum gemeinen Besten überwinden wollten, so könnte dies zu nichts helfen. Denn, wie gesagt, die ehrlichen Leute, welche Verstand haben, sind zum Unglück gerade die einzigen Menschen, denen der schwache Mann nicht traut, und vor denen er sich als vor seinen ärgsten Feinden hütet. Den Schelmen, die ihn umringen, ist alles daran gelegen, einen jeden von ihm entfernt zu halten, der ihre Schliche beobachten und dem Betrognen die

Augen öfnen könnte. Sie haben also nichts angelegeners als jedem ehrlichen Mann, der nicht von ihrer Rotte ist, noch seyn will, den Weg zu verrennen; und sollte ein solcher zufälligerweise dennoch Mittel finden, das Ohr des schwachen Mannes zu erreichen, so werden sie ihr Haupt nicht eher sanft legen, bis sie ihm weiß gemacht haben, daß der ehrliche Mann ein übelgesinnter, gefährlicher Mensch ist; ungefehr wie die Wölfe in der Fabel den Schafen durch Abgeordnete vorstellen ließen, daß sie eher auf keine glückliche Stunde rechnen dürften, bis sie ihnen die geschwohrnen Feinde ihrer beyderseitigen Ruhe und Freundschaft, den Hirten und seinen Hund ausgeliefert haben würden.

Aber gesetzt auch, der schwache Mann bliebe lediglich sich selbst überlassen, so kann man doch versichert seyn, daß ordentlicherweise diejenigen, die es am besten mit ihm meynen, immer die sind, die er am wenigsten leiden kann. Ein Mann von Verstand kann ihm vielleicht eine Weile zum Zeitvertreibe dienen; aber so bald er sich einfallen lassen wollte, einen ernsthaftern Gebrauch von seinem Verstande zu machen – ein Gedanke, der einem Mann von Verstande sehr leicht kommen kann – so bald er bey Gelegenheit dem schwachen Manne zu verstehen geben wollte, daß er in dieser oder jener Sache Unrecht habe, sich irre, sich betrügen lasse, seine Neigungen oder sein Vertrauen übel anlege, und dergleichen – so würde er das Geheimniß gefunden haben zu mißfallen, gähnen zu machen, und endlich unerträglich zu werden. Schwache Leute hassen nichts so sehr als Vorstellungen, die einem versteckten Tadel oder einer indirecten Beschuldigung von Schwachheit ähnlich sehen. Der Mann von Verstande, der ihnen die Wahrheit sagt, weil er es gut mit ihnen meynt, wird ihnen überlästig; sie entledigen sich seiner je bälder je lieber, und kehren zu ihren Schmeichlern zurück, bey denen sie wieder frey athmen, und der beschwerlichen Zurückhaltung nicht bedürfen, durch welche sie sich dem beobachtenden Blick und dem gefürchteten Tadel des verständigen und ehrlichen Mannes zu entziehen suchen. Kurz, der schwache Mann müßte noch mehr als schwach, er müßte ein völliger Dummkopf seyn, wenn er Leute von Verdiensten zu seinen Freunden erwählen sollte. Dem Dummkopfe könnte so etwas begegnen, weil er bey allem, was er thut, bloß in einen Glückstopf greift: aber ein Lampus, hat gerade noch so viel Verstand, oder Instinkt, (wenn Sie es lieber so nennen wollen) daß er sich zu seines gleichen hält; und wenn er jemals aus Übereilung oder Verführung den Fehler begangen hätte, seine Neigung auf einen verdienstvollen Mann zu werfen; so kann man darauf zählen, daß er bald genug von seinem Irthum zurückkommen, und ohne Mühe über eine so unnatürliche Neigung triumphieren würde.

Es sind also nicht die Verständigen und Rechtschafnen, nicht Männer von Genie, Tugend und Ehre, die dem schwachen Manne, den wir an die Spitze unsrer Republik setzen wollen, zu Hülfe kommen werden. Alles, was diese für ihn thun könnten, geht in Verlust; es ist unmöglich, daß er sie für seine Freunde ansehe, daß er sich ihnen anvertraue. Sie werden ihm als Grillenfänger, seichte Köpfe und Schwärmer, oder als eigensinnige, aufgeblasene, unruhige, auch wohl als übelgesinnte und gefährliche Leute abgemahlt. Anstatt sich ihres Rathes zu bedienen, entfernt er sie so weit von sich, als er immer kann. Sie selbst, überzeugt daß sie unter einer solchen Staatsverwaltung unnütz sind, ziehen sich zurück; und glücklich mögen sie sich schätzen, wenn es noch dabey bleibt; wenn das Mißtrauen, der Kaltsinn, die Abneigung, womit man ihnen begegnet, nicht zuletzt in Haß und Verfolgung ausschlägt, und jede Bemühung für die gute Sache würksam zu seyn, jeder Widerstand, den der blöde Mann und seine Genossen in ihrer Vernunft und Redlichkeit finden, ihnen als ein Verbrechen angeschrieben wird, wofür sie mit dem Verlust ihrer Ruhe, und vielleicht (eine Zeitlang wenigstens) selbst mit dem Verlust der öffentlichen Hochachtung bestraft werden. Denn sehr oft ist diese ein bloßer Wiederhall; der Mächtige, auch dann, wenn seine schlechte Art zu denken und zu verfahren eine kundbare Sache ist, hat immer den großen Haufen auf seiner Seite; und je mehr Vorzüge der Verfolgte hat, je geneigter ist man zu glauben, daß er Unrecht habe.

Der schwache Mann von gutem Willen wird alles Gute thun, wozu man ihm Gelegenheit giebt, und nur das Böse, wozu er betrogen wird, – spricht Kleon. Um Vergebung, guter Kleon! dies ist alles, was sich von dem weisesten und besten Manne sagen läßt; denn auch dieser bleibt doch ein Mensch, Bedürfnissen, Leidenschaften und Einflüssen äußerer Ursachen ausgesetzt, bleibt fehlbar und kann hintergangen oder überlistet werden. Aber der schwache Mann wird immer betrogen, von andern oder von sich selbst, und stiftet um so viel mehr Unheil an, weil er sogar alsdenn Böses thut, wenn er es seiner Meynung nach recht gut machen will. Und da es ihm gewöhnlich eben so sehr an guten Rathgebern als an Einsicht und Überlegung mangelt, so ist es ein bloßer und in der That seltner Zufall, wenn es ihm etwan einmal begegnet, etwas Kluges zu thun, und es mit einer guten Art zu thun.

Um uns aufs stärkste davon zu überzeugen, werfen wir nur einen Blick auf die Staaten, die von einzelnen Beherrschern regieret werden. Wenn man dem Augenschein glauben darf, so werden die meisten dieser Staaten öfter übel regiert als gut; und forschen wir der Ursache nach, so finden wir sie meistens in der Schwäche ihrer Regenten. Vielleicht machen unter einem solchen blöden Fürsten die Rechtschafnen anfangs einen Versuch sich seiner anzunehmen. Aber zum Unglück fürchten sich blöde Fürsten vor nichts so sehr, als vor dem Gedanken, von Andern regiert zu werden; und da sie sich die Überlegenheit eines Mannes von Verstande nicht verbergen können, so ist natürlich, daß sie ihn als eine Art von Hofmeister ansehen, dessen Obermacht ihnen desto unerträglicher wird, weil sie sich auf das Ansehen der Vernunft gründet, gegen welches sich, zu großem Verdruß der blöden Herren, nichts erhebliches einwenden läßt. Sie möchten immer in allen Dingen bloß nach ihrem Belieben handeln, und der rechtschaffne Mann beweißt ihnen immer, daß sie nach Grundsätzen, nach Beschaffenheit der Sache, nach einem Gesetz, das über den Fürsten ist, handeln müssen. Dieser Zwang der Vernunft, der die Freyheit des Weisen ausmacht, wird ihnen endlich unerträglich; und wer kann es ihnen verdenken? Alle Augenblicke sollen sie eine Neigung, einen Wunsch, eine Leidenschaft der Gerechtigkeit, der Klugheit, ihrem Ruhme, dem gemeinen Besten aufopfern; wider die Gründe, die man ihnen vorlegt, ist nichts zu sagen; sie fühlen es und geben nach; aber sie fühlen auch, daß nichts unlustigers ist, als immer einen andern Weg gehen müssen, als den man gehen möchte. Verlassen wir uns also drauf, daß sie sich der beschwerlichen Leute, die immer Recht haben, so bald als möglich entledigen werden. Sie werden sich gefälligere Freunde wählen; die Weisen und Redlichen werden entfernt, oder so lange geplagt, bis sie selbst davon gehen; und bald werden wir Vertrauen, Gunst und Gewalt in den unwürdigsten Händen sehen. Eine Zeitlang glaubt der schwache Fürst sich wohl dabey zu befinden; es ist so angenehm immer geschmeichelt zu werden, immer getreue, ergebene Leute um sich zu sehen, die alles schön und gut finden, was uns gefällt; alles möglich, was wir wünschen; alles preißwürdig, was wir thun! Aber gemeiniglich währt der süsse Wahn nicht länger, als bis diese Nichtswürdigen sich tief genug eingegraben, sich so oft und fest um ihren Raub herumgeschlungen haben, daß er sich nicht wieder von ihnen loswinden kann. Alsdann geht es ihm gemeiniglich wie den Männern, die sich, aus thörichter Furcht vor den vermeynten Fesseln des Ehestandes, von einer wetterlaunischen und unersättlichen Buhlerin tyrannisieren lassen. Sie seufzen unter einer unendlichmal beschwerlichern Abhänglichkeit; und in Augenblicken der Nüchternheit fühlen sie sich desto unglücklicher, weil sie in der Nothwendigkeit sind, ihre Plage, wie einen unheilbaren Schaden, mit sich herum zu tragen und zu nähren. Eine unvermeidliche Folge dieses Zustandes ist das allgemeine Mißtrauen, welches sich endlich solcher Großen bemächtiget und ihr Elend vollkommen macht. Denn wem sollen sie sich vertrauen? Bey wem sollen sie Rath oder Hülfe suchen? Bey den Männern von Verstand und Rechtschaffenheit? Unmöglich. Es ist nicht in der menschlichen Natur, zu jemand Vertrauen zu fassen, den man nicht lieben kann; jemand zu lieben, vor dem man sich scheuet, und den nicht zu scheuen, von dem man Vorwürfe verdient zu haben sich bewußt ist. Und wenn auch dies nicht wäre, so bleibt ihnen doch jeder Mann von überlegnen Fähigkeiten aus eben dem Grunde verdächtig, warum ein eifersüchtiger Thersites seine Frau nicht gerne von einem Adonis oder Herkules besucht sieht. Sie können sich nicht entbrechen, ihn als einen Menschen zu fürchten, der auf die eine oder andre Art ihre Schwäche an den Tag bringen wird; und der Gedanke, ihm die Entdeckung davon selbst zu machen, beleidigt ihre Eigenliebe zu sehr, als daß sie sich jemals dazu entschließen könnten.

Doch ich bin vielleicht noch viel zu freygebig, wenn ich bey einem schwachen Regenten die Fähigkeit voraussetze, Männer von Genie und Verdiensten unterscheiden zu können. Die wenigsten, die zu jener Classe gehören, haben so viel Einsicht. Ihre Urtheile von dem Werthe der Menschen bestimmen sich gemeiniglich nach den zweydeutigsten Gründen, und der schlechteste Erdensohn kann in ihren Augen ein großer Mann seyn. Das findet vornemlich bey denjenigen statt, deren Charakter aus einer Vermischung von Gutherzigkeit und Indolenz besteht; die alles gerne von der gefälligsten Seite ansehen, und aus herzlichem Widerwillen gegen alle Bemühung des Geistes, lieber jedermann für das, wofür er sich selbst giebt, gelten lassen, als sich die Mühe geben, zu untersuchen, ob der vermeynte ehrliche Mann nicht vielleicht ein Schurke sey. Daher sehen wir unter guten Fürsten von diesem Schlage die besten und die schlechtesten Leute ungefehr auf einerley Fuße. Man kann ein verdienstloser Mensch, man kann sogar ein Bösewicht seyn, ohne zu fürchten, daß man darum weniger bey ihnen gelten werde*). Sie beobachten eine genaue Neutralität zwischen den Männern von Verdienst und ihren Gegenfüßlern; lächeln die einen so freundlich an als die andern, begegnen ihnen mit gleichviel oder gleichwenig Achtung, und können es unmöglich über ihr Herz bringen, einen schlechten Kerl so zu betrüben um ihm merken zu lassen, daß er weniger werth ist als ein braver Mann. Nun ist es den meisten Leuten, wenn sonst alles gleich ist, viel bequemer, schlechte Leute zu seyn, als sich mit Mühe und Aufopferungen um Verdienste zu bewerben, für die man ihnen keinen Dank weiß, und die bey Beförderungen oder andern Belohnungen gar nicht mit in Anschlag kommen. Die natürlichen Folgen hievon sind (und wie könnt es anders seyn?) daß Gerechtigkeit, Vaterlandsliebe, mit einem Worte, Tugend, unter solchen Regierungen ein leerer Name ist; daß Ruhmbe-

---

*) Einen ungemein gut hieher passenden Zug find' ich so eben in einem der Briefe des Plinius. Er betrift den Kayser Nerva, der noch bis auf den heutigen Tag im Besitze des Ruhms ist, einer der besten Cäsarn gewesen zu seyn. Dieser gute Kayser speißte einst mit einer kleinem Anzahl von Personen, mit denen er vorzüglich als mit seinen Freunden umgieng, zu Nacht. Ein gewisser Hofschranze, Namens Vejento, (ein so schlechter Mensch, daß Plinius, um dem Freunde, dem er diese Erzählung macht, in zwey Worten den vollständigsten Begriff von seiner Verächtlichkeit zu geben, die Wendung gebraucht: ich habe alles gesagt, da ich dir den Burschen genennt habe) Dieser Vejento lag zunächst an dem Kayser, und sogar an seiner Brust *(etiam in sinu recumbebat.)* Von ungefehr war die Rede von einem gewissen Catullus Messalinus, einem der größten Bösewichter aus Domitians heillosen Zeiten; einem Menschen, der (wie Plinius sagt) nicht wußte, was Furcht, Schaam und Mitleiden war, und den der Tyranne wie ein tödtliches Geschoß gegen jeden Rechtschaffnen, den er aus seinem Wege haben wollte, gleichsam abzuschiessen pflegte. Man sprach, so lange die Tafel dauerte, von diesem Messalinus, und jeder von den Anwesenden hatte irgend eine Anekdote, die seine ruchlose und blutdürstige Gemüthsart schilderte, beyzutragen. Endlich sagte der Kayser: „Was meynen wir, wie es diesem Menschen ergangen wäre, wenn er noch lebte?“ Er würde mit uns zu Nacht essen, antwortete einer von den Anwesenden. – Dieses einzige *nobiscum coenaret* ist, wenn ich nicht irre, das vollständigste Portrait des Kaysers Nerva werth. Wie schwach mußte der Fürst seyn, dem man so etwas sagen konnte? und wie gut mußt' er seyn, daß mans ihm sagen durfte? S. *Plin. Epist. L. IV.* 22.

gierde und Nacheiferung erschlaffen und endlich gar nicht mehr statt finden; daß Leute ohne Werth sich in Stellen einschmeicheln oder einbetteln, oder einheucheln oder eindringen, wo sie entweder durch Untüchtigkeit, oder durch bösen Willen, oder durch beydes zugleich, den größten Schaden thun; daß diese Leute sichs recht zur Pflicht machen, jedes hervorglänzende Verdienst zu verdunkeln, jedes aufkeimende Talent zu ersticken, jede gemeinnützliche Unternehmung abzuschrecken; — daß, wo die Tugend keine Ehre giebt, das Laster endlich aufhört sich zu schämen, und ausschweifende oder niederträchtige Menschen Alles wagen, weil sie merken, daß sie nichts dabey wagen; kurz, daß unter einer solchen nervenlosen Regierung just darum, weil jeder thut, was ihm beliebt, entweder gar Nichts, (welches oft besser ist als Etwas) oder so viel Unverständiges, Widersinnisches und Verderbliches geschieht, daß oft Menschenalter erfodert werden, die Sachen wieder in einen leidlichen Gang zu setzen.

KLEON. Ich weiß nicht, ob sich unser Freund Eukrates von seinem angebornen Haß gegen die armen Seelen, die er Schwachköpfe nennt, nicht verleiten ließ, uns eine Karicatur hinzumahlen, wozu er vielleicht Mühe haben sollte, ein Original zu finden.

EUKRATES. Nicht die mindeste, lieber Kleon; keine größere Mühe als die Augen aufzuthun, und —

KLEON. Allenfalls will ich zugeben, daß in Staaten, wo alles von Einem abhängt, die Schwachheit dieses Einzigen einen großen Theil der schlimmen Folgen, die er uns vorgezählt, nach sich ziehen könnte. Aber in Republiken sehe ich nicht, wie ein schwacher Mann so großen Schaden sollte thun können.

EUKRATES. Wir müssen nicht vergessen, daß die Rede von einem schwachen Manne ist, den man an die Spitze der Republik gestellt hat.

KLEON. Sehr wohl! aber kömmt denn alles auf ihn allein an? Ist seine Macht nicht eingeschränkt? Werden die Verständigen und Wohlgesinnten unthätig bleiben; oder ist es in seiner Gewalt, sie unthätig zu machen?

STILPON. Ich besorge, guter Kleon, in einer Republik, wo man einen Mann, wie euer Lampus ist, eben dadurch, daß man ihn an die Spitze setzt, öffentlich für den Besten erklärt, möchten die Verständigen und Wohlgesinnten schwerlich stark genug seyn, die Narren und Übelgesinnten, die ihm den Staat verwirren helfen werden, an der Ausführung ihres Werkes zu verhindern. Eine solche Wahl setzt schon einen Grad von Verderbniß in der Republik voraus, der wenig Hofnung zur Genesung übrig läßt.

EUKRATES. Sehr richtig! eine solche Wahl kann nur in einer Republik zu Stande kommen, die schon lange aufgehört hat zu empfinden, was Tugend ist. In dieser machen die Schlimmen gewiß die ungleich grössere Zahl aus; und würden die einen Mann wie Lampus (wenn man anders so ein Geschöpf einen Mann nennen kann) erwählen helfen, wenn sie nicht unter ihm alles zu vermögen hoften? Was werden die wenigen Biedermänner, von denen wir selbst vielleicht schon einen großen Theil ausmachen, gegen ein Bündniß zwischen Dummheit und Bosheit ausrichten? Das Ansehen, wodurch wir ihren Unternehmungen Schranken setzen könnten, müßten uns die Gesetze geben; und sind nicht diese immer auf der überlegenen Seite? Warlich, die Form des Staats macht hierinn keinen wesentlichen Unterschied. Lampus am ersten Platze der Republik schadet schon genug, wenn er ihr nichts nützt; wenn er den Verstand nicht hat, weder das Böse zu verhindern, das die Übelgesinnten thun werden, noch die Parthey der Wohldenkenden zu unterstützen, und ihrer Würksamkeit die beste Richtung zu geben. Ich gestehe gerne, daß er an einem der untersten Plätze im gemeinen Wesen unschädlich seyn würde. Auch hab' ich, wie Ihr wißt, nichts gegen den Mann an sich selbst. Nur will ich nicht, daß ihr den guten Menschen, wider seinen Willen, zum Werkzeug unsers Unglücks, und vermuthlich auch seines eigenen machen sollt, indem ihr ihn an einen Platz stellt, wo er durch seine Unfähigkeit nothwendig schädlich werden muß.

„Aber, sagt Kleon, wie können wir uns entschliessen eben diesen Platz einem Manne anzuvertrauen, von dem wir alle wissen, daß er ein Bösewicht ist?" Freylich ist es eine traurige Nothwendigkeit, die uns dazu bringt. Aber gesezt wir hätten einen Steuermann vonnöthen, der uns über das ägeische Meer nach Kreta führen sollte, und wir könnten in der Eile keinen andern geschickten Steuermann kriegen als einen, der sonst in jedem andern Verhältnis ein böser Bube wäre; würden wir uns und unser Schiff lieber einem guten, frommen Menschen anvertrauen, der von der Schiffarth gar nichts verstünde? Ich denke, Nein. Unser sind viele, würden wir denken. Wir wollen des bösen Menschen wohl Meister werden, wenn er es uns zu grob machen wollte. So ein arger Bube er sonst seyn mag, so ist er doch ein guter Schiffer; und da er mit uns einerley Schicksal zu gewarten hätte, wenn wir zu Grunde giengen, so können wir uns darauf verlassen, daß er sein Möglichstes thun wird, uns zu erhalten. Dies, däucht mich, ist nun gerade unser gegenwärtiger Fall. Megillus hat Verstand und Thätigkeit. Wahr ists, sein Herz taugt nichts; das Glück oder Unglück andrer Menschen ist ihm fremde; er ist stoltz, herrschsüchtig, geizig, hart und grausam; niemals hat er sich über die Sittlichkeit der Mittel zu seinen Absichten ein Bedenken gemacht; ein nützliches Bubenstück hat nichts abschreckendes für ihn, sobald er es ungestraft thun kan. Sein eigner Privatvortheil wird immer der lezte Zweck aller seiner Handlungen seyn; er wird, wenn es ihm zugelassen würde, die Republik als sein Eigenthum behandeln, und die Gesetze nicht als Fesseln die er tragen, sondern als Schlingen die er ausweichen muß, ansehen. Er wird alles anwenden sich einen Anhang zu machen, durch den er alles vermöge; und ein jeder Freund seines Vaterlandes, der ihm entgegenarbeitet, wird einen unversöhnlichen Feind in ihm finden. Dies ist alles wahr: Aber Megillus hat Verstand, und dieser ist uns Bürge dafür, daß er mit Bedacht und Vorsicht handeln, und nie mehr, als zu seinem Zweck schlechterdings nöthig ist, Böses thun wird. Er wird sogar, theils um sich das öffentliche Vertrauen zu erwerben, theils um sein Spiel desto besser zu verbergen, zu allem Guten mitwürken, oder wenigstens durch die Finger sehen, was er, ohne Nachtheil seiner besondern Absichten, thun oder zulassen kan. Sein Ehrgeiz ist die schwache Seite, auf welcher ihn die Redlichgesinnten nicht selten mit gutem Erfolge werden angreiffen können. Ein Mann der Verstand hat, mag ein so schlimmes Herz haben als er will, so sieht er doch immer ein, wie nothwendig es ist, daß er ein Mann von Ehre, ein Beförderer der öffentlichen Wohlfarth, ein Freund der Leute von Talenten und Verdiensten zu seyn s c h e i n e; und dies macht, daß er oft gerade so h a n d e l n muß, als ob ers w ä r e. Ausserdem haben wir bey einem Manne von diesem Schlage noch den Vortheil, daß wir, weil er mit Überlegung und Klugheit zu Werke geht, beynahe in jedem vorkommenden Falle ziemlich zuverläßig wissen können, was er thun wird; ein Vortheil, auf den wir bey einem Lampus, der es selbst niemals weiß, selten Rechnung machen können. Mit einem Worte, in einem Staate, wo ein Mann von Verstand und Thätigkeit an der Spitze steht, werden andre Männer, die diese Eigenschaften auch besitzen, so sehr sie in Grundsätzen und Absichten seine Gegenfüßler seyn mögen, nie ohne Einfluß seyn, und jenem ziemlich das

Gleichgewicht halten. Die Gewißheit, daß er bey jedem Schritt aufs schärfste beobachtet wird, macht ihn behutsam; das Ansehen, worinn die Patrioten ihres Charakters oder Platzes wegen stehen, nöthigt ihn, sie zu schonen, und da er doch zuweilen ihres Beystandes vonnöthen hat, sie dadurch zu gewinnen, daß auch er zuweilen etwas Gutes, das sie unternehmen, befördern hilft. Ich gebe zu, daß er, auch wenn er etwas Gutes thut, aus unlautern Beweggründen handelt; aber was bekümmert uns dies? Genug für uns, die wir es mit dem gemeinen Wesen wohl meynen, daß ihn sein Eigennutz selbst oft auf unsre Seite ziehen, und sein Verstand ihn nöthigen wird, manches Böse, wozu er Lust hätte, zu unterlassen, weil es ihm selbst schädlich wäre oder werden könnte, und manches Gute, wider seine Neigung, zu befördern, nicht weil es gut, sondern weil es ihm selbst nützlich ist.

So reich der Gegenstand, wovon wir reden, ist, so unnöthig ist es, alles zu sagen was sich von einer Sache sagen läßt, sobald man mit Verständigen spricht. Kleon meynte, die Frage, über die wir verschieden dachten, wäre einer Art von Berechnung fähig. Ich glaub' es selbst, und überlaß' es nun unserm Freunde Stilpon, den Ausspruch zu thun, auf welcher Seite am Wenigsten zu verliehren ist.

STILPON. Soll ich Ihnen meine Meinung unverholen sagen? Jeder, däucht mich, hat das Beste für die seinige gesagt, was sich sagen ließ, und, sofern es hier auf eine ungefähre Berechnung der Wahrscheinlichkeiten ankäme, hat Eukrates unstreitig den Vortheil; wiewohl nicht zu läugnen ist, daß es in solchen Fällen immer die zufälligen Umstände sind, die am Ende den Ausschlag geben, und diese können eben sowohl für die eine als für die andre Meinung fallen. Aber legen wir die Hand aufs Herz und fragen uns: was müßen die Megarer seyn, und was verdienen sie zu leiden, wenn sie, ohne Noth (denn noch ist es soweit mit uns nicht gekommen, daß wir keinen andern Ausweg hätten) die Wohlfahrt ihres gemeinen Wesens auf eine so gefährliche Spitze setzen? Welch ein Einfall, nur einen Augenblick in ernstliche Überlegung zu nehmen, ob es besser sey die Republik einem guten Manne ohne Kopf, oder einem Schlaukopfe ohne Herz preiß zu geben? Unglücks genug für die Staaten, die ihre Regenten aus der Hand des Glücks empfangen, wenn der Zufall sie mit einem Unwürdigen betrügt. Sie haben keine Wahl! Aber ein Volk, das ofne Augen und freye Stimmen hat, dem sogar Gesetze und Eyd die Ausübung seines kostbarsten Rechtes zur Pflicht machen, ein solches Volk muß den Menschenverstand verlohren haben, wenn es sich jemals einen andern als seinen weisesten und besten Mann zum Regenten giebt. Verzeyhen sie meine Freymüthigkeit –

EUKRATES. Hier ist nichts zu verzeyhen, guter Stilpon! Sie haben Recht. Aber wenn nun der grössere Theil sich, wie es oft zu gehen pflegt, in seinem Urtheil betrügt, und gerade den Unwürdigsten für den Besten ansieht? Wie dann?

STILPON. Wie dann? Für diesen Fall haben die Gesetze von Megara gesorgt, dächte ich. Eben darum, weil das Volk so leicht einen Mißgrif thun könnte, haben sie das Wahlrecht in die Hände des Senats gestellt; und von den Vormündern des Staats darf und soll man doch voraussetzen können, daß sie Verstand genug haben, in jedem gegebenen Falle – Weiß von Schwarz zu unterscheiden.

Eukrates und Kleon bedankten sich lächelnd für das Compliment, das der Philosoph ihrem ehrwürdigen Orden zu machen beliebt hatte, und giengen ihres Weges. Zween oder drey Tage darauf war der Wahltag. Die Rathsherren von Megara sahen so gut als irgend ein Philosoph in der Welt, daß es sich nicht schicke, der Republik einen so blöden Mann wie Lampus, oder einen so schlimmen Mann wie Megillus, zum Vorsteher zu geben. Sie verglichen sich also, und erwählten einmüthig – den Gorgias, den einzigen Mann in Megara, von dem man gestehen mußte, daß er zugleich so dumm und so boshaft sey, als ein und eben derselbe Mensch beydes zugleich seyn kann. Der Mann rechtfertigte ihre Wahl auf die außerordentlichste Weise; denn er gab gleich in den ersten vier Wochen seiner Staatsverwaltung so viel tolles und heilloses Zeug an, als zwanzig weise Männer in eben so viel Olympiaden nicht wieder hätten gut machen können. Bravo! rief der Philosoph Stilpon, wenn er wieder von einem neuen Bubenstücke oder albernen Streiche hörte, womit der Oberzunftmeister Gorgias seine Regierung verherrlichte. Nichts war unschuldiger als Bravo zu rufen. Gleichwohl fanden sich Leute, die in dem Tone, womit er es aussprach, etwas sehr strafbares bemerkt haben wollten, und dem Oberzunftmeister einen Bericht davon erstatteten, der nicht zum Vortheil des Philosophen war. Wer ist dieser Stilpon? fragte Gorgias – „Ein Philosoph?“ – Ich habe die Philosophen nie leiden können, und ich denke, wir haben sogar ein Gesetz wider sie, versetzte Gorgias.

Würklich war ein altes Gesetz gegen Müßiggänger, Sterngucker, Marktschreyer und Leute, die mit Murmelthieren im Lande herumzogen, vorhanden. Fort mit allem diesem Geschmeisse, sagte Gorgias. Der Philosoph Stilpon erhielt Befehl, binnen Tag und Nacht Megara zu räumen. Bravißimo! rief der Philosoph Stilpon, und zog nach Athen; wo die Philosophen (ausgenommen, daß man ihnen dann und wann für ihr baares Geld einen Becher voll Schierlingssaft zu trinken gab) überhaupt so wohlgelitten waren, als an irgend einem Ort in der Welt.

W.

Was Philosophie sein solle oder könne

Vier Aufsätze aus dem Jahr 1778. Keine Abhandlungen, kaum Aufsätze, gewissermaßen Feuilletons, denen man anmerkt, daß ihnen nicht viel Aufmerksamkeit gewidmet worden ist. Oder vielleicht besser: daß Wieland bei der Abfassung das Thema irgendwie abhanden kam.

Wieland lebte, was die Philosophie anging, in einer Übergangszeit. Die Philosophie als akademisches Fach gab es in dem Sinne, wie wir heute davon sprechen, noch nicht, sie begann zu entstehen, und Wieland betrachtete dies mit großer Skepsis, die manchmal bis zur Abneigung ging. Wieland selbst war Professor der Philosophie in Erfurt gewesen, aber was er zu bieten hatte — und bieten sollte —, war etwas wie ein Studium generale, wir haben es im Vorwort erwähnt. Das schloß die Geschichte dessen, was in der Antike Philosophie hieß, ein, auch Logik, aber ebenso Geschichte und Anthropologie sowie Ästhetik, die aber nicht (wie heute) als Fach der Philosophie galt, sondern sich zum Beispiel auf die Bemerkungen des Horaz über die Dichtung bezog.

Wieland war in seiner Jugend ein Platon-Schwärmer gewesen, hatte sich dem poetischen Reiz von dessen Dialogen ergeben, einen Reiz, den er später kaum noch empfand. Vielmehr sah er die totalitären Züge der platonischen Philosophie, vor allem natürlich in dessen Staats-Philosophie in der *Politeia,* aber auch in der Ambition, überhaupt ein möglichst geschlossenes Gedankensystem zu konstruieren. In dem letzten seiner großen Romane, *Aristipp und einige seiner Zeitgenossen,* befaßte er sich mit dem Phänomen Platon, und wer Wieland als Philosophen kennenlernen will, muß diesen Roman lesen.

Wielands Romane lassen sich in drei Themenkreise unterteilen, im ersten geht es um den Einzelnen und seine Art, die Welt wahrzunehmen, im zweiten um Moral und Politik, im dritten um die Grundlagen der abendländischen Kultur. Die Romane der dritten Kategorie — *Peregrinus Proteus, Agathodämon, Aristipp und einige seiner Zeitgenossen* — sind allesamt das, was man ‚historische Romane' nennt, sie spielen in der Antike, die ersten beiden inszenieren die Frage, wie es zu der, wie Wieland sie nannte, „größten Revolution der Menschheitsgeschichte" kommen konnte, dem Aufstieg des Christentums nämlich, das dann für ein Jahrtausend die politische und intellektuelle Wirklichkeit Europas beherrschte, bis die ‚Aufklärung' das Ende dieser Herrschaftszeit brachte. Im *Peregrinus Proteus* wird die Spätantike um 150 n. Chr. geschildert, eine Zeit konkurrierender philosophischer und religiöser Sekten, eine unter ihnen ist die der „Christianer". Daß sie einmal die bestimmende werden wird, ist noch nicht abzusehen. Wieland beschreibt eine Welt, in der das Bedürfnis nach einer umfassenden Weltdeutung und einem Heilsversprechen zunehmend wächst, verbunden mit der Bereitschaft, sich Verkündern und Schriftauslegern, kurz: Vormündern anzuvertrauen, die einen privilegierten Zugang zu Wahrheiten, die gerade durch ihre Systematik und ihre Präsentation als lückenlos und über aller Erfahrung stehend überzeugen, behaupten.

Wieland sah in Platon den ersten, der aus solchen Wünschen nach intellektueller Sicherheit und Geborgenheit ein System machte, und das Populär-Werden seiner Philosophie war für Wieland das Ende der griechischen Aufklärung, die für ihn in der offenen Debatte unterschiedlicher Entwürfe von Antworten auf die Frage, wie zu leben dem Menschen bekömmlich sei, bestand. Das Amalgam (oder die verschiedenen Kombinationen) von Platonischer Philosophie und christlicher Theologie hatte ja tatsächlich eine beispiellose Karriere durch die Jahrhunderte – die Vorstellung, daß der an eine heilige Schrift und deren verbindliche Auslegung gebundene Glauben begleitet, gestützt, ergänzt werden sollte durch gedankliche Konstruktion eines Weltzusammenhangs, in dem alles seinen notwendigen Ort findet. Für den späten Wieland war die große und erhabene Platonische Philosophie (der solcher Status ja erst zuwachsen mußte) nur einer der vielen Welterklärungsentwürfe, die in der Spätantike konkurrierten (und deren Skurrilität Lukian, dessen Werke Wieland übersetzte, satirisch dokumentierte), wie das Christentum nur eine der vielen orientalischen Religionen war, die in Rom Aufmerksamkeit fanden und in Mode gerieten, bis eine dann den Sieg davontrug und zur Staatsdoktrin wurde.

Vor diesem Hintergrund erst wird Wielands Abneigung gegen eine bestimmte Art, ambitiös zu denken, ganz verständlich. Für Versuche, wie sie die Systeme von Descartes und Leibniz anboten, hatte Wieland (bei allem Anerkennen von deren Bedeutung) keinen Sinn. Wieland gehört zu den Denkern, die immer neben und zuweilen gegen den Anspruch der Systemphilosophien dachten und existierten: Sokrates (nicht die Kunstfigur Platons), Aristippos von Kyrene, Montaigne, Hume – im 20. Jahrhundert der späte Wittgenstein, in gewissem Sinne der amerikanische Pragmatismus, ganz modern Richard Rorty.

Obwohl Kant mit der *Kritik der reinen Vernunft* zunächst im Grunde einer gedanklichen Forderung Wielands entgegenkam, nämlich zu unterscheiden, was vom menschlichen Erkenntnisvermögen erfaßt werden kann und was nicht, und der philosophischen Spekulation Grenzen zu setzen, blieb sein philosophischer Entwurf Wieland fremd trotz aller Sympathie für den Menschen Kant. Wielands Schwiegersohn Karl Leonhard Reinhold wurde der zu seiner Zeit einflußreichste Kant-Kommentator, und das machte dem Schwiegervater intellektuellen Kummer. Was Wieland an Kant und vor allem den Kantianern geradezu abstieß, war die Ausbildung einer Fachterminologie. Eine spezielle Sprache, an deren Gebrauch sich Insider erkennen, war ihm das Kennzeichen von Überheblichkeit, Unterscheidung von eingeweiht/uneingeweiht, Zugehörigkeitssignal, letztlich von Sektenbildung.

Wieland trat Herder, als der mit seiner *Metakritik zur Kritik der reinen Vernunft* gegen Kant Stellung bezog, als Rezensent zur Seite, aber ihm blieb Herders philosophischer Gegenentwurf im Grunde ebenso fremd wie die Philosophie Kants. Von Wielands historischem Standort war freilich nicht zu überschauen, daß es sich bei der Entwicklung, deren Zeuge er wurde, um die Transformation der Philosophie zu einem Universitätsfach handelte, was heißt: zu einem Universitätsfach, dessen Geltungsanspruch – er mag von einzelnen Vertretern noch so ambitioniert vertreten werden – auf den Raum innerhalb der Wände des philosophischen Seminars beschränkt bleibt.

1778 lag das noch in der Zukunft, und Wielands kleine Feuilletons über Wahrheit und Bescheidenheit, den geringen Beitrag, den Philosophie zur Frage des guten Lebens beitragen könne, sind eher ein beiläufiger Abgesang auf philosophische Ambition schlechthin. Die Karriere der Philosophie als Universitätsfach, zu dem die Beschreibung der eigenen Geschichte seit Hegel wesentlich gehört, hatte noch nicht begonnen.

Fragmente von Beyträgen zum Gebrauch derer, die sie brauchen können oder wollen.

Lehrgebäude. Fragmente. Beyträge.

— „Als wir weiter vorrückten, entdeckten wir verschiedene feine Tempel von allerley Bauart, deren Baumeister und Priester uns entgegen kamen, um uns jeder in den seinigen, mit ernstlicher Verwarnung vor den übrigen Aftertempeln, einzuladen. Das Gedräng und die Mannichfaltigkeit des Schauspiels nahm zu, je näher wir kamen. Es gab Eyferer unter diesen Leuten, die nicht genug daran hatten, ihr Götzentempelchen für das einzige auszugeben; sie wollten auch daß es würklich das einzige seyn sollte; stürmten also mit Mauerbrechern und Hebebäumen, Fackeln und Pechkränzen herbey, die übrigen anzuzünden und zu zerstören. Die Besatzung von innen wehrte sich mit Zähnen und Klauen; aber der Erfolg betrog ihre Hofnung! Da die Gebäude, hinter denen sie sich wehrten, meistens nur von Holz oder gar nur von Leimen und Stroh waren, so fiengen sie Feuer wie Zunder, und fielen auf den ersten Stoß zusammen. — Weiter hin sahen wir die prächtigen Ruinen morgenländischer und griechischer Tempel, zu denen vormals stark gewallfartet wurde; die zerbrochnen Marmorsäulen ragten aus wildem Gebüsch hervor. Ein Trupp Werkleute, von einem neuen Baumeisterlein angeführt, bemächtigte sich dieser Materialien, schleppte sie fort; der Meister flickte an einem andern Orte, nach einem neuen Riß, ein neues Tempelchen zusammen; und, wo es ihm an Marmor gebrach, stopfte er die Lücken womit er konnte. Oft fiel das neue Bauwerk aus Mangel an festem Grunde wieder ein, eh die Hauptmauern stunden; oder, wenn es auch fertig ward, und dem Baumeister bey dem gaffenden Volk Ehre machte, so sah man doch wohl, daß es nicht Vestigkeit und Haltung genug hatte, um manche Generation auszudauren. Und wie sollt' es auch solchem Flickwerk besser ergehen, als jenen herrlichen Tempeln von Porphyr, Jaspis, Marmor, Gold und Elfenbein, von Trismegistus, Zoroaster, Plato und Aristoteles erbaut, die, so stattlich und ehrwürdig auf ihren dicken Pfeilern ruhend, oder so schön und lüftig und zierlich auf ihren Ionischen oder Korinthischen Säulen schwebend, dem Zahn der Zeit und der verwüstenden Tatze der Barbarey zu trotzen schienen, und doch endlich zusammen stürzten? —"

Es ist eben noch nicht so lange, da dies Fragment, einer Reise durch das Land der Philosophie den Zustand dieses Landes und die vornehmste Beschäftigung seiner Einwohner ziemlich getreu darstellte. Aber die Zeiten haben sich indessen sehr geändert. Und in der That, wenn etwas ist, woraus sich der Fortschritt abnehmen läßt, den der menschliche Verstand in diesen unsern Tagen gemacht hat, so ist es dies: daß wir von der Sucht Lehrgebäude zu bauen zurückgekommen sind, und, es sey nun daß sich unser Geist in ein kleiner Format zusammengezogen, oder daß die Natur größer und ehrwürdiger in unsern Augen geworden ist, vor der Hand den Gedanken aufgegeben zu haben scheinen, sie übersehen, und, nach der Weise der ehmaligen Goldschmiede zu Ephesus, ins Kleine bringen zu wollen. Nicht als ob wir die Hofnung, den großen Babylonischen Thurm, dessen Spitze sich in den Wolken verliehren soll, endlich noch zu Stande zu bringen, gänzlich aufgegeben hätten — sondern weil wir, wie es scheint, nach gemachtem Überschlag gefunden haben, daß es, bey allem dem was uns seit einigen Jahrtausenden vorgearbeitet worden, noch immer an Materialien fehlt, und daß man diese erst herbeyschaffen und Stückweise bearbeiten müsse, ehe man daran denken könne, ein Pantheon aufzuführen, das der Gottheiten die es bewohnen sollen würdig sey. Und so schreiben wir dann, seit geraumer Zeit, nichts als Beyträge und Fragmente, und Fragmente von Beyträgen, oder Beyträge von Fragmenten, und werfen sie in den großen Löwenrachen der Zeit; es ruhig den künftigen Jahrhunderten oder Jahrtausenden (wenn anders die Komödie noch so lange dauren sollte) überlassend, ob und was sie für Gebrauch von unserm Nachlaß machen wollen oder können.

Es ist nicht zu läugnen, daß diese Mode ihre Vortheile hat. Denn fürs erste verschaft sie einem jeden, der eben keinen Anspruch an besondre Geschicklichkeit in der Baukunst macht, das Vergnügen, doch auch etwas zu dem großen Zauberwerk, an welchem die Geister im Stillen arbeiten, beyzutragen; sodann führt sie das Gute mit sich, daß auf diese Art nicht leicht was zu Grunde gehen kann; weil ein jeder das was er hat, es sey nun Gold, Silber, Elfenbein,

Marmor, Jaspis, Lazur, Cedernholz, Ebenholz, Mahagony, oder Leimen, Kühhaar, Sand, Backsteine, Mauerschutt, alt Eisen, u. s. w. herbeyführt, in gegründeter Hofnung, daß man bey einem so großen Bau alles brauchen könne. Ferner ist sie der Absicht derjenigen günstig, welche gern recht viel thun möchten; denn es ist klar, daß einer hundertmal mit dem Karren fahren und einen gewaltigen Hauffen zusammenschütten kann, während ein andrer in irgend einem Winkel sitzt und an einem Basrelief arbeitet das nicht zwey Spangen groß ist. Kurz, die Mode hat ihr vieles Gutes, und wenn es auch nur die Bequemlichkeit wäre, ohne bestimmten Zweck zu arbeiten, und so oft als einem die Lust ankommt, oder als es just die Erforderniß der Sache mit sich bringt, sich selbst widersprechen zu dürfen. Das einzige, was den Gelehrten, die sich auf diese Art um die Welt verdient machen, allenfalls zu rathen seyn möchte, wäre: sich zu hüten, daß sie sich nicht vor der Zeit einfallen lassen, die Baumeister zu machen, und mitten unter die rohen Materialien, die sie zusammenführen, in aller Eile hier eine Wand, und dort ein Stück von einem Säulengang aufzurichten; welches ihnen freylich, während daß sie so hinter dem Karren gehen und ihnen allerley Gedanken, was man nun aus diesen Steinen machen könnte, durch den Kopf kreuzen, gar leicht begegnen kann, in der That aber zu nichts gut ist. Denn auf diese Art kommt am Ende doch weder Halbes noch Ganzes heraus, und der Hauptbau, um dessentwillen sie sich doch alle die Mühe geben, wird eben soviel gehindert als gefördert.

Ich hätte wohl Lust noch einen Einfall zu hazardieren, und das wäre: ob es nicht überhaupt weit räthlicher wäre, keine so große Gebäude, sonderlich auf eigene Kosten und Gefahr, zu unternehmen; Gebäude, wo zur bloßen Herbeyschaffung der Baumaterialien das Leben eines einzigen Menschen kaum hinreicht? Wozu denn auch am Ende diese ungeheuren Pyramiden, Louvres, Labyrinthe, u. s. w. für Menschen, die einen Augenblick zu leben haben, und deren Anschläge und Unternehmungen eben so flüchtig und hinfällig sind als ihr Daseyn? Wär' es nicht besser, bescheidner, menschlicher, jeder baute sich allforderst eine Hütte für sich selbst, und wenn sie auch nur, wie des Propheten Jonas seine, von einem Kürbis beschattet würde; allenfalls eine Hütte für sich und seinen Freund; oder, wenn er's ja im Vermögen hat, und sein Herz ihn drängt auch für die zu sorgen die sich nichts um ihn bekümmern, irgend einen Ruhesaal oder ein Caravanserai an die Landstraße, wo ermüdete Wanderer einkehren und sich laben könnten? Mit einem solchen Gebäude kann ein Mann doch noch fertig werden und Freude daran haben, und läuft nicht Gefahr sein ganzes Leben an einem Bau zu bauen, über dem er vielleicht zu Grunde geht eh er ihn unter Dach gebracht hat, den seine Nachkommen unvollendet stehen lassen, und dessen Schicksal am Ende seyn wird, daß Eulen und Käuzlein ihre Nester darein haben, und etwa nach Jahrhunderten ein Vorüberreisender stille steht, und die prächtigen Ruinen mit gedankenvollen, oder gedankenlosen Blicken anstaunt. – Doch wozu hilft so was zu sagen? Ein jeder machts und treibts doch wie er kann, will und muß; und seinem Schicksal ist noch niemand entronnen.

Daher trage dann auch ich hiermit meine kleine Gabe zur gemeinen Nothdurft bey, bestehend in allerley theils rohen, theils nur aus der ersten Hand verarbeiteten Materialien, so gut als sie auf meinem Grund und Boden gewachsen sind. Es soll mir lieb seyn, wenn sich hier und da jemand findet, der sie zu was brauchen kann. Wie man sehen wird, sind auch einige Victualien mit darunter, die sich, zum Theil nicht lange aufbewahren lassen möchten, und also frisch genossen werden müssen, wenn sie Jemanden zu gut kommen sollen. Ein Schelm giebts besser als ers hat. Wenigstens ists einfache gesunde Kost, woran sich niemand den Magen verderben wird – der ihn nicht schon vorher verdorben hat. Und für solche kann gelegenheitlich auch mit Digestiven und Abführungsmitteln gesorgt werden.

Wahrheit.

Was ist Wahrheit? – Die Frage ist dadurch, daß sie schon so manchesmal durch den Mund eines Pilatus gieng, nicht desto schlechter worden. Wessen Augen blinzen nicht, wenn er mit dieser Frage überrascht wird? Schon tausend und zehntausendmal entschieden, wird sie immer wieder als ein Räthsel aufgeworfen werden, und in Millionen Fällen ein Unauflößbares bleiben.

Aber, so gewiß dies ist, wehe den Karneaden, die eine boshafte Freude darinn finden, der Schwäche unsers Gesichts dadurch zu helfen, daß sie uns vollends blind machen! Das Wahreste von allem was jemals wahr genennt worden, ist dies: daß mitten unter all dem Trug von Erscheinungen, Gespenstern und Traumbildern, wovon wir umgeben sind, jeder Sterbliche gerade soviel Wahrheit auffaßen kann, als er zu seiner eignen Nothdurft braucht.

Die Wahrheit ist, wie alles Gute, etwas verhältnismäßiges. Es kann Vieles für die menschliche Gattung wahr seyn, was es für höhere oder niedrigere Wesen nicht ist; und eben so kan etwas von diesem Menschen mit der innigsten Überzeugung als wahr empfunden und erkannt werden, was ein andrer mit gleich starker Überzeugung für Irthum und Blendwerk hält.

Die Übereinstimmung eines Gefühls oder einer Vorstellung mit den allgemein anerkannten Grundwahrheiten der Vernunft ist eben so wenig als der Zusammenhang einer Vorstellung mit allen übrigen, welche die gegenwärtige innere Verfassung eines Menschen ausmachen, ein sicheres Merkmal der Wahrheit. Jene läßt uns weiter nichts als die Möglichkeit der Sache erkennen: und dieser kann eben sowohl bey der wahresten Vorstellung fehlen, als bey der täuschendesten zugegen seyn. Begegnet nicht öfters was jedermann für unmöglich hielt? Und wie oft betrügt die höchste Wahrscheinlichkeit? Erweitert sich nicht der Kreis der Möglichkeiten mit unsrer Kenntnis der Natur und mit dem Anwachs unsrer Erfahrung? Daher, zum Theil, die Leichtgläubigkeit, die eine charakteristische Eigenschaft des hohen Alters ist, und, was seltsam scheinen mag, neben dem Unglauben besteht, der es nicht weniger ist. Kinder sind leichtgläubig aus Unwissenheit dessen was möglich oder unmöglich ist; Alte sind es, weil sie so oft unglaubliche Dinge begegnen gesehn haben, daß ihnen nichts mehr unglaublich scheint: Jene glauben Alles, weil sie das Mißtrauen noch nicht kennen; bey diesen ist Mißtrauen eine der bittern Früchte des Lebens, und macht sie eben so geneigt an allem zu zweifeln, als die Erfahrenheit auf der andern Seite, alles für möglich zu halten.

Die subtilste und kaltblütigste Vernunft hat von jeher die subtilsten Zweifler hervorgebracht. Karneades, Pyrrho, Sextus, Le Vayer, Bayle, Hume, waren Männer von großer Vernunft – und ich frage einen Jeden, der sich nicht erst seit ehegestern in der Welt umgesehen hat, was ist es, als gerade die kaltblütige, spitzfündige, immer zurückhaltende, immer argwöhnische, immer voraussehende, immer räsonnirende Vernunft, was von jeher am geschäftigsten gewesen ist, Glauben und Liebe, die einzigen Stützen unsers armen Erdelebens, zu untergraben und umzustürzen? – Ich erkenne sehr dankbar alles Gute was der Mensch diesem innwohnenden Stral der Gottheit, dem wir den so sehr gemißbrauchten Namen Vernunft geben, schuldig ist: sie kann nichts dafür, daß Sophisten und Witzlinge von jeher ihren natürlichen Gebrauch in den Unnatürlichen verwandelt haben; aber da der Mensch nun einmal diesen unglücklichen Hang hat; wehe ihm, wenn seine Vernunft die einzige Führerin seines Lebens ist!

Man hat sich schon so lange über die Leute aufgehalten, die ein unerklärbares Inneres Licht zum Leitstern ihres Glaubens und Lebens machen. Man hat sie in Schimpf und Ernst bestritten, zu Boden gespottet und zu Boden räsonniert. Indessen haben doch unläugbar alle Menschen etwas das die Stelle eines solchen innern Lichts vertritt, und das ist – das innige Bewußtseyn dessen was wir fühlen. Unter allen Kennzeichen der Wahrheit ist dies unläugbar das sicherste; vorausgesezt, daß ein Mensch überhaupt gesund und des Unterschieds seiner Empfindungen und Einbildungen sich bewußt ist. Beweiset einem Menschen, seine Vernunft sey eine Zauberin, die ihn alle Augenblicke täusche und irre führe; das wird ihn noch nicht verwirren: beweiset ihm, daß er seinen Sinnen, seinem innern Gefühl nicht trauen dürfe; das verwirrt ihn! Und wenn's möglich wäre daß euer Beweis seine volle Würkung auf diesen Menschen thäte: so blieb' euch nichts übrig, als ihn stehendes Fußes ins Tollhaus zu führen. Zum Glück ist der Glaube an sein eignes Gefühl gerade das was sich der Mensch am schwersten und seltensten nehmen läßt – und was sich schwerlich irgend ein Mensch, so schwach er sey, in irgend einem Falle nehmen läßt, wo er sich innigst bewußt ist, daß er gefühlt hat was er gefühlt zu haben glaubt. Das einzige wodurch er in diesem Falle dahingebracht werden könnte, an der Wahrheit seines eignen Gefühls, d. i. an sich selbst und seinem eignen Daseyn zu zweyfeln, wäre der Fall worein (in einer der Arabischen Erzählungen, die Hr. Galland *le Dormeur eveillé**) betitelt) der Calife Harun Alraschid den armen Kaufmann Abou-Hassan durch einen Betrug, den dieser unmöglich entdecken konnte, versezt; der aber auch, unvermeidlicher weise, die Folge hatte, daß Abou-Hassan darüber in Raserey verfiel, und nicht anders als durch Entdeckung des Betrugs wieder völlig hergestellt werden konnte.

Aber, sagt man, wie häuffig sind die Fälle, wo ein Mensch durch seine Sinne, durch sein inneres Gefühl betrogen wird? Wo er, ohne darum ganz wahnsinnig zu seyn, für Empfindung hält was bloße Einbildung ist? Wo er den Gegenstand durch das falsche Medium der Leidenschaft oder des Vorurtheils sieht? u. s. w.

---

*) S. *Les mille et une Nuit. Tom. V.* nach der Pariser Ausgabe von 1726.

Unstreitig sind diese Fälle häuffig. Und eben so häuffig begegnets, daß von zweyen, die einander durch ihr Gefühl widerlegen, beyde betrogen werden; daß, während der eine Jupiter ist, und die sündige Welt mit Feuer zu zerstören droht – der Andre uns dagegen seines gnädigen Schutzes versichert, weil er Neptunus ist, und durch seine Gewässer den Brand gar leicht wieder löschen kann. – Aber all diese Fälle vermögen gleichwol nichts gegen die Grundfeste des allgemeinen Menschensinnes, und der Glaube, den ein Jeder an sein eigen Gefühl hat, bleibt nichts desto minder in seiner vollen Kraft. Ich kann von der Natur, von unsichtbaren Mächten, kurz von Ursachen, die ich nicht kenne, getäuscht werden: aber so lang ich mir bewußt bin, daß ich etwas gefühlt, beschaut, betastet habe – so glaube ich meinem Gefühl mehr als einer ganzen Welt, die dagegen zeugte, und als allen Philosophen die mir a priori beweisen wollten, daß ich träume oder rase.

Freylich ist es ein verdächtiges Zeichen, wenn ein Mensch in Sachen des Gefühls eine ganze Welt, oder, was nicht viel besser ist, die vernünftigsten Leute in der Welt wider sich hat? Oder wenn er in sehr zusammengesetzten und verwickelten Dingen, in Sachen die von scharfer Zergliederung, und von Combinierung einer Menge von Begriffen, welche selbst wieder Resultate von einer Menge andrer sind, abhangen, den Weg der scharfen Untersuchung ausweicht, und immer nur auf *sein* Gefühl oder *unser* Gefühl provociert. Aber was wollen wir mit ihm anfangen, wenn er uns nicht zur Untersuchung stehen will? Und wenn wir ihn auch dazu nöthigen könnten; wer soll zwischen seiner Empfindung und der unsrigen, oder zwischen unsrer Vernunft und seinem Gefühl oder Glauben Richter seyn? Wo ist der Areopagus, wo sind die Amphiktyonen, deren Ausspruch man in solchen Fällen sich unterwerfen könnte, wollte, müßte?

In metaphysischen und ästhetischen Dingen, d. i. in Sachen wo das Meiste auf Imagination und Sinnesart ankömmt, wäre das Billigste, einen jeden im Besitz und Genuß dessen was er für *Wahrheit* hält, ruhig und ungekränkt zu lassen, so lange er andre in Ruhe läßt. Wer hat ein Recht in seines Nachbars Verzäunung einzudringen und den Frieden seiner Hausgötter zu stören? Mag doch seine Melusine einen Fischschwanz unter ihrem Rocke tragen; was geht das Andre an? Aber freylich, sobald der Mann die Kreuz und die Queer auf allen Landstraßen herumreitet, und alle, die da ruhig ihres Weges gehen, anhalten und mit eingelegter Lanze zwingen will, zu bekennen, daß seine Prinzeßin schöner ist als die ihrige, oder wohl gar daß sie allein schön, und jedes andre Gesicht ein Meerkatzengesicht ist — das ist etwas sehr unangenehmes für Leute die keine Lust haben sich zu balgen; und wiewohl die irrenden Ritter, die solche Thaten thun, in den Augen kluger Leute ihre Entschuldigung unter dem Hute tragen: so mögen sie sichs doch selbst zuschreiben, wenn sie dann und wann unter Mauleseltreiber und Preller fallen, die nicht so säuberlich mit ihnen fahren.

Die Wahrheit (wenn wir noch einen Augenblick mit dem Gleichniß spielen dürfen) flieht vor der keuchenden Verfolgung ihrer feurigsten Liebhaber, um in die Arme dessen zu lauffen, der sie weder erwartete noch suchte. Der einfältigste Menschensinn findet sie am ersten und genießt ihrer wie der Luft die er athmet, ohne daran zu denken. Der Grübler, der sie überall sucht, findet sie nirgends, just darum, weil er sich nicht einbilden kann, daß sie ihm so nahe sey. Und sobald ihrer Zween sich über ihren ausschließenden Besitz in die Haare gerathen, so darf man sicher rechnen, daß sie es ihnen macht, wie Angelika den beyden Rittern im Ariosto: während daß die tapfern Männer sich bey den Köpfen haben, geht die Dame davon, und mockiert sich über beyde.

Ist dies Bild zu komisch? — Nun, so ist hier ein anders, das eben so gut zur Sache paßt. Die Wahrheit ist weder hier noch da — Sie ist, wie die Gottheit, und das Licht worinn sie wohnt, allenthalben; ihr Tempel ist die Natur, und wer nur fühlen, und seine Gefühle zu Gedanken erhöhen, und seine Gedanken in ein Ganzes zusammenfassen und ertönen lassen kann, ist ihr Priester, ihr Zeuge, ihr Organ. Keinem offenbart sie sich ganz; jeder sieht sie nur stückweise, nur von hinten, oder den Saum ihres Gewandes; aus einem andern Punkt; in einem andern Lichte; jeder vernimmt nur einige Laute ihres Göttermundes, keiner die nehmlichen —

Und was haben wir also zu thun?

Anstatt mit einander zu hadern, wo die Wahrheit sey? wer sie besitze? wer sie in ihrem schönsten Lichte gesehen? die meisten und deutlichsten Laute von ihr vernommen habe? — laßt uns im Frieden zusammengehen, oder, wenn wir des Gehens genug haben, unter den nächsten Schattengebenden Baum hinsitzen, und einander offenherzig und unbefangen erzählen, was jeder von ihr gesehen und gehört hat, oder glaubt gesehen und gehört zu haben; und ja nicht böse darüber werden, wenn sichs von ungefehr entdeckt, daß wir falsch gesehen oder gehört, oder gar (wie es brünstigen Liebhabern, die ihr zu nah kommen wollen, öfters begegnet) eine Wolke für die Göttin umarmt haben.

Bescheidenheit.

Lasset uns den Himmel bitten, lieben Brüder, daß er uns vor der Krankheit bewahre, unsre Meynungen für Axiome und unumstößliche Wahrheiten anzusehen, und Andern als solche vorzutragen. Es ist ein widerlicher harter Ton um den Ton der Unfehlbarkeit; aber es giebt einen, der noch unausstehlicher ist — der Ton eines Energumenen, der, auf dem heiligen Dreyfuß sitzend, alle seine Reden als Orakelsprüche von sich giebt. — Bescheidenheit kann uns vor dem einen und vor dem andern sicher stellen.

Wenn ein Mann auch so alt wäre wie Nestor, und so weise wie siebenmal Sieben Weise zusammengenommen, so müßt' er doch — eben darum weil er so alt und so weise wäre — einsehen gelernt haben: daß man immer weniger von den Dingen begreift je mehr man davon weiß — daß, gegen Eine lichte Stelle die wir in der unermeßlichen Nacht der Natur erblicken, Zehentausend in Dämmerung, und zehnmal Zehntausend im Dunkeln vor uns liegen — und daß, wenn wir auch von diesem Erdklümpchen, das wie ein ungeheures Weltall vor uns liegt, uns bis zur Sonne aufschwingen, und in ihrem Lichte dies ganze Planetensystem, mit all seinem Inhalt und Zubehör, so deutlich übersehen könnten, wie ein Mann von der Spitze einer Terrasse seinen Garten übersieht — dies nehmliche Planetensystem nun abermal nichts mehr für uns wäre als — eine lichte Stelle in der unermeßlichen Nacht der Natur. Und wenn dann der weise Mann in einer so langen Lehrzeit auch noch gelernt hätte, daß eben diese Unermeßlichkeit und Unbegreiflichkeit, die für uns Erdebewohner eine Eigenschaft der ganzen Natur ist, sich auch in jedem einzelnen Stäubchen befindet; daß in jedem einzelnen Punkte der Natur Stralen aus allen übrigen zusammenlauffen, und wie unbegreiflich alle diese Stralen, Beziehungen, Aus- und Einflüsse aller Dinge auf Jedes, und jeden Dinges auf Alle einander durchschneiden und durchkreuzen — und wie unmöglich es also ist, nur ein einziges Ding, eine einzige Erscheinung, eine einzige Bewegung oder Würkung eines einzigen Theilchens der Natur, recht zu erkennen, ohne zugleich die ganze Natur eben so zu durchschauen wie Der in dem sie lebt und webt und ist: — Beym Himmel! ich denke das müßte den weisen Mann bescheiden gemacht haben; und es sollte mich nicht wundern, wenn er alle seine Urtheile und Meynungen in einem Ton vorbrächte, den ein Mann wie Elihu,[*)] der Sohn Barachiel von Bus, des Geschlechts Ram, mit allem Unwillen eines ehrlichen überzeugten Dogmatikers, für baaren Skeptizismus halten müßte.

Ein anders ist, wenn ein Esel, dem der Herr den Mund aufthut, mit Zuversichtlichkeit spricht; dafür ist aller Respekt zu tragen; denn es ist nicht der Esel, sondern ein Gott (dem es gleichviel gelten kann durch welches Organ er sich hörbar macht) der durch den Esel spricht. Einem Menschen aber — es sey dann er führe den Beweiß, daß er sich im Falle des besagten Esels befinde — ziemt es, ungeachtet des aufgerichteten Angesichts und des Blicks gen Himmel der ihm gegeben ist, von Zeit zu Zeit auf seine Füße zu sehen und — bescheiden zu seyn!

Philosophie — Kunst zu leben — Heilkunst der Seele.

Die Menschen haben gelebt, und vielleicht Jahrtausende gelebt, eh einer von ihnen auf den Gedanken kam, daß Leben — eine Kunst seyn könnte; und, nach aller Wahrscheinlichkeit, ist jede andre Kunst, von den Künsten Tubalkains an bis zur Kunst Fliegen zu fangen (von welcher Schach Baham, ein *Peritus in arte,* versichert, daß es keine so leichte Sache sey als viele Leute sich einbilden) schon längst erfunden gewesen: als endlich die scharfsinnigen

---

*) Das ist der junge Mann im Buche Hiob, der, nachdem er dessen ältern Freunden lange stillschweigend zugehört hatte, und es nicht mehr länger ausstehen konnte, sie so mächtig deraisonnieren und zuletzt doch vor Hiob verstummen zu sehen, endlich im Unmuth seiner Seelen ausbricht, sich der guten Sache Gottes anzunehmen, und im Eingang seiner Rede sagt: denn ich bin der Rede so voll, daß mich der Odem in meinem Bauch ängstet; Siehe, mein Bauch ist wie der Most der zugestopft ist, der die neuen Fässer zerreißt — u. s. w. Man muß übrigens gestehen, der Fall, der den ehrlichen Elihu in solchen Nothdrang setzte, ist einer von den wenigen, wo es einem jeden, er sey jung oder alt, erlaubt seyn mag, in Eyfer zu gerathen. Denn wen sollt es nicht verdrießen, einen Menschen zu sehen, der gegen unsern Herrngott Recht haben will?

Griechen, mit andern schönen Wissenschaften und Künsten, auch diese berühmte Kunst zu leben, *vulgò die Philosophie* genannt, wo nicht gänzlich erfunden, doch zuerst in *formam artis* gebracht und auf den höchsten Grad der Verfeinerung, dessen sie fähig ist, getrieben haben.

Bey weitem der größte Theil der Menschenkinder ließ sich nie etwas von einer solchen Kunst träumen. Die Leute lebten ohne zu wissen, wie sie es damit machten; ungefähr wie Herr Jourdain sein Lebenlang Prose gesprochen hatte, oder wie wir alle athemholen, verdauen, uns auf mancherley Art bewegen, wachsen und gedeyhen, ohne daß unter Tausenden nur einer weiß oder zu wissen verlangt, nach was für mechanischen Gesetzen und durch welche Verbindung von Ursachen das alles geschehe. Und in diesem dicken Nebel der Unwissenheit leben bis auf diese Stunde nicht nur alle die unzähligen Völker in Asia, Africa, America und den Inseln des Südmeers, weiße und olivenfarbe, schwarzgelbe und pechschwarze, bärtige und unbärtige, beschnittne und unbeschnittne, tättoyierte und nicht tättoyierte, mit und ohne Ringen durch die Nase, von den Riesen in Patagonien bis zu den Gezwergen an der Hudsonsbay, etc. — sondern auch selbst von dem größten Theil der Einwohner unsers aufgeklärten Europa's läßt sich mit gutem Fug behaupten, daß sie von besagter Kunst zu leben eben so wenig wissen, und sich eben so wenig darum bekümmern, als das leichtsinnige Völkchen in Otaheite und Ulieta, oder als die halberstarrten Bewohner des Feuerlands, die kaum etwas mehr als wandelnde Bildsäulen sind.

Das wunderbarste bey der Sache ist, daß alle diese Menschen, (die nach einer sehr billigen Berechnung, ungefehr — das ganze menschliche Geschlecht, weniger ein *Minimum,* ausmachen) gleich ihren Voreltern bis auf Adam und Eva — die von wohlbesagter Schönen Kunst auch nichts wußten — dem ungeachtet so herzhaft drauflosleben, als ob sie die größten Meister darinn wären; ja, daß der größte Theil dieser Pfuscher sich so wohl dabey befindet, daß in Absicht der sämtlichen wesentlichsten und wichtigsten Verrichtungen des menschlichen Lebens nicht leicht einer von den auf- und abgedrungenen Meistern und Professorn der Kunst sich neben ihnen sehen lassen darf.

Der redselige Cicero sagt irgendwo: die Natur sey *Dux optima vitae,* welches vermuthlich soviel sagen soll, sie zeige uns am besten, wie wir uns durch dies Erdenleben durchhelfen können: — ingleichem: Man könne gar nicht fehlen, wenn man sich von ihr führen lasse. — Darauf müssen sich nun wohl von jeher die Menschen verlassen haben. „Eben diese Natur (dachten sie) die uns athmen, essen und trinken, Hände und Füße brauchen lehrt, u. s. w. lehrt uns auch unsre Sinne, unser Gedächtniß, unsern Verstand, alle unsre übrigen Kräfte brauchen; lehrt uns auch was sich für uns schickt oder nicht. Es bedarf nur so vieler Aufmerksamkeit, als uns jeder Gegenstand selber abnöthigt, so sehen oder fühlen wir, ob er Freund oder Feind ist; unsre Nase und unsre Zunge lehren uns, ohne allen andern Unterricht, welche Früchte, Kräuter, Wurzeln, u. s. w. gut zu essen sind; im Nothfall lehrts uns auch wohl der Hunger, ohne viel Umstände. Für alle unsre dringenden Bedürfnisse hat die Natur selbst gesorgt. Entweder ist die Sache die wir brauchen schon da; so haben wir was vonnöthen ist sie zu ergreiffen und zu nießen; oder wenigstens sind die Materialien dazu da; so haben wir just soviel Verstand, und Kraft, und natürliches Geschicke in unsern Gliedmaaßen, um sie zu unserm Brauch und Zweck zu formen. Was dann aufs erstemal nicht geht, geht beym zehnten oder zwanzigsten; und reichen zween Arme nicht zu, so werdens vier, sechs oder achte zu Stande bringen. Jeder neue Versuch setzt etwas zu unserm Begriff von der Sache und zu unsrer Geschicklichkeit zu; wir lernen durch irren und fehlen, und werden Meister durch Übung, ohne zu merken wie es zugegangen ist. Und eben diese Natur, die uns so weit bringt, verbirgt immer vor uns, was zu weit von uns liegt, als daß wirs da, wo wir sind, erreichen könnten; lehrt uns zufrieden seyn mit dem was wir haben, macht uns durch Unwissenheit glücklich, und hat uns diese wohlthätige Trägheit, worüber die Weltverbesserer täglich soviel Klagens erheben,*) bloß dazu gegeben, damit wir nicht, vor ewiger Unruh

*) Die Herren Weltverbesserer klagen über die Trägheit der Menschen ungefehr aus eben dem Grunde, warum die Wucherer immer über nahrungslose Zeiten klagen, und meistens, wenn die Zeiten am besten sind. Es ist natürlich, daß ein Mann, der sich bewußt ist, daß er einen herrlichen Entwurf zur Verbesserung des Zustandes eines ganzen Volkes gemacht hat, seine Idee gerne realisirt haben möchte: so wie einer, der ein Schauspiel gemacht hat, es gerne aufgeführt sieht. Alle Köpfe, meynt er, sollten sich also geschwinde nach dem seinigen drehen, und alle Arme nach seinem Winke rudern. Thun sie es nicht (wie dies dann gemeiniglich der Fall ist) so schmählt er auf die Trägheit der Menschen; und das ist ihm zu verzeyhen, weil Er dabey verliehrt. Aber diese nehmliche Trägheit schützt die Leute vor der Gefahr alle Augenblicke das Opfer eines Projekts und einer angeblichen Verbesserung unwissender Adepten zu werden; und dies, denke ich, ist ihnen auch zu verzeyhen, weil sie dabey gewinnen. Denn selten bezahlt das zehnte Project, wenn es auch anschlägt, den Schaden von den Neunen, die fehlgeschlagen haben.

unsern Zustand zu bessern, aus dem Regen in die Trauffe gerathen, und es uns nicht alle Augenblicke ergehe wie Jenem, der, um sich besser zu befinden, sich zu todt arzneyte, und zur Grabschrift erhielt: *„Per star meglio, sto qui."*

So lehrt die Natur alle Menschen leben, die der guten Mutter nicht aus der Lehre und Zucht gelauffen sind, und in all dem ist, wie Ihr seht, keine Kunst. Es ist die leibhafte Natur selbst. Das berühmte *Qvam mvltis non egeo* jenes alten Weisen ist die angebohrne Philosophie aller Samojeden, Lappen, Esquimaux, u. s. w. in der es meine guten Freunde, die Neu-Holländer, oder Neu-Wallißer (wie sich die ehrlichen Leute nach Willkühr der gebietenden Herren mit den Feuerröhren nennen lassen müssen) am weitesten gebracht zu haben scheinen. Man komme mir nicht und sage: ein solches Leben sey Austern-Leben. Nennt es, wenn ihr wollt, fortdaurende Kindheit: aber betet an zur Erde vor der Natur, die diese ihre Kinder auf dem kürzesten Weg zu jenem Glücklichleben *(beate vivere)* führt, wohin wir aufgeklärten Leute, vor lauter Menge der Wege die dahin führen, so selten oder gar nie gelangen können.

Der weise Theophrast (nicht Paracelsus, sondern der Schüler und Thronfolger des göttlichen Aristoteles) lebte 90 Jahre, und als er nun zu sterben kam, beklagte er sich über die Natur: „daß sie dem Menschen so wenig Zeit zum Leben gegeben habe, und ein ehrlicher Kerl gerade dann sterben müsse, wenn er die Kunst zu leben endlich in etwas ergriffen habe." – Wo hat ein Neu-Holländer jemals eine so unbillige Beschwerde geführt? Wenn er hundert Jahre alt geworden (das bey ihnen nichts seltnes ist) so hat er just hundert Jahre gelebt, und steht von dem Gastmal der Natur gesättigt auf – und wahrlich von einem Gastmal, wo die Natur so schlecht zu essen giebt, daß der strengste Kandidat der Heiligsprechung ohne Bedenken mithalten dürfte.

Aber – im Vorbeygehn zu sagen – ich glaube nichts weniger als daß Theophrast die Sottise gesagt habe, die man ihn sagen läßt. Die Leute an seinem Bette verstunden ihn nicht recht, und dann kam irgend ein Schulmeister lange hinter drein, wollte Sinn draus machen, und machte daß es eine Albernheit wurde. Ich wollte wetten, Theophrast meynte weder mehr noch weniger damit als: er bedaure, daß er vor 60 oder 70 Jahren nicht schon so klug gewesen sey, zu sehen, daß er sich die Mühe ersparen könne, das als Kunst und Wissenschaft zu studieren, was ihn die Natur ohne Studium weit besser und sichrer würde gelehrt haben, wenn er Einfalt des Sinnes gehabt hätte auf sie zu merken. — Nicht die unschuldige Natur, sondern seine eigne Thorheit klagte er an, wie die Meisten es in seinem Falle zu machen pflegen; wiewohl sie's (unter uns) eben so mehr bleiben lassen könnten: denn wozu hilft Reue, wenn man keine Zeit mehr hat, besser zu machen?

Bey allem dem ist meine Meynung keinesweges, der mehrwohlgedachten Kunst zu leben ihren Werth, soviel sie dessen haben mag, streittig zu machen.

Es ist irgendwo gesagt worden: „die *Kunst* sey im Grunde nichts anders als *die Natur selbst,* die durch den Menschen, als ihr vollkommenstes Werkzeug, dasjenige, was sie gleichsam nur flüchtig entworfen oder angefangen, *unter einem andern Namen,* ausbilde und zur Vollkommenheit bringe." Wenn die Kunst das ist, und sofern sie das ist, gebührt ihr alle Hochachtung. Ja, auch alsdann, wenn sie bloß der geschwächten oder verderbten Natur zu Hülfe kömmt, ist sie, wie die Arzneykunst, zuweilen wohlthätig, obgleich eben so ungewiß, und oft eben so unvermögend. Wo die Natur nicht mehr zum Leben hinreichend seyn will, muß die Kunst freylich flicken und stützen, kleistern und quacksalben so gut sie kann. Oder, richtiger zu reden: auch auf diesen Fall hat die gute allgemeine Mutter für ihr Lieblingskind gesorgt; hat Mittel in ihren Vorrathskammern für jede Wunde oder Krankheit des äussern und inwendigen Menschen, so daß der Kunst nichts übrig bleibt als darzureichen und zu beobachten. Je einfacher dann ihre Mittel sind, je weniger sie daran künstelt, desto besser für den Leidenden. Der Erfolg aber muß doch immer von der Natur allein erwartet werden. Hat sie noch Kräfte genug sich an der Hand der Kunst aufzurichten, gut: wo nicht, so bleibt auch Dieser nichts übrig als den Kranken sterben zu lassen, und den Todten allenfalls — einzubalsamiren. Lebenskraft kann sie nicht geben, wo keine ist.

Es ist schon lange, daß man der Philosophie, wegen dieser Ähnlichkeiten mit der Arzneykunst, den Namen der Medicin für die Seele gegeben hat; und würklich scheint diese Qualification geschickter zu seyn, ihr Zutritt zu verschaffen, als wenn sie Prätension macht uns nach den Regeln ihrer Kunst leben zu lehren. Denn welcher Mensch, der den freyen Gebrauch seiner natürlichen Kräfte hat, fühlt nicht, daß er ohne sie leben kann? Sobald sie sich hingegen nur als Arzt anbietet, so wissen die Gesunden, daß sie nichts mit ihr zu verkehren haben. Die Indianer in den Inseln der Südsee kennen, wie es scheint, keine Arzneyen; aber sie wissen auch nichts von Krankheiten. Kleine Wunden oder Unpäßlichkeiten heilen bey ihnen vonselbst, und an den tödlichen sterben sie – wie wir auch. Und weil sie so glücklich sind von einer Seele an und für sich betrachtet keinen Begriff zu haben, sondern ein Mensch für sie immer ein ganzer Mensch ist: so wissen sie auch nichts von besondern Seelenkrankheiten; und wenn sie ja zuweilen einen Anstoß dieser Art bekämen, so ist die Hunger-Kur, wozu sie mehr als zuviel Gelegenheit haben, ordentlicher Weise das kräftigste Heilmittel.

Ist es hingegen bey einem Volke mit der Verfeinerung schon soweit gekommen, daß Leib und Seele – anstatt daß sie beyde Eine Person seyn sollten – als zween Potentaten von verschiednem Interesse behandelt werden, wo (wie bey unartigen Ehleuten) jedes seine eigene Wirthschaft hat: was ist natürlicher als daß aus einer so heillosen Ehe böse Folgen entstehen müssen? Der Mensch ist dann nicht mehr das edle Geschöpf, an dem Alles Sinn und Kraft und Seele, oder, so zu sagen, alles Körperliche geistig und alles Geistige körperlich ist: er ist ein unnatürlicher Centaurartiger Zwitter von Thier und von Geist, wo eines auf Unkosten des andern lebt; das Thier sich Bedürfnisse, der Geist Leidenschaften, Entwürfe und Entzwecke macht, die der Naturmensch nicht kannte; jedes das andre nach Vermögen drückt, zerrt, ängstigt und erschöpft, und endlich eine ungeheure Menge Leibes und Seelenkrankheiten die Früchte sind dieser Scheidung dessen was Gott zusammengefügt hat. Da mag nun wohl, wenn das Übel aufs höchste gestiegen ist, jene Seelen-Arzneykunst ihre Hülfe zuweilen mit einiger Würkung anbieten; und entweder – *purgando, saignando et clysterizando* diesem oder jenem Patienten einige Erleichterung – oder, wenigstens durch angenehme Opiate etwas betrügliche Ruhe verschaffen. Aber man hat doch nie gesehen, daß sie fähig gewesen wäre, das Übel aus dem Grunde zu heilen; und man darf kühnlich behaupten: daß ein Volk, das einmal in die Hände der beyden Heilgöttinnen gefallen, schon zum voraus unwiderbringlich verlohren ist. Nicht eben, als ob man nothwendig von ihren Arzneyen bersten müßte: sondern, weil, sobald man seine Zuflucht zu ihnen nimmt, das Übel schon zu weit gekommen ist, um eine völlige Wiederherstellung zuzulassen.

Ich sagte vorhin: Die Philosophie könne als Arzneykunst für die Seele um so eher ihren Platz behaupten, weil die Gesunden dann wißten, daß sie nichts mit ihr zu schaffen hätten. Allein, wie alle Künste sich gerne wichtiger machen als sie sind, so hat auch diese ein Mittel gefunden, sich aller Welt als unentbehrlich aufzudringen. Sie gesteht nemlich (so, wie ihre Schwester, die leibliche Arzneykunst) keinem Menschen zu, daß er gesund sey. Ihren Lehrsätzen und ihrem Ideal von Gesundheit nach, ist die ganze Erde Ein großes Narren- und Siechenhaus, und nicht Einer befindet sich wohl genug, um ihrer Vorschriften entbehren zu können. Zum Glück ist dies eine Prätension, aus der man ihnen nichts gehen läßt. Die Natur weiß nichts von Idealen. So lang ein Mensch sich gesund fühlt, hat er auch recht, sich für gesund zu halten; und, ohne sich zu bekümmern, ob Jemand was dagegen einzuwenden habe, lebt er geradezu als ein Gesunder, und ließt keinen Buchstaben von allen den gelehrten Dissertationen, worinn ihm die Herren *à priori* beweisen, daß er unmöglich gesund seyn könne. Es giebt freylich Fälle, wo ein Kranker eben darum desto gefährlicher krank ist, weil er sein Übel nicht fühlt: aber diese Fälle sind höchst selten, und können dem großen Hauffen der sich wohl befindenden an ihrem Rechte gesund zu seyn keinen Abtrag thun.

W.

Über Vorurteile

Von Vorurteilen weiß man, daß man keine haben soll. Und die Annahme, Vorurteile seien das Problem, wenn es etwa um die Abneigung gegen bestimmte Menschengruppen geht, beruht auf der bequemen Ansicht, man müsse den Leuten nur etwas erzählen, und die würden sich erleuchtet an die Stirn schlagen und Achso! rufen. Vieles, was man gerne ‚Vorurteil' nennt, ist keins, denn es läßt sich mit Information nicht aus der Welt schaffen. Oft handelt es sich um Ressentiment, Lebenseinstellung, allerlei Belehrungsresistentes. Worum geht es bei Wieland? Die Frage, die er im Titel („Was verlieren oder gewinnen wir dabey, wenn gewisse Vorurtheile unkräftig werden") stellt, ist natürlich eine Provokation, und man wird den ganzen Text als eine solche lesen. Wieland hat das Zwiegespräch 1798 geschrieben und im *Neuen Teutschen Merkur* veröffentlicht. Er hat ihn dann an den Anfang seiner Sammlung politischer Aufsätze in Gesprächsform gesetzt, die er *Gespräche unter vier Augen* nannte und die den 31. Band seiner *Sämmtlichen Werke* bilden. In der Erstveröffentlichung schließt der Text mit den Zeilen: „SINIBALD. Das kann nie fehlen, sobald wir einander recht verstehen. GERON. Also dein aber?" Ein charmanter Schluß, aber Wieland meinte wohl, daß man ihn werde mißverstehen können.

Die Vorurteile, so wie der Begriff (ohne weitere Erläuterung) im Text verwendet wird, sind einfach die Vorstellungen, mit denen die Leute ihr Leben einrichten. Es sind Selbstverständlichkeiten, die so lange Selbstverständlichkeiten bleiben, bis jemand sie in Frage stellt (und man diesem Jemand Glauben oder wenigstens Beachtung schenkt). Darf man solches In-Frage-Stellen so ohne weiteres für eine Tugend halten, wie man das gemeinhin zu tun pflegt, oder handelt es sich bei dieser Einschätzung wiederum um ein Vorurteil?

Daß Aufklärung sich oft schwer damit tue, sich über sich selbst aufzuklären oder, wie wir heute sagen würden: selbstreflexiv zu werden, ist eine Frage, die Wieland nicht nur, aber besonders deutlich in seiner *Geschichte der Abderiten* gestellt hat. Aber wer wäre nun der Richter, der über Bekömmlichkeit oder Unbekömmlichkeit aufklärerischen Bemühens entscheiden könnte?

Für seine Werkausgabe hat Wieland nach dem „aber" das Gespräch noch weitergeschrieben, und wir lesen eine offene Debatte zwischen einem Fortschrittsskeptiker und einem, der sagt, daß trotz aller guten Gründe für Skepsis die Menschheit doch nicht hinter das, was einmal erreicht sei, zurückfallen könne. Wir lassen es dabei. Die Zukunft werde uns belehren. Das tut die Zukunft immer, oder sollte man sagen, sie sei immer für Überraschungen gut? Keiner, der im 18. Jahrhundert über die Zukunft nachdachte, hat sich auch nur annäherungsweise vorstellen können, was das 20. Jahrhundert aufführen würde.

Was verlieren oder gewinnen wir dabey, wenn gewisse Vorurtheile unkräftig werden?

SINIBALD. Darf man fragen, Geron, was deinen inwendigen Menschen so stark beschäftiget, daß ich schon eine gute Weile vor dir stehe, bevor du mich gewahr wirst?

GERON. Das solltest du wohl schwerlich errathen, Sinibald.

SINIBALD. Vielleicht doch! Arbeitest du etwa an einer neuen Konstituzion für die Westfranken?

GERON. Die wird sich wohl bald genug von selbst machen.

SINIBALD. Oder an Berichtigung der Bedingungen, unter welchen die monarchische Regierungsform der republikanischen oder diese jener vorzuziehen sey?

GERON. Eben so gern möcht' ich einen hölzernen Bock melken, oder mit einem Haarsieb Wasser ins Faß der Danaiden schöpfen. Du weißt, wie ich über diese Dinge denke. Das ganze Weltall ist, meiner Meinung nach, eine Monarchie, und, mit allen ihren Mängeln und Gebrechen, gewiß die beste, die man je sehen wird. Dieß vorausgesetzt, möchten die Bedingungen, unter welchen auch auf diesem kleinen oder großen Sonnenstäubchen, das uns zu bewohnen und zu bearbeiten eingeräumt ist, die einköpfige Regierungsform vor der vielköpfigen den Vorzug behauptet und ewig behaupten wird, ziemlich leicht zu finden seyn. Aber für wen und wozu sollte ein Mann von neuem thun, was seit Plato und Aristoteles von so vielen Hunderten vergebens gethan worden? Laß die Filosofen reden oder schweigen, die Welt geht ihren Gang: „die Könige regieren, und die Richter sprechen das Recht." –

SINIBALD. Aber wie?

GERON. Das ist eine andere Frage. Ich denke, wie sie wollen, oder, so gut sie können.

SINIBALD. Mit beidem ist der Welt bisher nicht viel gedient gewesen.

GERON. Was willst du? Alles geht wie es kann; und wiewohl es durch so seltsame Krümmungen und Schneckenlinien geht, daß wackre Leute sich dadurch haben verleiten lassen, zu glauben, die ganze Schöpfung, und die arme Menschheit mit ihr, drehe sich, wie ein blinder Gaul in einer Roßmühle, ewig in einem und eben demselben Kreise herum, so fällt es doch, däucht mir, von einem Jahrhundert zum andern ziemlich stark in die Augen, daß es vorwärts geht; und so hoffe ich denn zu Gott, es werde sich am Ende finden, daß alles gegangen sey, wie es der Monarch und alleinige oberste Direktor der einen und unzertrennbaren Republik des Weltalls haben wollte, und der große Zweck –

SINIBALD. Verzeih, daß ich dir ins Wort falle, Geron! Der große Zweck der Menschheit (denn, was über diese geht, ist über unserm Horizont) kann doch wohl kein andrer seyn, als das Menschengeschlecht, dem dieser Planet zu verwalten und zu benutzen gegeben ist, von Stufe zu Stufe endlich so weit zu bringen, daß alle Menschen nur Eine Familie ausmachen, die keinen andern Regenten habe, (und, wenn sie erst so weit gekommen wäre, keines andern bedürfte) als die allgemeine Vernunft, und also zugleich die reinste und vollkommenste Monarchie, und die freyeste, wohlgeordnetste und glücklichste Republik wäre, die sich nur immer denken läßt.

GERON lächelnd. So weit mit dir vorwärts zu fliegen, guter Sinibald, sind meine Schwungfedern nicht mehr elastisch genug. Ich kenne dermahlen nur Eine Republik, die gerade das ist, was sie seyn soll –

SINIBALD. Und die wäre – ?

GERON. Die, von welcher du und ich Mitglieder sind, und die, Dank ihrer Unsichtbarkeit! in, mit und unter allen Monarchien, Tetrarchien[1)] und Anarchien, Aristokratien, Demokratien, Gynäkokratien und Hierokratien, ihren stillen Gang fortgeht, und so lange fortgehen wird, bis entweder die goldne Zeit, von der du sprachst, gekommen seyn wird, oder der allgemeine Brand, womit die Stoiker unsern Erdball bedrohten, dem ganzen bisherigen Wesen und Unwesen ein Ende machen, und eine neue verglasete Schöpfung hervorbringen wird, über deren vermuthliche Beschaffenheit, und was für eine Konstituzion sich wohl für glasartige Menschen am besten schicken möchte, wir uns die Köpfe nicht zerbrechen wollen.

[1)] Geron deutet vermuthlich mit diesem Wort auf eine Epoke, da vier große Mächte, vermöge des respektabeln Rechts des Stärkern, über die Welt im Kleinen, oder das, was Geron ein großes Sonnenstäubchen nannte, willkührlich zu disponieren anfingen; eine Epoke, deren nähere Bestimmung die Kronologen unter sich ausmachen mögen.

SINIBALD. Darüber sind wir einverstanden. Aber auf diesem Seitenwege hätten wir bald vergessen, daß du mir meine Frage noch nicht beantwortet hast.

GERON. Und was war es denn gleich? – Ja, nun besinne ich mich – du wolltest wissen, womit meine Gedanken beschäftigt waren, als du herein kamst. So rathe denn!

SINIBALD. Wenn es nicht eine allgemeine Friedensstiftung oder der Stein der Weisen ist, so geb' ichs auf.

GERON. Nun, so wisse denn, Bruder! – ich arbeite – erschrick nicht! – an einer Apologie der Vorurtheile.

SINIBALD. Du? an einer Apologie der Vorurtheile? – Das gesteh' ich! da hätt' ich lange rathen können, eh' ich auf eine so seltsame Möglichkeit gefallen wäre! – Nun ja freylich sind die Gegenstände, worüber sich etwas Neues sagen läßt, ziemlich verbraucht, und so kann es sich ja wohl ereignen, daß ein Ehrenmann, der nichts anders zu thun hat, in die Versuchung gerathen mag, sich selbst und die Welt mit Paradoxen zu unterhalten, um zu sehen, wie weit es ihm gelingen könne einer Ungereimtheit den Schein der Wahrheit zu geben.

GERON. Dieß wäre denn doch nicht der Fall, lieber Sinibald. Denn, wofern ich auch nichts bessers zu thun wüßte, hab' ich nicht Kinder um mich, mit denen ich – spielen könnte? Oder kann ich nicht schlafen? Oder, wenn alles andre fehlt, mir wie Horaz helfen und – Verse machen?

SINIBALD. Das wäre vielleicht nicht das schlimmste, was du thun könntest.

GERON. Vielleicht, wenn ich Verse machen könnte wie Metastasio, der das beneidenswerthe Talent besaß, zu jeder Tages- oder Nachtszeit, bey jedem Wetter, in jeder Gemüthsstimmung, über jeden Gegenstand und auf jede Veranlassung, sogar auf allerhöchsten Befehl, sehr schöne Verse zu machen. – Und doch, wenn mich die Feen auch mit dieser seltnen Gabe begabt hätten, würde ich meine Apologie der Vorurtheile nicht in Versen schreiben; – und gerade deßwegen, weil es mir dabey um nichts weniger zu thun ist, als, wie du meinst, mit der eiteln Kunst, paradoxen Sätzen den Schein neu entdeckter Wahrheiten zu geben, groß zu thun. Die schlichteste Prose, und wenn sie noch prosaischer seyn könnte als Xenofons, ist, däucht mir, gerade das rechte und einzig schickliche Vehikel, wenn es darum zu thun ist, alte Wahrheiten gegen die Täuschungen des Witzes und die Sofismen einer falschen oder fälschlich angewandten Filosofie in den Schutz zu nehmen. Denn daß du ja nicht etwa neue unerhörte Dinge von mir erwartest, über eine Materie, die, ihrer Natur nach, der ausgesogenste aller Gemeinplätze ist —

SINIBALD lachend. Um so viel größer wäre die Ehre, auf einem so magern und zerstampften Boden noch irgend ein oder anderes Blümchen oder Kräutchen auszufinden, das den Thieren, die ihn einige Jahrhunderte lang abgefretzt haben, entgangen wäre.

GERON. Laß uns ohne Bilder sprechen, Sinibald. Die gemeinnützigsten Wahrheiten sind alt, und eben darum, weil sie alt sind, wirken sie wenig. Es mag wohl einiges Verdienst dabey seyn, wenn man sie unter irgend einer neuen gefälligen Gestalt wieder in Umlauf zu setzen weiß: aber mir däucht, dieser Kunstgriff thut selten eine andere Wirkung, als daß man sich an der neuen Einkleidung ergetzt, wenn sie gefällig ist, ohne daß die alte Wahrheit selbst dadurch in größre Achtung kommt.

SINIBALD. Ich habe doch wohl eher gesehen, daß eine neue Perücke einen alten wurmstichigen Herrgott, oder ein neuer Anzug eine in Verfall gekommene Mutter Gottes in einer Dorfkirche wieder zum Gegenstand der eifrigsten Andacht bey unserm guten Landvolke machte.

GERON. Das mag bey alten Idolen angehen, Freund; aber ich zweifle sehr, ob es mit alten Wahrheiten eben dieselbe Bewandtniß habe. Wahrheit, mein Lieber, ist, wie du weißt, so sehr für den gesunden Menschenverstand, und dieser so ganz für jene gemacht, daß sie für ihn gar keines Auffrischens und Herausputzens bedarf; je nackter sie ihm dargestellt wird, je gewisser ist sie, ihn einzunehmen. Das Übel ist nur, daß das reine Gold der Wahrheiten, von welchen hier die Rede ist, durch die Länge der Zeit, durch die Veränderungen der Umstände, und durch die natürlichen Folgen der menschlichen Gebrechlichkeit, nach und nach so sehr mit schlechtem Metall vermischt und verfälscht wurde, daß es endlich aufhörte Gold zu seyn, und von dem, was es ursprünglich war, nur noch den Nahmen behielt. Und dieser Nahme ist es denn, wodurch der große Haufe betrogen wird, der in seiner Einfalt gewohnt ist die Zeichen mit den Sachen zu verwechseln, und unter der Gewähr des Nahmens sich verfälschte Waare für echt aufhängen zu lassen.

SINIBALD. Nur zu wahr! Aber was werden die Vorurtheile, die du in deinen Schutz nehmen willst, durch dieses Gleichniß, und den Satz, den du dadurch erläutern willst, gewinnen?

GERON. Das erräthst du nicht, Sinibald? So stelle dir Wahrheiten und Vorurtheile als eine große Menge goldner Münzen von allerley Schwere, Gehalt und Jahrzahl vor, wovon einige echt, andere falsch, die meisten aber mit mehr oder weniger Kupfer dergestalt vermischt wären, daß bey vielen sich nur die Hälfte, bey andern nur der dritte oder vierte Theil reines Gold befände. Laß uns ein Land annehmen, worin diese ungleichartigen Goldmünzen, unter der Gewähr eines gesetzmäßigen Stempels, alle für echt gälten, und erlaube mir noch (zum Behuf der Anwendbarkeit meines Gleichnisses) zwey Umstände vorauszusetzen: erstens, daß die stufenweise Verschlechterung dieser Münzen nach und nach in gewissen Zeitpunkten vorgegangen, und zweytens, daß alles Gold, das sich in diesem Lande befinde, in der besagten Masse gemünzten Goldes stecke. Nun laß uns annehmen, das Volk dieses Landes hätte sich lange Zeit mit dieser Münze beholfen, ohne die Verfälschung gewahr zu werden; es träte aber endlich eine Zeit ein, da die Ungelegenheiten einer solchen Münzverfassung sich täglich immer stärker verspüren ließen, und also dem Volke viel daran gelegen wäre, daß dem Übel je eher je lieber abgeholfen würde: was, meinst du, sollte wohl eine weise Regierung in einem solchen Falle zu thun haben? – Die geringhaltige Münze auf einmahl außer Kurs zu setzen, würde eine höchst nachtheilige Stockung in Handel und Wandel verursachen, und einen Theil des Volkes auf einmahl um sein ganzes Vermögen bringen. Man dürfte sie also nicht anders als nach und nach, so unmerklich als möglich, aus dem Umlauf nehmen, um sie in der Münze, nach vorgängiger Scheidung, zu Goldstücken von echtem Gehalt umzuprägen. Damit aber der Schade, der aus dem fortwährenden Umlauf einer Masse von Goldmünzen, die bisher an Zahlungswerth gleich, und doch so ungleich an reinem Gehalt wären, so viel möglich verhütet würde, wäre wohl kein ander Mittel, als diese Münze scharf probieren zu lassen, dann zu sortieren, und den äußern Preis einer jeden Sorte nach und nach auf den Befund ihres innern Werthes herabzusetzen; da sie dann immerhin noch so lange zirkulieren möchten, bis man sie ohne sonderlichen Nachtheil gänzlich außer Kurs setzen, und gegen vollgültige Stücke auswechseln könnte. Dünkt dich nicht, Sinibald, daß dieß in dem vorausgesetzten Falle die Verfahrungsweise einer jeden verständigen Obrigkeit seyn würde?

SINIBALD. Ich sehe, wo du hinaus willst, Geron, aber nicht, wie du bey der Anwendung deines Gleichnisses bestehen wirst. Da ich dir so viele Voraussetzungen erlauben mußte, so ist nicht mehr als billig, daß du mir eine einzige gestattest.

GERON. Von Herzen gern, und mehr als Eine, wenn du ihrer nöthig hast.

SINIBALD. Ich denke mit dieser einzigen auszureichen. Gesetzt also, es fände sich glücklicher Weise irgend ein großmüthiger Adept, der sich erböte, deinem mit verfälschter Münze überladenen Volke auf einmahl davon zu helfen, indem er ihnen, ohne sich darum zu bekümmern, wie viel Karate feines Gold mehr oder weniger in ihren unechten Dukaten stecken möchten, für jedes geringhaltige Stück ein vollhaltiges von gleichem Zahlungswerth, ohne allen Aufwechsel oder Abzug, geben wollte: würdest du deine Leute nicht für ausgemachte Thoren erklären müssen, wenn sie sich eines so vortheilhaften Tausches aus dem lächerlichen Grunde weigerten, „es wäre doch immer ein Achtel oder Sechstel oder Drittel feines Gold in ihrer Münze, dessen sie sich berauben würden, wenn sie das Anerbieten des Adepten Statt finden ließen?“

GERON. Dacht' ichs nicht, sobald ich dich mit deinem großmüthigen Adepten kommen sah! Ich wäre also deinem weisen Meister noch vielen Dank dafür schuldig, daß er mir die Mühe des Scheidens ersparte, die nun gerade nicht so kurzweilig ist, daß man ihrer, wenn es seyn könnte, nicht lieber überhoben wäre? Aber laß dir sagen, lieber Sinibald, daß mein Volk, glücklicher – oder (in deiner Hypothese) unglücklicher Weise, keinen Glauben an deinen Goldmacher hat; daß es seinem filosofischen Golde nicht traut, und aus Furcht, für gutes natürliches Gold, wovon doch immer noch ein Theil in seinen gewohnten Münzen steckt, eine Komposizion von gar keinem Werthe zu empfangen, lieber das Gewissere spielen, und das seinige, wie wenig es auch sey, behalten, als Gefahr laufen will, beym Erwachen aus einem Traum voll goldner Berge nach Luft zu greifen und nichts zu haben.

SINIBALD. Desto schlimmer für dein Volk, daß es so mißtrauisch ist, wo es in der That nichts zu fürchten und so viel zu gewinnen hat!

GERON. Das würdest du ihm nicht sehr übel nehmen, wenn du bedächtest, wie oft es schon von Schatzgräbern und Sonntagskindern betrogen worden ist, die sich für große Adepten ausgaben, und am Ende doch nur als Meister in der Kunst, einfältigen Leuten das Geld aus dem Beutel zu locken, befunden wurden.

SINIBALD. Du wirst so billig seyn, lieber Geron, meinem Adepten zuzutrauen, daß es ihm weder an Willen noch an Vermögen fehlt, alle, die nicht aus unverzeihlichem Eigensinn Augen und Ohren vor ihm verschließen, zu überzeugen, daß sein filosofisches Gold wahres Gold von vier und zwanzig Karaten ist. Aber auch ohne das würde dein Volk, wenn ich dich recht verstanden habe, wenig bey meinem weisen Meister wagen.

GERON. Wie so?

SINIBALD. Von dem Augenblick an, da es unter dem Volke bekannt worden ist, daß sich unter der zirkulierenden Goldmasse eine Menge falscher und sehr geringhaltiger Stücke finden, wird sich natürlicher Weise auch ein Mißtrauen verbreiten, das dem ehmahligen blinden Glauben des Volks an seine Münzen um so mehr Abbruch thun wird, da das Gerücht und die Einbildung bey solchen Gelegenheiten das Übel immer zu vergrößern pflegen, und es überdieß nicht an Leuten fehlen wird, die aus Neugier oder Gewinnsucht, oder aus welchem andern Beweggrund es seyn mag, sich die Mühe geben werden, die verdächtigen Münzen zu probieren, und dem Publikum, durch ihre Berichte und Warnungen, auch gegen die bessern Mißtrauen beyzubringen. Laß uns, um eher zum Ziele zu kommen, sogleich die Anwendung dieses Gleichnisses auf den Gegenstand unsers Gespräches machen. Du verstehest unter den verschiedenen Goldmünzen, die von alten Zeiten her unter deinem Volke herumlaufen, Wahrheit, Irrthum und Vorurtheile: Wahrheit ist das feine Gold, Irrthum die falsche Münze, die Vorurtheile die geringhaltigen Stücke, welche mehr oder weniger werth sind, je nachdem mehr oder weniger von jener oder diesem darunter befindlich ist. So lange das Volk die letztern für wahr hält, weil ihm nie eingefallen ist an ihrer Echtheit und Gültigkeit zu zweifeln, so sollen sie (wie ich dir einsweilen unpräjudicierlich zugeben will) ungefähr die nehmliche Wirkung thun, als ob sie durchaus wahr wären. Aber wie lange wird das dauern? Gewiß nicht länger als die Leute von niemand in diesem ihrem Glauben gestört werden. Laß sich einmahl eine Anzahl angeblicher Scheidekünstler hervorthun, die sich ein Geschäft daraus machen, die Vorurtheile und Meinungen des Volks auf die Kapelle zu bringen, und ihren wahren reinen Goldgehalt öffentlich anzuzeigen: von dieser Stunde an fängt auch das Gebäude an zu schwanken, das bisher auf einem so lockern Grunde ruhte. Diese Wirkung wird zwar nicht sogleich merklich seyn; aber einem aufmerksamen Beobachter werden die Zeichen der Veränderung nicht entgehen, die in dem Glauben, den Gesinnungen und den Sitten des Volks vorgeht, wiewohl das Übel oft ziemlich lange im stillen um sich greift, und daher, wenn es endlich zum Ausbruch kommt, Leute, die alles immer nur aus der nächsten Ursache erklären wollen, in mächtiges Erstaunen setzt.

GERON. Nur zu wahr! Und gerade diese Erfahrungssache ist es, was mich immer gegen die unzeitigen und unbehutsamen Volksaufklärer aufgebracht hat.

SINIBALD. Es ist nicht zu läugnen, daß diese Leute Schaden thun: aber ich sehe nicht wie du das verhüten willst; es wäre denn, du gedächtest dich für die Meinung der Königin Semiramis in den Göttergesprächen zu erklären, und darauf anzutragen, daß das Licht, das dem menschlichen Verstande durch die Kultur der Wissenschaften aufgeht, gleich dem heiligen Feuer der Vesta, ausschließlich in der Verwahrung eines besondern Ordens seyn sollte, der, unter Oberaufsicht der Regierung, dem Volke nur gerade so viel davon zutheilen dürfte, als seine Obern für gut fänden.

GERON. Nicht, als seine Obern für gut finden, sondern als dem Volke wirklich gut und heilsam ist.

SINIBALD. Und wer soll darüber entscheiden, wie viel Licht dem Volke gut und heilsam ist? Doch wohl seine Obern? Oder wem wolltest du es sonst auftragen? Wenn du es den Aufklärern überlassen wolltest, so werden sie eines von beiden thun: entweder sich selbst in ihrem Geschäfte keine Grenzen setzen, oder sich um die Gebühr mit den Obern einverstehen, das arme Volk in Dummheit und Unwissenheit zu erhalten, weil man doch nun einmahl in dem Wahne steht, daß ein unwissendes Volk leichter zu regieren sey als ein aufgeklärtes.

GERON. Die Erfahrung zeugt in unsern Tagen so laut vom Gegentheil, daß ich gewiß bin, die Zeit ist nahe, da man von diesem armseligen Wahn auf ewig zurück kommen wird. Der erste große Fürst, der Verstand und Kenntniß der menschlichen Natur und der menschlichen Dinge genug haben wird, um überzeugt zu seyn, „daß gesunder Verstand allen Menschen, den niedrigsten wie den höchsten, unentbehrlich ist um – Menschen zu seyn," und der dieser Grundmaxime in allem ohne Ausnahme gemäß handeln wird, wird durch sie allein, ohne die geringste Erschütterung, still und unvermerkt, wie die Natur in ihren wohlthätigsten Wirkungen zu verfahren pflegt, eine große, in ihren Folgen unendlich nützliche Verbesserung in seinem Staate bewirken, und dann aus eigener Erfahrung bezeugen können, daß keine Regierung sicherer, fester und weniger Reibungen und Stockungen unterworfen ist, als die Regierung über ein zum gesunden Verstand reif gewordenes Volk. Von der Wahrheit dieser Maxime ist bereits jedermann theoretisch überzeugt; und es bedarf nur noch ein einziges, großes, stark in die Augen leuchtendes Beyspiel, so wird in weniger als zehn Jahren kaum noch – der Bey von Tripoli über Barbaren und Sklaven herrschen wollen.

SINIBALD. Bravo! So wären wir ja einverstanden. Aber wo bleibt da die Apologie der Vorurtheile?

GERON. Die geht ruhig ihren Gang fort, Sinibald.

SINIBALD. Du scherzest. Was hätte denn gesunder Verstand mit Vorurtheilen zu schaffen? Von dem Augenblick an, da ein Volk zum gesunden Verstand reif geworden ist, wie du es nennest, hat es keine Vorurtheile mehr, und bedarf keiner mehr.

GERON. Aber, mein lieber Sinibald, das mußt du doch so gut wissen als ich, daß wir und jedes andere Volk auf diesem Erdenrunde noch ziemlich weit von diesem glücklichen Zeitpunkt entfernt sind. Wahrlich, bevor wir dieses große Ziel erreichen, werden noch allerley Anstalten getroffen werden müssen; und gerade an denen, die uns allein so weit bringen können, fehlt es noch am meisten. Bis dahin, mein Freund, werden wir wohl thun, unsern schreibseligen Weltverbesserern zu empfehlen, daß sie gewisse Vorurtheile unangetastet lassen; und unsre Obern werden bloß ihre Schuldigkeit thun, wenn sie die Herren, die nicht auf guten Rath hören wollen, ein wenig auf die Finger klopfen.

SINIBALD. Ich sehe wohl, daß ich mir vor allen Dingen eine kleine Erklärung von dir ausbitten muß, was das für gewisse Vorurtheile sind, zu deren Unverletzlichkeit ein so wohldenkender Mann wie du seine Stimme so fest entschieden giebt?

GERON. Vor allen Dingen will ich dir eine kleine Geschichte erzählen, wenn du Geduld hast sie anzuhören.

SINIBALD. Sehr gern.

GERON. Es war einmahl ein Mann, der sich viele Mühe gegeben hatte, ein guter Arzt zu werden, und dem es so wohl gelungen war, daß der Ruf seiner Geschicklichkeit und seiner glücklichen Kuren in alle Lande ausging. Dieser Ruf kam endlich auch bis zu den Ohren der Herren Bürgermeister und Rath des durch den berühmten Jean Paul nicht weniger berühmt gewordenen Reichsdörfchens oder Städtchens Kuhschnappel; und da sie eben eines Stadtarztes benöthigt waren, so wurden sie einig, den besagten Arzt unter ziemlich annehmlichen Bedingungen an diese Stelle zu berufen. Dieser mochte sich aus der Geschichte des berüchtigten Armen-Advokaten Siebenkäs eine Vorstellung von der löblichen Reichsstadt Kuhschnappel gemacht haben, die ihm von einigen Jahren Aufenthalt daselbst eine reiche Ernte neuer Beobachtungen zu Beförderung der Menschenkunde und Menschenliebe und zu Vermehrung seiner medicinischen Kenntnisse versprach. Kurz, er nahm den Ruf an, und fand an seinen neuen Pazienten, besonders denen vom dritten Stande, ein wohlgesinntes Völkchen, das ihn, auf seinen bloßen Ruf und sein ehrliches Gesicht hin, mit einem Enthusiasmus aufnahm, der kaum größer hätte seyn können, wenn er bereits einige Dutzend wichtige Kuren an ihnen verrichtet gehabt hätte. Die guten Leutchen ließen sichs nicht einfallen, den Grund oder Ungrund dieses Rufs zu untersuchen. Alles was die Natur oder ein glücklicher Zufall zu Genesung der Kranken that, schrieben sie treuherzig ihrem Äskulap zu; aus jedem von ihm geheilten Schnupfen, Husten, oder Verdauungsfieber machten sie eine Wunderkur, unterwarfen sich allen seinen Vorschriften blindlings, verschluckten mit dem gewissenhaftesten Gehorsam alle seine Pillen, Pulver und Tränkchen, und behaupteten gegen alle durchreisende Fremde, daß seines gleichen nirgends gefunden werde. Bey diesem auf lauter Vorurtheilen gegründeten Glauben an ihren geschickten und sorgfältigen Stadtarzt hatte sich nun der Senat und das Volk von Kuhschnappel eine geraume Zeit wohl befunden; als ein naseweiser junger Patrizier des Orts, der unter seinen Mitbürgern für einen großen Kopf galt, auf den Einfall kam, eine Art Satire gegen Ärzte und Arzneykunst herauszugeben, worin er zwar nicht in Abrede seyn wollte, daß der Poliater von Kuhschnappel ein sehr großer Arzt sey, aber nur behauptete, an der Arzneykunst selbst sey ganz und gar nichts; es gebe entweder gar keine Heilkräfte in der Natur, oder wenigstens wüßten die Menschen sie weder zu finden noch anzuwenden; die Äskulapische Kunst hätte von ihrer Erfindung an unendlich mehr geschadet als genutzt; kurz, das ganze Medicinalwesen sey eitel Scharlatanerie und Quacksalberey, und nicht um ein Haar besser als die Kunst aus dem Kaffesatze zu weissagen, Träume zu deuten, und auf der Ofengabel nach dem Blocksberge zu reiten. Das Schriftchen machte Aufsehen und erregte Anfangs ziemlich allgemeinen Unwillen. Aber der junge Volksaufklärer war aus einem der ersten Häuser in Kuhschnappel, hatte so viele Väter, Oheime, Schwäger, Vettern und Gevattern im kleinen und großen Rath, und war ein so fertiger Meister in allen kleinstädtischen freyen Künsten, daß er in kurzer Zeit einen Anhang bekam, unter dessen Übergewicht der Stadtarzt und seine Freunde endlich erliegen mußten. Zusehens fiel nun das Ansehen des Mannes, den man vor wenig Jahren für einen Wunderthäter ausgerufen hatte; seine Vorschriften wurden schlecht befolgt, seine Arzneyen entweder unordentlich oder gar nicht eingenommen; und man gebrauchte heimlich Pfuscher und Quacksalber, die immer wieder verdarben was er gut machte. Jetzt mißglückte ihm eine Kur nach der andern; aber Er allein mußte die Schuld tragen. Starb ein Kranker, weil er nicht länger leben konnte, oder weil er das Opfer seines Eigensinns und des thörichten Benehmens der Seinigen wurde, so mußte ihn die Arzneywissenschaft und der Stadtarzt getödtet haben. Aus Veranlassung einer epidemischen Krankheit, die in kurzer Zeit den vierten Theil der Einwohner wegraffte, wurde das Übel endlich so arg, daß ein Hochedler Rath sich nothgedrungen fand, den lange nicht geachteten Beschwerden des Stadtarztes Gehör zu geben, und, nach vielen unnöthigen Untersuchungen, Deputazionen, Relazionen und Debatten, endlich ein Dekret ergehen zu lassen, wodurch den sämmtlichen Einwohnern der Stadt und Landschaft Kuhschnappel bey hoher Strafe anbefohlen wurde, von nun an wieder an den Stadtarzt zu glauben, und in kranken Tagen sich ganz allein an ihn und seine Vorschriften zu halten. Aber an eben dem Tage, da diese Verordnung publiciert wurde, ließ der witzige Patrizier ein Possenspielchen auf dem Kuhschapplischen Nazionaltheater aufführen, worin die Ärzte und ihre Kunst durch alle Prädikamente lächerlich gemacht wurden. Diese Posse, der das Rathsdekret zur Folie diente, erhielt nun einen desto lebhaftern Beyfall; das Stück mußte einigemahl hinter einander gespielt werden, und in wenigen Tagen hörte man den Rundgesang, womit es schloß, auf allen Gassen singen. Der Stadtarzt wurde des Handels endlich überdrüssig; seine Menschenkunde hatte sich in Kuhschnappel, wiewohl auf Unkosten der Menschenliebe, ansehnlich vermehrt, und es war da weiter nichts mehr zu thun noch zu lernen übrig. Er zog also von dannen, und bekam einen privilegierten Pfuscher zum Nachfolger, der zwar Mittel fand, sich den bisherigen Widersacher seines Ordens durch eine wohl getroffene Eheverbindung mit einer verschimmelten Base günstig zu machen, und dem es daher an Unterstützung von Seiten einer hohen Obrigkeit nicht fehlte: aber die Kuhschnappler hatten nun einmahl den Glauben an die Arzneywissenschaft verloren; und da die obern Klassen des Staats dem Volke hierin selbst bey jeder Gelegenheit mit bösem Beyspiel vorgingen, so blieb die einmahl eingerissene Unordnung mit allen ihren schädlichen Folgen ein unheilbares Übel bis auf diesen Tag, und – mein Mährchen ist zu Ende.

SINIBALD *lächelnd.* Ich statte dir dafür den gebührenden Dank ab, mein lieber Sokrates; und um dir die Mühe zu ersparen, durch eine lange Reihe kleiner hinterlistiger Fragen, die ich mit möglichster Einfalt zu beantworten hätte, nach Platonischer Art und Kunst, mich am Ende auf den Punkt zu bringen, wo du mich haben willst, will ich lieber den Kern aus deinem Mährchen sogleich selbst heraus knacken, und gestehe dir also von ganzem Herzen zu: daß es mehr als Abderitische und Kuhschnapplische Thorheit ist, wenn unsre Obern, nachdem sie das Fundament der Vorurtheile, worauf der Glaube des Volks an ihr Ansehen und die Unverletzlichkeit ihrer Personen, nebst seinem Glauben an die eingeführte Religion, an eine göttliche Bestätigung des Unterschieds zwischen Recht und Unrecht, und an Verantwortlichkeit in einem künftigen Leben für das Böse, das wir in diesem gethan haben, beruhet, theils praktisch selbst untergraben, theils ungehindert von andern theoretisch untergraben lassen, – gleichwohl bey Strafe gebieten wollen, daß das Volk glaube, was beynahe niemand mehr glaubt, und es in Ungnaden vermerken, wenn der daher entspringende und sich überall in allen Ständen äußernde Kontrast unsrer Zeit mit den Tagen unsrer glaubenreichen und in ihren von Kindheit an eingesogenen Vorurtheilen webenden und lebenden Voraltern endlich seine natürliche

Wirkung zu thun anfängt. Ich gestehe ferner, daß, nachdem man der ganzen erstaunten und bestürzten Welt ungescheut das Beyspiel gegeben hat,[2] daß man alles, auch das ungerechteste, zu dürfen glaubt, sobald man die Macht dazu hat und es uns so beliebt, es mehr als Thorheit ist, noch von Gerechtigkeit zu schwatzen, und es irgend einem andern übel zu nehmen, wenn er sich, eben so gut als diese Beyspielgeber, für ermächtiget hält, alles zu thun was man ihm nicht wehren kann, u. s. w. Noch mehr, lieber Geron! ich gestehe dir, und, wenn ich eine Stimme hätte, die sich allen Menschen auf einmahl hörbar und verständlich machen könnte, so würde ich es über den ganzen Erdkreis ausrufen, „daß die Beyspiele, die seit zehn Jahren gegeben worden sind, geradezu auf den Umsturz aller bürgerlichen Gesellschaft und Ordnung, aller Religion, Moralität und Humanität, losarbeiten; und daß es also die höchste Zeit ist, daß irgend ein verständiger, Gerechtigkeit liebender, das Gute ernstlich wollender und kennender, von lauter rechtschaffenen Leuten unmittelbar umgebener großer Monarch ein besseres Beyspiel gebe, und mit unerschütterlicher Festigkeit nach Maximen handle, die auf dem ewig nothwendigen Grund alles Rechts beruhen." – Aber, noch einmahl, was thut das alles zur Apologie der Vorurtheile?

GERON. Ich habe dir also mein Mährchen vergebens erzählt?

SINIBALD. Du willst vermuthlich damit sagen, es gebe wahre, wiewohl dumpfe Gefühle und Vorurtheile, an welche sich fest zu halten, dem unaufgeklärten und, vermöge der Natur der Sache, zahlreichsten Theil der Menschen nicht nur nützlich, sondern, wofern das Ganze bestehen soll, sogar nothwendig sey; und diese Vorurtheile sollten und müßten also respek-

---

[2] Wenn es ohne Unterbrechung des Gesprächs geschehen könnte, möchte ich den Herrn Sinibald wohl bitten, uns das Jahrhundert zu nennen, in welchem solche Beyspiele nicht häufig gegeben worden wären. Wir wollen unsrer Zeit nicht zu viel thun: sie hat wegen aller Vorwürfe, die man ihr über diesen Artikel macht, wenig mehr zu verantworten als die vorhergehenden; und, wenn ich die einzige, historische goldne Zeit (Trajans, Hadrians, und der beiden Antonine) ausnehme, so kenne ich keine Periode von achtzig Jahren in der ganzen Geschichte des kultiviertesten Theils der Erde, worin nicht immer der Stärkere den Schwächern unterdrückt hätte, und die Wohlfahrt der Völker und das Leben von Millionen Menschen ein Spiel des Ehrgeitzes und der Vergrößerungssucht, oder der Schwäche, des Eigensinns, der Afterpolitik und der verächtlichsten Leidenschaften einiger weniger Gewalthaber und ihrer Rathgeber gewesen wäre.

tiert werden; und das um so mehr, da sie nur subjektiv betrachtet Vorurtheile sind, im Grunde aber, sobald man sie zu deutlichen Urtheilen entwickelt, wahr befunden werden, oder auf Wahrheit beruhen. Gut, lieber Geron, auch das geb' ich dir zu. Aber —

GERON. Ich bitte dich, kein sofistisches Aber!

SINIBALD. *Bona verba quaeso!* Was könnte mirs helfen, dich und mich selbst sofistisieren zu wollen? Wir haben ja einerley Zweck, und arbeiten beide an einem und demselben Bau.

GERON. Eben deßwegen wünschte ich, daß wir auch nach einerley Plan arbeiteten.

SINIBALD. Das kann nie fehlen, sobald wir einander recht verstehen.

GERON. Also — dein Aber?

SINIBALD. Es ist weiter nichts, als daß die Sache der Vorurtheile, durch meine Bereitwilligkeit, dir deine Unterscheidung gelten zu lassen, um nichts gebessert wird.

GERON. Das wäre schon zu viel. Erkläre dich näher.

SINIBALD. Unstreitig hängt der unaufgeklärte Theil der Menschen an Religion, Sittlichkeit und bürgerlicher Ordnung bloß durch Gefühl und Vorurtheil. Er hat sich seine Vorstellungen von diesen wichtigen Gegenständen, von welchen das Glück oder Unglück seines ganzen Daseyns abhängt, nie deutlich gemacht; hat die Gründe, worauf sein Glaube an seinen Gott, seine Obrigkeit und seine Lehrer beruhet, nie unbefangen untersucht und geprüft. Auch könnte er es nicht, wenn er gleich wollte: es fehlt ihm zu einem solchen Geschäft an Muße; die Werkzeuge des Denkens sind bey ihm nicht scharf genug dazu geschliffen, und er ist nicht geübt genug, sie bey Gegenständen dieser Art zu gebrauchen. Sein Glaube ist also in der That ein blinder Glaube. Immer gut wenn er ihn hat; denn er ist ihm, in Ermanglung eines bessern, zu seiner Ruhe und zu Erfüllung seiner Pflichten unentbehrlich. Er kann ihn nicht verlieren, ohne an seiner Sittlichkeit, der Ergebung in sein Schicksal und der Hoffnung einer bessern Zukunft sehr gekränkt zu werden. Aber das alles ist nur darum so, weil er unaufgeklärt ist. Besser wär' es doch immer, wenn er es nicht wäre; und wie kann er zu diesem Bessern anders gelangen als durch Aufklärung, d. i. wenn sein auf Vorurtheile gegründeter blinder Glaube einer aus freyer Untersuchung und deutlicher Erkenntniß entstandenen Überzeugung Platz macht?

GERON. Sollte wohl ein Mann von deiner Weltkenntniß hoffen können, daß der unendlich größere Theil der Menschen jemahls zu einem solchen Grade von Kultur gelangen werde?

SINIBALD. Ich besorge durch meine Antwort nicht wenig von der guten Meinung, die mir dieses Kompliment zugezogen hat, zu verlieren: aber sey es darum! Ich kann nichts anders antworten als — ja! Ich hoff' es, und glaub' es sogar.

GERON. Lieber Sinibald! Wir leben am Ende des aufgeklärtesten Jahrhunderts, das je gewesen ist. Schau um dich her! Ich verlange nichts weiter, denn ich habe dir alles damit gesagt. Die Hand aufs Herz, Freund! wie kannst du im Ernst eine so sanguinische Hoffnung hegen? Daß eine so ungeheuer große Veränderung der Dinge nicht durch einen Sprung bewirkt werden könne, hat uns, sollt' ich denken, der neueste Versuch, den einige warme und subtile Köpfe in Frankreich an ihrer eignen Nazion gemacht haben, auf eine Art gelehrt, welche (wenn anders die Narrheit und Blödsinnigkeit des Menschengeschlechts nicht ganz unheilbar ist) alle Völker auf ewig abschrecken wird, eine ähnliche Gefahr zu laufen. Wahre und gründliche Aufklärung des menschlichen Verstandes kann nur durch ein beynahe unmerkliches Zunehmen des Lichtes, langsam und stufenweise bewirkt werden. Aber eben deßwegen wird eine allgemeine, oder wenigstens über den größern Theil der Menschen verbreitete Erleuchtung nie Statt finden. Die Mittel dazu sind zu beschränkt, liegen in den Händen einer zu kleinen Anzahl, hangen zu sehr vom Zufall, und (was noch schlimmer ist) von der Willkühr der Machthaber ab, deren größerm Theil alles daran gelegen zu seyn scheint, daß es nicht hell um sie her werde. Bedenke, daß gegen Einen, der zu Beförderung wahrer Aufklärung thätig ist, hundert sind, die ihr aus allen Kräften entgegen arbeiten, und zehen tausend, die seine Dienste weder begehren noch vermissen. Auch bitte ich nicht zu vergessen, daß man unter zehen Aufklärern wenigstens die Hälfte rechnen muß, die ihre Pechfackel so ungeschickt und unvorsichtig handhaben, als ob es ihnen weniger darum zu thun sey uns zu leuchten, als uns die Häuser über dem Kopf anzuzünden; nichts von den kleinen Laternenträgern zu sagen, die uns ein so trübes und täuschendes Licht vortragen, daß wir mit bloßem Tappen im Dunkeln sichrer an Ort und Stelle kämen, als wenn wir uns von ihnen führen lassen.

SINIBALD. Das giebt trostlose Aussichten, Bruder! Was bliebe uns da zu thun übrig, als, gleich den trauernden Geniussen auf alten Sarkofagen, unsre Fackel umzukehren, und mit starren steinernen Augen zuzusehen, wie die Menschheit aus der schönen Morgenröthe, die den nahen Triumf der allerfreuenden Sonne verkündigte, in die Nacht, worin nur die bösen Geister wirken, zurück sinken wird?

GERON. Dazu soll es hoffentlich nicht kommen, wenn wir gleich nie so weit gelangen, daß wir der wohlthätigen Vorurtheile, wovon die Rede zwischen uns ist, gänzlich entbehren könnten.

Man geht so weit man kann, wenn weiter
Zu gehn nicht möglich ist –

sagt unser Horaz. Man verlange nur nicht allgemein zu machen, was, vermöge der unvermeidlichen Unvollkommenheit der menschlichen Dinge, nur wenigen zu Theil werden kann. Freylich, wer andere lehren oder regieren soll, kann nie aufgeklärt genug seyn. Aber ein Volk, das von aufgeklärten Menschen gebildet und regiert wird, kann sich sehr gut mit weniger Licht behelfen, und wird sich, in diesem Falle, bey seinen Vorurtheilen für das Ansehen und die Unfehlbarkeit seiner Obern ganz wohl befinden.

SINIBALD. Du hast wohl gethan, Geron, dich mit der Klausel „in diesem Falle“ zu verwahren. Hingegen scheinst du außer Acht zu lassen, wie es gewöhnlich mit der Aufklärung der gebornen Weltregierer und der obersten Klassen überhaupt beschaffen ist. Die bösen Geschwüre, woran die Menschheit schon so lange leidet und zusehens hinschwindet, lassen sich nicht durch Platonische Kühlpflaster heilen. Ja freylich *felix respublica, ubi philosophi imperant!* Aber zeige mir dieses glückliche Gemeinwesen. Oder was hilft es der Welt, wenn sie vom Zufall alle zwey tausend Jahre mit Einem Mark-Aurel beschenkt wird? Wehe uns, wenn die Natur nicht besser für uns gesorgt hätte als der Zufall; wenn der Mensch die Anlage zu dem, was er seyn muß um vollständiger Mensch zu seyn, nicht mit auf die Welt brächte; wenn es ihm nicht möglich wäre, über alle Hindernisse zu siegen, die seiner Vervollkommnung entgegen stehen! Wie? Es wäre für den einzelnen Menschen ein Zeitpunkt, da er sich selbst zu regieren geschickt wird, und ganze Völker sollten zu einer ewigen Kindheit und Minderjährigkeit verdammt seyn? Warum denn sollte alles, was die Geschlechter, die vor uns lebten, erfahren, gedacht, gethan und gelitten haben, ewig für ihre Nachkommen verloren gehen? Warum jedes neue immer eben so behandelt werden, als ob es aus lauter ersten Menschen bestände? – Laß uns die reine Wahrheit sagen, blende oder schmerze sie auch, wenn sie laut gesagt würde, wen sie wolle! Die Wehklage darüber, daß die Zeiten nicht mehr sind, da das Volk sich bey seinen Vorurtheilen so wohl befunden haben soll – wovon ich (im Vorbeygehen gesagt) keineswegs überzeugt bin – aber, sey es damit wie es war, das Jammern über ihr Nichtmehrseyn kann zu nichts helfen. Sie sind nun einmahl vorüber und werden nicht wiederkommen. Andre Zeiten, andre Sorgen! Damahls konnte man sich freylich das wichtigste aller Geschäfte sehr bequem machen; aber es ging dann auch – wie es ging. Es mag wohl manchem sehr ungelegen seyn, daß die Kunst zu regieren die schwerste aller freyen Künste geworden ist. Indessen sollte man doch fühlen, wie billig und der Natur der Sache gemäß es sey, daß die Vortheile, die von der Ausübung einer Kunst zu erwarten sind, mit dem Grade der Virtuosität des Künstlers in gehörigem Verhältniß stehen. Hohe Ehre und große Belohnung gebührt nur dem großen Meister: nur ein solcher kann erwarten, daß wir ihm alles zutrauen, und geneigt sind, für ihn, der sein möglichstes für uns thut, hinwieder alles mögliche zu thun.

GERON. Kennst du viele Virtuosen dieser Gattung, Sinibald?

SINIBALD. Desto schlimmer für die, die nicht sind – was sie seyn sollten! Aber, was ich eigentlich sagen wollte, ist nur: daß, seitdem die großen Herren uns ihr Geheimniß selbst verrathen haben, (wiewohl sie uns damit eben nichts neues offenbarten) und also fürs künftige an keine Täuschung mehr zu denken ist, ihnen nichts anders übrig bleibe, als das angefangene Werk selbst fortzusetzen und zu vollenden; d. i. der Aufklärung nicht nur ihren Gang zu lassen, sondern sie sogar, in selbsteigner Person und durch ihre Mitarbeiter am Werk, aus allen Kräften zu fördern. Die Völker verlangen keine Hirten mehr, seitdem der Zauber, der sie zu Schafen gemacht hatte, aufgelöst ist. Manche fühlen sich sogar ihren angeblichen Vätern über den Kopf gewachsen, und betrachten ihre Regierer als Diener des Staats, die von der Art, wie sie dem gemeinen Wesen vorstehen, nicht etwa nur Gott und ihrem eigenen Gewissen, sondern den Zeitgenossen und der Nachwelt, und vornehmlich ihrem zunächst dabey betroffenen Volke verantwortlich sind.

GERON. Das ist es eben was ich beklage. Du wirst doch nicht läugnen wollen, daß die politische Freygeisterey, die dem Volke das Recht, seine Regenten zur Verantwortung zu ziehen, beylegt, allenthalben, wo dieses anmaßliche Recht wirklich ausgeübt wurde, unendlich viel Unheil angerichtet hat?

SINIBALD. Wir wollen uns nicht an Worten irren, lieber Geron. Die Verantwortlichkeit, die ich meine, ist Natur der Sache, und hat also von jeher in jedem Staate, sogar in der ungezügeltsten Despotie, Statt gefunden. Die öffentliche Meinung ist ein furchtbares Gericht; ein Gericht, dem sich keine sterbliche Macht, wie groß sie auch sey oder scheine, entziehen kann. Über lang oder kurz werden nicht nur die Kaligula's, die Neronen, die Domiziane, sondern auch ein Richard II., ein Heinrich III., ein Karl I., ein Ludewig XVI., ich will sagen, unweise und schwachherzige Regenten nicht minder als Tyrannen und gekrönte Teufel, Schlachtopfer der Verachtung oder Vernachlässigung dieses unsichtbaren Vehmgerichtes. Weise und gutgesinnte Fürsten, oder wie man die Machthaber im Staate sonst nennen will, sind sich dieser unausweichlichen Art von Verantwortlichkeit immer bewußt; haben sich aber auch so wenig vor der öffentlichen Meinung zu scheuen, daß diese vielmehr die zuverlässigste Quelle ihrer Macht, und am Tage der Noth ihre stärkste Stütze ist. Übrigens soll jetzt, mit deiner Genehmigung, die Rede nicht davon seyn, ob es den Regenten sowohl als den Völkern nicht zuträglich wäre, wenn diese Verantwortlichkeit in jedem Staate gesetzmäßig würde, und auf welche Weise dieß am besten geschehen könnte. Ich erwähnte bloß als einer notorischen Erfahrungssache, daß es mit der Volljährigkeit der meisten Völker in Europa bereits so weit gediehen sey, daß sie sich für berechtigt halten, über die Art und Weise, wie sie regiert und behandelt werden, ziemlich laut zu urtheilen; und daß es also Thorheit wäre, sich länger auf einen blinden Glauben, der nirgends mehr vorhanden ist, blindlings zu verlassen, oder von den alten Dogmen, die der Obrigkeit ein göttliches Recht beylegen und die Unterthanen zu leidendem Gehorsam verpflichten, die Wirkung zu erwarten, die sie etwa zu unsrer Vorväter Zeiten, und auch damahls nicht immer, thaten. Kurz, ich müßte mich sehr irren, oder das neunzehnte Jahrhundert, das uns schon entgegen zu dämmern anfängt, wird in Republiken so gut als in Monarchien den Regenten die Nothwendigkeit auflegen, Virtuosen in ihrer Kunst zu seyn, und nicht von den Vorurtheilen, sondern vom Gefühl und der Überzeugung ihrer Untergebenen, die Zufriedenheit mit ihrer Regierung und jenes allgemeine Wohlwollen und Zutrauen zu erwarten, das zu allen Zeiten die sicherste Grundfeste der Thronen und kurulischen Stühle gewesen ist.

GERON. Wenn ich den Sinn deiner Worte recht gefaßt habe, so erwartest du binnen einem ziemlich kurzen Zeitraume von den Völkern eine Kraftäußerung, von welcher, falls sie Statt haben sollte, mehr zu fürchten als zu hoffen wäre. Denn wie es ohne ein heroisches Mittel zugehen sollte, daß die Machthaber in die Nothwendigkeit, von der du sprichst, gesetzt werden könnten, geht über meinen Begriff.

SINIBALD. Wenn ich auch ein solches Erwachen des Volks, wie du im Sinne zu haben scheinst, gemeint hätte, sollten wir nicht, wenn wir bedenken, was seit zehen Jahren vor unsern Augen und Ohren geschehen ist, mehr als zu viel Ursache haben, dem Genius der Zeit so etwas zuzutrauen? Daß von dergleichen Kraftäußerungen der kopflosen aber desto handfestern Menge mehr zu fürchten als zu hoffen ist, wird dir in diesen unsern Tagen wohl kein Vernünftiger mehr streitig machen; aber eben daraus wird auch jeder Vernünftige die ganz natürliche Folgerung ziehen: daß man, anstatt sie durch übel gewählte und falsch berechnete Gegenmittel zu beschleunigen oder gar heraus zu fordern, ihnen vielmehr auf dem einzigen Wege, der einer gerechten und weisen Regierung immer offen ist, zuvorkommen, d. i. sie moralisch unmöglich machen müsse. Wenn jemahls Staatsklugheit mit Weisheit, und eigenes Interesse mit dem allgemeinen Besten in Einem Punkte zusammen trafen, so ist es gewiß in diesem.

GERON. Und du erwartest, daß die Machthaber jemahls aus sich selbst auf eine solche Vorstellungsart kommen, oder daß ihre Rathgeber – wenigstens die, denen man folgt – aus eigner Bewegung und Überzeugung zu den weisen, gerechten und klugen Maßregeln rathen werden, die du voraussetzest?

SINIBALD. Warum nicht, wenn sie auch nur ihren eignen Vortheil kennen, auch nur ihre eigene Sicherheit und Ruhe ernstlich zu Herzen nehmen?

GERON. Warum nicht, fragst du? Darauf, lieber Sinibald, laß dir deine Menschenkenntniß und die Geschichte aller Völker und Zeiten, oder nur das schreckliche Kompendium derselben, das, was wir selbst seit 1789 bis auf diesen Tag gesehen und erfahren haben, die Antwort geben. Das *sero sapiunt* steht mit großen rothen Buchstaben auf allen Blättern desselben geschrieben.

SINIBALD. Du trauest, wie es scheint, dem gemeinen Menschenverstand auch gar zu wenig Macht über unsre Zeitgenossen zu. Endlich werden uns ja doch die aufgethürmten Beyspiele fremder und eigner Thorheiten klüger machen!

GERON. Schwerlich! Es wäre seit Adam und Even das erste Mahl. Wie gesagt, es ist nicht in der menschlichen Natur, daß Gewalthaber aus eigener Bewegung auf solche Gedanken kommen, oder, wenn man sie in ihnen zu erwecken suchte, auf Eingebungen dieser Art hören sollten. Nie wird eine noch entfernte Gefahr solcher Volkskraft-Äußerungen, wovon wir die Beyspiele in Frankreich, in den Niederlanden, in der Lombardey, in Genua, Venedig und Rom, und neuerlich in Helvezien gesehen haben, die Wirkung thun, die du dir davon versprichst. Die bloße Erwähnung eines solchen Bewegungsgrundes sieht in ihren Augen einer Drohung ähnlich; und mehr braucht es nicht, um ihn nicht nur unkräftig, sondern sogar zum Triebrad einer entgegen gesetzten Wirkung zu machen. Eine sehr nahe Gefahr oder ein panischer Schrecken mag vielleicht etwas thun, – ungefähr so viel, als ein fürchterliches Donnerwetter bey einem schwachherzigen Wüstling: aber *passato il pericolo, gabbato il Santo.* Eine wahre politische Sinnesänderung wird nie dadurch bewirkt werden; darauf verlaß dich, mein Freund!

SINIBALD. Ich ehre die Weisheit und – Ungläubigkeit deines Alters, Geron; die letztere zwar nur, in so fern sie für eine Frucht der ersten gelten kann. Ich für meinen Theil habe noch nicht lange genug gelebt, um an der Menschheit so gänzlich zu verzweifeln, daß ich nicht noch immer, wo nicht das Beste, doch viel Gutes sogar von denen hoffen sollte, die zu hoch über uns stehen, um nicht zuweilen zu vergessen, daß sie Menschen wie wir andern sind. Wenn es aber so wäre, wie du dir, vielleicht nur in düstern Augenblicken, vorstellst: worauf sollten wir die Hoffnung, daß es besser mit uns oder unsern Nachkommen werden könne, gründen? Wenn wir die

Zeit der Vorurtheile auch zurück wünschen wollten, — es wäre vergebens; sie wird nicht wiederkommen, sie kann nicht wiederkommen. Selbst eine allgemeine Verschwörung aller Machthaber auf Erden könnte sie nicht wiederbringen. Denn dieß wäre nur durch Auslöschung aller Lichter, durch eine permanente Guillotine, die alle denkende Köpfe abhackte, und durch die gänzliche Vertilgung der Schreib- und Lesekunst, möglich zu machen. Bevor es dazu kommt, Geron, — erfolgt gewiß das kleinere Wunder, — dasjenige, das ich von der vereinigten Überzeugungskraft unsrer Aufklärung und unsrer Erfahrungen erwarte. Sollte ich mich, wider alles Vermuthen, in dieser Erwartung betrogen finden — Aber nein! ich mag den kleinmüthigen Gedanken nicht ausdenken! Es muß, wie du selbst sagtest, vorwärts gehen, alter Geron, es muß!

GERON. Meine Apologie der Vorurtheile könnte also wohl ungeschrieben bleiben, meinst du?

SINIBALD. Es wäre denn, daß du sie etwa in Mährchen einkleiden wolltest.

GERON. Das möchte vielleicht noch immer besser seyn, als sich darüber zu grämen und Schlaf und Eßlust zu verlieren —

SINIBALD. — daß es keinen Papst mehr in Rom giebt, und daß die armen Schwarzwälder künftig nicht mehr zur Mutter Gottes in Marien-Einsiedel wallfahrten werden.

Anhang

Editorische Notiz

Editionsprinzipien

Ziel der vorliegenden Ausgabe ist es, einer breiten Leserschaft ausgewählte Werke Wielands zu präsentieren. Zugrunde liegen Textfassungen, die im Rahmen der von Klaus Manger und Jan Philipp Reemtsma seit 2008 herausgegebenen Historisch-kritischen Oßmannstedter Ausgabe von *Wielands Werken* (WOA) erarbeitet werden. Sie werden orthographie- und interpunktionsgetreu geboten, mit bibliographischem Nachweis, einführenden Essays und zurückhaltenden Erläuterungen. Mit der WOA verbinden sie Seiten- und Zeilenäquivalenz. Damit konnte auf die in der WOA dokumentierte Textkritik hier ebenso verzichtet werden wie auf überlieferungsgeschichtliche Erörterungen, weitläufige Kommentare und texterschließende Indices. Erläutert werden lediglich das Verständnis unmittelbar berührende Textpassagen, insb. Mythologeme, historische Sachverhalte und ungebräuchliche Wortbedeutungen. Fremdsprachliches ist übersetzt, Zitate sind nachgewiesen. Ausgespart bleiben Einbettungen in philosophie- und literaturgeschichtliche Diskurszusammenhänge. Wie in der WOA gilt auch hier: Die Erläuterung dient der Identifikation und Dokumentation, nicht der Interpretation; sie führt zum Text, nicht von ihm weg.

Lateinische und griechische Werke und Autoren werden nach dem Index des *Neuen Pauly* (Bd. 1 (1996), S. XII – XLVII) abgekürzt. Sind Werk und Autor dort nicht aufgeführt, wird der Index des *Thesaurus Linguae Latinae* (Leipzig 1990) zugrundegelegt. Abkürzungen der biblischen Bücher folgen der *Großen Konkordanz zur Lutherbibel* (Stuttgart [2]1989, S. XII f.). Sprachbezeichnungen werden nach *Kluge. Etymologisches Wörterbuch der deutschen Sprache.* Hg. von Elmar Seebold. Berlin u. a. 1999, S. XLI – XLIV, abgekürzt.

Die ausgewählten Texte folgen zumeist dem Erstdruck, in begründeten Fällen der Quartfassung letzter Hand. Die den Texten vorangestellten Einleitungen haben Jan Philipp Reemtsma zum Verfasser, die Stellenerläuterungen verantworten Clara Innocenti und Hans-Peter Nowitzki.

Textgrundlagen

Ein paar Goldkörner aus — Maculatur oder Sechs Antworten auf sechs Fragen. In: Teutscher Merkur 17 (1789), April, S. 94—105. • Vgl. WOA 25.1. • Wieland-Forschungszentrum Oßmannstedt: AA 0066—1789—1

Über die Rechte und Pflichten der Schriftsteller in Absicht ihrer Nachrichten, Bemerkungen, und Urtheile über Nationen, Regierungen, und andre politische Gegenstände. In: Teutscher Merkur 13 (1785), September, 193—207. • Vgl. WOA 18.1. • Wieland-Forschungszentrum Oßmannstedt: AA 0066—1785—2

Gedanken von der Freyheit über Gegenstände des Glaubens zu philosophiren. In: Teutscher Merkur 16 (1788), Januar, S. 77—93. März, S. 195—226. Juni, S. 549—567. Juli, S. 3—28. • Vgl. WOA 21.1. • Wieland-Forschungszentrum Oßmannstedt: AA 0066—1788—1 • Wieland-Forschungszentrum Oßmannstedt: AA 0066—1788—2

[Über religiöse Toleranz.] In: Teutscher Merkur 11 (1783), September, S. 257—266. • Vgl. WOA 18.1. • Wieland-Forschungszentrum Oßmannstedt: AA 0066—1783—2

Über die öffentliche Meinung. In: C. M. Wielands sämmtliche Werke. Band 31. Leipzig 1799, S. 209—238 (Quartausgabe, C^4). • Vgl. WOA 29.1. • Wieland-Forschungszentrum Oßmannstedt: 028691

Wie man ließt; eine Anekdote. In: Teutscher Merkur 9 (1781), Januar, S. 70—74. • Vgl. WOA 15.1, S. 508—510. • Wieland-Forschungszentrum Oßmannstedt: AA 0066—1781—1

Das Geheimniß des Kosmopolitenordens. In: Teutscher Merkur 16 (1788), August, S. 97—115, und November, S. 121—143. • Vgl. WOA 21.1. • Wieland-Forschungszentrum Oßmannstedt: AA 0066—1788—2

Über teutschen Patriotismus. Betrachtungen, Fragen und Zweifel. In: Neuer Teutscher Merkur 4 (1793), Mai, S. 3–21. • Vgl. WOA 26.1. • Wieland-Forschungszentrum Oßmannstedt: AA 0066–1793–1

Stilpon oder über die Wahl eines Zunftmeisters in Megara. Eine Unterredung. In: Teutscher Merkur 2 (1774), September, S. 295–337. • Vgl. WOA 11.1, S. 622–645. • Wieland-Forschungszentrum Oßmannstedt: AA 0064–1774–2

Fragmente von Beyträgen zum Gebrauch derer, die sie brauchen können oder wollen. In: Teutscher Merkur 6 (1778), April, S. 3–30. • Vgl. WOA 14.1, S. 80–95. • Wieland-Forschungszentrum Oßmannstedt: AA 0066–1778–1

Was verlieren oder gewinnen wir dabey, wenn gewisse Vorurtheile unkräftig werden? In: C. M. Wielands sämmtliche Werke. Bd. 31. Leipzig 1799, S. 7–37 (Quartausgabe, C^4). • Vgl. WOA 29.1. • Wieland-Forschungszentrum Oßmannstedt: 028691

Erläuterungen

10 Maculatur] Verdrucktes, verderbtes oder überschüssiges, nur noch zum Verpacken brauchbares Druckpapier.

dem mir unbekannten Buche] [Ernst Anton von Göchhausen (1740–1824)]: Aufschluß und Vertheidigung der Enthüllung des Systems der Weltbürger-Republik (Rom 1787). Verschwörungstheoretisches Werk, das die Aufklärer des politischen Umsturzversuches verdächtigte. Göchhausen, Weimarer Landkammerrat, war einer der exponiertesten Vertreter der politischen Reaktion.

typographische Kennzeichen] Die sog. Bogensignatur am Fuße der ersten Seite des Druckbogens mit Bogenzahl, Autornamen und Kurztitel.

Adepten] Eines vorgeblich in geheime Künste Eingeweihten.

Capelle] Schmelztiegel (lat. cupella, frz. coupelle).

was seyn soll muß sich schicken] Dt. Sprichwort.

11 Diese Fragen … herumtreiben wollen.] [Göchhausen]: Aufschluß und Vertheidigung der Enthüllung des Systems der Weltbürger-Republik (Rom 1787), S. 214.

H. des T. M.] Herausgeber des Teutschen Merkurs, d. i. Wieland.

12 gelbsüchtig] Auffassung, wonach bei einem Milz- bzw. Gelbsuchtkranken das Auge voller Galle sei, so daß ihm alles gelb erscheine.

13 glücklichen Inseln] Inseln der Seligen, Aufenthaltsort der von den Göttern geliebten oder mit Unsterblichkeit beschenkten Helden.

Einstimmung] Zustimmung.

14 Freybrief] Privileg sichernde Urkunde.

böses Geschrey] Verleumdung.

schon dreyhundert Jahre lang] Seit Renaissancehumanismus und Reformation der neuzeitlichen Aufklärung Bahn gebrochen haben.

15 übernatürlich erleuchteten Schneider] Der gelernte Schneider Jan Beuckelszoon, gen. Jan van Leiden (1509–1536), Wiedertäufer und schließlich ‚König' des Täuferreichs von Münster.

Sokrates] Sokrates (470–399 v. Chr.).

Kant] Immanuel Kant (1724–1804).

Schuster] Jakob Böhme (1575–1624), gelernter Schuhmacher, Mystiker, Philosoph und Theosoph aus Görlitz, dessen Anschauungen vor allem im Pietismus rege rezipiert wurden.

ne quid ... capiat] Lat., „daß das gemeine Wesen nicht zu schaden komme". Berühmte Formel, mit der den röm. Konsuln im Falle des Staatsnotstandes umfänglichste Vollmachten erteilt wurden.

das sehr weise Strafgesetz ... Verbrüderungen] Die sog. lex Iulia de collegii (1. Jh. v. Chr.) bestimmte, daß für die Bildung eines Collegiums die Genehmigung des Senats einzuholen sei. Das Gesetz blieb bei den Kaisern Augustus (63 v. Chr.–14 n. Chr., reg. seit 30 v. Chr.), Traianus (53–117, reg. seit 98), Hadrianus (76–138, reg. seit 117) und Antoninus Pius (86–161, reg. seit 138) in Geltung.

16 Sagt, hab ... langen Ohr?] Anspielung auf die Fabel vom Esel in der Löwenhaut, die Göchhausen in seiner *Enthüllung des Systems der Weltbürger-Republik* (Rom 1786), S. 311, bemühte.

Timalethes] Griech., wörtl. Wahrheitsehrer, Pseudonym Wielands.

21 briefstellerischen Wanderer] Joachim Christoph Friedrich Schultz (1762–1798): Kleine Wanderungen durch Teutschland (TM 12 (1784), 12 bis 13 (1785), 7). Schultz bemerkte, daß die Preußen kriegerischeren Geistes als die Sachsen seien, was in Dresden mißfällig aufgenommen wurde.

Yoriks ... Vorrede] [Laurence Sterne (1713–1768)]: A sentimental journey through France and Italy. By Mr. Yorick (London 1768), S. 22–28. Dort unterscheidet Sterne alias Yorick einfache Reisende, Reisende aus Notwendigkeit und empfindsame Reisende.

Desobligeante] Frz., enger, unbequemer Kutschwagen.

22 der finstern Jahrhunderte] Des Mittelalters.

polizierter] Frz., zivilisierter, gesitteter.

23 Der Menschheit ... *der Mensch.*] [Alexander Pope (1688–1744)]: An Essay on Man (London 1733), epist. 2, 2.

24 Reisigen] Reisenden (zu Pferde).

unsrigen] Heiligen Römischen Reich Deutscher Nation, zu dem im 18. Jh. etwa 300 bis 350 souveräne kleine, mittlere und große weltliche und kirchliche Königreiche, Fürstentümer und freie Reichsstädte gehörten.

Polizey] Ordnung und Verfaßtheit eines Staates.

26 Gemeinheiten] Gemeinden, insb. die Einwohner von Dörfern und Städten im Sinne von Gesellschaften.

Unbilliges] Unangemessenes, Ungerechtfertigtes.

27 Xenophon ... Republik] Xenophon aus Athen (um 430–355 v. Chr.) schildert im *Staat der Lakedaimonier* (vor 371 v. Chr.) die idealstaatliche Verfassung Spartas. *Der Staat der Athener* (um 430 v. Chr.) ist eine pseudoxenophontische Abhandlung, die mit Kritik an der athenischen Demokratie nicht spart.

Simplicität] Lat./Frz., Einfachheit, Kunstlosigkeit, Ungezwungenheit.

28 Ich kann die Constitution ... sie sind.] Ps.Xen. rep. Ath. 1, 1, und 3, 1.

„als eine historische ... änderten.“] Ps.Xen. rep. Ath. 3, 8 f.

Bürnet ... erhielt] Gilbert Burnet (1643–1715): History of the Reformation of the Church of England (London 1679/1681/1714). Hierfür wurde der zwischen den unterschiedlichen protest. Parteiungen tolerant vermittelnde, antikath. gesonnenene Burnet vom brit. Parlament mit Dank bedacht.

Whiggische] Antikatholische. Die Whigs, neben den konservativen Torys die zweite der beiden parlamentarischen Parteien des brit. Parlaments, machten Front gegen die prokath. Bestrebungen James II. (1633–1701).

29 Alcibiades] Alkibiades (um 450–404 v. Chr.), ein seiner Schönheit und seines Charismas wegen vielgerühmter, erfolgreicher, aber auch überaus skrupelloser athenischer Feldherr und Politiker.

Knaster-Bärte] Mürrische Personen.

Trajan] Traianus, röm. Kaiser (53–117, reg. seit 98).

August] Augustus, röm. Kaiser (63 v. Chr. – 14 n. Chr., reg. seit 30 v. Chr.).

Dynasten] Griech., Machthaber, Herrscher.

30 Contrebande] Frz., Schmuggelware.

Interdict] Lat./Frz., großen Kirchenbann, Verbot.

Publicität] Frz., Veröffentlichung.

39 Die Aufsätze ... erschienen sind] Karl von Knoblauch auf Hatzbach (1756–1794), Jurist, Publizist und Philosoph konsequent materialistischer, religionskritischer Ausrichtung. Verfasser insb. wunderkritischer Abhandlungen, die eine Reihe von Repliken hervorriefen und nicht zuletzt Wielands *Gedanken von der Freyheit über Gegenstände des Glaubens zu phi-*

losophiren veranlaßten. Vgl. u. a. TM 15 (1787), 4, S. 85–91. Ebd. 8, S. 169–174. Ebd. 10, S. 28–32. Ebd. 11, S. 97–107. TM 16 (1788), 1, S. 53–61. Ebd. 2, S. 189–194. Ebd. 3, S. 278–287.

Retrogradation] Frz., Rückgang.

illiberale] Lat./Frz., unedle, engherzige.

Hircocervus] Lat., Ziegenhirsch, ein groteskes Mischwesen, halb Ziege, halb Hirsch.

Weland] Der Prediger Jakob Christian Weland (1752–1813).

40 Gras- und Fleischfressende Yahoos] [Jonathan Swift (1667–1745)]: Travels into several remote nations of the world (London 1726), Bd. 2, Tl. 4, Kap. 7, S. 262, Kap. 8, S. 275. Yahoos, affenähnliche, unvernünftige, ja vertierte Menschen.

Palladiums] Griech., Schutzheiligtum, Freiheitswehr.

Theodosius] Theodosius I., gen. der Große, röm. Kaiser (347–395, reg. seit 379). Während seiner Regentschaft wurden das Christentum zur Staatsreligion, christl. Häresien verfolgt und heidnischer Kultus verboten.

Friedrich III.] Friedrich III., röm. Kaiser (1415–1493, reg. seit 1452), dessen Regentschaft das Ende des Mittelalters markierte. Mit dessen Sohn, Maximilian I. (1459–1519, reg. seit 1493), läßt man die Zeit der Renaissance und des Humanismus beginnen.

sanguinisch] Lat., hitzig, leidenschaftlich, schwärmerisch.

Sottisen] Frz., Albernheiten.

41 Sophismen] Griech., Spitzfindigkeiten.

Distinctionen] Lat./Frz., Begriffsunterscheidungen.

Paralogismen] Griech., Fehlschlüsse.

seraphisch] Hebr., himmlisch, herrlich, engelsgleich (von Seraph, einem Lichtengel erster Ordnung).

angelisch] Griech./Lat., engelsgleich.

irrefragabel] Nlat., unwiderleglich.

Freybrief] Erlaubnis, willkürlich zu verfahren.

dermalen] Jetzt.

weben und leben] Apg 17,28.

Finsterlinge] Gegenaufklärer.

Amadis von Gallien] Haupt- und Titelheld des von Garci Rodríguez de Montalvo (vor 1482 – vor 1505) nach kastilisch-portugiesischer Vorlage umgearbeiteten vierbändigen spanischen Romans *Amadís de Gaula* (Saragossa 1508), der u. a. ins Italienische, Französische und Deutsche übertragen und fortgeschrieben wurde.

Nahmen des schönen Finsterlings *(beau Tenebreux)*] Als Amadís sich in die Einsiedelei zurückzog, um Buße zu tun, nahm er den Namen ‚Beau tenebreux' an.

42 Ganeonen] Lat., Schlemmer.

träfe es … an] Lutherdt., im Sinne von ‚ginge […] an', ‚beträfe'.

43 Simplicität] Lat./Frz., Einfachheit.

Cicero] Marcus Tullius Cicero (106–43 v. Chr.).

daß sie … zu sterben] Cic. leg. 2, 36.

Eleusinischen Mysterien] In dem nahe Athen gelegenen Demeter-Heiligtum in Eleusis fanden alljählich die rituellen Staatsfeste zu Ehren der Demeter und ihrer Tochter Kore-Persephone statt.

Beutelschneiderey] Diebstahl.

der Dämon stekt in unsrer eignen Haut!] Wieland: Clelia und Sinibald (TM 11 (1783), 2, S. 106). Vgl. Luther (WA 28, S. 566).

dermaligen] Jetzigen.

44 Mysterien] Mit festlichen Gebräuchen und kultisch-religiösen Feierlichkeiten verknüpfte Geheimlehren und -dienste.

Delphi] Das in Phokis gelegene Delphi markierte den ‚Nabel der Welt' und beherbergte das panhellenische Apollon-Heiligtum. Es war von größter Bedeutung für die politische und gesetzgeberische Entwicklung der griechischen Stadtstaaten. Im Heiligtum fanden zudem alle vier Jahre die Pythischen Spiele, Feste und künstlerische Wettbewerbe, statt.

Olympia] In dem in der nordwestlichen Peloponnes, in Elis, gelegenen Olympia mit ihrer Zeus- und Hera-Kultstätte fanden seit 776 v. Chr. im Hochsommer alle vier Jahre die Olympien, die panhellenischen Kampf- und Festspiele, statt.

Eleusis] Die Mysterien in Eleusis galten dem Fruchtbarkeitskult der Demeter und ihrer Tochter Kore-Persephone.

Amphiktyonen] Griech., Rat und Gericht des griech. Stammes- und Staatenbundes, der bzw. das regelmäßig im Frühjahr und Herbst im delphischen Apollon-Heiligtum tagte.

45 Amulete] Lat./Frz., am Körper getragene Bann- oder Schutzmittel gegen Zauberei und Krankheiten.

Talismane] Frz./Span., Zaubermittel, -bild, Schutzzauber.
Geomantie] Griech., Erd- oder Sandwahrsagerei.
Nekromantie] Griech., Totenbefragung.
Appanage] Frz., ihnen Zustehendes.
Compunction] Lat./Frz., lebhafteste Reue, Zerknirschung des Herzens.
Hermes] Griech., hier spät-ägypt. Hermes bzw. Thot (lat. Theuth), ägypt. Gott der Weisheit, Wissenschaft und Schreibkunst sowie des Mondes.
Zoroaster] Griech./Avest., Zarathustra (7./6. Jh. v. Chr.), legendärer pers. Weisheitslehrer und Verfasser der *Zend-Avesta,* des heiligen Buches der alten Perser.
Trismegistus] Lat., der Dreimalgroße, d. i. der Größte, auch Hermes Trismegistos genannt (durch Verschmelzung mit dem spät-ägypt. Hermes-Thot), Begründer der hermetischen Philosophie bzw. Alchemie.
46 Kabbala] Hebr., rabbinische Geheimlehre.
Alfanzereyen] Possenreißerei, törichtes Geschwätz.
obbesagten] Oben gesagten (kurialsprachl.).
conformierte] Lat./Frz., anpasste.
Alexanders des Großen] Alexander III., gen. der Große, König von Makedonien (356—323, reg. seit 336 v. Chr.).
47 Alexandria] Die von Alexander dem Großen gestiftete und nach ihm benannte ägypt. Hafenstadt wurde schnell schon zu einer der bedeutendsten Wirtschafts- und Kulturmetropolen ihrer Zeit.
Imperii Romani] Lat., Römischen Reiches.
Augustus] Augustus, röm. Kaiser (63 v. Chr. – 14 n. Chr., reg. seit 30 v. Chr.).
Egyptischen Landstreichern] Wanderpredigern.
Superstition] Lat./Frz., Aberglauben.
zu besteuern] Gewinnbringend auszunutzen.
Evocation] Lat./Frz., Vorladung, Beschwörung.
theurgischen] Griech., geisterseherischen, -bannenden, -zitierenden.
49 Disposition] Lat./Frz., Empfänglichkeit.
Lucians] Lukian aus Samosata (um 120—180), bedeutender Satiriker der röm. Kaiserzeit, geißelte in vielen seiner Werke den Hang zum Aberglauben, so in den *Lügenfreunden* und in *Über das Ende des Peregrinos.*
Celsus] Kelsos aus Alexandria (2. H. 2. Jh. n. Chr.), platonischer Philosoph und Verfasser der Kampfschrift *Wort der Wahrheit* (178). Vom Standpunkt

eines kultivierten gebildeten Hellenen unterzog er auf Grundlage einer neuplatonisch geprägten Theologie die jüd.-christl. Dogmatik und Lebensweise einer scharfen Kritik. Überliefert sind lediglich Fragmente des Werkes in des Origenes (um 185–254 n. Chr.) Apologie *Contra Celsum* (um 230 n. Chr.).

(mit Polonius ... Unsinn brachte] William Shakespeare (1564–1616): Hamlet (1603). Vgl. Shakespear Theatralische Werke. Aus dem Englischen übersezt von Herrn Wieland (1766), Bd. 8, S. 78 f.

Celsus ... beschrieben waren.] Lukian. Alex. 21.

50 Constantinus M.] Flavius Valerius Constantinus Magnus, röm. Kaiser (um 280–337, reg. seit 306).

Antinomie] Griech., Gesetzwidrigkeit.

Ernulfusflüchen] Ernulfus (1040–1124), Bischof von Rochester 1115–1124, Verfasser eines Exkommunikationsformulars, das Wieland möglicherweise aus Sternes *Tristram Shandy* (London 1761), Buch 3, Kap. 11, bekannt gewesen war.

51 Giannone] Pietro Giannone (1676–1748), ital., antiklerikal eingestellter Jurist und Historiker, exkommuniziert, verfolgt, verhaftet und im Gefängnis verstorben, verfaßte u. a. *Dell'istoria civile del regno di Napoli libri XL* (Neapel 1723).

Moßheim] Johann Lorenz Mosheim (1694–1755), lutherischer Theologe, führender Kirchenhistoriker seiner Zeit, hatte seines exzellenten Schreibstils wegen den Ruf, der ‚erste deutsche Prosaist' zu sein. Verfasser u. a. der *Institutiones historiae ecclesiasticae antiquioris et recentioris* (1726).

Robertson] William Robertson (1721–1793), schott. Theologe und Historiker, der u. a. die *History of Scotland during the reigns of Queen Mary and King James VI.* (London 1759) und die *History of the reign of the Emperor Charles V.* (Dublin 1762/71) verfaßte.

Hume] David Hume (1711–1776), schott. Philosoph, Ökonom und Historiker, verfaßte u. a. die *Natural history of religion* (London 1757) und die *Dialogues concerning natural religion* (London 1779).

Walch] Wohl Johann Georg Walch (1693–1775), lutherischer Theologe, Lexikograph sowie Philosophie- und Kirchenhistoriker, gab u. a. die *Historische und theologische Einleitung in die Religions-Streitigkeiten der evangelisch-lutherischen Kirchen* (Jena 1730–1739), die *Historische und theologische Einleitung in die Religions-Streitigkeiten, welche sonderlich ausser der evangelisch-lutherischen Kirche entstanden* (Jena 1733–1736) und die *Bibliotheca theologica selecta* (Jena 1757–1765) heraus. Möglicherweise geht es hier aber um dessen Sohn Christian Wilhelm Franz Walch (1726–1784), Theologe, Kirchenhistoriker und Verfasser u. a. des *Entwurfs einer vollständigen Historie der Kezereyen, Spaltungen und Religionsstreitigkeiten* (Leipzig 1762–1785), des *Entwurfs einer vollständigen Historie der Kirchenversammlungen* (Leipzig 1759) und der *Neuesten Religionsgeschichte* (Lemgo 1771–1783).

Schmidt] Michael Ignaz Schmidt (1736–1794), kath. Priester, Archivar und Historiker, Verfasser der *Geschichte der Deutschen* (Ulm 1778–83 und Wien 1785–1793).

der Chronik ... von Tours] Gregor von Tours (538–594), Bischof, Hagiograph und Historiker, Verfasser u. a. der *Decem libri historiarum,* der *Libri octo miraculorum* und des *Liber de miraculis beati Andreae apostoli.*

der goldnen ... Varagine] Jacobus de Voragine, auch Varagine (1228/30–1298), Erzbischof von Genua, Theologe, Prediger und Kirchenschriftsteller, verfaßte u. a. die *Legenda sanctorum,* die als *Legenda aurea* alsbald größte Verbreitung fand.

Actis Sanctorum] Eine vom jesuitischen Historiker und Hagiograph Jean Bolland (1596–1665) im Jahre 1643 begonnene, bis heute von den sog. Bollandisten fortgesetzte Editionsunternehmung sämtlicher Heiligen- und Märtyrerbiographien.

Stifters] Jesus von Nazareth, gen. Jesus Christus (um 4/6 v. Chr. – um 30 n. Chr.).

steifte] Versteifte.

52 Denunciationen] Lat./Frz., Anzeigen vor Gericht.

Confiscationen] Lat./Frz., Vermögenseinziehungen.

neugebrochnen] Von lat. ‚rumpere (viam)', ‚(einen Weg) bahnen'.

53 Kananitischen Feuergottes Moloch] Sein Kult forderte Menschenopfer, insb. von Kindern (u. a. 3 Mo 18,21. 20,2–5. 2 Kö 16,3. 23,10).

dem albernen ... Abdera] Wieland: Die Abderiten (TM 1774–1780), 5. Buch.

einzig wahre und allein seligmachende] Das Dogma schreibt sich von Cyprian von Karthago (3. Jh. n. Chr.) her und wurde vom 4. Laterankonzil (1215) festgeschrieben.

Hefe des Pöbels] Bodensatz, Abschaum des niederen Volkes.
54 Deist oder Theist] Während ‚Deist' und ‚Theist' ausgangs des 17. Jh.s in der spezifischen Bedeutung eines ‚Bekenners der vernünftigen Religion' und noch gleichbedeutend als Gegenbegriffe zu ‚Atheist' verwendet wurden (so auch noch Wieland), konnten sie dann Mitte des 18. Jh.s schon Unterschiedliches bezeichnen: Der ‚Theist' interpretiert ‚Gott' stoisch als einen um Mensch und Welt Besorgten, hält die christl. Offenbarung für unabdingbar und sieht in Gottes ‚natürlichem Gesetz' die Grundlage moralischer Praxis. Der ‚Deist' interpretiert ‚Gott' epikuräisch, wonach dieser sich selbst genug, sich nicht offenbart und auch nicht um Mensch und Welt besorgt ist.
Anthropomorpha] Griech., Menschenähnlichen.
Usurpation] Lat./Frz., widerrechtliche Besitzergreifung.
55 Schlacken] Verunreinigungen.
abgeht] Fehlt.
Billigkeit] Gerechtigkeit des Einzelfalls, auf die jeder Anspruch hat; zumeist milderes Recht.
56 loßzählen] Los-, freisprechen.
57 ein menschenfreundlicher Träumer] [Louis-Sébastien Mercier (1740–1814)]: L'An deux mille quatre cent quarante. Rêve s'il en fût jamais (Amsterdam 1771).
augurierenden] Griech., weissagenden.
Ovidianischen] Publius Ovidius Naso (43 v. Chr. – 17 n. Chr.).
– video meliora proboque Deteriora sequor –] Lat., „Ich sehe und lobe das Beßre, | Folge dem Schlechteren doch!" (Ov. met. 7, 20 f.)
Dschinnistan] Arab., Geisterreich.
58 *Radotage*] Frz., Geschwätz.
pia desideria] Lat., frommen (unerfüllbaren) Wünsche.
beyden Hauptpartheyen] Katholiken und Protestanten.
Pius VI.] Pius VI., eigtl. Giovanni Angelo Graf Braschi, röm. Papst (1717–1799, reg. seit 1775).
heil. Stuhl zu Rom] Päpstlichen Stuhl, Bischofssitz der Diözese Rom.
Stuhl des heil. Peters] Lt. Mt 16,18 f., hatte Jesus dem Apostel Simon Petrus die Führung der Christenheit übertragen. Petrus soll später Bischof von Rom gewesen und dort einen Märtyrertod gestorben sein. Darauf gründet die röm.-kath. Kirche ihren Anspruch, die Weltkirche zu vertreten.

großen Obelisk] Der aus Theben stammende, ursprünglich für Pharao Thutmosis III. (um 1479–1425 v. Chr.) gefertigte Lateranische Obelisk auf der Piazza San Giovanni in Laterano.

Peterskirche] Basilica San Pietro in Vaticano.

Basilica … Lateran] Basilica San Giovanni in Laterano, gen. ‚Erzbasilika des allerheiligsten Erlösers, des heiligen Johannes des Täufers und des heiligen Johannes des Evangelisten im Lateran'. Sie ist die ‚Allerheiligste Laterankirche, Mutter und Haupt aller Kirchen der Stadt und des Erdkreises'.

Maria rotonda] Santa Maria ad Martyres, gen. ‚Santa Maria Rotonda', das Anfang des 7. Jh.s zur christl. Kirche umgeweihte Traianisch-Hadrianische Pantheon.

Engelsburg] Castel Sant'Angelo, Schatzkammer, Archiv, Staatsgefängnis, Zeughaus und Fluchtburg der Päpste.

Campidoglio] Kapitolinischer Hügel in Rom, gen. das Kapitol.

59 mich unendlich schwer ankommen] Mir unendlich schwer fallen.

Sodom und Gomorra] Die beiden biblischen Städte, die Gott ihrer sündigen Bewohner wegen unter einem Feuer- und Schwefelregen begrub (1 Mo 18 f.).

Kathedra Petri] Griech.-Lat., Stuhl des Petrus, d. i. päpstlicher Stuhl, Bischofssitz der Diözese Rom.

Fischerring] Siegelring des Papstes, der den Apostel Simon Petrus in einem Kahn stehend, ein Fischernetz einziehend, als ‚Menschenfischer' zeigt (Mk 1,17).

Siegelring Salomons] Siegelring des großen Magier und Geisterbeschwörers Salomo, des weisen Königs der Juden. Er zeigt den Davidstern (Hexagramm), in hermetisch-magischer Interpretation aus den Symbolen der Elemente Feuer, Wasser, Luft und Erde zusammengesetzt. Damit steht er für die Vereinigung aller Gegensätze. Dem Träger verlieh er Weisheit und Zauberkunst sowie die Macht, Dämonen zu beschwören und zu beherrschen.

Donationen Constantins] Sog. Konstantinische Schenkung, eine um 800 n. Chr. gefertigte Fälschung der angeblich von Konstantin I. im Jahre 315/317 für Papst Silvester I. ausgestellten Schenkungsurkunde, die diesem und seinen sämtlichen Nachfolgern ‚bis ans Ende der Zeit' den Vorrang vor den anderen christl. Kirchen sowie die Oberherrschaft über Italien und die Westhälfte des Römischen Reiches übertrug. 1440 konnte der Humanist

Lorenzo Valla (um 1405–1457) den Nachweis führen, daß es sich dabei um eine Fälschung handelte.

Pipins] Die Schenkung des fränkischen Königs Pippin III. (um 715–768, reg. seit 751) besiegelte die Urkunde von Quirzy 754. Sie garantierte der Kirche die Restitution der von den Langobarden erorberten, dann von den Franken wieder zurückeroberten Territorien.

Carls des Großen] Der Sohn Pippins III., Karl der Große (747/48–814, reg. seit 768), erneuerte und vermehrte 774 die Pippinische Schenkung.

Decretalen Isidorus des Sünders] Die Ps.Isidorischen Decretalen, eine 857 erstmals nachweislich genutzte, dem Bischof Isidorus von Sevilla untergeschobene Sammlung gefälschter kirchlicher Entscheidungen mit Gesetzeskraft, die die Autokratie des Papstes betonte. Als deren Verfasser galt ein gewisser Isidorus Peccator (dt. Isidor der Sünder). Erst nachdem Erasmus von Rotterdam (1469/66–1536) auf ihre Unechtheit hingewiesen hatte, wurden sie auch im Katholischen verworfen.

dreyfache … Gewalt] Tiara, die dreifache Papstkrone, die die päpstliche Herrschaft über die Seelen auf der Erde, im Fegefeuer und im Himmel symbolisiert.

Dataria] Päpstliche Pfründenkammer, zuständig u. a. für die Vergabe kirchlicher Pfründe und die ausnahmsweise Aufhebung von Ehehindernissen.

vier heiligen Jubelpforten] Das Durchschreiten einer der nur alle 25 Jahre anläßlich des Jubeljahres geöffneten Heiligen Pforten der vier röm. Papstbasiliken (San Giovanni in Laterano, San Pietro in Vaticano, San Paolo fuori le mura, Santa Maria Maggiore) gewährt den Gläubigen Schuld- und Sündenerlaß (Jh 10,9).

Rota] Höchstes päpstliches Berufungsgericht, Obergericht der gesamten kath. Christenheit.

Wollenweberey … Sct. Agnes] Lat., Lamm-Gottes-Fabrik. In der auf dem Grab der jugendlichen röm. Märtyrerin Agnes (3./4. Jh.) an der Via Nomentana errichteten Basilika Sant'Agnese fuori le mura segnet der Papst jährlich, am 21. Januar, dem Fest der Hl. Agnes, zwei Agneslämmer, aus deren Wolle Nonnen mit schwarzen Kreuzen bestickte schmale Schulterbänder weben, sog. Pallien.

ihre Kleider … Häupter zu streuen] Zeichen von Bekehrung, Buße und seelischer Reinigung (z. B. 2 Sm 13,19).

Centro Unitatis] Lat., Mitte der Einheit, d. i. der Papst als Nachfolger Petri.

60 Apostolische Symbolum] Lat., symbolum fidei, Apostolische Glaubensbekenntnisschriften der röm.-kath. Kirche, die zugleich die Unterscheidungslehren zu den anderen Religionsparteien fixieren.

Schafe Christi] Jh 21,16.

Accessoriis] Lat., Zusätzen, Beiwerk, Anhängseln.

auf grünen ... zu führen] Ps 23,2.

an keinem Guten Mangel leiden] Ps 34,10.

Ernulfusflüchen] Ernulfus (1040–1124), Bischof von Rochester 1115–1124, Verfasser eines Exkommunikationsformulars, das Wieland möglicherweise aus Sternes *Tristram Shandy* (London 1761), Buch 3, Kap. 11, bekannt gewesen war.

Apotheosen] Griech., Vergötterungen.

Loretten-Bilderchen, -Kerzchen und -Glöckchen] Wallfahrtsandenken aus der Casa Santa im ital. Loreto.

61 Gemeinen] Gemeinden.

Als Sanct Paul nach Ephesus] Paulus von Tarsus (um 10 – nach 60 n. Chr.) weilte von Sommer 52 bis Frühjahr 55 in Ephesos.

Tempel, der unter die Wunder der Welt gerechnet wurde] Tempel der Diana zu Ephesos, der größte antike Tempelbau und eines der Sieben Weltwunder.

Bilder, die ... Götter seyn] Apg 19,26.

Plinius] Gaius Plinius Secundus (23–79 n. Chr.), Verfasser der *Naturalis historia,* einer 37 Bücher zählenden systematischen Naturenzyklopädie.

die Einwendung ... macht] Der Offizier, Archäologe und Literat Anne-Claude-Philippe Comte de Caylus (1692–1765), Verfasser eines siebenbändigen *Recueil d'antiquités égyptiennes, étrusques, grecques et romaines* (Paris 1752–1765), in dem es u. a. heißt, die Diana von Ephesos sei die gewöhnlichste Figur, die man sich nur vorstellen könne (Band 4, S. 63 f., 151–155, und Tafel 52, hier S. 151).

So sagt Plinius, *L. XVI. c. 40.*] Plin. nat. 16, 213.

62 daß sie alle ... Hause schickte.] Apg 19,28–40.

vielgebrüsteten Zigäunerin] Diana von Ephesos war vielbrüstig, was sie in christl. Deutung als ‚Ernährerin alles Lebendigen' kennzeichnete.

Asiarchen] Apg 19,31. Wörtl.: ‚Herrscher von Asia', d. i. der röm. Provinz Asia.

Neokoren] Apg 19,35.

Acta Apostolor. c. XIX. v. 27] Apg 19,27.

63 cameralistische] Lat., staatswirtschaftliche.

„daß die Stadt … Bildes**) sey.“] Apg 19,35.

dem Pöbel … worden sey] Das mittelital. Loreto, nach dem Petersdom in Rom der zweitwichtigste ital. Wallfahrtsort, beherbergt das Haus der Heiligen Familie von Nazareth. Der Legende zufolge sollen Engel die Casa Santa im Jahre 1291 aus Galiläa ins dalmatische Tarsatica, danach 1294 nach Italien in die Nähe von Recanati unweit von Ancona und schließlich 1295 nach Loreto getragen haben.

Cicero an sein Augurat] 53 v. Chr. wurde Marcus Tullius Cicero (106–43 v. Chr.) ins lebenslange Amt eines Auguren gewählt. Die Auguren hatten die Aufgabe, die den Magistrat beschäftigenden Entscheidungsfragen Jupiter vorzutragen. Hierfür deuteten sie die ‚Vorzeichen‘ aus dem Flug oder Gekrächz bestimmter Vögel, dem Appetit der heiligen Hühner oder aus Donner- und Blitzschlag.

Sct. Paul] Paulus von Tarsus (um 10 – nach 60 n. Chr.).

Luciane] Schriftsteller wie Lukian von Samosata (um 120–180 n. Chr.), des bissigen Religionsspötters.

Urbanität] Lat./Frz., städtische, d. i. zivilisierte Feinheit, Achtsamkeit und Lebensart.

Aus dieser Stelle … vom Himmel gefallen] Joseph Justus Scaliger (1540–1609): Animadversiones in Chronologica Eusebii (Amsterdam 1658), S. 55 f. Eusebios aus Kaisareia (um 260– um 337/340 n. Chr.), Verfasser bibelkritischer und -exegetischer sowie apologetischer und historischer Schriften.

griech. Epigramm] Anth. Gr. 9, 790.

64 P. Gregors VII.] Gregor VII., eigtl. Hildebrand von Soana, röm. Papst (zw. 1025 u. 1030–1085, reg. seit 1073), gen. die ‚Zuchtrute Gottes‘. Wie kein Papst vor ihm betonte er im *Dictatus Papae* von 1075 den Anspruch der Papstkirche auf geistliche wie auch auf weltliche Führerschaft der Christenheit gleichermaßen.

Prätensionen] Lat./Frz., Anmaßungen.

alle Gewalt im Himmel und auf Erden] Mt 16,18 f. 28,18, sowie *Codex Iuris Canonici* (can. 331).

daß er Unrecht … Gesetze sey] Gregor VII.: Dictatus Papae (1075), §§ 17–19. 22. 26.

Könige … könne] Gregor VII.: Dictatus Papae (1075), §§ 8. 9. 12.

propositiones male sonantes] Lat., übellautende Forderungen.

„ein Mensch … Halbgott seyn"] Apg 19,26.

Solution] Lat./Frz., Auflösung.

Sagacität] Lat./Frz., Scharfsinn, Spürsinn.

das Glaubensbekenntniß … T. Merkur] Pietro Giannone (1676–1748), ital., antiklerikal eingestellter Jurist und Historiker. Dessen *Professione di fede* (Lausanne 1760) übertrug Christian Joseph Jagemann (1735–1804) ins Deutsche, ebenso die vorangestellte *Vita di Pietro Giannone scritta da lui medesimo* (TM 12 (1784), 10, S. 9–26. 11, S. 137–150. 10, S. 3–9).

65 Villa Borghese] Parkanlage mit dem Casino nobile, das die von Scipione Caffarelli Borghese (1577–1633) begründete Galleria Borghese beherbergt, eine der berühmtesten und wertvollsten Kunstsammlungen der Welt.

Musei Clementini] Der Museo Clementino, 1771 von Papst Clemens XIV. gegründet, machte der Öffentlichkeit die Sammlungen antiker griech. und röm. Kunst des Vatikans zugänglich.

applanieren] Lat./Frz., einebnen, in Ordnung bringen.

die Gothen … zerstörten] Der Tempel der Diana in Ephesos wurde 263 n. Chr., während der Regierungszeit des Soldatenkaisers Publius Licinius Egnatius Gallienus (um 218–268, reg. seit 253 v. Chr.), von plündernden Goten zerstört.

Clemens V.] Clemens V., eigtl. Bertrand de Got, röm. Papst (zw. 1250 u. 1265–1314, reg. seit 1305 in Rom, seit 1309 in Avignon).

Johann XII.] Johannes XII., eigtl. Octavian von Spoleto, röm. Papst (937/39–964, reg. von 955–963).

XXII.] Johannes XXII., eigtl. Jacques Arnaud Duèze, röm. Papst (1245/49–1334, reg. seit 1316 in Avignon).

Gregor VII.] Gregor VII., eigtl. Hildebrand von Soana, röm. Papst (zw. 1025 u. 1030–1085, reg. seit 1073).

Leo X.] Leo X., eigtl. Giovanni de' Medici, röm. Papst (1475–1521, reg. seit 1513).

Alexander VI.] Alexander VI., eigtl. Roderic Llançol i de Borja, röm. Papst (1431–1503, reg. seit 1492).

Julius II.] Julius II., eigtl. Giuliano della Rovere, röm. Papst (1443–1513, reg. seit 1503).
Sct. Peter hatte und begehrte weder Silber noch Gold] Apg 3,6.
Hildebrands] Gregor VII., eigtl. Hildebrand von Soana, röm. Papst (zw. 1025 u. 1030–1085, reg. seit 1073).
Ultramontaner] Lat., ‚jenseits der Gebirge', d. i. der Alpen, Anhänger des Papsttums.
66 Temporalien] Lat., kirchenrechtl. Terminus für ‚zeitlichen' bzw. ‚irdischen Besitz einer Kirche'.
sechs Basiliken zu Rom] San Giovanni in Laterano, San Paolo fuori le mura, Santa Maria Maggiore, San Lorenzo fuori le mura, Santa Croce in Gerusalemme und San Sebastiano fuori le mura.
radottierenden] Frz., albern schwätzenden, aberwitzig redenden.
Darsetzung] Hingebung, Aufopferung.
67 P.] Pater, Mönch oder Ordensgeistlicher.
68 Wasser … schöpfe] Dt. Sprichwort.
leeres Stroh dresche] Dt. Sprichwort.
in den Sand schreibe] Dt. Sprichwort.
Böcke melke] Dt. Sprichwort.
Mohren bleiche] Dt. Sprichwort.
Buch über die Toleranz] [Voltaire]: Traité sur la tolérance (Genf 1763).
Voltaire] Voltaire, eigtl. François-Marie Arouet (1694–1778).
die Abrahamiten … hineingeprügelt] Anhänger einer böhmischen Bauernsekte, die den kirchl. Gottesdienst und fast alle christl. Dogmen verwarfen und nur an den ‚deistischen' Glauben Abrahams vor seiner Beschneidung glaubten. Das von Joseph II. erlassene Toleranzpatent forderte alle Akatholiken (Religionsverwandte des Augsburger und Helvetischen Bekenntnisses sowie die orthodoxen Griechen) auf, sich als solche behördlich anzuzeigen. Davon ausgenommen waren u. a. Herrnhuter, Mennoniten und eben die böhmischen Deisten. Anfang April 1783 wurde ein Großteil der Abrahamiten an die Grenzen des Reichs deportiert (Hof-Kriegsratdekret vom 11. März 1783). Um der ‚deistischen Umtriebe' Herr zu werden, bestimmte ein Hofdekret vom 10. Juli 1783, daß ihnen bei fortgesetzter Insubordination „24 Prügel oder Karbatschstreiche auf den Hintern gegeben" werden sollen.

de notre Eglise] Frz., unserer heiligen Mutter Kirche.

wurde ... errichtet] Ferdinand, Herzog von Parma, Piacenza und Guastalla (1751–1802, reg. 1765–1801), verfügte am 2. August 1787 die Wiederaufrichtung eines Inquisitionsgerichtes in Parma.

68f. wird ... gefeyert] Am 22. April 1788 kassierte der Senat der Stadt Köln einen Beschluß vom 28. November 1787, der den Protestanten „stille Religionsausübung" und die Errichtung eines Gebets- und Schulhauses erlaubt hatte, was die Volksmassen mit Jubel begrüßten.

69 Wozu ein ... ist bekannt.] Erst kürzlich, am 29. November 1787, hatte Ludwig XVI. (1754–1793, reg. seit 1774) mit dem Edikt von Versailles ein Toleranzedikt erlassen, daß den französischen Calvinisten (Hugenotten) wieder gewisse bürgerliche Freiheiten einräumte. Es beendete die mit der Aufhebung des Edikt von Nantes (1685) durch Ludwig XIV. (1638–1715, reg. seit 1643) einsetzende massenhafte protest. Emigration nach England, in die Niederlande, Schweiz und Deutschland, die eine nachhaltige ökonomische Schwächung Frankreichs nach sich gezogen hatte.

Imbecillität] Lat./Frz., Schwäche des Verstandes, Einfalt.

Gregore von Nazianz] Theologen wie Gregor von Nazianz (um 329–390 n. Chr.), Bischof und Kirchenvater.

Gregore von Rom] Theologen wie Gregor I., gen. Gregor der Große, röm. Papst und Kirchenvater, Bischof von Rom (um 540–604, reg. seit 590 n. Chr.).

Wie Lucian ... Lüfte fuhr] Vor die Entscheidung gestellt, ob er Bildhauer oder Dichter werden solle, erscheinen Lukian (um 120–180 n. Chr.) im Traum die personifizierte Bildhauerkunst als häßliche Frau und die Bildung (griech. Paideia) als bezaubernde Schönheit. In ihrem von geflügelten Rossen gezogenen Wagen überflog er den Himmel. (Lukian. somn. 15.)

69f. Triptolemus ... Ceres] Der attische Heros Triptolemos, Gott des Ackerbaus und Bringer der Kultur, bereiste mit dem von Drachen gezogenen Wagen der Ceres den Erdkreis, um überall Getreideanbau und Kultur zu verbreiten. (Lukian. somn. 15.)

70 Pepromene] Griech., Personifikation des Schicksals.

71 nicht liberalen Künsten] Sie gehören nicht zu jenen ‚sieben freien Künsten', die einem ‚freien Mann' ziemen (lat. ‚septem artes liberales': Grammatik, Rhetorik, Dialektik bzw. Logik, Arithmetik, Geometrie, Musik und Astronomie).

in der ersten … 1788. S. 87. u. 88.)] Hier S. 40 f.

72 palpabeln] Frz., handgreiflichen.

Propositionen] Lat./Frz., Grundsätze.

73 Principalen] Lat./Frz., Herren, Häuptern.

Expiationen] Lat./Frz., Schuld- und Sündentilgung.

74 Doppelschlüssels] Symbol der Macht des Papstes als Stellvertreter Jesu Christi auf Erden (Mt 16,19). Die gekreuzten Schlüssel Petri symbolisieren die Vollmacht der Sündenvergebung als auch deren Verweigerung.

76 Theosophie] Griech., Gottesweisheit.

Gott … Allem] 1 Ko 15,28.

Reich … ankündigt] Mk 1,15.

wozu alle … sind] Mt 22,14.

Eines Sinnes] Phl 2,2.

die Essener unter den Juden] Hebr./Griech., wörtl. die Frommen, eine von etwa 145 v. Chr. bis etwa 70 n. Chr. bestehende jüd. Sekte, die in einer messianischen Naherwartung lebte und mit ihrem Gesetzes- und Reinheitsrigorismus einem quasi-monastischen Ideal huldigte.

Jünger des Pythagoras] Pythagoras aus Samos (um 570–510 v. Chr.) scharte Parteigänger um sich, die in Kroton eine Art streng hierarchisch gegliederten, asketischen Orden bildeten, der sich schnell über Unteritalien und Sizilien ausbreitete und beträchtlichen politischen Einfluß gewann.

brüderlichen Gleichheit] Mt 23,8.

Kinder Eines Vaters] Rö 8,16.

es gefällt … Uns] Apg 15,23–29.

77 seit … England] Elisabeth I., Königin von England (1533–1603, reg. seit 1558), protest. Glaubens. Ihr gelang es, die anglikanische, einem gemäßigt-calvinistischen Dogma folgende Staatskirche dauerhaft zu etablieren und den Religionsfrieden wieder herzustellen.

Constantinus M.] Flavius Valerius Constantinus Magnus, röm. Kaiser (um 280–337, reg. seit 306 n. Chr.).

78 scheußlichen Zeiten der Kreuzzüge] 11. – 13. Jh.

Waldenser Verfolgung] Vom Lyoner Kaufmann Petrus Waldes (eigtl. Alfonso de Valdés, gest. vor 1218) Ende des 12. Jh.s gegründete, apostolische Armut predigende Sekte; von der kath. Kirche 1184 mit Bann belegt und bekämpft.

Ausrottung der Tempelherren] Der von 1118 bis 1312 bestehende, straff zentralistisch organisierte Templerorden, ein geistlicher Ritterorden zum Schutz des heiligen Landes und der Pilger. Philipp IV., frz. König (1268–1314, reg. seit 1285), dekretierte dessen gewaltsame Auflösung.

Hekatomben] Griech., ungeheuer großes Opfer.

79 Bonhommie] Frz., Gutherzigkeit.

Molochspriester] Priester des Menschen-, insb. Kinderopfer fordernden Kultes des kanaanitischen Feuergottes (u. a. 3 Mo 18,21. 20,2–5. 2 Kö 16,3. 23,10).

Dedschial der Mahommedaner] Der Antichrist, der falsche Messias im Islam, der am Ende der Tage von Jesus Christus endgültig überwunden werden soll.

Tartüffen] Religiösen Heuchlers, Titelheld von Molières (eigtl. Jean-Baptiste Poquelins, 1622–1673) Komödie *Le Tartuffe ou l'Imposteur* (urauf. 1664).

80 Antipoden] Griech., Gegner, Widersacher.

Zeloten] Griech., Glaubenseiferer.

die heilige … Goa] Die 1560 eingerichtete, für ihre besondere Grausamkeit, Repressivität und Gnadenlosigkeit berüchtigte Inquisition im vorderindischen Goa, einer portugiesischen Kolonie. 1774 abgeschafft, wurde sie 1779 wieder eingeführt. Sie verfolgte christl. Glaubensabweichler sowie Hindus, Moslems und Juden, bis 1774 etwa 16.000 Menschen.

in ihrem eigenen Mittel] In ihrer eigenen Mitte, d. i. unter ihnen.

seyd nicht … verständig sind] Ps 32,9.

Mäuler] Maultiere.

81 Sct. Peters Stuhl] Lt. Mt 16,18 f., hatte Jesus dem Apostel Simon Petrus die Leitung der Christenheit übertragen. Später soll Petrus Bischof von Rom gewesen und dort einen Märtyrertod gestorben sein. Darauf gründet sich der Anspruch der röm.-kath. Kirche, die Weltkirche zu vertreten.

jene Ehrfurcht … und Uns"] Apg 15,28. Das sog. erste Apostelkonzil zu Jerusalem (um 48) legte die ersten konstituierenden Ge- und Verbote der entstehenden christl. Kirchengemeinde fest, wodurch sie sich vom Judenchristentum ablöste und sich dem Heidenchristentum öffnete.

wurden von … entgegenstunden.] Vgl. Martin Luther (1483–1546): Von den Konziliis und Kirchen (1539) (WA 50, S. 488–653, hier S. 526 f.).

auf den Pabst provocierte] Den Papst herausforderte.

insinuiren] Lat./Frz. einflüstern, unterstellen.
Leo X. … spielte] Leo X., eigtl. Giovanni de' Medici, röm. Papst (1475–1521, reg. seit 1513), betrieb einen regen Ablaßhandel, den Luther in seinen Thesen kritisierte. Damit griff er in fundamentale päpstliche Rechte ein. Trotz Bannandrohungsbulle blieb er unbeugsam und wurde schließlich 1521 exkommuniziert.

82 Vicariat Christi] Vicarius Iesu Christi (dt. Stellvertreter von Jesus Christus). Die Stellvertretungslehre wurde zumeist mit Lk 10,16. Joh 13,20. 2 Kor 5,20, und Eph. 4,11, gerechtfertigt.
Succession … gesehen hatte] Der Apostel Simon Petrus (1. Jh.) stand der Jerusalemer Urgemeinde vor. Lt. Mt 16,18 f., hatte ihn Jesus mit der Leitung der Christenheit betraut. Später soll Petrus Bischof von Rom gewesen sein, bis ihn der Märtyrertod ereilte. Die Idee der Nachfolge der Päpste auf dem Stuhl Petri (lat., successio Apostolorum) reicht zurück in die 2. H. des 2. Jh.s.
Tridentinische] Mit dem zwischen 1545 und 1563 veranstalteten Tridentinischen Konzil suchte die kath. Kirche Antworten auf die mit der Reformation erwachsenen neuen Herausforderungen.
in corpore] Lat., leibhaftig.
Elemente der Geometrie] Die *Elemente* des Euklid (um 300 v. Chr.).

84 *Sainte Eglise*] Frz., Heilige Kirche.
aus unserm eigenen Mittel] Aus unserer eigenen Mitte.
Creditiv] Schriftliche Vollmacht.
Trident] Das zwischen 1545 und 1563 veranstaltete Tridentinische Konzil.
prüfen und … behalten] 1 Thess 5,21.

85 Nicänische] Das Erste Konzil von Nicäa fand 325 statt, kreiste v. a. um Fragen der Trinitätslehre, um die Wesenseinheit Christi und des Vaters, und kulminierte im Bekenntnis von Nicäa. Das Zweite Konzil von Nicäa fand 787 statt.
das Apostolisch … der Apostel] Das auf die Trinität des christl. Gottes abhebende Apostolische Glaubensbekenntnis. Im Mittelalter hielt man das wohl im 4. Jh. aus dem altröm. Bekenntnis (Romanum) hervorgegangene Glaubensbekenntnis für ein Gemeinschaftswerk der inspirierten zwölf Apostel.

86 daß Leute … machten] Alexander, Bischof von Alexandria (gest. 328, reg. seit 313), orthodoxer Gegenspieler des Arius (um 260– nach 327), der behauptete, Christus sei nicht gottgleich, sondern gottähnlich. Alexander und sein

Gefolgsmann und Nachfolger Athanasius (um 300–373, reg. seit 328) hielten an der auf dem Konzil zu Nicäa 325 dogmatisierten Wesensgleichheit fest. Arius wurde verbannt. Die hin- und herwogenden theologischen Streitigkeiten dauerten noch bis 381 an und wurden mit der Synode von Konstantinopel beigelegt, die das Nicänum bestätigte und die Arianer verdammte.

86 f. daß Constantin ... zu blasen] Anders als Wieland schreibt, versuchte Flavius Valerius Constantinus, gen. der Große (zw. 270 u. 288–337, reg. seit 306) anfangs einen Ausgleich der Streitenden zu erreichen, indem er mit dem Bekenntnis von Nicäa auf eine möglichst dehnbare Formel insistierte. Als der Streit erneut aufflammte, nahm er allerdings nunmehr Partei für die Arianer.

87 Constantine] Kaiser wie Flavius Valerius Constantinus, gen. der Große.

Theodosiusse] Kaiser wie Theodosius I., röm. Kaiser (347–395, reg. seit 379).

Wehe dem ... entscheiden kann] Suet. gramm. 22.

88 Lieblingsjüngers] Der anonyme Lieblingsjünger Jesu wurde traditionell mit Johannes gleichgesetzt (vgl. etwa Jh 13,23–26).

daß (nach ... sehen, ist] Mk 12,31. 1 Jh 4,7–21.

Sophistereyen] Griech., Spitzfindigkeiten.

Palladium] Griech., Schutzheiligtum.

Arianern] Anhänger der Lehre des Arius (um 260– nach 327), der die göttliche Natur Christi leugnete.

Pelagianern] Anhänger der Lehre des Pelagius (um 350/60 – um 418/20), der die Erbsünde leugnete und behauptete, der Mensch könne aus eigenen Kräften selig werden.

Nestorianern] Anhänger der Lehre des Nestorius (um 381– um 451/53), der christologisch die Zweinaturenlehre vertrat, derzufolge in Christus zwei Personen, eine göttliche und eine menschliche Natur, in Liebe vereint existierten. Deshalb könne die Jungfrau Maria auch nicht als Gottes-, sondern nur als Christus- oder Menschengebärerin angesehen werden.

Manichäern] Anhänger der Lehre des Mani (um 216– um 276/77), der einen schroffen Dualismus vertrat und in der Heilsgeschichte die Wirksamkeit zweier Prinzipien, das des Lichts Gottes und das der Finsternis, annahm.

Eutychianern] Anhänger der Lehre des Eutyches von Konstantinopel (um 378– nach 454), der die Zweinaturenlehre, derzufolge in Christus die menschliche und göttliche Natur unvermischt geteilt sei, bestritt und stattdessen die Einnaturenlehre vertrat, wonach Christi menschliche Natur von der göttlichen gleichsam wie ein Honigtropfen im Meer aufgesogen worden und sein Körper nunmehr gänzlich vergottet sei.

Gnostikern] Von Griech., Kenntnis, Erkenntnis insb. höherer Einsichten. Christl.-mystische, von Hellenismus und Orientalismus geprägte religionsphilosophische Bewegung des 2. und 3. Jh.s.

89 vom J. C. 34] Vom Jahre Christi 34. Wieland folgt in der Datierung der Passion Christi der chronologischen Rekonstruktion Isaac Newtons (1642–1726), der als Todestag Christi den 23. April 34 bestimmte. (Newton: Observations upon the Prophecies of Daniel, and the Apocalypse of St. John (London 1733), S. 144–168.)

Application] Anwendung.

Schiffziehens] Am 13. Januar 1787 erließ Joseph II. das *Allgemeine Gesetzbuch über Verbrechen und derselben Bestrafung*. An die Stelle der damit abgeschafften Todesstrafe (§ 20) trat das sog. Schiffziehen, eine Art Ersatztodesstrafe (*Allgemeine Kriminal-Gerichtsordnung* vom 1. Juni 1788, § 188).

90 affectiren] Frz., erkünsteln.

Zions] Hebr., strenger Wächter und Verfechter des alten Glaubens.

Pharisäer] Hebr./Griech., hier Scheinheilige.

Baalspriester] Hebr.-Dt., hier Gleisner.

Tartüffen] Religiöse Heuchler. Titelheld in Molière (eigtl. Jean-Baptiste Poquelin, 1622–1673): Le Tartuffe ou l'Imposteur (urauf. 1664).

im hochwürdigen Synedrium] Griech., (Hebr., Sanhedrin), im Hohen Rat, dem obersten jüd. Gerichtshof, der im Jahre 30 oder 31 Jesus des Messianismus für schuldig befand und ihn dem röm. Statthalter Pontius Pilatus überstellte.

crucifige] Lat., Kreuzige ihn! (Vulg Lk 23,21. Jh 19,15.)

Philo] Jüd. Hohepriester in Klopstocks *Messias* (1756), 4, 266–376, der noch haßerfüllter auf Jesus ist als Caiphas.

Caiphas] An der Verurteilung Jesu federführend beteiligter jüd. Hohepriester.

Zeloten] Griech., religiöse Eiferer.

Cicero] Marcus Tullius Cicero (106–43 v. Chr.).

Wissenschaft ... Dinge] Cic. off. 2, 2, 5.

91 auf die philosophische Capelle] In den philosophischen Schmelztiegel (lat. cupella, frz. coupelle).

caput mortuum] Lat., wörtl. Totenkopf. Alchemistische Bezeichnung für unverdampfbare, nicht weiter nutzbare Rückstände und Abfälle.

wiewohl wir … nicht alles] 1 Ko 6,12. 10,23.

Halt Maas … wird gefehlt!] Hor. sat. 1, 1, 106—108 (Wieland: Horazens Satyren (Leipzig 1786), Bd. 1, S. 20).

frommet] Nützt.

Horaz] Quintus Horatius Flaccus (65—8 v. Chr.).

apodiktische] Griech., evidente, unbestreitbare.

zu Frankfurt … zu lassen] Im Frankfurter Dom St. Bartholomäus wurden die röm. Kaiser von 1612 bis 1792 gekrönt.

97 diesem glaubwürdigen … Berichte] [Christian Bernhard von Isenflamm?]: Etwas von den Deisten in Böhmen (TM 11 (1783), 9, S. 250—266).

die Toleranz … Tagen ist] Joseph II., röm.-dt. Kaiser (1741—1790, mitreg. seit 1765, alleinreg. seit 1780), erließ im Rahmen seiner radikalen Reformen am 13. Oktober 1781 ein Toleranzpatent für die sog. Akatholiken (Protestanten des Helvetischen und Augsburger Bekenntnisses sowie die orthodoxen Griechen), das ihnen persönliche Glaubens- und Gewissensfreiheit sowie private Religionsausübung, nicht aber den Religionsgemeinschaften selbst zusicherte. Ausgenommen blieben u. a. die Herrnhuter, Mennoniten und eben auch die böhmischen Deisten.

Ratio status] Lat., Staatsraison, d. i. die Stiftung, Erhaltung und Erweiterung der Herrschaft.

Convenienz] Lat./Frz., Zuträglichkeit.

98 Der Regent … Religion] Mit der Vorstellung des Gottesgnadentums, d. i. der behaupteten göttlichen Stiftung der Staatsgewalt (Rö 13,1—7), war die Verpflichtung des Staates zum Schutz und zur Ausbreitung der sog. Staatsreligion verbunden. Daraus leitete sich das obrigkeitliche Recht zur Bestimmung und Beaufsichtigung der Religion her (lat. ‚cuius regio, eius religio', dt. ‚wessen Land, dessen Glaube'). Wer die Staatsreligion nicht anzunehmen gewillt war, dem wurde das Auswanderungsrecht eingeräumt (lat. ‚ius emigrandi'). Zugleich wurde dem Regenten wiederum das Recht zur Um- und Aussiedlung Andersgläubiger zugebilligt.

Leviten] Hebr., jüd. Priestern. Auch: kath. Priestergehilfen.

99 „wo man … Menschen“] Apg 5,29.

Translocation] Lat./Frz., Umsiedlung.

Dekalogus] Der Zehn Gebote (2 Mo 20,2–17. 5 Mo 5,6–21).

99f. Präsumtion] Lat./Frz., auf Wahrscheinlichkeitsgründen beruhende Vermutung.

100 Billigkeit] Gerechtigkeit des Einzelfalls, auf die jeder Anspruch hat; zumeist milderes Recht.

Bischoff von Königsgrätz] Johann Leopold von Hay, Bischof von Königgrätz (1735–1794, reg. seit 1780).

108 *consensus gentium*] Lat., Zustimmung bzw. Übereinstimmung der Völker (hinsichtlich bestimmter Ideen, die daher als universell wahr und gültig angesehen werden).

110 Voltairen] Aufgeklärte Schriftsteller wie Voltaire, eigtl. François-Marie Arouet (1694–1778).

Rousseaus] Aufgeklärte Schriftsteller wie Jean-Jacques Rousseau (1712–1778).

Montesquieus] Aufgeklärte Schriftsteller wie Charles-Louis de Secondat, baron de La Brède et de Montesquieu (1689–1755).

Mablys] Aufgeklärte Schriftsteller wie Gabriel Bonnot de Mably, gen. l'abbé Mably (1709–1785), frz. Politiker, Historiker sowie Sozial- und Rechtsphilosoph.

hosenlose Tollkopf] Anspielung auf die frz. ‚sansculottes‘ (dt. ‚ohne Kniebundhosen‘).

Stentorstimme] Ungewöhnlich starker Stimme.

Myriade] Griech., unzählbare Menge.

111 wie Tristram … helfen wollen] Laurence Sterne (1713–1768): The life and opinions of Tristram Shandy, Gentleman (London 1762), Bd. 5, Kap. 11, S. 59.

Sanskülotten] Die frz. sansculottes (dt. wörtl. ohne Hosen), Pariser Arbeiter und Kleinbürger, die keine Kniebundhosen wie die Adligen, sondern lange Hosen trugen. Sie unterstützten während der Terrorherrschaft 1793/94 die Jakobiner, die ihren Forderungen nach sozialer Gerechtigkeit am meisten zu entsprechen schienen.

Auspizien] Lat./Frz., Führung.

in den drey ... Monarchie] Mit Ausrufung der Republik durch die Nationalversammlung am 21. September 1792 fand die Monarchie in Frankreich ihr Ende.

Filipp Egalité] Ludwig Philipp Joseph, Herzog von Orléans (1747–1793), gen. Philippe Égalité, Angehöriger der frz. Königsfamilie, mit der er sich überwarf und fortan befehdete. Man beschuldigte ihn, das Volk aufzuwiegeln. Als Mitglied des Nationalkonvents stimmte er für den Tod seines Cousins, König Ludwig XVI. Zu Beginn der Terrorherrschaft, am 6. November 1793, wurde er selbst Opfer der Guillotine.

Marat] Jean-Paul Marat (1743–1793), Politiker, Publizist, Arzt und Naturwissenschaftler. Als rühriger Agitator, Denunziant und Präsident des Jakobinerklubs wiegelte er die Sansculotten u. a. zu den Septembermorden 1792 auf.

Robespierre] Maximilien de Robespierre, gen. der Unbestechliche (1758–1794), Advokat, Revolutionär und Politiker, Sprachrohr der Jakobiner. Er gehörte zu den maßgeblichen Initiatoren der Schreckensherrschaft. Sie begann als Aufstand der Pariser Sansculotten gegen den Konvent (31. Mai – 2. Juni 1793) und endete mit der Hinrichtung Robespierres am 28. Juli 1794.

112 Depositär] Frz., Verwahrer, Aufbewahrer.

von der strikten Observanz] Mit strengem Beobachten der dynastischen Folge.

die ehemahligen ... genug gebüßt] Seit Beginn der 1790er Jahre wurden in der Eidgenossenschaft wiederholt Petitionen formuliert, flammten stets neue Bauernunruhen und Revolten gegen Fronzwang, Leibeigenschaft und für Handels- und Gewerbefreiheit auf, dann auch für Mitbestimmung und Unabhängigkeit.

113 Vexierschlusses] Logischer Fangschluß zum Zwecke der Täuschung bzw. Verunsicherung (Vexierung) des Gesprächspartners.

ehemahls berühmten ... Haufen mache] Eubulides von Milet (Mitte 4. Jh. v. Chr.), der den Megarikern, einer sich vornehmlich mit logischen Problemen beschäftigenden Philosophenschule zugerechnet wird. Er formulierte u. a. die sog. Haufen-Paradoxie, die sich mit unbestimmten Begriffen wie ‚viel', ‚wenig', ‚groß', ‚klein' bilden läßt, etwa wenn man danach fragt, wieviel Körner notwendig sind, um einen Haufen zu ergeben.

policierten] Frz., zivilisierten, gesitteten.

114 aufgestutzt] Ausgeschmückt.

118 glücklichen Stand der Pescheräh s] Von frz. Pécherais, Benennung der Feuerländer, die sich Louis Antoine de Bougainville (1729–1811), dem ersten französischen Weltumsegler, verdankt (Bougainville: Voyage autour du monde (Paris 1771), S. 147). Man sah in ihnen ein Volk im sog. Naturzustand.

policierten] Frz., zivilisierter, gesitteten.

119 das Ding ... zu reden)] [Jonathan Swift (1667–1745)]: Travels into several remote nations of the world (London 1726), Bd. 2, Tl. 4, S. 228. Die Huynhnhms, tugendhafte Pferde, die Unwahrheit und Lüge weder kennen noch einen sprachlichen Ausdruck dafür haben, sind deshalb gezwungen, diese als ‚das Ding, das nicht ist' zu umschreiben.

120 Billigkeit] Gerechtigkeit des Einzelfalls, auf die jeder Anspruch hat; zumeist milderes Recht.

dermahlen] Jetzt.

Heinrich VIII.] Heinrich VIII. Tudor, König von England (1491–1547, reg. seit 1509), der sein Land von der röm.-kath. Kirche löste und der engl. Reformation den Boden bereitete.

Ludwig XI.] Ludwig XI., gen. der Kluge, König von Frankreich (1423–1483, reg. seit 1461), dessen Regentschaft segensreich war.

Filipp II.] Philipp II., König von Spanien, und als Philipp I., König von Portugal (1527–1598, reg. seit 1556 Spanien, seit 1580 auch Portugal). Unter seiner Regentschaft erlebte Spanien eine kulturelle Blütezeit.

Ferdinand II.] Ferdinand II., röm.-dt. Kaiser (1578–1637, reg. seit 1619), der während seiner Regentschaft die Habsburger Territorien (Innerösterreich, Böhmen, Ungarn und Kroatien, Niederösterreich) einte.

Sully's] Maximilien de Béthune, duc de Sully (1559–1641), enger Vertrauter Heinrichs IV., Feldherr, Minister und Staatsmann, der durch kluge innenpolitische Entscheidungen dem Landeswohl diente.

Henri-quatre] Heinrich IV., König von Frankreich (1553–1610, reg. seit 1589), baute nach den Bürgerkriegen das zerrüttete Land wieder auf, festigte es, schuf die Grundlagen für den künftigen Einheitsstaat und erließ 1598 das den frz. Protestanten freie Religionsausübung zusichernde Edikt von Nantes.

Duplessis-Mornay] Philippe de Mornay, Seigneur du Plessis-Marly, gen. Philippe Mornay du Plessis (1549–1623), einflußreicher reformierter Theologe und frz. Staatsmann, von ausnehmender Gelehrsamkeit und tiefer Religiosität, die er in den Dienst der hugenottischen Glaubensbrüder stellte.

Mark-Aurele] Kaiser wie Marcus Aurelius Antoninus, röm. Kaiser (121—180, reg. seit 161), der sog. Philosophenkaiser, dessen Wirken als mustergültig angesehen wurde.

Trajane] Kaiser wie Traianus, röm. Kaiser (53—117, reg. seit 98).

122 *Bibliotheque universelle des Romans*] Von 1775 bis 1789 erschienene frz. Sammlung von insg. 926 gekürzt und frz. gebotenen Romanen in 224 Bänden.

kaustischer] Griech., beißender, satirischer.

123 den so genannten … zu vernehmen gab] Frz., cahiers de doléances, sog. Beschwerdehefte. Am 24. Januar 1789 forderte Ludwig XVI. seine Untertanen auf, ihre Beschwerden in die öffentlich ausliegenden cahiers zu diktieren. Die Abgeordneten hatten das inhaltlich bindende Mandat, diese dann in den Generalständen vorzutragen.

124 Orleanssche Fakzion] Die von Ludwig Philipp Joseph, Herzog von Orléans (1747—1793), gen. Philippe Égalité, geführte Fraktion von 47 Adligen, die sich am 25. Juni 1789 mit dem Dritten Stand der Bauern und Bürger verbündete.

heimlichen Republikaner] Den Jakobinern, obgleich auch sie Anhänger der Zentralstaatsidee waren, wurde in dem Moment Republikanismus vorgeworfen, als sie den Sanculotten entgegneten, daß diese das Wahlergebnis von Paris nicht für das von ganz Frankreich ausgeben dürften.

Robespierre] Maximilien de Robespierre, gen. der Unbestechliche (1758—1794), Advokat, Revolutionär und Politiker, Sprachrohr der Jakobiner.

pagodenmäßiges] Hindost./Pers., wie ein nickendes Götzenbild, eine Wackelpuppe.

Paroxismen] Griech., krankhafter Anfall.

Exekuzionen] Frz., Urteilsvollstreckungen.

Delazionen] Frz., Anzeigen bei der Obrigkeit, Denunziationen.

Proskripzionen] Frz., Achtserklärungen, Verbannungen.

126 wie der berühmte … sagte] Axel Gustavson von Oxenstierna (1583—1654), seit 1612 schwed. Reichskanzler. Seinem Sohn, der vor Ehrfucht zögerte, diplomatisch tätig zu werden, entgegnete er: „Weißt du denn nicht, mein Sohn, mit wie wenig Verstand die Welt regiert wird?“ (Johan Arckenholtz: Hi-

storische Merkwürdigkeiten die Königinn Christina von Schweden betreffend (Leipzig und Amsterdam 1751), Bd. 1, S. 96.)

minimum sapientiae] Lat., geringstes, kleinstes Maß an Weisheit. kleinstes Maß an Weisheit.

132 Confidenz] Lat./Frz., vertrauliche Mitteilung.

Satiro maligno] Ital., böser, unverschämter Satyr.

regaliren] Lat./Frz. bewirten, ergötzen, beschenken.

133 Madrigal] Einstrophiges, zumeist 13zeiliges Gedicht unterschiedlicher Verslänge und wechselnder Versmaße, häufig in freien, gereimten oder ungereimten, Versen.

Präventionen] Nlat., hier Vorurteile.

passiren] Von frz. passer (pour), gelten (für).

Iniquität] Lat./Frz., Ungerechtigkeit, Härte.

Sancta Simplicitas] Lat., Heilige Einfalt bzw. Dumm- und Torheit.

Rousseaus Neue Heloise] Jean-Jacques Rousseau (1712–1778): Lettres de deux Amans, habitans d'une petite ville au pied des Alpes (Amsterdam 1761), seit 1764 unter dem Titel: Julie, ou la nouvelle Heloïse.

den Brief vom St. Preux wo die Rede davon ist] 21. Brief des 3. Teils der *Nouvelle Heloïse,* in dem St. Preux, des Lebens überdrüssig, seine Gedanken zur Zulässigkeit der Selbsttötung darlegt.

passirt] Frz., gilt.

Execution] Frz., Vollstreckung des Urteils.

134 Ja, freylich … spricht.] Friedrich von Hagedorn (1708–1754): Moralische Gedichte (Hamburg 1750), S. 167.

139 Verfasser der Abderitengeschichte] Wieland: Die Abderiten (TM 1774–1780).

berühmter Mann desselben Jahrzehends] Karl Friedrich Bahrdt (1740–1792), Radikalaufklärer und Deist, betrieb seit 1785/86 in Halle an der Saale die Gründung der Geheimgesellschaft ‚Deutsche Union der Zwey und Zwanziger'.

dringenden Ermahnungen] Vgl. die anonym erschienene Sammlung *Mehr Noten als Text oder die Deutsche Union der Zwey und Zwanziger* (Leipzig 1789) von Johann Joachim Christoph Bode (1730–1793).

140 gewisse Leute] Mitglieder des von Adam Weishaupt (1748–1830) 1776 in Ingolstadt gegründeten, nach jesuitischen Maximen arbeitenden Illuminatenordens.

der grösten aller Zauberinnen] Der Einbildung.

Menächmen] Griech., Ebenbildern, Zwillingen.

Imperium orbis] Lat., Weltherrschaft.

sanguinischen] Lat., schwärmerischen, hitzigen.

141 ihrem Mittel] Ihrer Mitte.

Domitiane] Tyrannen wie Titus Flavius Domitianus, röm. Kaiser (51–96, reg. seit 81).

Neronen] Tyrannen wie Nero Claudius Caesar, röm. Kaiser (37–68, reg. seit 54).

Verbindungen] Geheimgesellschaften, Orden.

142 so gehet ... desgleichen!] Lk 10,37.

143 Hetärien] Genossenschaften.

144 *ipso facto*] Lat., durch die Tat selbst, eigenmächtig.

Conföderation] Lat./Frz., Bündnis.

145 Egyptischen] Ägypten, die Wiege vieler nach Griechenland eingeschleppter hermetischer, aber auch anderer Mysterienkulte wie des Isis- und Osiris-Kultes.

Eleusinischen] In dem nahe Athen gelegenen Demeter-Heiligtum in Eleusis fanden alljählich die rituellen Staatsfeste zu Ehren der Demeter und ihrer Tochter Kore-Persephone statt.

Hetärien] Griech., Genossenschaften.

Affectation] Frz., gekünstelte, unnatürliche Art.

149 Sekelmeisters] Schatzmeisters.

was an einem ... zusammen kettet] Wieland: Die Abderiten (TM 2 (1774), 5, S. 149).

Schiboleth] Hebr., Erkennungszeichen, Losungswort.

Gemeinheit] Gemeinde, Gesellschaft.

ihrem Mittel] Ihrer Mitte, unter ihnen.

Antipoden] Griech., Widersacher.

Ein Herz und Eine Seele] Apg 4,32.

151 Atticus] Titus Pomponius Atticus (110–32 v. Chr.), Geschäftsmann, Geldverleiher und enger Freund Ciceros.

Sturms ... umstürtzte] Im Zuge der Römischen Bügerkriege (133–30 v. Chr.) ging die Römische Republik unter; an ihre Stelle trat das sog. Prinzipat, das die republikanische Tradition um monarchistische Elemente ergänzte und in die frühe und hohe Kaiserzeit führte, eine Herrschaftsform, die 300 Jahre währen sollte.

152 Timoleon] Timoleon (um 411 v. Chr. – nach 337 v. Chr.), Staatsmann und Feldherr auf Sizilien.

Brutus und Cassius] Gaius Cassius Longinus (gest. 42 v. Chr.) und Marcus Iunius Brutus (85–42 v. Chr.) ermordeten am 15. März 44 v. Chr. Gaius Iulius Caesar.

153 Milton ... vertheidigte] John Milton (1608–1674) verteidigte den Tyrannenmord in *The Tenure of Kings and Magistrates* (1649), in den *Eikonoklastes* (1649) und in der *Defensio pro populo anglicano* (1651). Karl I. (nicht Karl II.), König von England, Schottland und Irland (1600–1649, reg. seit 1625), wurde am 30. Januar 1649 enthauptet.

Algernon ... hielt] Algernon Sidney (1623–1683), Politiker und Philosoph, überzeugter Republikaner und Gegner Karls II. von England, widersprach dem sog. göttlichen Recht der Obrigkeit. Er gilt als einer der konsequenten neuzeitlichen Befürworter des Widerstandsrechts, des Tyrannenmordes.

154 mit Hallern zu reden] Albrecht von Haller (1708–1777): Versuch Schweizerischer Gedichten (Bern 1732), S. 69.

155 Niederländischen Unruhen unter Philipp II.] Philipp II., König von Spanien (1527–1598, reg. seit 1556), herrschte auch über die Niederlande und versuchte, dort den Calvinismus gewaltsam zurückzudrängen.

Herzog von Alba] Ferdinand III., Herzog von Alba (1507–1582), Staatsmann und Feldherr, von 1567 bis 1573 Statthalter der Spanischen Niederlande, versuchte der aufflackernden Unruhen mit Härte und Grausamkeit Herr zu werden.

158 polizierten] Frz., zivilisierter, gesitteten.

159 ein einziges nordisches ausgenommen] Mit der im Jahre 1772 in Schweden etablierten Verfassung wurde der ständische Parlamentarismus zugunsten eines ‚aufgeklärten' Despotismus abgeschafft.

Blitzen von Bärlappenstaub] Aus den Bärlappsporen hergestelltes Blitzpulver, mit dem sich pyrotechnische Effekte erzeugen lassen.

160 sanguinisch] Lat., schwärmerisch.

Noth ... beten] Dt. Sprichwort.

161 Palladium] Griech., Schutzheiligtum.
peinliche] Leib- und Lebensstrafen betreffende.
verpönt] Strafbar.
162 *Index prohibitorum*] Lat., eigtl. *Index librorum prohibitorum,* das Verzeichnis der (von der Papstkirche) verbotenen Bücher.
denunciiert] Lat./Frz., vor Gericht angezeigt.
im Dekalogus] In den Zehn Geboten (2 Mo 20,2–17. 5 Mo 5,6–21).
Contrebande] Frz., Schmuggelware.
geschwärzt] Geschmuggelt.
163 weben und leben] Apg 17,28.
Erfinder der Typographie] Johannes Gensfleisch, gen. Gutenberg (um 1400–1468), Erfinder des modernen Buchdrucks, und Peter Schöffer (um 1425 – um 1503), der Gutenbergs Erfindung, mit beweglichen Lettern zu drucken, verbesserte.
Die Fortsetzung künftig] Mehr nicht erschienen.

169 zum Ziel legte] Nach des Antwortenden Absicht richtete, sich diesem fügte.
Sünden] Heb 12,1. Jak 1,5–8.
offnen Schuld] Das im Rahmen der christl. Gemeindebeichte gebräuchliche Sündenbekenntnis, die sog. Offene Schuld.
170 Ungeraden] Sonderling.
Einem gemeinschaftlichen Stammvater] Lk 3,38.
Pflichten … mich selbst] 5 Mo 6,4–5. 3 Mo 19,18. Mk 12,29–31.
Pflichten … Lehrer] 2 Mo 20,12. Eph 6,1–3. Heb 13,7. 17. 24.
Pflichten … Obrigkeit] Rö 13,1–7. Tit 3,1. 1 Pt 2,17.
Ihro … Reichs-Oberhaupt] Mt 22,21.
N. N.] Lat., nomen nescio, den Namen weiß ich nicht.
Teutschheit] Vereinzelt seit dem 17. Jh., stark belebt seit dem letzten Drittel des 18. Jh.s.
teutscher Michel] Typus des geistig, emotional wie körperlich gleich schwerfälligen Deutschen.
Allemannier] Angehöriger des westobdt. Dialektverbandes, wozu auch das Schwäbische zählt, in dem Wieland aufgewachsen ist.
Schul-Esel] Schüler, die als renitent oder dumm angesehen wurden, hatten den hölzernen Esel zu reiten oder die Eselskappe zu tragen.

171 *Dulce* … Vaterland!] Hor. carm. 3, 2, 13.
Griechen] Horaz entlehnte den Gedanken einem Distichon des spartanischen Elegikers Tyrtaios (um 640 v. Chr.). Vgl. Tyrt. 6/7, 1–2 D.
Als der große … eindrang] Xerxes I., pers. Großkönig (um 519–465, reg. seit 486 v. Chr.), der 483 in Griechenland einfiel und in der Seeschlacht von Salamis (480) entscheidend geschlagen wurde.
Freystaaten] Republiken.
172 gemeinen] Gemeinsamen.
Plateer] Einwohner des griech. Stadtstaats Plataiai.
Helvetiern] In den sog. Burgunderkriegen (1474–1477) gelang es den verbündeten Eidgenossen in den Schlachten bei Héricourt (1474), Grandson (1476), Murten (1476) und Nancy (1477) den Expansionsbestrebungen Karls des Kühnen, Herzog von Burgund und der Burgundischen Niederlande (1433–1477, reg. seit 1467), erfolgreich entgegenzutreten.
Batavern] Einwohnern der Republik der Vereinigten Niederlande, die im sog. 80jährigen Krieg (1568–1648) gegen die habsburgischen Niederlande Philipps II. von Spanien (1527–1598, reg. seit 1556) ihre vollständige Unabhängigkeit errang.
gemeine] Gemeinsame.
abgetrieben] Abgewehrt, vertrieben.
Lakedämon] Sparta, nach dem Stammvater der Spartaner Lakedaimon.
173 Gericht der Amphiktyonen] Griech., Rat und Gericht des griech. Stammes- und Staatenbundes, der bzw. das regelmäßig im Frühjahr und Herbst im delphischen Apollon-Heiligtum tagte.
Olympia] In dem in der nordwestlichen Peloponnes, in Elis, gelegenen Olympia mit ihrer Zeus- und Hera-Kultstätte fanden seit 776 v. Chr. im Hochsommer alle vier Jahre die Olympien, die panhellenischen Kampf- und Festspiele, statt.
Tempel zu Delfi] Das in Phokis gelegene Delphi markierte den ‚Nabel der Welt' und beherbergte das panhellenische Apollon-Heiligtum. Es war von größter Bedeutung für die politische und gesetzgeberische Entwicklung der griech. Stadtstaaten. Im Heiligtum fanden zudem alle vier Jahre die Pythischen Spiele, Feste und künstlerische Wettbewerbe, statt.
Eleusis] In dem nahe Athen gelegenen Demeter-Heiligtum in Eleusis fanden alljählich die rituellen Staatsfeste zu Ehren der Demeter und ihrer Tochter Kore-Persephone statt.

Freystatt] Asyl.

Isokrates] Isokrates aus Athen (436–338 v. Chr.), wirkmächtiger Rhetoriker.

nach dem Ausdrucke ... Griechen war] Isokr. or. 4, 12, 46.

175 Mackiavellisten] Anhänger der politischen Doktrin des Niccolò Machiavelli (1469–1527), die als unmoralisch, zynisch und rücksichtslos galt.

Worte gelten wie Geld] Sprichwörtl. Redensart.

Heller] Ursprünglich eine Silbermünze, im 18. Jh. nur noch eine kupferne Scheidemünze von etwa ½ Pfennig.

Weidsprüchen] Eigtl. alte Redensarten der Jäger, hier zur Formel erstarrtes, sinnentleertes Gerede.

patria est ubi bene est] Cic. Tusc. 5, 108. Aus Aristoph. Plut. 1151.

die französischen ... überschwemmt hatten] Das linke Rheinufer wurde im Zuge des ersten, von Frankreich mit der Kriegserklärung vom 20. April 1792 eröffneten Koalitionskrieges (1792–1797) besetzt.

176 Dekrete ... vorigen Jahrs] Mit dem Dekret vom 15. Dezember 1792 (ergänzt am 17. Dezember, novelliert am 22. Dezember) wurden das Selbstbestimmungsrecht der besetzten Gebiete kassiert, deren Annexion sowie die Sequestierung alles Eigentums verfügt. Am 21. Dezember folgte das auf jakobinischen Grundsätzen fußende Dekret über Kultus und Unterricht.

Thathandlungen] Oberdt. für ‚gewalttätige Handlungen', ‚Gewaltthätigkeiten'.

daß es diesen ... Zustandes] Das Dekret vom 15. Dezember 1792 proklamiert die Absetzung aller Zivil- und Militärbehörden sowie aller Regierungsorgane, zugleich die Abschaffung aller Steuern und Abgaben sowie des Ständestaates.

Fakzions-Männer] Lat./Frz., Aufwiegeler, Meuterer.

schändliche Mord Königs Ludwig XVI.] Ludwig XVI. (1754–1793, reg. seit 1774) wurde am 17. Januar 1793 zum Tode verurteilt und am 21. Januar hingerichtet.

Sankülotterie] Frz., hier Freiheitsschwindel, Pöbelherrschaft.

Brabant] Die Österreichischen Niederlande.

21sten Jenner des laufenden] 21. Januar 1793, dem Tag der Hinrichtung Ludwigs XVI.

178 Grund-Verfassung] Zu den sog. Reichsgrundgesetzen des Heiligen Römischen Reiches Deutscher Nation gehörten die Goldene Bulle (1356), die drei

Reichspolizeiordnungen (1532, 1548, 1577), der Augsburger Religionsfriede (1555) und der Westfälische Friedensschluß (1648).

salva … können] In einem gesunden, wohlbestellten Gemeinwesen selbst unversehrt und wohlbehalten leben können. (Cic. Catil. 3, 25.)

Fall der Griechen … angegriffen wurden] Als die griech. Staaten vom pers. Großkönig Dareios I. (549–486, reg. seit 522 v. Chr.) und seinem Nachfolger Xerxes I. (um 519–465, reg. seit 486 v. Chr.) angegriffen wurden, vermochten sie sich, geeint in einer Eidgenossenschaft unter Führung Athens und Spartas, erfolgreich der Eindringlinge zu erwehren.

182 Oberzunftmeisters] Vorsteher. Dt. Äquivalent des Lat. tribunus, Volksvertreter.

Megara] Griech. Hafenstadt am Saronischen Golf, Hauptstadt der Landschaft Megaris.

Lilliput … Schöpfung] Fiktive Insel Lilliput, bewohnt von winzig kleinen Menschen, den Lilliputanern. (Jonathan Swift (1667–1745): Travels into several remote nations of the world (London 1726), Bd. 1, Tl. 1.)

Käsemilben] Vorratsschädlinge, die sich gelegentlich auch im Käse finden.

Sülly] Maximilien de Béthune, duc de Sully (1559–1641), enger Vertrauter Heinrichs IV. (1553–1610, reg. seit 1589), Feldherr, Minister und Staatsmann, der durch kluge innenpolitische Entscheidungen dem Landeswohl diente.

Colbert] Jean-Baptiste Colbert, marquis de Seignelay (1619–1683), bedeutender frz. Staatsmann, Begründer des Merkantilismus, Finanzminister Ludwigs XIV.

Cecil] William Cecil, 1. Baron Burghley (1520–1598), einflußreicher Staatsmann, führendes Parlamentsmitglied und Vertrauter Elisabeths I. (1533–1603, reg. seit 1558).

Phocion] Phokion von Athen, gen. der Gute (402/401–318 v. Chr.), erfolgreicher Feldherr, auf Ausgleich und Verständigung bedachter Realpolitiker, Schüler und Freund von Platon und Xenokrates.

Cato] Name zweier berühmter Männer: Marcus Porcius Cato Censorius (234–149 v. Chr.), röm. Staatsmann, Historiker, Prosaschriftsteller und Redner, Inbegriff röm. Sittenstrenge und Simplizität, und Marcus Porcius Cato Uticensis (95–46 v. Chr.), erbitterter Gegner der Tyrannis, strikter Legalist und sittenstrenger Stoiker, ebenfalls Inbegriff eines röm. Tugendhelden.

Cicero] Marcus Tullius Cicero (106–43 v. Chr.) aus Arpinum, röm. Staatsmann, Schriftsteller und bedeutendster Redner.

Pfullendorf] Kleine freie Reichsstadt am westlichen Bodensee.

Titus] Titus Flavius Vespasianus, röm. Kaiser (39–81, reg. seit 79).

Antoninus] Marcus Aurelius Commodus Antoninus, röm. Kaiser (161–192, reg. seit 180).

183 Abdera] Griech. Handelsstadt an der Südküste Thrakiens, Heimat vieler bedeutender Denker. Dem Umstand, daß diese zumeist ihre Heimat verließen, verdankt die Stadt den Ruf, ihre Einwohner seien entsetzlich dumm.

Sparta] Griech. Stadt im Südosten der Peloponnes, die ihre sozialen, militärischen und konstitutionellen Einrichtungen dem legendären Stifter Lykurgos zuschreibt.

Rom] Der Legende nach wurde Rom im Jahre 753 v. Chr. von Romulus gegründet, dem Sohn des Kriegsgottes Mars, was deren kriegerische und expansionistische Veranlagung erklären soll.

was Cicero … ziehen!] Cic. rep. 6, 25.

Scipio] Publius Cornelius Scipio Africanus (235–183 v. Chr.).

Das Wort … fähig ist.] D. i. in der Bedeutung von ‚Staat', nicht als Staatsform.

184 Demokritus] Demokritos von Abdera (ca. 460 – um 390/80 v. Chr.), Philosoph, der die Torheiten seiner Landsleute zu belächeln pflegte.

Gemeinheiten] Gemeinden.

Ovid] Publius Ovidius Naso (43 v. Chr. – 17 n. Chr.), röm. Dichter, der im Jahre 8 n. Chr. seiner *Ars amatoria* wegen und weil er etwas ‚gesehen habe, was er nicht hätte sehen dürfen', auf Weisung des Kaisers Augustus nach Tomis verbannt wurde.

Orpheus] In der griech. Mythologie Erfinder der Musik, dessen Gesang und Saitenspiel unvergleichlich gewesen sein sollen.

Amphion] In der griech. Mythologie Erfinder der siebenseitigen lydischen Leier und Miterbauer der Mauer von Theben.

Cameen] Frz., eine aus einem Schmuckstein unterschiedlicher Farbschichten herausgearbeitete Relieffigur.

Cur … feci?] Lat., „Weshalb war ich der Tor, der die Verfehlung erkannt?" (Ov. trist. 2, 103.)

185 Otahity] Die kürzlich erst, am 18. Juni 1767, entdeckte polynesische Insel. Die

vorangestellte Partikel ‚O‘ verleiht im Polynesischen dem nachfolgenden Terminus eine gewisse Nachdrücklichkeit.

die vom Diogenes] Wieland: Σωκράτης μαινόμενος oder die Dialogen des Diogenes von Sinope (Leipzig 1770). Vgl. WOA 9.1, S. 1–105, hier S. 85–105: Die Republik des Diogenes.

ob Skaramuz … tanze?] Wieland: Das Urtheil des Paris (WOA 7.1, S. 347, 16).

Skaramuz] Ital. Scaramuccia, frz. Scaramouche, dt. Scharmützel, Aufschneiderfigur der ital. Commedia dell'arte.

Skapin] Ital. Scappino, frz. Scapin, Dienerfigur der ital. Commedia dell'arte.

gemeinen Wesen] Gemeinwesen. Dt. Entsprechung des Lat. res publica.

186 fünfe für gerade gelten zu lassen] Dt. Sprichwort.

Schwerdt … hängt] Das sog. Damoklesschwert (Cic. Tusc. 5, 21, 61. Hor. carm. 3, 1, 17).

entweder an Scylla … zu werden] Skylla und Charybdis, zwei Ungeheuer, die eine Meerenge für passierende Seefahrer verunsicherten.

187 polizierte] Frz., gesittete, zivilisierte.

Baktrianer] Einwohner der am Oberlauf des Amudarja gelegenen wohlhabenden Stadt Baktria.

Korasmier] Einwohner der am Unterlauf des Amudarja gelegenen fruchtbaren Stromtal-Großoase.

188 sie mögen … fürchten.] Lieblingsmaxime des röm. Kaisers Caligula (Suet. Cal. 30, 1).

Apophtegmen] Griech., Sprichwörter.

Sykophant] Griech., Verleumder, Denunziant.

189 ehrlichen Diogenes] Diogenes von Sinope (um 412/03– um 324/21 v. Chr.), Begründer des Kynismus, Verfechter der Redefreiheit.

191 Dreyer] Scheidemünze; Dreipfennig- oder Dreikreuzerstück.

192 blöden] Furchtsamen, schwachen.

195 wie die Wölfe … haben würden] Aisopos: Fabel von den Wölfen und Schafen (Aisop. fab. 217 ed. Chambry).

198 Adonis] Ein Mann ähnlich schön und hinreißend wie der Gott Adonis.

Thersites] Häßlichster der Griechen vor Troja. Hier metonym. für einen Menschen häßlichsten Angesichts.

Herkules] Ein Mann außergewöhnlicher Kraft und tadelfreien Charakters wie Herkules.

Indolenz] Lat./Frz., Schmerzlosigkeit, Unempfindlichkeit, Sorglosigkeit.

199 Plinius] Gaius Plinius Caecilius Secundus, gen. der Jüngere (62 – um 114).

Nerva] Marcus Cocceius Nerva, röm. Kaiser (30–98, reg. seit 96), Nachfolger Domitians.

Freunde] Sempronius Rufus (1./2. Jh. n. Chr.), Adressat des Briefes.

Vejento] Aulus Didius Gallus Fabricius Veiento (gest. nach 98, Konsul 74?, 80, 83?) einflußreicher, geschickt taktierender röm. Senator, Berater des Domitianus, berüchtigter Denunziant.

Hofschranze] Verächtlich für einen höheren, betont kriecherisch-schmeichelnden Hofbedienten.

ich habe … genennt habe] Plin. epist. 4, 22, 4.

etiam … recumbebat.] Plin. epist. 4, 22, 4.

Catullus Messalinus] Lucius Valerius Catullus Messalinus (1. Jh. v. Chr., 85 v. Chr. Suffektkonsul, 73 v. Chr. Konsul), einer der einflußreichsten Senatoren unter Domitianus. Er hatte den Ruf eines bösartigen Beraters, viel gehaßt und gefürchtet.

einem Menschen … pflegte] Plin. epist. 4, 22, 5.

Domitians] Titus Flavius Domitianus, röm. Kaiser (51–96, reg. seit 81), dem tyrannische Züge nachgesagt wurden.

Man sprach … den Anwesenden.] Plin. epist. 4, 22, 6.

seine ruchlose … Gemüthsart] Plin. epist. 4, 22, 6.

einer von den Anwesenden] Iunius Mauricus (1./2. Jh. n. Chr.), Senator, unter Kaiser Domitianus von 93–96 verbannt, Vertrauter des Kaisers Traianus (53–117, reg. seit 98).

201 Biedermänner] Ehrenmänner (lat. viri boni).

204 in eben so viel Olympiaden] 16 Jahren.

205 Athen … trinken gab)] Seit der Wiederherstellung der Demokratie 403/2 v. Chr. war der Schierlingsbecher eine institutionalisierte Hinrichtungsform in Athen gewesen. Bekannt sind etwa die Hinrichtungen des Sokrates im Jahre 399 v. Chr. und des Phokion im Jahre 318 v. Chr.

212 Aftertempeln] Pseudotempeln.

Leimen] Lehm.

212f. Trismegistus] Der Dreimalgroße, d. i. der Größte, Beiname des Hermes.

213 Aristoteles] Aristoteles (384–322 v. Chr.).

Zoroaster] Griech./Avest. Zarathustra (7./6. Jh. v. Chr.), legendärer persischer Weisheitslehrer, Verfasser der *Zend-Avesta,* des heiligen Buches der alten Perser.

Plato] Platon (427—347 v. Chr.).

Ionischen oder Korinthischen Säulen] Zweite und dritte griech. Säulenordnung.

Goldschmiede zu Ephesus] Apg 19,24—25.

großen Babylonischen Thurm, dessen Spitze sich in den Wolken verliehren soll] 1 Mo 11,4.

Pantheon] Griech., ein allen Göttern geweihter Tempel.

214 Jaspis] Schmuckstein.

Lazur] Lapis lazuli, blauer Schmuckstein.

Basrelief] Frz., flacherhabenes Relief.

Spangen] Obdt. für Spanne, Zwischenraum zwischen gespreiztem Daumen und Mittelfinger bzw. ein palmus (7,62 cm).

zu hazardieren] Frz., aufs Spiel zu setzen, zu wagen.

wie des Propheten … beschattet] Jon 4,5—6.

allforderst] Zuallererst (kurialspr.).

215 durch … Pilatus] Jh 18,38.

Karneaden] Skeptikern wie Karneades von Kyrene (um 214—129/28 v. Chr.).

216 Pyrrho] Pyrrhon von Elis (um 360—271 v. Chr.), Begründer des antiken, nach ihm benannten pyrrhonischen Skeptizismus.

Le Vayer] François de La Mothe le Vayer (1588—1672), Libertin, Philologe und skeptischer Philosoph.

Bayle] Pierre Bayle (1647—1706), Philosoph, Calvinist und toleranter Skeptiker.

Sextus] Sextus Empiricus (Ende 2. Jh. n. Chr.), Arzt und Philosoph, Vertreter des Pyrrhonismus.

Hume] David Hume (1711—1776), skeptischer Philosoph, Ökonom und Historiker.

Glauben … Erdelebens] 1 Ko 13,1—13.

Sophisten] Griech., hier Vernünftler, spitzfindiger Klügler.

217 räsonniert] Frz., mit Vernunftgründen beurteilt.

Galland] Antoine Galland (1646—1715): Les mille et une nuits. Contes arabes (Paris 1704–1717), eine aus einer arab. Handschrift und aus mündlichen Erzählungen gefertigte Übersetzung.

le Dormeur eveillé] Frz., Der erwachte Schläfer.

218 Jupiter ... droht] Kypr. frg. 1 Bernabé.

provociert] Lat., sich beruft.

Amphiktyonen] Griech., Rat und Gericht des griech. Stammes- und Staatenbundes, der bzw. das regelmäßig im Frühjahr und Herbst im delphischen Apollon-Heiligtum tagte.

Areopagus] Griech., höchster Gerichtshof in Athen, abgeleitet vom Tagungsort, dem Ares-Hügel.

Billigste] Angemessenste.

Melusine] Prominente mittelalterliche Sagengestalt, deren Mutter, die Fee Persine, sie damit strafte, daß sie sich sonnabends immer wieder in ein meerfeenartiges Schlangenweib zurückverwandelte.

218f. sobald der ... allein schön] Miguel de Cervantes Saavedra (1547–1616): El ingenioso hidalgo Don Quixote de la Mancha (Madrid 1547–1616).

219 Meerkatzengesicht] Äffisches Gesicht.

ihre Entschuldigung unter dem Hute tragen] Verwirrten Geistes sind.

Preller] Schläger, Betrüger.

wie Angelika ... über beyde] Ludovico Ariosto (1474–1533): Orlando furioso (Ferrara 1516, erw. 1521, nochmals erw. 1532), I, 17 ff. II, 11 ff. XII, 34 ff.

220 eine Wolke ... umarmt] Als der nektartrunkene Ixion einst Zeus' Frau Hera nachstellte und sich an ihr zu vergehen suchte, erschuf dieser eine Hera ebenbildliche Wolke, die Nephele, mit der Ixion schließlich den ersten Kentauren zeugte (Hyg. fab. 62).

Axiome] Unbezweifelbare Grundsätze.

Energumenen] Griech., vom Teufel Besessenen, Wahnsinnigen, Schwärmer.

Nestor] Altersweiser, greiser Berater Agamemnons vor Troja (Hom. Il. 1, 252. 2, 337).

Sieben Weise] Heterogene Gruppe weiser Männer, hier nach Platon: Thales von Miletos (1. H. 6. Jh. v. Chr.), Bias von Priene (um 590–430 v. Chr.), Pittakos von Mitylene (651/50– um 570 v. Chr.), Solon von Athen (um 640– um 560 v. Chr.), Kleobulos von Lindos (7./6. Jh. v. Chr.), Myson von Chen (7./6. Jh. v. Chr.) und Chilon von Sparta (Mitte 6. Jh. v. Chr.). (Plat. Prot. 343 a. Diog. Laert. 1, 40–42.)

221 lebt und webt] Apg 17,28.
Elihu ... Ram] Hi 32,2.
es ist nicht ... Esel spricht] Bileams Esel (4 Mo 11,28–30).
den Künsten Tubalkains] Tubalkain, Sohn des Lamech und der Zilla, Bronze- und Eisenschmied (1 Mo 4,22).
Schach Baham] Claude-Prosper Jolyot de Crébillon, gen. Crébillon fils (1707–1777): Ah quel conte! (Brüssel 1755), 3. Buch, 4. Kap., S. 51–53.
Peritus in arte] Lat., Kunstsachverständiger.
ältern Freunden] Elifas, Bildad und Zofar (Hi 4–26). Zum Alter vgl. Hi 32,4. 6–10.
deraisonnieren] Frz., unvernünftig reden.
denn ich bin ... zerreißt] Hi 32,18–19.
222 *vulgò*] Lat., gemeinhin, gewöhnlich zu reden.
formam artis] Lat., eine Kunstform.
wie Herr ... gesprochen hatte] Molière (eigtl. Jean-Baptiste Poquelin, 1622–1673): Le Bourgeois gentilhomme (urauf. 1670), 2, 4.
Gezwergen] Obdt., Zwergen.
leichtsinnige Völkchen in Otaheite] Die kürzlich erst, am 18. Juni 1767, entdeckte polynesische Insel Tahiti galt vielen als eine gleichsam paradiesische, frei von aller zivilisatorischen Verderbnis. Die vorangestellte Partikel ‚O' verleiht im Polynesischen dem nachfolgenden Terminus eine gewisse Nachdrücklichkeit.
Ulieta] Die im Südpazifik, etwa 220 km nordwestlich von Tahiti gelegene, zu den Gesellschaftsinseln gehörige Insel Raiatea.
die Natur sey *Dux optima vitae*] Lat., Beste Führerin des Lebens (Cic. Lael. 19).
222f. Man könne ... lasse.] Cic. off. 1, 28 (100).
223 nießen] Genießen.
Adepten] Ein vorgeblich in geheime Künste Eingeweihter.
224 aus dem Regen in die Trauffe gerathen] Sprichwörtl. Redensart.
„Per ... qui."] Ital., [„Ich befand mich wohl;] weil ich mich noch besser befinden wollte, befinde ich mich nun hier." Grabinschrift eines durch Medizinieren verstorbenen Hypochonders. (Hieronymus David Gaubius (1704–1780): Sermo alter de regimine mentis quod medicorum est. Leiden 1763, S. 14.)

Qvam … egeo] Lat., „Wie viel kann ich entbehren?" (Diog. Laert. 2, 25.)

jenes alten Weisen] Sokrates (470–399 v. Chr.).

Samojeden] Sprachverwandte Völker im Nordosten Rußlands und Nordwestsibiriens.

Esquimaux] Frz., Eskimos, Kollektivum für indigene Völker des nördlichen Polargebietes.

Lappen] Heute Samen, indigenes Volk im Norden Fennoskandinaviens.

Neu-Wallißer] Einwohner des von James Cook (1728–1779) entdeckten Ostaustralien, das dieser in Erinnerung an seine Heimat New South Wales nannte.

Neu-Holländer] Einwohner der Nordwestküste Australiens, so in Erinnerung an seine Heimat vom holländischen Entdecker Abel Janszoon Tasman (1603–1659) benannt.

beate vivere] Lat., Cic. fin. 3, 29.

Paracelsus] Theophrastus Bombastus von Hohenheim, gen. Paracelsus (1493/94–1541), Arzt, platonischer Philosoph, Alchemist und Begründer der Chemiatrie.

Theophrast] Theophrastos von Eresos auf Lesbos (um 370–287 v. Chr.), bedeutenster Schüler und Nachfolger des Aristoteles.

„daß sie … ergriffen habe."] Cic. Tusc. 3, 69.

steht … gesättigt auf] Lucr. 3, 938 f. Hor. sat. 1, 1, 119.

Sottise] Frz., Albernheit.

225 „die *Kunst* … bringe."] Wieland: Beyträge zur Geheimen Geschichte des menschlichen Verstandes und Herzens (WOA 9.1, S. 141 f.).

Medicin für die Seele] Cic. Tusc. 3, 6.

Prätension] Frz., Anspruch.

226 Potentaten] Mlat., Machthaber.

Centaurartiger] Griech.-Dt., nach Art eines Kentaurs, eines Mischwesens mit Pferdeleib und Männerkopf.

Scheidung … zusammengefügt hat] Mt 19,6. Mk 10,9.

purgando … clysterizando] Lat., durch Abführen, Aderlassen und Darmspülung. (Molière, eigtl. Jean-Baptiste Poquelin (1622–1673): Le malade imaginaire, 3. Zwischenspiel, 1. Ballettauftritt.)

233 einer neuen … Westfranken] D. i. einer neuen Konstitution für die Franzosen. Mit der ersten republikanischen Verfassung vom 22. August 1795 (5 fructidor III) und der Gründung des Direktoriums hatte sich die politische Lage in Frankreich keineswegs beruhigt: Staatsstreiche, wirtschaftliche Zerrüttung und nicht abebbende Spannungen zwischen politischen Parteiungen waren Ausweis einer schweren, scheinbar ausweglosen Staatskrise.

mit einem Haarsieb … schöpfen] Dt. Sprichwort. Die fünfzig Töchter des Königs Danaos, die Danaiden, waren verdammt, in der Unterwelt unablässig Wasser in ein löchriges oder bodenloses Faß zu schöpfen und es darin zu transportieren (Apollod. 1, 45. Hyg. fab. 203. 146. 147).

hölzernen Bock melken] Dt. Sprichwort.

Plato] Platon (427–347 v. Chr.).

Aristoteles] Aristoteles (384–322 v. Chr.).

„die Könige … das Recht.“] Spr 8,15.

234 Roßmühle] Eine mit Pferden angetriebene Mühle.

Hierokratien] Griech., Priesterherrschaften, kirchliche Herrschaften.

Gynäkokratien] Griech., Frauenherrschaften.

allgemeine Brand] Im zyklischen Weltbild der Stoa markiert der Weltenbrand das Ende einer alten und den Beginn einer neuen Welt.

vier große Mächte] Im 17. und 18. Jh. Frankreich, Österreich, Großbritannien und Rußland. Preußen, die kleinste der Großmächte, rückte erst seit den 60er Jahren des 18. Jh.s nach und nach zu den vier anderen auf.

zu disponieren] Lat., zu verfügen.

235 mir wie … machen?] Hor. sat. 2, 1, 4–7.

Horaz] Quintus Horatius Flaccus (65–8 v. Chr.).

Metastasio] Pietro Metastasio, eigtl. Pietro Antonio Domenico Bonaventura Trapassi (1698–1782), hochtalentierter Stegreifdichter und einer der bedeutendsten Librettisten des 18. Jh.s.

Xenofons] Xenophon von Athen (um 430–355 v. Chr.), Schüler des Sokrates, griech. Staatsmann, Feldherr und Schriftsteller.

236 Sofismen] Griech., Spitzfindigkeiten.

abgefretzt] Mundartl., abgefressen.

aufhängen] Aufschwatzen, weismachen.

237 Scheidung] Trennung edelmetallhaltiger Legierungen.

probieren] Den Edelmetallgehalt mittels Probierstein und eines Salz-Salpetersäuregemisches prüfen.

238 Adept] Goldmacher, ein angeblich in geheime Künste wie das Goldmachen Eingeweihter.

239 unpräjudicierlich] Lat., unvorgreiflich, dem Urteil nicht vorgreifend.

240 Kapelle] Schmelztiegel (lat. cupella, frz. coupelle).

Meinung … Göttergesprächen] Wieland: Neue Götter-Gespräche (Leipzig 1791), S. 313–319.

Vesta] Italische Göttin des Herdfeuers.

241 Bey von Tripoli] Statthalter der lybischen Stadt Tripolis.

242 Jean Paul] Jean Paul, eigtl. Johann Paul Friedrich Richter (1763–1825): Siebenkäs. Blumen-, Frucht- und Dornenstücke oder Ehestand, Tod und Hochzeit des Armenadvokaten F. St. Siebenkäs im Reichsmarktflecken Kuhschnappel (Berlin 1796/97).

Äskulap] Gott der Heilkunst (Hom. h. 16, 1–4), metonym. Arzt.

Poliater] Griech., Stadtarzt.

243 Deputazionen] Lat./Frz., Versammlungen.

Relazionen] Lat./Frz., Berichterstattungen.

Prädikamente] Lat./Frz., Eigenschaften.

244 Base] Cousine.

Sokrates] Sokrates (470–399 v. Chr.), metonym. weiser Mensch.

nach Platonischer Art und Kunst] Nach Platons philosophischer Gesprächstechnik, der Maieutik.

Abderitische] Die Einwohner der griechischen Handelsstadt an der Südküste Thrakiens galten als entsetzlich dumm.

webenden und lebenden] Apg 17,28.

245 Trajans] Marcus Ulpius Traianus, röm. Kaiser (53–117, reg. seit 98).

Hadrians] Publius Aelius Hadrianus, röm. Kaiser (76–138, reg. seit 117).

beiden Antonine] Antoninus Pius, röm. Kaiser (86–161, reg. seit 138). Marcus Aurelius, röm. Kaiser (121–180, reg. seit 161), der sich in der Nachfolge seines Adoptivvaters Antoninus Pius selbst Marcus Aurelius Antoninus Augustus nannte.

Afterpolitik] Pseudopolitik.

246 sofistisches] Griech., spitzfindiges.

Bona verba quaeso!] Lat., „Nur gemach!“ (Ter. Andr. 204.)

247 sanguinische] Lat., hitzige, schwärmerische.

248 Man geht ... möglich ist —] Hor. epist. 1, 1, 32 (Wieland: Horazens Briefe (WOA 17.1), S. 63, 5 f.).

Horaz] Quintus Horatius Flaccus (65—8 v. Chr.).

felix ... imperant!] Lat., „Glücklich die Staaten, wo Philosophen regieren" (Plat. rep. 473).

Mark-Aurel] Marcus Aurelius, röm. Kaiser (121—180, reg. seit 161).

249 Andre ... Sorgen!] Sprichwort.

Regierer ... Staats] Friedrich II., König von Preußen (1712—1786, reg. seit 1740), beanspruchte wiederholt, der erste Diener des Staates zu sein; der Gedanke selbst ist bereits antik (Sen. clem. 1, 19, 8. Suet. Tib. 29).

250 Neronen] Tyrannen wie Nero Claudius Caesar Augustus Germanicus, röm. Kaiser (37—68, reg. seit 54).

Domiziane] Tyrannen wie Titus Flavius Domitianus, röm. Kaiser (51—96, reg. seit 81).

Kaligula's] Tyrannen wie Gaius Iulius Caesar, gen. Caligula, röm. Kaiser (12—41, reg. seit 37).

Heinrich III.] Wie Heinrich III., König von Frankreich (1551—1589, reg. seit 1574).

Richard II.] Wie Richard II., König von England (1367—1400, reg. 1377—1399).

Karl I.] Wie Karl I., König von England, Schottland und Irland (1600—1649, reg. seit 1625).

Ludewig XVI.] Wie Ludwig XVI., König von Frankreich und Navarra (1754—1793, reg. seit 1774).

Vehmgerichtes] Form der mittelalterlichen Strafjustiz, die Kapitalverbrechen mit dem Tode ahndete.

der Obrigkeit ... beylegen] Das Gottesgnadentum, das die behauptete göttliche Stiftung der Staatsgewalt auf Rö 13,1—7, zurückführte.

leidendem Gehorsam] Rö 13,1—7. Tit. 3,1. 1 Pt 2,17.

251 kurulischen Stühle] Der den höheren Magistraten im antiken Rom vorbehaltene Amtsstuhl.

252 *sero sapiunt*] Lat., „Sie werden spät klug." (Cic. fam. 7, 11 (16), 1.)

in Frankreich ... Venedig] In den zwischen 1795 und 1799, im Zuge der Koalitionskriege, gegründeten frz. Töchterrepubliken kam es immer wieder zu Aufständen und Unruhen.

Rom] Ende 1797, nach einer gescheiterten Ausrufung der Republik durch ital. Revolutionäre, besetzten frz. Einheiten Rom und errichteten am 15. Februar 1798 nach dem Vorbild der frz. Direktorialverfassung die Römische Republik.

Helvezien] Aufflackernde Unruhen boten den willkommenen Anlaß zum Einmarsch frz. Einheiten in die bislang neutrale Schweizer Eidgenossenschaft. Am 12. April 1798 wurde die helvetische Tochterrepublik ausgerufen, deren Verfassung u. a. die Aufhebung der Klöster bestimmte, was der aufkeimende vehemente Widerstand der innerschweizer Kantone aber weitgehend zu verhindern vermochte.

passato … Santo] Ital. Sprichwort. „Ist die Gefahr vorüber, wird der Heilige ausgelacht."

253 daß die armen … wallfahrten werden] Im Kanton Schwyz, am Jakobsweg gelegenes Benediktinerkloster Einsiedel bzw. Maria zu den Einsiedeln. Seit dem 14. Jh. Ziel von Marienwallfahrten, ab dem 16. Jh. religiöser Mittelpunkt des Schweizer Katholizismus. Die Stiftskirche beherbergt die Gnadenkapelle mit der sog. schwarzen Madonna.

keinen Papst … giebt] Als Rom besetzt und die Römische Republik errichtet wurde, protestierte Papst Pius VI. (1717–1799, reg. seit 1775), was seine Gefangennahme, Verschleppung und seinen Tod am 29. August 1799 zur Folge hatte. Damit schien vielen Zeitgenossen das Ende des Papsttums gekommen zu sein.

Zeittafel zu Wielands Leben und Werk

Biberach / Tübingen (1733–1752)

1733	5. September: Christoph Martin Wieland wird als Sohn des Pfarrers Thomas Adam Wieland und seiner Frau Regina Catharina, geb. Kick, in Oberholzheim bei Biberach an der Riß geboren
1736	25. Juli: Berufung des Vaters als Prediger an die St. Marien Magdalenen-Kirche der Freien Reichsstadt Biberach
1737	Erster Unterricht im Lateinischen von seinem Vater
1739–1742	Besuch der Biberacher Lateinschule
1743	Seiner Begabung wegen von der Lateinschule genommen, erhielt er fortan von deren Rektor, Johann Jakob Doll, Privatlektionen
1747–1749	Winter bis Frühjahr: Schüler an der pietistischen Schule Kloster Berge bei Magdeburg
1749–1750	Auf der Rückreise nach Biberach findet Wieland Aufnahme bei seinem entfernten Anverwandten Johann Wilhelm Baumer, Philosophiedozent an der Erfurter Universität, an der sich Wieland am 19. Mai immatrikulierte. Baumer erteilte ihm philosophischen Unterricht und hielt ihm ein Privatissimum über den *Don Quixote* von Cervantes
1750	Frühling: Rückkehr nach Biberach und Verlobung mit seiner Cousine Sophie Gutermann
	Ende Oktober: Aufnahme eines Jurastudiums in Tübingen; er besucht lediglich eine Vorlesung, arbeitet stattdessen intensiv an eigenen Dichtungen
1751	Juni: Anonyme Übersendung seines philosophischen Lehrgedichts *Die Natur der Dinge* an den Halleschen Philosophieprofessor und Klopstock-Editor Georg Friedrich Meier, der das Werk drucken läßt

	4. August: Anonyme Übersendung seines Epenfragments *Hermann* an den einflußreichen Züricher Literaten Johann Jakob Bodmer, mit dem sich ein reger Briefwechsel entspinnt
1752	September: Aufgabe des Jurastudiums

Lobgesang auf die Liebe (1751), *Zwölf moralische Briefe in Versen* (1752), *Anti-Ovid oder Die Kunst zu lieben* (1752), *Erzæhlungen* (1752)

Zürich / Bern (1752–1760)

1752	25. Oktober: Übersiedlung nach Zürich in Bodmers Haus, Beteiligung an dessen literaturkritischen Fehden
1753	Mitte Dezember: Sophie Gutermann löst die Verlobung mit Wieland und heiratet Georg Michael La Roche
1754–1759	Hauslehrer in Zürich; Verkehr in Patrizierkreisen der Stadt
1758	Gegen Jahresende erscheint die erste Sammelausgabe seiner Werke unter dem Titel *Sammlung einiger Prosaischen Schriften* (3 Bände)
1759	Mitte Juni: Umzug nach Bern, Privatlehrer der Familie des Landvogts Ludwig Friedrich von Sinner; Freundschaft und Verlobung mit Julie von Bondeli

Briefe von Verstorbenen an hinterlassene Freunde (1753), *Der gepryfte Abraham* (1753), *Abhandlung von den Schönheiten des epischen Gedichts Der Noah* (1753), *Sympathien* (1756), *Empfindungen eines Christen* (1757), *Lady Johanna Gray. Ein Trauer-Spiel* (1758), *Cyrus* (1759)

Biberach (1760–1769)

1760	30. April: Ernennung zum Senator und Kanzleivorsteher seiner Vaterstadt Biberach, zunächst gegen den Widerstand der ka-

	tholischen Ratsmitglieder, was einen bis 1764 währenden Prozeß um seine Anerkennung nach sich zieht
	Anschluß an den Kreis des ehemaligen kurmainzischen Großhofmeisters, des Grafen Stadion, auf Schloß Warthausen bei Biberach, dem auch Wielands ehemalige Verlobte Sophie und deren Ehemann Georg Michael La Roche angehören
1761–1763	Liaison mit dem katholischen Bürgermädchen Maria Christina Afra Hogel (gen. ‚Bibi'), was seine Situation zusätzlich erschwert; beider 1764 geb. uneheliche Tochter Caecilia Sophie Christine stirbt noch im Kindesalter
1761	17. Januar: Ernennung zum Direktor der Evangelischen Komoediantengesellschaft
	September: Inszenierung von Shakespeares *Sturm oder Der erstaunliche Schiffbruch* in der Biberacher Schlachtmetzig
1762–1766	Wielands Übersetzung von *Shakespeares Theatralischen Werken* (8 Bände) erscheint. Als erste deutschsprachige Ausgabe markiert sie den Beginn der Shakespeare-Rezeption in Deutschland
1762	Anfang des Jahres erscheinen in Zürich die *Poetischen Schriften* (3 Bände)
1765	Frühjahr: Anonyme Publikation erotischer Dichtungen unter dem Titel *Comische Erzählungen,* die Wielands Ruf in literarisch aufgeschlossenen Kreisen befestigt, in anderen aber schädigt
	21. Oktober: Heirat der Augsburger Kaufmannstochter Anna Dorothea von Hillenbrand, mit der er insg. 14 Kinder haben wird
1766–1767	Publikation der *Geschichte des Agathon,* dem „ersten und einzigen Roman für den denkenden Kopf, von klassischem Geschmacke" (Lessing)
1769	Mitte Februar: Ernennung zum Kurmainzischen Regierungsrat und ersten Professor der Weltweisheit an der kurmainzischen Universität Erfurt
	Ende Mai: Abreise aus Biberach

Araspes und Panthea (1760), *Der Sieg der Natur über die Schwärmerey oder Die Abentheuer des Don Sylvio von Rosalva* (1764), *Idris* (1768), *Musarion, oder die Philosophie der Grazien* (1768)

Erfurt (1769–1772)

1769 1. Juni: Ankunft in Erfurt
Juli: Beginn der Lehrtätigkeit. Vorlesungen u. a. über Bacon, Montesquieu, Aristophanes, Horaz und Cicero sowie über Geschichte, Philosophie und Ästhetik; unter seinen Hörern befindet sich Wilhelm Heinse. Interne Streitigkeiten der Professorenschaft und das Scheitern der kurmainzischen Universitätsreform gestalteten den Aufenthalt in Erfurt schwierig

1770 Anfang Juni: Reise nach Leipzig, Begegnung u. a. mit dem Verleger Philipp Erasmus Reich, Mitinhaber der Weidmannschen Buchhandlung, durch den er aus der Reichsperipherie ins Zentrum des deutschen Druck- und Verlagswesens kommt

1772 Ab Juni: Verhandlungen des Weimarer Hofs mit Wieland, um ihn als Lehrer für den Erbprinzen Carl August von Sachsen-Weimar und Eisenach zu gewinnen

Beyträge zur Geheimen Geschichte des menschlichen Verstandes und Herzens (1770), *Die Grazien* (1770), Σωκράτης μαινόμενος *oder die Dialogen des Diogenes von Sinope* (1770), *Der Neue Amadis* (1771), *Der Goldne Spiegel, oder die Könige von Scheschian, eine wahre Geschichte* (1772)

Weimar (1772–1796)

1772 28. August: Berufung als Erzieher des Erbprinzen Carl August und dessen Bruder Constantin an den Weimarer Hof

	18. September: Übersiedlung nach Weimar; Unterweisung der Erbprinzen in Ethik, Ästhetik, Natur-, Völker- und Staatsrecht
1773	Mai: Zweite Fassung des *Agathon*
	2. Juli: Verunglimpfung als Sittenverderber durch die ‚Stürmer und Dränger'; Verbrennung von Wielands Bildnis und Werken durch die Göttinger Hainbündler anläßlich einer Feier von Klopstocks Geburtstag
	Juli – August: Publikation des ersten Stücks des bis 1810 monatlich erscheinenden *Teutschen Merkur,* einer der wichtigsten journalistischen Unternehmungen des 18. Jahrhunderts im deutschsprachigen Raum (38 Jahrgänge, 456 Hefte in 131 Bänden)
1775	3. September: Regierungsantritt Herzog Carl Augusts von Sachsen-Weimar und Eisenach; Wieland erhält seinen Abschied und eine lebenslange Pension
	7. November: Goethe trifft in Weimar ein
1776	2. Oktober: Herder trifft in Weimar ein
1782	Veröffentlichung von *Horazens Briefen aus dem Lateinischen übersezt*
1786	Publikation der Übertragung von *Horazens Satyren*
1787	Ende Juli: Schiller besucht Weimar und verkehrt über längere Zeit hinweg in Wielands Haus
1788–1789	Erscheinen der Übersetzung von *Lucians von Samosata sämtlichen Werken* (6 Bände) aus dem Griechischen
ab 1789	Wieland kommentiert im *Teutschen Merkur* intensiv die Geschehnisse der Französischen Revolution
1794	Dezember: Beginn der Herausgabe der bis 1811 fortgesetzten monumentalen Ausgabe der Werke letzter Hand, *C. M. Wielands sämmtliche Werke,* für die Wieland viele grundlegende Überarbeitungen vornimmt. Eröffnet wird die Ausgabe von der *Geschichte des Agathon* in dritter, nun vollständiger Fassung
1796	Begründung des *Attischen Museums,* einer neuen Zeitschrift mit eigenen wie auch fremden Übersetzungen und Aufsätzen zum antiken Griechenland (21 Hefte)
	Karl August Böttiger übernimmt die Redaktion des *Teutschen Merkur*

23. Mai — 12. September: Reise nach Zürich zur Tochter Charlotte, die mit dem Verleger Heinrich Geßner verheiratet ist.

Alceste (1773), *Die Abderiten* (1774—1780), *Rosamund* (1778), *Oberon* (1780), *Clelia und Sinibald* (1784), *Dschinnistan oder auserlesene Feen- und Geistermährchen* (1786—1789), *Neue Götter-Gespräche* (1791), *Geheime Geschichte des Philosophen Peregrinus Proteus* (1791), *Die Wasserkufe* (1794)

Oßmannstedt (1797—1803)

1797	15. März: Kauf des Guts Oßmannstedt bei Weimar 1. Mai: Übersiedlung
1799	Juli — August: Besuch von Sophie La Roche gemeinsam mit ihrer Enkelin Sophie Brentano in Oßmannstedt August: Im *Athenäum,* der Zeitschrift der Romantiker August Wilhelm und Friedrich Schlegel, erscheint die berüchtigte *Citatio edictalis,* die Wieland mangelnder dichterischer Originalität bezichtigt
1800	Juli – September: Sophie Brentano weilt erneut Oßmannstedt, wo sie am 19. September überraschend verstirbt; sie findet im Park des Wieland-Guts ihre letzte Ruhestätte Herbst: Der erste Band des bedeutenden Altersromans *Aristipp und einige seiner Zeitgenossen* erscheint
1801	8. November: Wielands Gattin stirbt; sie wird im Gutspark neben Sophie Brentano beigesetzt
1802—1803	November – Januar: Besuch Heinrich von Kleists in Oßmannstedt
1803	18. April: Veräußerung des Oßmannstedter Guts

Gespräche unter vier Augen (1799), *Agathodämon* (1799)

Weimar (1803–1813)

1803	Anfang Mai: Rückkehr nach Weimar
	18. Dezember: Tod Herders
1803–1804	Dezember – März: Madame de Staël weilt in Weimar; Begegnungen und Gespräche mit Wieland
1805	9. Mai: Tod Schillers
1806	14.–15. Oktober: Plünderung Weimars durch französische Truppen nach der Schlacht von Jena und Auerstedt
1807	18. Februar: Tod der Jugendliebe Sophie von La Roche
	10. April: Tod der Herzogin Anna Amalia
1808	Publikationsbeginn von *M. Tullius Cicero's sämmtlichen Briefen*
	6. Oktober: Begegnung mit Napoleon anläßlich des Erfurter Fürstenkongresses im Weimarer Schloß, dann erneut am 10. Oktober in Erfurt
	12. Oktober: Auszeichnung mit dem Kreuz der französischen Ehrenlegion durch Napoleon
	15. Oktober: Auszeichnung mit dem St. Annen-Orden durch Zar Alexander
1809	1. – 4. April: Aufnahme Wielands in die Weimarer Freimaurerloge ‚Anna Amalia zu den drei Rosen'
1813	20. Januar: Tod Wielands; er findet neben seiner Gattin und Sophie Brentano in Oßmannstedt seine letzte Ruhestätte.
	18. Februar: Totenfeier in der Weimarer Freimaurerloge; Verlesung von Goethes Nachruf *Zu brüderlichem Andenken Wielands*

Menander und Glycerion (1803), *Krates und Hipparchia* (1804), *Euthanasia* (1805), *Das Hexameron von Rosenhain* (1805), *Über das Fortleben im Andenken der Nachwelt* (1812)

Auswahlbibliographie

Zeitschriften

Der Teutsche Merkur/Der Neue Teutsche Merkur. Hg. von C. M. Wieland. Weimar 1773–1789/1790–1810. (TM/NTM)

Attisches Museum/Neues Attisches Museum. Hg. von C. M. Wieland, ab 1805 von Johann Jakob Hottinger und Friedrich Jacobs. Zürich u. Leipzig 1796–1803/1805–1811. (AM/NAM)

Werke und Werkausgaben

Sämmtliche Werke. (In vier Formaten: 8° = C^1, kl. 8° = C^2, gr. 8° = C^3, 4° = C^4.) Insg. 39 Bände (C^1) bzw. 36 Bände (C^{2-4}) und 6 Supplementbände. Leipzig 1794–1811.

Sämmtliche Werke. Hg. von der Hamburger Stiftung zur Förderung von Wissenschaft und Kultur in Zusammenarbeit mit dem Wieland-Archiv und Hans Radspieler. Hamburg 1984 (= Reprint der 8°-Ausgabe letzter Hand, C^{1r}).

Historisch-kritische Ausgabe. Hg. von Klaus Manger und Jan Philipp Reemtsma. Berlin u. a. 2008 ff. (WOA)

Studienausgabe in Einzelbänden. Hg. von Hans-Peter Nowitzki und Jan Philipp Reemtsma. Göttingen 2022 ff. (WSE)

Gesammelte Schriften. Hg. von der Deutschen Kommission der Königlich Preußischen Akademie der Wissenschaften. 24 von 50 geplanten Bänden. Berlin 1909–1975. (AA)

Wielands Briefwechsel. Hg. von der Deutschen Akademie der Wissenschaften zu Berlin. 20 Bände. Berlin 1963–2007. (WBr)

Ausgewählte Werke. Hg. von Friedrich Beißner. 3 Bände. München 1964–1965.

Werke. Hg. von Fritz Martini und Hans Werner Seiffert. 5 Bände. München 1964–1968.
Werke. Hg. von Hans Böhm. 4 Bände. Berlin u. a. [3]1984.
Werke. Hg. von Klaus Manger. 3 von 12 geplanten Bänden. Frankfurt am Main 1986–1988.
Politische Schriften, insbesondere zur Französischen Revolution. 3 Bände. Hg. von Jan Philipp Reemtsma, Hans und Johanna Radspieler. Nördlingen 1988.
Von der Freiheit der Literatur. Kritische Schriften und Publizistik. Hg. von Wolfgang Albrecht. Frankfurt am Main u. a. 1997.
Schriften zur deutschen Sprache und Literatur. Hg. von Jan Philipp Reemtsma, Hans und Johanna Radspieler. 3 Bände. Frankfurt am Main u. a. 2005.

Biographien, Handbücher und allgemeine Literatur

Gruber, Johann Gottfried: C. M. Wieland's Leben. Mit Einschluß vieler noch ungedruckter Briefe Wielands. Leipzig 1827–1828.
Jørgensen, Sven-Aage; Jaumann, Herbert; McCarthy, John; Thomé, Horst: Christoph Martin Wieland. Epoche – Werk – Wirkung. München 1994.
Christoph Martin Wieland 1733–1813. Hg. von Lieselotte E. Kurth-Voigt. Baltimore, Maryland 1984 (= Modern Language Notes. German Issue 99, 3).
Schaefer, Klaus: Christoph Martin Wieland. Stuttgart u. a. 1996.
Christoph Martin Wieland. Hg. von Hansjörg Schelle. Darmstadt 1981.
Christoph Martin Wieland – Nordamerikanische Forschungsbeiträge zur 250. Wiederkehr seines Geburtstages 1983. Hg. von Hansjörg Schelle. Tübingen 1984.
Sengle, Friedrich: Wieland. Stuttgart 1949.
Sommer, Cornelius: Christoph Martin Wieland. Stuttgart 1971.
Starnes, Thomas C.: Christoph Martin Wieland. Leben und Werk. Aus zeitgenössischen Quellen chronologisch dargestellt. Band 1–3. Sigmaringen 1987.
Starnes, Thomas C.: Der Teutsche Merkur. Ein Repertorium. Sigmaringen 1994.
Wieland-Handbuch. Leben, Werk, Wirkung. Hg. von Jutta Heinz. Stuttgart 2008.

Themenspezifische Literatur

Albrecht, Wolfgang: Wielands Vorstellungen von Aufklärung und seine Beiträge zur Aufklärungsdebatte am Ende des 18. Jahrhunderts. In: Impulse (1988), 11, S. 26–60.

Baeppler, Klaus: Der philosophische Wieland. Stufen und Prägungen seines Denkens. Bern u. a. 1974.

Baldwin, Claire: „Über Glaubenssachen filosofieren". Wieland on reason and religion. In: Religion, reason and culture in the age of Goethe. Hg. von Elisabeth Krimmer und Patricia Simpson. Rochester 2013, S. 21–55.

Blasig, Uwe: Die religiöse Entwicklung des frühen Christoph Martin Wieland. Frankfurt am Main u. a. 1990.

Budde, Bernhard: Aufklärung als Dialog. Wielands antithetische Prosa. Tübingen 2000.

Dehrmann, Mark-Georg: Das „Orakel der Deisten". Shaftesbury und die deutsche Aufklärung. Göttingen 2008.

Eggel, Dominic: Le projet des Lumières mis en cause de l'intérieur: les classiques de Weimar à l'avant-garde des critiques de la civilisation européenne. In: Penser l'Europe au XVIIIe siècle: commerce, civilisation, empire. Oxford 2014, S. 181–202.

Frey, Pascal: Anthropologie der Metaphysik. Religion und Aufklärung im Spätwerk Wielands. In: Wissen – Erzählen – Tradition. Wielands Spätwerk. Hg. von Walter Erhart und Lothar van Laak. Berlin u. a. 2010, S. 99–117.

Friedrich, Hans-Edwin: „Nur der wahre Weltbürger kann ein guter Staatsbürger sein". Zur Reflexion des Bürgerbegriffs im Werk Christoph Martin Wielands. In: Bürgerlichkeit im 18. Jahrhundert. Hg. von Dems., Fotis Jannidis und Marianne Willems. Tübingen 2006, S. 149–168.

Godel, Rainer: „Ob übrigens das, was ich aus diesen Blättern destilliret habe, ächtes Gold sey, wird sich zeigen". Wielands Replik auf Ernst Anton von Göchhausens Kampf gegen die Aufklärung. In: Deutsche Geheimgesellschaften. Von der Frühen Neuzeit bis zur Gegenwart. Hg. von Jost Hermand und Sabine Mördersheim. Köln 2013, S. 31–58.

Höhle, Thomas: Eine der lustigen Begebenheiten unseres Zeitalters. Wielands

‚Gespräche unter vier Augen' im Urteil Goethes. In: Aufklärung und Weimarer Klassik im Dialog. Hg. von Andre Rudolph und Ernst Stöckmann. Tübingen 2009, S. 187–193.

Hoffmann, Michael: Wieland – libre penseur ou chrétien éclairé? In: Orthodoxie et hétérodoxie. Libertinage et religion en Europe au temps des Lumières. Hg. von Marie-Hélène Quéval. Saint-Étienne 2010, S. 131–193.

Jaumann, Herbert: Politische Vernunft, anthropologischer Vorbehalt, dichterische Fiktion. Zu Wielands Kritik des Politischen. In: Christoph Martin Wieland 1733–1813. Hg. von Lieselotte E. Kurth-Voigt. Baltimore, Maryland 1984, S. 461–478.

Kurth-Voigt, Lieselotte: Existence after Death: Changing Views in Wieland's Writings. In: Lessing Yearbook 17 (1985), S. 153–176.

van Laak, Lothar: Christoph Martin Wielands Konzeption aufklärerischen Philosophierens um 1800. In: Wissen – Erzählen – Tradition. Wielands Spätwerk. Hg. von Walter Erhart und Dems. Berlin u. a. 2010, S. 85–98.

McCarthy, John: Die gefesselte Muse? Wieland und die Pressefreiheit. In: Christoph Martin Wieland 1733–1813. Hg. von Lieselotte E. Kurth-Voigt. Baltimore, Maryland 1984, S. 437–460.

Manger, Klaus: Wielands Kosmopoliten. In: Europäische Sozietätsbewegungen und demokratische Tradition. Die europäischen Akademien der Frühen Neuzeit zwischen Frührenaissance und Spätaufklärung. Band 2. Hg. von Klaus Garber und Heinz Wismann unter Mitwirkung von Winfried Siebers. Tübingen 1996, S. 1637–1667.

Miquet, Claude: C. M. Wieland, directeur du ‚Mercure allemand' (1773–1789). Un dessein ambitieux, une réussite intellectuelle et commerciale. Bern u. a. 1990.

Müller, Gerhard: Wieland als Berater von Herzog Carl August. In: Wieland-Studien 9 (2016), S. 51–59.

Nowitzki, Hans-Peter: „Ein seltsames Gemische von Wahrheit und Träumerey". Christoph Martin Wielands Rezeption gnostisch-hermetischen Schrifttums der Renaissance. In: Wieland-Studien 10 (2017), S. 75–134.

Nowitzki, Hans-Peter: „Wie lebt man so wohl im Schatten des ewigen Throns!" Christoph Martin Wieland und die ‚Unsterblichkeit'. In: Aufklärung. Interdisziplinäres Jahrbuch zur Erforschung des 18. Jahrhunderts und seiner Wirkungsgeschichte 29 (2018), S. 269–308.

Die Philosophie der deutschen Aufklärung [L'illuminismo tedesco]. Texte und Darstellungen. Hg. von Raffaele Ciafardone. Deutsche Bearbeitung von Norbert Hinske und Rainer Specht. Stuttgart 1990.
Reemtsma, Jan Philipp: Der politische Schriftsteller Christoph Martin Wieland. In: Ders.: Der Liebe Maskentanz. Aufsätze zum Werk Christoph Martin Wielands. Zürich 1999, S. 95–160.
Reemtsma, Jan Philipp: Was Aufklärung sei. In: Ders.: Der Liebe Maskentanz. Aufsätze zum Werk Christoph Martin Wielands. Zürich 1999, S. 304–332.
Reemtsma, Jan Philipp: Osmantinische Aufklärung. Oßmannstedt 2006.
Sahmland, Irmtraut: Christoph Martin Wieland und die deutsche Nation: zwischen Patriotismus, Kosmopolitismus und Griechentum. Tübingen 1990.
Schmeisser, Martin: Auklärung und Deismus bei Christoph Martin Wieland. Die ‚Gedanken von der Freyheit über Gegengenstände des Glaubens zu philosophieren' (1788). In: Wieland-Studien 7 (2012), S. 19–42.
Schneiders, Werner: Die wahre Aufklärung. Zum Selbstverständnis der deutschen Aufklärung. Freiburg u. a. 1974, S. 122–126.
Schneiders, Werner: Hoffnung auf Vernunft. Aufklärungsphilosophie in Deutschland. Hamburg 1990.
Seiffert, Hans Werner: Die Idee der Aufklärung bei C. M. Wieland. In: Wissenschaftliche Annalen zur Verbreitung neuer Forschungsergebnisse 2 (1953), 11, S. 678–689.
Steinhorst, Heike: ‚Stilpon' oder wie man sich zwischen zwei Stühle setzt. In: Wieland-Studien 11 (2021), S. 107–118.
Der Teutsche Merkur – die erste deutsche Kulturzeitschrift? Hg. von Andrea Heinz. Heidelberg 2003.
Thomé, Horst: Religion und Aufklärung in Wielands Agathodämon. Zu Problemen der ‚kulturellen Semantik' um 1800. In: Internationales Archiv für Sozialgeschichte der deutschen Literatur 1 (1990), S. 93–122.
Was ist Aufklärung? Thesen und Definitionen. Kant, Erhard, Hamann, Herder, Lessing, Mendelssohn, Riem, Schiller, Wieland. Hg. von Erhard Bahr. Stuttgart 1986.
Zenker, Kay: Denkfreiheit. Libertas philosophandi in der deutschen Aufklärung. Hamburg 2012.

Inhalt

Wieland. Studienausgabe in Einzelbänden

In den kommenden Jahren erscheinen in der kritischen Studienausgabe

Aristipp und einige seiner Zeitgenossen (1800/01) • ed. 2022

Comische Erzählungen (1765) • ed. 2023

Der Sieg der Natur über die Schwärmerey, oder die Abentheuer des Don Sylvio von Rosalva, Eine Geschichte worinn alles Wunderbare natürlich zugeht (1764) • ed. 2023

Geschichte des Agathon (1766/67) • ed. 2024

Idris. Ein Heroisch-comisches Gedicht (1768) • ed. 2024

Die Abderiten. Eine sehr wahrscheinliche Geschichte (1774—1780) • ed. 2025

Geschichte des Weisen Danischmend und der drey Kalender (1795) • ed. 2025

Oberon. Ein Gedicht in vierzehn Gesängen (1780) • ed. 2026

Weitere Bände sind geplant

Bibliografische Information der Deutschen Nationalbibliothek
Die Deutsche Nationalbibliothek verzeichnet diese Publikation in der Deutschen Nationalbibliografie; detaillierte bibliografische Daten sind im Internet über http://dnb.d-nb.de abrufbar.

Erste Auflage 2022

Wallstein Verlag, Göttingen 2022

www.wallstein-verlag.de

Gestaltung: Clara Innocenti.

Schrift: Prillwitz von Ingo Preuß.

Satz: pagina, Tübingen.

Umschlaggestaltung unter Verwendung eines Wieland-Portäts von Ferdinand Jagemann (1805). Quelle: Klassik Stiftung Weimar

Foto: Alexander Burzig, Weimar 2013

Druck und Verarbeitung: Hubert & Co, Göttingen

ISBN 978-3-8353-5128-8